Die Kündigung von auf die Person eines Dritten genommenen privaten Krankheitskostenpflichtversicherungsverträgen

VERSICHERUNGSRECHTLICHE STUDIEN

HERAUSGEGEBEN VON PROFESSOR DR. GERRIT WINTER
UND PROFESSOR DR. ROBERT KOCH, LL.M.

BAND 82

PETER LANG

Dr. Anne-Christine Seßinghaus

DIE KÜNDIGUNG VON AUF DIE PERSON EINES DRITTEN GENOMMENEN PRIVATEN KRANKHEITSKOSTEN-PFLICHTVERSICHERUNGS-VERTRÄGEN

RECHTE UND PFLICHTEN DER BETEILIGTEN IM SPANNUNGSFELD VON PRIVATAUTONOMIE UND SOZIALER ZIELSETZUNG

PETER LANG

Bibliografische Information der Deutschen Nationalbibliothek
Die Deutsche Nationalbibliothek verzeichnet diese Publikation in der Deutschen Nationalbibliografie; detaillierte bibliografische Daten sind im Internet über http://dnb.d-nb.de abrufbar.

Zugl.: Hamburg, Univ., Diss., 2019

Gedruckt auf alterungsbeständigem, säurefreiem Papier.
Druck und Bindung: CPI books GmbH, Leck

D 18
ISBN 978-3-631-79311-4 (Print)
E-ISBN 978-3-631-80353-0 (E-PDF)
E-ISBN 978-3-631-80354-7 (EPUB)
E-ISBN 978-3-631-80355-4 (MOBI)
DOI 10.3726/b16206

Peter Lang – Berlin · Bern · Bruxelles · New York · Oxford · Warszawa · Wien

www.peterlang.com

Für meine Eltern

Vorwort

Die vorliegende Arbeit wurde im Wintersemester 2018/2019 vom Fachbereich Rechtswissenschaften an der Universität Hamburg als Dissertation angenommen. Rechtsprechung und Literatur konnten noch bis September 2018 berücksichtigt werden.

Mein besonderer Dank gilt meinem Doktorvater Professor Dr. Robert Koch, LL.M., der stets die Fortschritte dieser Arbeit mit Interesse verfolgt und mich mit anregender Kritik unterstützt hat. Ebenfalls bedanken möchte ich mich bei Herrn Professor Dr. Reinhard Bork für die zügige Erstellung des Zweitgutachtens sowie bei Herrn Professor Dr. Dr. h.c. mult. Jürgen Basedow, LL.M., für sein Mitwirken im Prüfungsausschuss.

Ein herzlicher Dank gebührt weiterhin meiner Familie und Freunden, die mir stets mit Rat und freundschaftlicher Bekräftigung zur Seite standen. Für die gemeinsame Promotionszeit und die zahlreichen Diskussionen sowie wertvollen Anregungen und Denkanstöße gilt vor allem Svenja Gelshorn mein herzlicher Dank.

In besonderer Weise bin ich schließlich meinen Eltern, Carsten und Renate Seßinghaus, für ihren Zuspruch, ihre wertvollen fachlichen Anregungen, ihre unerschütterliche Ermutigung und ihren steten Rückhalt während meines Studiums und der Entstehung und Fertigstellung dieser Arbeit sehr dankbar, die wesentlich zu dem Gelingen dieser Arbeit beigetragen haben.

Düsseldorf, Januar 2019
Anne-Christine Seßinghaus

Inhaltsverzeichnis

Abkürzungsverzeichnis

a.A.	andere Ansicht
ABl. EU	Amtsblatt der Europäischen Union
Abs.	Absatz
a.E.	am Ende
a.F.	alte Fassung
AG	Amtsgericht
AGB	Allgemeine Geschäftsbedingungen
AGBG	Gesetz zur Regelung des Rechts der Allgemeinen Geschäftsbedingungen
Anm.	Anmerkung
Art.	Artikel
AT	Allgemeiner Teil
AVB	Allgemeine Versicherungsbedingungen
BaFin	Bundesanstalt für Finanzdienstleistungsaufsicht
BAV	Bundesaufsichtsamt für Versicherungswesen
BB	Der Betriebsberater
BeckOK	Beck'scher Online-Kommentar
BeckRS	Beck online Rechtsprechung
Begr.	Begründung / Begründer
Beschl.	Beschluss
BGB	Bürgerliches Gesetzbuch
BGBl.	Bundesgesetzblatt
BGH	Bundesgerichtshof
BGHZ	Entscheidungen des Bundesgerichtshofes in Zivilsachen
BK	Berliner Kommentar / Bonner Kommentar
BR-Drucks.	Bundesratsdrucksache
BReg	Bundesregierung
BSG	Bundessozialgericht
BT	Bundestag
BT-Drucks.	Bundestagsdrucksache
BVerfG	Bundesverfassungsgericht
BVerfGE	Entscheidungssammlung des Bundesverfassungsgerichts
bzgl.	bezüglich
bzw.	beziehungsweise
Ders.	Derselbe

d.h.	das heißt
Dies.	Dieselbe/Dieselben
Diss.	Dissertation
EGVVG	Einführungsgesetz zum Versicherungsvertragsgesetz
Einf.	Einführung
Einl.	Einleitung
f., ff.	folgend(e)
FA	Fachanwalt
FamFR	Zeitschrift für Familienrecht und Familienverfahrensrecht, Zeitschrift
FamRZ	Zeitschrift für das gesamte Familienrecht
FD-VersR	Fachdienst Versicherungsrecht
Fn.	Fußnote
FPR	Familie, Partnerschaft, Recht (Zeitschrift)
FS	Festschrift
GB	Geschäftsbericht
gem.	gemäß
GG	Grundgesetz
GKV	Gesetzliche Krankenversicherung
GKV-WSG	Gesetz zur Stärkung des Wettbewerbs in der gesetzlichen Krankenversicherung
HB	Handbuch
HGB	Handelsgesetzbuch
HK	Handkommentar
HKK	Historisch-kritischer Kommentar
h.M.	herrschende Meinung
Hrsg.	Herausgeber
hrsgg.	herausgegeben
Info-VO	Verordnung über Informationspflichten bei Versicherungsverträgen
i.R.v.	im Rahmen von
i.S.d./v.	im Sinne des/von
i.V.m.	in Verbindung mit
jurisPK	Juris Praxiskommentar
jurisPR-BGHZivilR	Juris PraxisReport BGH Zivilrecht, Zeitschrift
jurisPR-VersR	Juris PraxisReport Versicherungsrecht, Zeitschrift
JZ	Juristenzeitung

KalV	Verordnung über die versicherungsmathematischen Methoden zur Prämienkalkulation und zur Berechnung der Alterungsrückstellung in der privaten Krankenversicherung (Kalkulationsverordnung)
KassKomm	Kasseler Kommentar
KE	Kommissionsentwurf
KVAV	Verordnung betreffend die Aufsicht über die Geschäftstätigkeit in der privaten Krankenversicherung (Krankenversicherungsaufsichtsverordnung)
LG	Landgericht
lit.	lat. littera
LMK	Kommentierte BGH-Rechtsprechung
LSG	Landessozialgericht
MAH	Münchener Anwalts Handbuch
MB/KK	Musterbedingungen für die Krankheitskosten- und Krankenhaustagegeldversicherung
MB/KT	Musterbedingungen für die Krankentagegeldversicherung
MüKo	Münchener Kommentar
m.w.N.	mit weiteren Nachweisen
m.W.z.	mit Wirkung zum
n.F.	neue Fassung
NJOZ	Neue Juristische Online-Zeitschrift
NJW	Neue Juristische Wochenschrift, Zeitschrift
NJW-RR	Neue Juristische Wochenschrift – Rechtsprechungsreport, Zeitschrift
NJW-Spezial	Neue Juristische Wochenschrift – Spezial, Zeitschrift
NK	Nomos Kommentar
Nr.	Nummer
NVersZ	Neue Zeitschrift für Versicherung und Recht
NZFam	Neue Zeitschrift für Familienrecht
OLG	Oberlandesgericht
PK	Praxiskommentar
PKV	Private Krankenversicherung
Reg.	Regierung(s-)
Rn.	Randnummer
Rspr.	Rechtsprechung
RuS	Recht und Schaden, Zeitschrift
S.	Satz, Seite
Schriftl.	Schriftleiter

SGB III	Sozialgesetzbuch Drittes Buch
SGB IV	Sozialgesetzbuch Viertes Buch
SGB V	Sozialgesetzbuch Fünftes Buch
SGB VII	Sozialgesetzbuch Siebtes Buch
SGB XI	Sozialgesetzbuch Elftes Buch
SGB XII	Sozialgesetzbuch Zwölftes Buch
sog.	so genannte(r, s)
TK	Taschenkommentar
Urt.	Urteil
v.	vom/von/vor
VAG	Gesetz über die Beaufsichtigung von Versicherungsunternehmen
VersR	Zeitschrift für Versicherungsrecht, Haftungs- und Schadensrecht
vgl.	vergleiche
VN	Versicherungsnehmer
Vorbem	Vorbemerkung(en)
VR	Versicherer
VuR	Verbraucher und Recht
VVG	Gesetz über den Versicherungsvertrag
VVG-E	Entwurfsfassung des Gesetzes über den Versicherungsvertrag
ZPO	Zivilprozessordnung
z.B.	zum Beispiel
z.T.	zum Teil

Kapitel A. Einführung

I. Gegenstand der Untersuchung

Das Recht der privaten Krankenversicherung hat in den letzten Jahren, nicht zuletzt aufgrund einer umfangreichen Reform des VVG, zunehmend an Bedeutung gewonnen. Die gesetzgeberische Entscheidung zugunsten einer Dualität der Krankenversicherungssysteme wird durch die für die private Krankenversicherung eingeführte allgemeine Krankenversicherungspflicht bestätigt. Die enorme Bedeutung, welche der Sicherung eines dauerhaften Bestands der Krankenvorsorge zukommt, zeigt sich unter anderem an den erschwerten Kündigungsmöglichkeiten im Bereich der Krankheitskostenpflichtversicherung gemäß § 193 Abs. 3 S. 1 VVG. Dies gilt nicht nur im Regelfall des dualen Schuldverhältnisses, sondern auch für Kündigungen in Drei- oder Mehrpersonenverhältnissen. Gerade in Fällen, in denen ein Dritter als Gefahrsperson in den Anwendungsbereich des Vertrags einbezogen ist, stellen sich vielfältige Rechtsfragen im Hinblick auf das Spannungsverhältnis von Privatautonomie und sozialer Überlagerung des Privatrechts. Daneben wirft auch der starke Versicherungsnehmerschutz des VVG Wertungsfragen hinsichtlich einer gerechten Risikoverteilung auf.

Typischerweise handelt es sich bei krankenversicherungsrechtlichen Mehrpersonenverhältnissen um familienrechtlich geprägte Verhältnisse. In derartigen Konstellationen sind neben den Interessen der Vertragsparteien auch die Interessen der Gefahrsperson und das Interesse der Allgemeinheit an dem dauerhaften Bestand des Krankenversicherungsschutzes zu berücksichtigen. Vor diesem Hintergrund werfen mehrere Leitentscheidungen des *BGH*[1], die einzelne Rechtsfragen der Kündigung von auf die Person eines Dritten genommenen Krankheitskostenversicherungsverträgen durch den Versicherungsnehmer oder den Versicherer betreffen, Zweifel an ihrer dogmatischen Überzeugungskraft und einem gerechten und gesetzgeberisch intendierten Interessenausgleich auf. Insbesondere bleibt die Frage weitestgehend unberührt, inwiefern die Wirkungen im Innenverhältnis zwischen versicherter Person und Versicherungsnehmer sich auf den im Außenverhältnis bestehenden Krankheitskostenversicherungsvertrag auswirken oder zumindest wertungsmäßig im Rahmen der Auslegung Berücksichtigung finden müssen. Daneben ergeben sich auch Probleme im

---

1 *BGH*, Urt. v. 18.12.2013, VersR 2014, 234 (IV ZR 140/13); *BGH*, Urt. v. 16.01.2013, VersR 2013, 305 (IV ZR 94/11); *BGH*, Urt. v. 07.12.2011, BGHZ 192, 67 (IV ZR 105/11).

Hinblick auf die Sicherung des bestmöglichen Schutzes der Dispositionsfreiheit der Vertragsparteien.

Im Fokus der Untersuchung der Kündigungsrechte des Versicherungsnehmers steht dabei zum einen die Regelung des § 205 Abs. 6 VVG, welche die Kündigung eines Pflichtkrankenversicherungsvertrags unter anderem von dem Abschluss einer Anschlussversicherung durch den Versicherungsnehmer abhängig macht. Unklar ist, ob dies auch gilt, wenn der Versicherungsvertrag für einen Dritten als Gefahrsperson abgeschlossen wurde. In dieser Konstellation wird das besondere Spannungsverhältnis von sozialer Überlagerung des Privatrechts durch erhebliche Einschränkungen der Dispositionsfreiheit des Versicherungsnehmers deutlich, der unter Umständen gesetzlich sogar zur Sicherung des (Anschluss-)Versicherungsschutzes eines Dritten verpflichtet wird. Unter Einbeziehung der betroffenen Interessen wird insofern zum einen die bestehende Rechtslage und in einem weiteren Schritt ein etwaiger Reformbedarf untersucht.

Daneben ist auch die Regelung des § 207 Abs. 2 VVG Gegenstand der Untersuchung, welche zusätzliche Kündigungsvoraussetzungen im Falle der Kündigung eines drittschützenden Krankenversicherungsvertrags betrifft. Bedeutung entfaltet § 207 Abs. 2 VVG insbesondere im Zusammenspiel mit § 13 Abs. 10 S. 3 MB/KK 2009[2] (Musterbedingungen für die Krankheitskosten- und Krankenhaustagegeldversicherung) hinsichtlich der Frage, ob und in welchem Umfang vertragliche Modifikationen von nach § 208 S. 1 VVG halbzwingenden Kündigungsvorschriften möglich sind und inwieweit eine formularmäßige Regelung – neben § 208 S. 1 VVG – auch im Rahmen der AGB-rechtlichen Inhaltskontrolle nach §§ 307 ff. BGB zu überprüfen ist.

Im unmittelbaren Sachzusammenhang mit diesen erheblichen Kündigungsbeschränkungen für den Versicherungsnehmer im Fall von auf die Person eines Dritten genommenen Krankheitskostenversicherungsverträgen stellt sich zudem die Frage, ob den Versicherer speziell im privaten Krankenversicherungsrecht eine Hinweispflicht auf wegen Verstoßes gegen drittschützende Kündigungsvorschriften unwirksame Kündigungen trifft.

Die Problematik der eingeschränkten Vertragsgestaltungs- und Beendigungsfreiheit zeigt sich darüber hinaus auch auf Seiten des Versicherers. Diesem ist nach § 206 Abs. 1 S. 1 VVG grundsätzlich „jede Kündigung" eines Krankheitskostenpflichtversicherungsvertrags verwehrt. Bedenken bestehen hinsichtlich dieser massiven Beeinträchtigung der Vertragsfreiheit des Versicherers insbesondere

2 Stand Januar 2017, abrufbar auf der Homepage des Verbands der Privaten Krankenversicherung: http://www.pkv.de/service/broschueren/musterbedingungen/mb-kk-2009/ (abgerufen am 19.09.2018, beigefügt als Annex).

mit Blick auf das auf dem Prinzip von Treu und Glauben beruhende außerordentliche Kündigungsrecht nach § 314 BGB. Im Hinblick auf besonders schwerwiegende Pflichtverletzungen muss daher eine einschränkende Auslegung in Erwägung gezogen werden. Insofern stellt die Leitentscheidung des *BGH* vom 07.12.2012[3] den Ausgangspunkt der Untersuchung dar. Zudem zeigen sich auch hier die Besonderheiten im Mehrpersonenverhältnis, insbesondere hinsichtlich der Frage, wie sich eine Pflichtverletzung des Versicherungsnehmers auf den Versicherungsschutz der von ihm verschiedenen Gefahrspersonen auswirkt und wie in solchen Fällen der nahtlose Krankenversicherungsschutz dieser Gefahrsperson sichergestellt werden kann.

Die Arbeit soll somit die vielfältigen Rechtsfragen, die sich bei der Beendigung von auf die Person eines Dritten genommenen Krankheitskostenversicherungsverträgen ergeben, einer Lösung zuführen und Vorschläge für eine teilweise erforderliche Reformierung der derzeitigen Kündigungsvorschriften im privaten Krankenversicherungsrecht bieten. Eine fundierte wissenschaftliche Auseinandersetzung mit dem Thema im Rahmen von Monografien hat bislang noch nicht stattgefunden.

II. Gang der Untersuchung

Die Untersuchung folgt einem fünfgliedrigen Aufbau. In *Kapitel B* wird zunächst – im Sinne einer Grundlegung – abstrakt das Konstrukt der Versicherung Dritter in der privaten Krankheitskostenversicherung durchleuchtet. Dabei werden zur Festlegung der Untersuchungsparameter ausgewählte praxisrelevante Konstellationen von auf die Person eines Dritten genommener Versicherungen untersucht und konkretisiert sowie deren Unterschiede aufgezeigt. Des Weiteren wird das der Arbeit zugrundeliegende Begriffsverständnis der Versicherung auf eine andere Person, im Sinne eines Auseinanderfallens von Versicherungsnehmer und versicherter Person (*Gefahrsperson*), in rechtlicher Hinsicht konkretisiert. Im Fokus steht dabei die Ermittlung der Rechtsstellung der Gefahrsperson, welche sich danach bestimmt, wessen Interesse durch die Versicherung in der jeweiligen Personenkonstellation abgesichert werden soll.

Die *Kapitel C, D* und *E* betreffen Rechtsfragen im Zusammenhang mit der Kündigung des Vertrags durch den Versicherungsnehmer.

Kapitel C widmet sich zunächst den gesetzlichen Kündigungsvoraussetzungen für den Versicherungsnehmer im Falle der Kündigung einer Versicherung auf die Person eines Dritten. Im Mittelpunkt stehen die aus § 205 Abs. 6 S. 1, 2 VVG

3 *BGH*, Urt. v. 07.12.2011, BGHZ 192, 67.

folgenden gesetzlichen Kündigungsvoraussetzungen. Danach ist die Wirksamkeit der Kündigung abhängig vom Abschluss einer (nahtlosen) Anschlussversicherung und deren Nachweis gegenüber dem Versicherer. Fraglich ist insofern, ob und in welchem Umfang dies auch im Hinblick auf den Versicherungsschutz der Gefahrsperson gilt. Dabei werden, anhand der in Kapitel B dargestellten Untersuchungskonstellationen und getroffenen Feststellungen, Anwendungsbereich und -inhalt der Regelung sowie deren Reformbedarf analysiert.

Kapitel D befasst sich daran anschließend mit den Möglichkeiten der vertraglichen Modifikation der gesetzlichen Kündigungsvoraussetzungen – insbesondere durch Allgemeine Versicherungsbedingungen – bei auf die Person eines Dritten genommenen Krankheitskostenversicherungsverträgen. Exemplarisch wird dies anhand der praxisrelevanten, durch § 13 Abs. 10 S. 3 MB/KK 2009 allgemein für die Krankheitskostenversicherung eingeführten, Nachweispflicht als Kündigungsvoraussetzung überprüft. Im Zusammenspiel mit § 207 Abs. 2 S. 2 VVG normiert die Klausel die Pflicht des Versicherungsnehmers, die Kenntnis der Gefahrsperson von der Kündigung gegenüber dem Versicherer nachzuweisen. Den Ausgangspunkt der Untersuchung bildet eine diesbezüglich ergangene Entscheidung des *BGH* aus dem Jahre 2013.[4] Ausgehend von diesem Urteil ist insbesondere die Frage zu klären, an welchen Normen die Wirksamkeit der vertraglichen Modifikationen zu messen sind. Insofern steht das Spannungsfeld zwischen der speziellen versicherungsrechtlichen Regelung des § 208 S. 1 VVG und den allgemeinen AGB-rechtlichen Regelungen der §§ 307 ff. BGB im Mittelpunkt der Untersuchung.

Im Anschluss an die Untersuchung der den Versicherungsnehmer treffenden Kündigungsanforderungen folgt in *Kapitel E* die Prüfung, ob eine Pflicht des Versicherers besteht, auf eine wegen Verstoßes gegen die in Kapitel C und D erörterten Kündigungsanforderungen unwirksame Kündigung hinzuweisen. Dabei stehen die Auslegung der konkreten krankenversicherungsspezifischen normativen Anknüpfungspunkte der Hinweispflicht sowie die Besonderheiten der Mehrpersonenkonstellation im Fokus der Untersuchung.

Kapitel F widmet sich schließlich der Frage, ob und in welchem Umfang insbesondere das außerordentliche Kündigungsrecht des Versicherers durch § 206 Abs. 1 S. 1 VVG ausgeschlossen wird und, ob im Hinblick auf die vom *BGH* befürwortete teleologische Reduktion der Norm Bedenken bei auf die Person eines Dritten genommenen Versicherungen bestehen. Darüber hinaus erfolgt auch eine Analyse der Rechtsposition der Gefahrsperson mit Blick auf ein etwaiges eigenes Kündigungsrecht.

---

4 *BGH*, Urt. v. 16.01.2013, VersR 2013, 305.

Kapitel B. Die Versicherung Dritter in der privaten Krankheitskosten- versicherung

Der private Krankenversicherungsschutz besteht in Deutschland selbständig neben der gesetzlichen Krankenversicherung und umfasst verschiedene Grundtypen von Krankenversicherungsverträgen, so auch den Krankheitskostenversicherungsvertrag.[5] Nachfolgend werden zunächst die für die Beurteilung der Versicherung Dritter in der privaten Krankenversicherung relevanten Systemunterschiede zwischen privatem und gesetzlichem Krankenversicherungssystem sowie der Inhalt und die Rechtsnatur des Krankheitskostenversicherungsvertrags dargestellt. Dem schließt sich eine Untersuchung der rechtlichen Möglichkeiten einer Versicherung auf die Person eines Dritten, der Rechtsstellung des Dritten und der rechtlichen Besonderheiten praxisrelevanter Personenkonstellationen an. Dieses Kapitel widmet sich – im Sinne einer Grundlegung – im Besonderen der Festlegung und rechtlichen Einordnung der für die weitere Untersuchung zugrunde zu legenden Parameter und Begrifflichkeiten.

I. Private Krankheitskostenversicherung

1. Grundlagen des privaten Krankenversicherungsschutzes

a) System der privaten Krankenversicherung

Die private Krankenversicherung hat in den letzten Jahren – nicht zuletzt aufgrund einer umfangreichen Reform des gesetzlichen und privatrechtlichen Krankenversicherungssystems an Bedeutung gewonnen. Unterstrichen wird dies zudem durch die allgemeine gesetzliche Versicherungspflicht, welche durch das Gesetz zur Stärkung des Wettbewerbs in der gesetzlichen Krankenversicherung (*kurz*: GKV-WSG) für die private Krankenversicherung eingeführt wurde (vgl. § 193 Abs. 3 S. 1 VVG).[6] Trotz dieser für bestimmte Personenkreise eingeführten Versicherungspflicht handelt es sich bei der privaten Krankenversicherung

5 *Reinhard* in Looschelders/Pohlmann, VVG, § 192, Rn. 1; *Wandt*, Versicherungsrecht, S. 453.

6 GKV-WSG vom 26.03.2007, BGBl. I S. 378, 466; Versicherungspflicht erstmalig eingeführt durch den Gesundheitsausschuss, BT-Drucks. 16/4247 S. 66 f.

grundsätzlich um eine von Tarifwahlfreiheit geprägte Versicherung, welche sich an den Entwicklungen und Risiken des Marktes orientiert und im Rahmen derer die Vertragsgestaltung seitens des Versicherers hauptsächlich durch die dispositiven und (halb-)zwingenden Normen des VVG bedingt wird.[7] Dies kommt insbesondere durch die Wahlmöglichkeit zwischen verschiedenen Tarifen oder dem Angebot privater Zusatzversicherungen, welche zu verschiedenen Tarifen mit variierendem Leistungsumfang freiwillig abgeschlossen werden können, zum Ausdruck.[8]

Bei der Krankenversicherung – sowohl der privaten als auch der gesetzlichen – handelt es sich um eine sogenannte Personenversicherung, da diese auf Ereignisse abzielt, welche sich im oder am menschlichen Körper einer bestimmten Person verwirklichen.[9] In Abgrenzung zur gesetzlichen Krankenversicherung lassen sich weitere Charakteristika der privaten Krankenversicherung erkennen. Ein wesentlicher Unterschied zwischen dem gesetzlichen und dem privaten Krankenversicherungssystem liegt in der Organisation der Prämienkalkulation und der Finanzierungssicherung.[10] So bemisst sich in der privaten Krankenversicherung die Beitragshöhe nach diversen Faktoren, die in der Person des Versicherungsnehmers beziehungsweise der versicherten Person liegen (sogenanntes Äquivalenzprinzip).[11] Der Beitrag orientiert sich also in seiner Höhe an dem individuellen Risiko des Einzelnen, sodass auch Familienangehörige Beiträge entsprechend ihres Risikos zahlen müssen. Zudem wird dem steigenden Krankheitsrisiko mit zunehmendem Alter durch die Bildung von Alterungsrückstellungen begegnet.[12] Dem steht das in der gesetzlichen Krankenversicherung vorherrschende Solidaritätsprinzip gegenüber.[13] Die Beitragshöhe

---

7 *Stormberg* in Beckmann/Matusche-Beckmann, Versicherungsrecht-Handbuch, § 44, Rn. 8 f.

8 *Stormberg* in Beckmann/Matusche-Beckmann, Versicherungsrecht-Handbuch, § 44, Rn. 8; *Boetius* in Langheid/Wandt, MüKo VVG, Vorbem. zu §§ 192–208, Rn. 93, 818.

9 *Stormberg* in Beckmann/Matusche-Beckmann, Versicherungsrecht-Handbuch, § 44, Rn. 61 f.; *Ahlburg* in Halm/Engelbrecht/Krahe, Handbuch FA Versicherungsrecht, Kapitel 19, Rn. 26, 28; *Rogler* in Rüffer/Halbach/Schimikowski, VVG, § 192, Rn. 3; *Schubach* in Höra, MAH Versicherungsrecht, § 23, Rn. 52.

10 *Wandt*, Versicherungsrecht, S. 454.

11 *Boetius* in Langheid/Wandt, MüKo VVG, Vorbem. zu §§ 192–208, Rn. 25; *Looschelders* in Langheid/Wandt, MüKo VVG, § 1, Rn. 99, *Schimikowski/Höra*, Das neue VVG, S. 215.

12 *Stormberg* in Beckmann/Matusche-Beckmann, Versicherungsrecht-Handbuch, § 44, Rn. 11 f.

13 Anstatt vieler: *Hänlein/Schuler* in Hänlein/Schuler, SGB V, Einl., Rn. 7, § 1, Rn. 1 f.

berechnet sich – im Sinne eines sozialen Ausgleichs – gerade nicht in Abhängigkeit des individuellen Risikos, sondern unter Berücksichtigung der persönlichen Leistungsfähigkeit des einzelnen Mitglieds.[14] Ein weiterer Unterschied besteht hinsichtlich der Leistungserbringung durch den Versicherer. Während in der gesetzlichen Krankenversicherung das Prinzip der Sachleistung vorherrscht, der Versicherer also nicht Geld- sondern Dienst- und Sachleistungen unmittelbar schuldet (Vgl. § 2 Abs. 2 S. 1 SGB V), gilt in der privaten Krankenversicherung überwiegend das Prinzip der Erstattung von Aufwendungen in Form (nachträglicher) Geldleistungen.[15] Eine Ausnahme findet sich im Hinblick auf im Basistarif Versicherte soweit diese im Innenverhältnis einen Anspruch gegen den Versicherer haben. Dort gewährt § 192 Abs. 7 VVG dem Leistungserbringer einen zusätzlichen Direktanspruch gegen den Versicherer, welcher zusammen mit dem Versicherungsnehmer gesamtschuldnerisch haftet. Darüber hinaus können mittlerweile gemäß § 192 Abs. 3 VVG in der privaten Krankheitskostenversicherung – unter bestimmten Voraussetzungen – zudem zusätzliche Dienstleistungen als Gegenstand des Leistungsumfangs vereinbart werden. Diese Entwicklung lässt sich unter dem Oberbegriff „Managed Care“ zusammenfassen und ist vor allem dem gesetzlichen Leitgedanken geschuldet, ein optimales und effizientes System zuzulassen.[16]

b) Reform des privaten Krankenversicherungssystems

Neben der Einführung der sogenannten „Managed Care“ wurden im Zuge der umfassenden Reformierung des Krankenversicherungssystems weitere weitreichende Änderungen vorgenommen. Für das private Krankenversicherungsrecht brachten insbesondere die Gesundheitsreform im Jahre 2007 – mit dem Gesetz zur Stärkung des Wettbewerbs in der Gesetzlichen Krankenversicherung[17] – und das Gesetz zur Reform des Versicherungsvertragsrechts

14 *Hänlein/Schuler* in Hänlein/Schuler, SGB V, Einl., Rn. 7; *Wandt*, Versicherungsrecht, S. 454.

15 *Stormberg* in Beckmann/Matusche-Beckmann, Versicherungsrecht-Handbuch, § 44, Rn. 10; *Wandt*, Versicherungsrecht, S. 455.

16 Vgl. Gesetzesbegründung zum VVG-RefomG, BT-Drucks. 16/3945 S. 54 f.; *Kalis* in Bach/Moser, PKV, § 192, Rn. 13 f.; *Brömmelmeyer* in Schwintowski/Brömmelmeyer, PK-Versicherungsrecht, Vorbem. zu §§ 192 bis 208, Rn. 21; *Wandt*, Versicherungsrecht, S. 473

17 Gesetz zur Stärkung des Wettbewerbs in der Gesetzlichen Krankenversicherung vom 26.03.2007, BGBl. 2007 I S. 378.

(nachfolgend: VVG-ReformG)[18] elementare Veränderungen mit sich. Hintergrund der Reformen war zum einen das Bedürfnis, der demographischen Entwicklung insofern Rechnung zu tragen, als eine zunehmend längere Lebenserwartung auch einen erhöhten Leistungsbedarf hervorruft.[19] Zum anderen beruhte die Reform auf der gesetzgeberischen Entscheidung, durch die Einführung einer allgemeinen Versicherungspflicht generell den Bestand eines dauerhaften Versicherungsschutzes – im Sinne der sozialen Sicherheit – zu gewährleisten.[20] Weiteres Ziel war es, den Wettbewerb zwischen privaten Versicherungsunternehmen durch die Erleichterung des Wechsels zu anderen privaten Versicherern zu fördern.[21] Diesbezüglich sind insbesondere die Neuerungen hinsichtlich der Portabilität von Alterungsrückstellungen sowie die Einführung eines Basistarifs hervorzuheben.[22] Hier sollen nachfolgend diese – für die weitere Untersuchung relevanten Neuerungen – überblicksartig dargestellt werden.

aa) Versicherungspflicht in der privaten Krankenversicherung

(1) Regelungsgehalt des § 193 Abs. 3 S. 1 VVG

Durch das GKV-WSG wurde zum 01. Januar 2009 – mit einigen Ausnahmen – auch für die private Krankenversicherung eine generelle Versicherungspflicht eingeführt.[23] Diese Pflicht hat in § 193 Abs. 3 S. 1 VVG ihre gesetzliche Grundlage. Vorbild der Regelung ist die nach § 23 Abs. 1 SGB XI im Bereich der privaten Pflegeversicherung bestehende Versicherungspflicht.[24] Die Krankheitskostenversicherung im Sinne von § 193 Abs. 3 S. 1 VVG muss mindestens eine Kostenerstattung für ambulante und stationäre Heilbehandlungen umfassen. Dabei müssen die für die tariflich vorgesehenen Leistungen vereinbarten absoluten und prozentualen Selbstbehalte für jede zu versichernde Person auf eine

---

18 Gesetz zur Reform des Versicherungsvertragsrechts vom 23.11.2007, BGBl. 2007 I S. 2631.

19 *Wandt*, Versicherungsrecht, S. 456, 462.

20 Versicherungspflicht erstmalig eingeführt durch den Gesundheitsausschuss, BT-Drucks. 16/4247 S. 66 f.; GKV-WSG BGBl. I S. 378, 466.

21 Gesetzesbegründung zum VVG-ReformG, BT-Drucks. 16/3945 S. 55.

22 *Stormberg* in Beckmann/Matusche-Beckmann, Versicherungsrecht-Handbuch, § 44, Rn. 20a; *Boetius* in Langheid/Wandt, MüKo VVG, Vorbem. zu §§ 192–208, Rn. 425, 442; Ausführlich dazu: *Sodan*, PKV und Gesundheitsreform 2007, S. 17 ff.

23 GKV-WSG vom 26.03.2007, BGBl. I S. 378, 466.

24 Begr. des Gesundheitsausschusses zum Gesetzentwurf GKV-WSG zu § 178a Abs. 5 VVG-E, BT-Drucks. 16/4247 S. 66.

beitragsmäßige Auswirkung von kalenderjährlich 5000 Euro begrenzt sein. Der personelle Anwendungsbereich der Versicherungspflicht wird in § 193 Abs. 3 VVG durch eine Negativabgrenzung festgelegt. Grundsätzlich trifft nach § 193 Abs. 3 S. 1 VVG jede Person mit Wohnsitz im Inland für sich selbst und die von ihr gesetzlich vertretenen Personen die Pflicht, bei einem in Deutschland zum Geschäftsbetrieb zugelassenen Versicherungsunternehmen einen Krankheitskostenversicherungsvertrag mit entsprechendem Umfang abzuschließen. Bei der Versicherung eines Dritten in der Krankenversicherung ist daher bei volljährigen Mitversicherten grundsätzlich deren eigene Pflicht aus § 193 Abs. 3 S. 1 VVG betroffen, da diese nicht vom Versicherungsnehmer gesetzlich vertreten werden. Zwar besteht im Innenverhältnis in den meisten typischen Drittversicherungskonstellationen ein Anspruch auf die Sicherstellung des Krankenversicherungsschutzes gegenüber dem Versicherungsnehmer,[25] doch begründet dieser keine Versicherungspflicht des Versicherungsnehmers nach § 193 Abs. 3 S. 1 VVG. Der Wortlaut ist insofern eindeutig, als die Pflicht nicht speziell nur den Versicherungsnehmer, sondern jede Person mit Wohnsitz im Inland bezüglich sich selbst und den von ihr gesetzlich vertretenen Personen trifft.

Bestimmte Personengruppen werden in Abgrenzung dazu durch § 193 Abs. 3 S. 2 VVG von der Pflicht ausgenommen.[26] Dabei handelt es sich insbesondere um Personen, die in der gesetzlichen Krankenversicherung versichert oder versicherungspflichtig sind (Nr. 1). Daneben sind nach § 193 Abs. 3 S. 2 VVG auch Personen von der Pflicht befreit, die Anspruch auf freie Heilfürsorge haben, beihilfeberechtigt sind oder vergleichbare Ansprüche haben im Umfang der jeweiligen Berechtigung (Nr. 2), die Anspruch auf Leistungen nach dem Asylbewerberleistungsgesetz haben (Nr. 3) sowie die Empfänger laufender Leistungen nach dem SGB III, IV, VI, VII, XII für die Dauer des Leistungsbezugs (Nr. 4).

Im Wechselspiel mit der Versicherungspflicht sieht das VVG auch einen Sanktionsmechanismus vor, der insbesondere verhindern soll, dass dem Versicherungspflichtigen im Falle eines Verstoßes gegen die Versicherungspflicht ein Vorteil durch die Ersparnis von Versicherungsprämien entsteht.[27] Der säumige Versicherungspflichtige muss zusätzlich zu dem Monatsbeitrag nach § 193 Abs. 4 S. 1 VVG einen Prämienzuschlag erbringen. Um sicherzustellen, dass

---

25 Siehe dazu nachfolgend ausführlich unten unter B. II. 3.

26 Zu den einzelnen Gruppen: *Boetius*, PKV, § 193, Rn. 85 ff.; *Reinhard* in Looschelders/Pohlmann, VVG, § 193, Rn. 13 ff.

27 Begr. des Gesundheitsausschusses zum Gesetzentwurf GKV-WSG zu § 178a Abs. 6 VVG-E, BT-Drucks. 16/4247 S. 67 f.

der Eintritt des Versicherungspflichtigen in die Krankenversicherung unabhängig von einer individuellen Risikoprüfung und zu einem festgelegten Basistarif möglich ist, hat der Gesetzgeber insofern einen Kontrahierungszwang des Versicherers nach § 193 Abs. 5 S. 1 VVG, § 152 Abs. 2 S. 1 VVG eingeführt.[28]

(2) Schutzgut des § 193 Abs. 3 S. 1 VVG

Die allgemeine Versicherungspflicht hat im Zuge des GKV-WSG Einzug ins private Krankenversicherungsrecht erhalten, mit welchem der Gesetzgeber das Ziel verfolgte, im Krankheitsfall für soziale Sicherheit für die Allgemeinheit zu sorgen.[29] § 193 Abs. 3 S. 1 VVG dient dem Schutz verschiedener Rechtsgüter. Erklärtes gesetzgeberisches Ziel der Versicherungspflicht ist es, die Allgemeinheit oder die Versichertensolidargemeinschaft davor zu schützen, „dass sich [einzelne] Personen nicht oder verspätet gegen Krankheit versichern und dadurch zu einem Kostenrisiko […] werden“.[30] Dies korrespondiert mit dem weiteren Ziel, einen bezahlbaren Krankenversicherungsschutz für die im Inland lebenden Menschen sicher zu stellen. Nicht nur zugunsten der Allgemeinheit, sondern zumindest auch zugunsten des Einzelnen, soll verhindert werden, dass im Krankheitsfall der Einzelne auf staatliche Leistungen zurückgreifen oder sogar auf Behandlungen verzichten muss. Dem liegt die Annahme des Gesetzgebers zugrunde, dass nahezu jeder, einen besonders wohlhabenden Personenkreis ausgenommen, aufgrund regelmäßig sehr kostenintensiver Behandlungsleistungen auf eine Krankenversicherung angewiesen ist.[31] Primäres Schutzgut der Krankenversicherungspflicht ist also grundsätzlich die Absicherung des umfassenden Krankenversicherungsschutzes in seiner Gesamtheit und nur mittelbar die Garantie einer bezahlbaren Krankenvorsorge des Einzelnen. Der einzelne Bürger soll die schutzwürdige Erhaltung seiner Gesundheit weder auf Kosten der Allgemeinheit sicherstellen noch aufgrund Behandlungsverzichts seine

---

28 *Staudinger* in Bach/Moser, PKV, Einl., Rn. 298; *Boetius*, PKV, § 193 VVG, Rn. 191; *Kalis* in Langheid/Wandt, MüKo VVG, § 193, Rn. 18; *Reinhard* in Looschelders/Pohlmann, VVG, § 193, Rn. 19; *Brömmelmeyer* in Schwintowski/Brömmelmeyer, PK-Versicherungsrecht, § 193, Rn. 43; *Staab* in Staudinger/Halm/Wendt, Versicherungsrecht, § 193, Rn. 20; *Commer* in van Bühren, Handbuch Versicherungsrecht, § 17, Rn. 80; *Marko* in Marlow/Spuhl, Das neue VVG, S. 588, Rn. 1329.

29 Begr. der Bundesregierung zum Gesetzesentwurf GKV-WSG, BT-Drucks. 16/3950, S. 1.

30 Begr. des Gesundheitsausschusses zum Gesetzentwurf GKV-WSG zu § 178a Abs. 5 VVG-E, BT-Drucks. 16/4247 S. 66.

31 Begr. des Gesundheitsausschusses zum Gesetzentwurf GKV-WSG zu § 178a Abs. 5 VVG-E, BT-Drucks. 16/4247 S. 66, 67.

Gesundheit gefährden. Im Hinblick auf die private Pflegepflichtversicherung nach § 23 Abs. 1 S. 1 SGB XI hat das *BVerfG* bereits im Jahr 2001 die Verfassungsmäßigkeit der vergleichbaren Pflichtenregelung unter Berufung auf den Schutz des Gemeinwohls sowie die Verhältnismäßigkeit des Eingriffs in die grundrechtlich geschützte allgemeine Handlungsfreiheit bejaht.[32]

bb) Einführung eines Basistarifs

Eine weitere wichtige Neuerung ist die Einführung eines gesetzlich gesicherten Basistarifs. Seit dem 01.09.2009 steht Personen, die den Anforderungen des § 193 Abs. 5 S. 1 Nr. 1- 4 VVG entsprechen, der Abschluss eines Versicherungsvertrages im Basistarif offen, was durch den neu eingeführten Kontrahierungszwang des Krankenversicherers sichergestellt wird.[33] Die Verpflichtung zu Vertragsabschlüssen im brancheneinheitlichen Basistarif trifft aber gemäß § 152 Abs. 1 S. 1 VAG nur diejenigen privaten Versicherungsunternehmen, die einen substitutiven Krankenversicherungsschutz anbieten. Der Leistungsumfang des Tarifs ist standardisiert, gesetzlich begrenzt (§ 152 Abs. 3 S. 1 VAG) und orientiert sich an den Leistungen der gesetzlichen Krankenversicherung.[34] Eine der Besonderheiten des Basistarifs ist, dass dem Leistungserbringer zusätzlich gemäß § 192 Abs. 7 S. 1 VVG ein Direktanspruch gegen den Versicherer eingeräumt wird, sodass Versicherer und Versicherungsnehmer als Gesamtschuldner haften (§ 192 Abs. 7 S. 2 VVG). Außerdem wird durch den Basistarif das der privaten Krankenversicherung immanente Äquivalenzprinzip durchbrochen, da sich dessen Beiträge gerade nicht an dem individuellen Risiko der versicherten Person orientieren, sondern der Kontrahierungszwang einen Vertragsabschluss ohne Gesundheitsprüfung (§ 203 Abs. 1 S. 3 VVG) und Risikoeinstufung zu einem festgelegten Tarif garantiert.[35] Daran anknüpfend besteht zum Teil Kritik an der unter sozialpolitischen Gesichtspunkten bedenklichen Gestaltung des Basistarifs. Diese äußert sich vor allem hinsichtlich der finanziellen (Mehr-) Belastung sowohl der Versichertengemeinschaft im Allgemeinen als auch der

32 *BVerfG*, Urt. v. 03.04.2001, BVerfGE 103, 197, 221.

33 *Stormberg* in Beckmann/Matusche-Beckmann, Versicherungsrecht-Handbuch, § 44, Rn. 17b, 82 ff.; *Boetius*, PKV, § 193 VVG, Rn. 180 ff.; *Voit* in Prölss/Martin, VVG, § 193, Rn. 24.

34 *Muschner* in Langheid/Rixecker, VVG, § 193, Rn. 62; *Staab* in Staudinger/Halm/Wendt, Versicherungsrecht, § 193, Rn. 8; *Commer* in van Bühren, Handbuch Versicherungsrecht, § 17, Rn. 86.

35 Anstatt vieler: *Schimikowski/Höra*, Das neue VVG, S. 214.

privaten Versicherungsunternehmen im Speziellen,[36] da diese sogar bei festgestellter bestehender und zukünftiger Leistungsunfähigkeit eines Versicherungsnehmers zur Erstattung medizinisch notwendiger Aufwendungen für ein Jahr verpflichtet sein können.[37] Darüber hinaus werden innerhalb des Basistarifs in großem Umfang die Leistungsverweigerungsrechte und Gestaltungsrechte – wie etwa das Kündigungsrecht – des privaten Versicherungsunternehmens eingeschränkt.[38] Das Bundesverfassungsgericht stellte aber bereits die Verfassungsmäßigkeit des Basistarifs trotz der mit der Gesetzesänderung verbundenen Nachteile für die Versicherer, insbesondere unter Verweis auf die *„mit dem GKV-Wettbewerbsstärkungsgesetz angestrebte […] Vollfunktionalität der privaten Krankenversicherung“*[39], fest.

cc) Portabilität von Alterungsrückstellungen

Schließlich ist auch die Reform des Rechts der privaten Krankenversicherung im Hinblick auf Alterungsrückstellungen für die weitere Untersuchung von Bedeutung. Grundsätzlich wird in der nach Art der Lebensversicherung betriebenen privaten Krankenversicherung eine Prämie erhoben, welche zunächst in ihrer Höhe das aktuelle Krankheitskostenwagnis übersteigt. Dieser anfänglich überschüssige Anteil der zu zahlenden Prämie wird vom Versicherer angesammelt und verzinst (sogenanntes Anwartschaftsdeckungsverfahren).[40] Der Versicherer muss also, um das steigende Krankheitsrisiko im Alter abzudecken, nach § 146 Abs. 1 VAG, § 341f Abs. 3 S. 1 HGB Alterungsrückstellungen bilden. Bis zu der Reform war ein Wechsel zu einem anderen Privatversicherer mit steigendem Alter insbesondere deshalb zunehmend wirtschaftlich unvorteilhaft, da die Alterungsrückstellungen beim bisherigen Versicherungsunternehmen verblieben und eine erneute Risikoprüfung regelmäßig zu einem erheblich höheren Beitrag führte.[41] Der Gesetzgeber hat daher, im Sinne der Förderung eines Wettbewerbs zwischen den privaten Krankenversicherern,[42] die Möglichkeit eingeführt, unter bestimmten Voraussetzungen einen Übertragungswert der

---

36 *Boetius* in Bach/Moser, PKV, Einl, Rn. 338 ff.; *Marlow/Spuhl*, VersR 2009, 593, 605 f.

37 Ebenfalls kritisch äußert sich *Wandt*, Versicherungsrecht, S. 472 f.

38 *Muschner* in Langheid/Rixecker, VVG, § 192, Rn. 45.

39 *BVerfG*, Urt. v. 10.06.2009, BVerfGE 123, 186, 249 ff.

40 *Boetius*, PKV, Einf., Rn. 47 f.; *Wandt*, Versicherungsrecht, S. 467.

41 Zur Rechtslage vor der Reform: *Boetius*, PKV, Einf., Rn. 135; *Wandt*, Versicherungsrecht, S. 463.

42 *Schradin* in Langheid/Wandt, MüKo VVG, Band 3, Betriebswirtschaftslehre der Versicherung, Rn. 76.

Alterungsrückstellungen bei einem Wechsel des Versicherers zu dem neuen Versicherer mitzunehmen.[43] So bleiben dem Versicherungsnehmer nunmehr, bei einem einmaligen Wechsel zwischen zwei privaten Versicherungsunternehmen, die Alterungsrückstellungen des Teils der Versicherung, die dem Basistarif entspricht, erhalten (sogenannte fiktive Alterungsrückstellung, vgl. § 14 Abs. 1 S. 1 Nr. 2 KVAV [früher in: § 13a Abs. 1 S. 1 Nr. 2 KalV]).[44] Außerdem stellt § 204 Abs. 1 Nr. 1 VVG die Möglichkeit eines Tarifwechsels des Versicherungsnehmers unter Anrechnung der aus dem Vertrag erworbenen Rechte und Alterungsrückstellungen sicher. Die vereinfachte Wechselmöglichkeit lässt einen Anstieg an Kündigungen im Bereich der privaten Krankheitskostenversicherung und damit einhergehend eine Zunahme diesbezüglicher Rechtsstreitigkeiten erwarten.

dd) Gesetzesfassungen des Versicherungsvertragsgesetzes

Aufgrund der verschiedenen, in kurzen Abständen in Kraft getretenen Gesetzesänderungen (v.a. durch GKV-WSG und VVG-ReformG) mit eigenen Übergangsregelungen, existieren für Krankheitskostenversicherungsverträge derzeit – abhängig vom Zeitpunkt des jeweiligen Vertragsschlusses – verschiedene Gesetzesfassungen.[45] Im Rahmen dieser Arbeit wird nur die Rechtslage nach den Regelungen des VVG ab dem 01.01.2009 (VVG 2009) untersucht. Die Regelungen vor der Gesundheitsreform sowie der Übergangszeit vom 01.08.2008 bis zum 31.12.2008 (VVG 2008)[46] bleiben folglich außer Acht. Sofern durch das Gesetz zur Änderung versicherungsrechtlicher Vorschriften vom 24. April 2013[47] Modifikationen des VVG 2009 vorgenommen wurden, wird die modifizierte Fassung bei der Untersuchung zugrunde gelegt. Nach Art. 1 Abs. 1 EGVVG gilt für die vor beiden Reformgesetzen geschlossenen Verträge (Altverträge), dass ab dem 01.01.2009 grundsätzlich ebenfalls die Regelungen des VVG 2009 auf diese Verträge Anwendung finden. Im Sinne einer effektiven Umsetzung

---

43 Gesetzesentwurf GKV-WSG, BT-Drucks. 16/3100, S. 208 f. Der Eignung zur Wettbewerbsförderung kritisch gegenüberstehend: *Sodan*, PKV und Gesundheitsreform 2007, S. 34.

44 *Stormberg* in Beckmann/Matusche-Beckmann, Versicherungsrecht-Handbuch, § 44, Rn. 91a; *Reinhard* in Looschelders/Pohlmann, VVG, Vor § 192, Rn. 9.

45 Einen Überblick über die Reformierung gebend: *Muschner* in Langheid/Rixecker, VVG, Vorbem. zu §§ 192–208, Rn. 1.

46 Die Neuregelung der Krankenversicherung zum 01.01.2008 wurde bereits zum 01.01.2009 wieder durch die nach Artikel 11, 12 Abs. 2 VVG-ReformG (BGBl. 2007 I Nr. 59, S. 2631, 2672 ff.) festgelegten Regelungen ersetzt.

47 BGBl. I 2013, Nr. 20, S. 932.

der Reformziele soll somit vermieden werden, dass aufgrund des Dauerschuldcharakters des Krankenversicherungsvertrages ein dauerhafter Bestandsschutz des alten Rechts zu erheblicher Rechtsunsicherheit führt.[48] Art. 2 Nr. 2 EGVVG bestimmt zudem für Altverträge, dass die Vorschriften der §§ 192–208 VVG bereits ab dem 01.01.2008 Anwendung finden, sofern der Versicherer dem Versicherungsnehmer die auf Grund dieser Vorschriften geänderten Allgemeinen Versicherungsbedingungen und Tarifbestimmungen, unter Kenntlichmachung der Unterschiede, spätestens einen Monat vor dem Zeitpunkt in Textform mitgeteilt hat, zu dem die Änderungen wirksam werden sollen. Die bei der Untersuchung berücksichtigte Rechtslage ist also auch für bereits bestehende Verträge maßgeblich und hat daher eine generelle Bedeutung.

c) Substitutiver und nicht substitutiver Krankenversicherungsschutz

Im privaten Krankenversicherungsrecht wird zwischen substitutiver und nicht substitutiver Krankenversicherung unterschieden. Nach § 146 Abs. 1 VAG, § 195 Abs. 1 S. 1 VVG handelt es sich bei der substitutiven Krankenversicherung um eine Versicherung, welche ganz oder teilweise den im gesetzlichen Sozialversicherungssystem vorgesehenen Krankenversicherungsschutz ersetzen kann. Zwar erfordert dies nicht, dass die private Krankenversicherung einen mit der gesetzlichen Krankenversicherung identischen Schutz gewährleistet, doch muss der Schutzumfang nach Art und Qualität dem der gesetzlichen Krankenversicherung entsprechen und nicht lediglich ergänzend eingreifen.[49] Um eine solche substitutive Krankenversicherung handelt es sich unter anderem auch bei der privaten Krankheitskostenvollversicherung.[50] Der substitutive Krankenversicherungsschutz ist gemäß § 195 Abs. 1 S. 1 VVG grundsätzlich unbefristet. Ob es sich bei einer Versicherung um eine substitutive oder nicht substitutive Krankenversicherung handelt, ist im Rahmen einer Negativabgrenzung festzustellen. Sollten die Voraussetzungen des substitutiven Krankenversicherungsschutzes

---

48 Gesetzesbegründung der Bundesregierung zum Gesetzesentwurf zur Reform des Versicherungsvertragsrechts, BT-Drucks. 16/3945 S. 118; *Staudinger* in Bach/Moser, PKV, Einl, Rn. 208; *Boetius*, PKV, EGVVG, Rn. 2 f.; *Brand*, VersR 2011, 557, 558; *Grote/Schneider*, BB 2007, 2689, 2701.

49 *Staudinger* in Bach/Moser, PKV, Einl, Rn. 303; *Stormberg* in Beckmann/Matusche-Beckmann, Versicherungsrecht-Handbuch, § 44, Rn. 67; *Wandt*, Versicherungsrecht, S. 461.

50 *Stormberg* in Beckmann/Matusche-Beckmann, Versicherungsrecht-Handbuch, § 44, Rn. 67; *Boetius*, PKV, Einf., Rn. 40; *Brömmelmeyer* in Schwintowski/Brömmelmeyer, PK-Versicherungsrecht, § 192, Rn. 2.

nicht vorliegen, handelt es sich automatisch um eine nicht substitutive Krankenversicherung.[51]

2. Der Krankheitskostenversicherungsvertrag

Dem Oberbegriff der privaten Krankenversicherung unterfallen verschiedene Grundtypen von Versicherungsverträgen. Gegenstand der Untersuchung soll ausschließlich der private Krankheitskostenvollversicherungsvertrag sein. Neben der Krankheitskostenversicherung sind als weitere wichtige Grundtypen des privaten Krankenversicherungsschutzes in § 192 VVG die Krankenhaustagegeld-, die Krankentagegeld- und die Pflegekrankenversicherung benannt. Für die private Pflegepflichtversicherung verweist § 192 Abs. 6 S. 3 VVG zudem auf die insoweit vorrangigen Regelungen des SGB XI.

a) Begriffsbestimmung

Der private Krankheitskostenversicherungsvertrag regelt die Erstattung von Aufwendungen des Versicherungsnehmers oder einer anderen versicherten Person, je nach vertraglich vereinbartem Umfang, welche diese in einem Leistungsverhältnis mit Ärzten oder sonstigen Leistenden erbracht haben.[52] Als privatrechtlicher Vertrag kommt er durch eine rechtsgeschäftliche Einigung zwischen Versicherungsnehmer und Versicherer zustande. Der Vertrag begründet ein Dauerschuldverhältnis, bei dem die Prämienleistungspflicht des Versicherungsnehmers synallagmatisch mit der Erstattungs- und Leistungspflicht des Versicherers verknüpft ist. Im Hinblick auf die Erstattung der Aufwendungen des Versicherungsnehmers ist der Versicherer regelmäßig nachleistungspflichtig.[53] Die Leistungserbringungspflicht ist auf den Fall des Eintritts des Versicherungsfalls aufschiebend bedingt (vgl. § 1 VVG).[54] Wie bereits erwähnt, handelt es sich bei der Krankenversicherung um eine Personenversicherung und im Falle der Krankheitskostenversicherung zugleich um eine Schadensversicherung.[55] Dies

51 *Boetius* in Langheid/Wandt, MüKo VVG, Vorbem. zu §§ 192–208, Rn. 630; *Wandt*, Versicherungsrecht, S. 461.

52 *Reinhard* in Looschelders/Pohlmann, VVG, § 192, Rn. 7; *Commer* in van Bühren, Handbuch Versicherungsrecht, § 17, Rn. 213; *Wandt*, Versicherungsrecht, S. 453.

53 *Staudinger* in Bach/Moser, PKV, Einl, Rn. 31; *Kalis* in Langheid/Wandt, MüKo VVG, § 192, Rn. 14 f.; *Eichelberger* in Spickhoff, Medizinrecht, § 192 VVG, Rn. 29.

54 Anstatt vieler: *Looschelders* in Langheid/Wandt, MüKo VVG, § 1, Rn. 24.

55 *Stormberg* in Beckmann/Matusche-Beckmann, Versicherungsrecht-Handbuch, § 44, Rn. 62 f; Rn. 42; *Harke*, Besonderes Schuldrecht, § 3, Rn. 209 (S. 169).

folgt daraus, dass der Versicherer im Rahmen dieses Vertragstypus nur zum Ersatz des konkret durch das Eintreten des Versicherungsfalls entstandenen Bedarfs verpflichtet ist.[56]

Die wichtigsten Rechtsgrundlagen der Krankheitskostenversicherung bilden das VVG (insbesondere die §§ 192–208 VVG und die §§ 1–87 VVG), das VAG sowie das SGB V, welches insbesondere im Hinblick auf Sonderkündigungsrechte und Arbeitgeberzuschüsse von Bedeutung ist.[57] Der vertragliche Anspruch des Versicherungsnehmers auf den Ersatz seiner Aufwendungen besteht dann, wenn die Aufwendungen auf einem wirksam entstandenen und fälligen Vergütungsanspruch der Leistungserbringer (überwiegend Ärzte) beruhen.[58] In der Rechtsprechung wird diesbezüglich betont, dass „die Krankheitskostenversicherung als Passivenversicherung den Versicherer gegenüber dem VN nur zum Ersatz derjenigen Aufwendungen [verpflichtet], die diesem in Bezug auf das versicherte Risiko zur Erfüllung von Verpflichtungen aus berechtigten Ansprüchen Dritter erwachsen sind".[59] Die gemäß § 192 Abs. 1 VVG versicherten Gefahren sind Krankheit und Unfall sowie sonstige vereinbarte Leistungen einschließlich solcher bei einer Schwangerschaft, der Entbindung und ambulanter Vorsorgeuntersuchungen nach gesetzlich eingeführten Programmen.[60] Dem entspricht inhaltlich auch die generalklauselartige Beschreibung des Vertragsgegenstandes in § 1 Abs. 1, Abs. 2 MB/KK 2009.[61] Die vertragliche Pflicht des Versicherers besteht also hauptsächlich in der Erstattung von Aufwendungen für eine medizinisch notwendige Heilbehandlung oder für sonstige Leistungen. Gemäß § 192 Abs. 3 VVG kann durch den Krankheitskostenversicherungsvertrag auch vermehrt die Erbringung bestimmter Leistungen, welche einen Bezug zu den versicherten Gefahren aufweisen, vereinbart werden. Der Hauptgegenstand der Krankheitskostenversicherung ist aber dennoch der Ersatz von Aufwendungen

---

56 *Reinhard* in Looschelders/Pohlmann, VVG, § 192, Rn. 7; *Wandt*, Versicherungsrecht, S. 459.

57 *Rudolph* in Bach/Moser, PKV, Einl, Rn. 14; *Stormberg* in Beckmann/Matusche-Beckmann, Versicherungsrecht-Handbuch, § 44, Rn. 116 f.

58 *BGH*, Urt. v. 21.02.2001 VersR 2001, 576, 576 f.; *Commer* in van Bühren, Handbuch Versicherungsrecht, § 17, Rn. 213; f. *Fortmann*, Krankheitskostenversicherung und Krankenhaustagegeldversicherung, S. 11 f.

59 *BGH*, Urt. v. 12.03.2003, VersR 2003, 581, 582; *OLG Düsseldorf*, Urt. v. 03.12.2002, VersR 2003, 986, 987; *OLG Karlsruhe*, Urt. v. 21.11.2006, VersR 2007, 679, 679.

60 Anstatt vieler *Stormberg* in Beckmann/Matusche-Beckmann, Versicherungsrecht-Handbuch, § 44, Rn. 133a f., 147.

61 *Fortmann*, Krankheitskostenversicherung und Krankenhaustagegeldversicherung, S. 6.

für eine medizinisch notwendige Heilbehandlung aufgrund einer Krankheit oder eines Unfalls.[62]

aa) Krankheit und Unfall

Das Vorliegen einer Krankheit bestimmt sich anhand eines objektiven Krankheitsbegriffes.[63] Danach ist eine Krankheit als ein anomaler Zustand des Körpers oder des Geistes zu beschreiben, welcher auf Grundlage anerkannter medizinischer Grundsätze festzustellen ist.[64] Ebenfalls erfasst sind aufgrund eines Unfalls entstandene Kosten für medizinische Leistungen.

Die Legaldefinition des Unfallbegriffs findet sich in § 178 Abs. 2 S. 1 VVG. Danach liegt ein Unfall vor, wenn die versicherte Person durch ein plötzlich von außen auf ihren Körper wirkendes Ereignis unfreiwillig eine Gesundheitsschädigung erleidet.[65] Im Rahmen der Krankenversicherung stellt erst die aufgrund des Unfalls zu erbringende Behandlungsleistung den Versicherungsfall dar.[66]

bb) Heilbehandlung und notwendige Aufwendungen

Abgesehen von den inzwischen auch von der Krankheitskostenversicherung umfassten Dienstleistungen und sonstigen Leistungen, kann der Versicherungsnehmer hauptsächlich Ersatz für Aufwendungen verlangen, welche er für eine notwendige Heilbehandlung aufgrund von Krankheit und Unfall getätigt hat. Der *BGH* versteht darunter *„jegliche ärztliche Tätigkeit […], die durch die betreffende Krankheit verursacht worden ist, sofern die Leistung des Arztes von ihrer Art her in den Rahmen der medizinisch notwendigen Krankenpflege fällt und auf Heilung, Besserung oder auch Linderung der Krankheit abzielt“*.[67] Für die Annahme

62 *Stormberg* in Beckmann/Matusche-Beckmann, Versicherungsrecht-Handbuch, § 44, Rn. 136 f.

63 *Staudinger* in Bach/Moser, PKV, Einl, Rn. 45; *Brömmelmeyer* in Schwintowski/Brömmelmeyer, PK-Versicherungsrecht, § 192, Rn. 6.

64 *BGH*, Urt. v. 17.12.1986, VersR 1987, 278, 279; *OLG Köln*, Urt. v. 18.03.1993, VersR 1994, 208, 208; *Boetius*, PKV, § 192, Rn. 110, *Stormberg* in Beckmann/Matusche-Beckmann, Versicherungsrecht-Handbuch, § 44, Rn. 133a; *Eichelberger* in Spickhoff, Medizinrecht, § 192 VVG, Rn. 8.

65 Vgl. auch *Stormberg* in Beckmann/Matusche-Beckmann, Versicherungsrecht-Handbuch, § 44, Rn. 134; *Voit* in Prölss/Martin, VVG, § 192, Rn. 43; *Eichelberger* in Spickhoff, Medizinrecht, § 192 VVG, Rn. 10; *Wehmeyer/Schubach* in Terbille/Clausen/Schroeder-Printzen, MAH Medizinrecht, § 5, Rn. 71.

66 Anstatt vieler *Boetius*, PKV, § 192, Rn. 117.

67 *BGH*, Urt. v. 10.07.1996, VersR 1996, 1224, 1225.

der Notwendigkeit der Heilbehandlung genügt es grundsätzlich, „*wenn es nach den objektiven medizinischen Befunden und wissenschaftlichen Maßstäben zum Zeitpunkt der Behandlung vertretbar ist, die medizinische Notwendigkeit zu bejahen*“.[68] Diesbezüglich wurde – im Sinne der Rechtssicherheit – in § 192 Abs. 2 VVG ein Übermaßverbot eingeführt, wonach der Versicherer ausdrücklich nicht mehr zur Leistung von Aufwendungsersatz verpflichtet ist, wenn die Aufwendungen für die Heilbehandlung oder sonstigen Leistungen in einem auffälligen Missverhältnis zu den erbrachten Leistungen stehen.[69] Diesbezüglich gemachte Aufwendungen, sofern diese rechtlich und tatsächlich bestehen, unterfallen dann nicht der Aufwendungsersatzpflicht des Versicherers.[70] Ergänzend normiert § 200 VVG für die Krankheitskostenversicherung ein Bereicherungsverbot, sodass die Erstattungsleistung, welche die versicherte Person erhält, auf die tatsächlichen Aufwendungen beschränkt ist.[71]

b) Umfang des Versicherungsschutzes

Der Umfang des Versicherungsschutzes im Rahmen des Krankheitskostenversicherungsvertrages variiert in verschiedener Hinsicht. Hinsichtlich des Umfangs der Kostenübernahme durch den Krankenversicherer kann beim Krankheitskostenversicherungsvertrag insbesondere zwischen Voll- und Teilversicherung unterschieden werden. Bei der Krankheitskostenvollversicherung handelt es sich um eine Versicherung, welche im Kern die Erstattung (mit oder ohne Selbstbeteiligung) sowohl der stationären als auch der ambulanten ärztlichen Behandlungen, des Zahnersatzes und der Zahnbehandlung sowie zusätzlich der Arzneimittelversorgung erfasst.[72] Demgegenüber deckt die Teilversicherung nur die Erstattung für Aufwendungen im Rahmen vertraglich festgelegter Teilbereiche ab.[73] Im Rahmen der vorliegenden Arbeit soll nur die Rechtslage für Krankheitskostenversicherungsverträge untersucht werden, welche hinsichtlich

---

68 *Muschner* in Langheid/Rixecker, VVG, § 192 Rn. 8.

69 *Marko*, PKV, Teil A, Rn. 12 f.; *Brömmelmeyer* in Schwintowski/Brömmelmeyer, PK-Versicherungsrecht, § 192, Rn. 61 f.

70 *Boetius*, PKV, § 192, Rn. 160; *Voit* in Prölss/Martin, VVG, § 192, Rn. 115, 120 f.

71 *Kalis* in Bach/Moser, PKV, § 200 VVG, Rn. 1; *Wehmeyer/Schubach* in Terbille/Clausen/Schroeder-Printzen, MAH Medizinrecht, § 5, Rn. 35; *Schubach* in Höra, MAH Versicherungsrecht, § 23, Rn. 53.

72 *Boetius* in Langheid/Wandt, MüKo VVG, Vorbem. zu §§ 192–208, Rn. 94; *Voit* in Prölss/Martin, VVG, § 192, Rn. 2.

73 *Stormberg* in Beckmann/Matusche-Beckmann, Versicherungsrecht-Handbuch, § 44, Rn. 24; *Voit* in Prölss/Martin, VVG, § 192, Rn. 2.

des Umfangs der Kostenübernahme den Anforderungen des § 193 Abs. 3 S. 1 VVG genügen.

Der Umfang des privatrechtlichen Krankheitskostenversicherungsvertrags bestimmt sich nach den Musterbedingungen für die Krankheitskostenversicherung (*kurz*: MB/KK) sowie den Tarifbedingungen.[74] Die Bearbeitung bezieht sich hinsichtlich der Auseinandersetzung mit den MB/KK auf die im Bearbeitungszeitpunkt aktuellen Musterbedingungen 2009 (Stand Januar 2017).[75] Die Tarife in der privaten Krankenversicherung dienen dabei der kollektiven Festlegung eines gewährten Leistungsspektrums und der jeweiligen damit zusammenhängenden Beiträge.[76]

II. Die Versicherung auf die Person eines Dritten in privaten Krankheitskostenversicherungsverträgen

1. Einführung

In der privaten Krankheitskostenversicherung eines Versicherungsnehmers können sowohl das Krankheitskostenrisiko einer einzelnen Person als auch das mehrerer Personen gleichzeitig versichert werden. Insofern kann – wie § 193 Abs. 1 S. 1 VVG klarstellt – die Versicherung auf die Person des Versicherungsnehmers selbst sowie auf die eines anderen genommen werden. Dabei handelt es sich bei der versicherten Person im Sinne von § 193 Abs. 1 S. 2 VVG um die sog. Gefahrsperson des Vertrags, d.h. die Person, deren Krankheitskostenrisiko versichert wird.[77]

Vor diesem Hintergrund werden nachfolgend – im Sinne einer Grundlegung – das für die Arbeit maßgebliche Begriffsverständnis der Gefahrsperson und deren Rechtsstellung näher beleuchtet sowie die vertraglichen Gestaltungsmöglichkeiten der Absicherung Dritter dargestellt. Letztere sind insbesondere für die in *Kapitel C* näher behandelten rechtlichen Möglichkeiten, eine Anschlussversicherung für die Gefahrsperson zu sichern, von Relevanz. Im Fokus steht zudem die Untersuchung, ob die Absicherung des Dritten eine Versicherung

74 *Muschner* in Langheid/Rixecker, VVG, § 192, Rn. 5; *Kalis* in Langheid/Wandt, MüKo VVG, § 192, Rn. 40 f.

75 Beigefügt als Annex.

76 *Stormberg* in Beckmann/Matusche-Beckmann, Versicherungsrecht-Handbuch, § 44, Rn. 21; *Boetius*, PKV, § 10 KalV, Rn. 11, 14; *Reinhard* in Looschelders/Pohlmann, VVG, § 203, Rn. 5.

77 *Schäfer* in Igl/Welti, Gesundheitsrecht, § 35, Rn. 3, 5.

eines für den Versicherungsnehmer eigenen oder (auch) fremden Interesses darstellt. Danach bemisst sich, wie stark die rechtliche Stellung der Gefahrsperson ausgeprägt ist, das heißt insbesondere, ob oder welche Rechte der Dritte aus dem Vertrag erlangt.[78] In diesem Kontext werden die für die weitere Untersuchung maßgeblichen exemplarischen Drittversicherungskonstellation dargestellt und das jeweilige Innenverhältnis zwischen Versicherungsnehmer und der Gefahrsperson (Dritter) untersucht. Anhand dieser Feststellungen kann im Anschluss eine Einordnung der Konstellationen als Fremd- oder Eigenversicherungen des Versicherungsnehmers und der daraus resultierenden Rechtsposition der Gefahrsperson erfolgen. Diese Einteilung sowie die Darstellung der zwischen Versicherungsnehmer und Gefahrsperson im Innenverhältnis bestehenden Bindungen werden insbesondere bei der in *Kapitel F* behandelten Frage nach einem eigenen Kündigungsrecht der Gefahrsperson sowie im Rahmen der Auslegung des § 205 Abs. 6 S. 1 VVG in *Kapitel C* relevant.

2. Rechtliche Einordnung der Versicherung auf die Person eines Dritten

a) Versicherte Person i.S.v. § 193 Abs. 1 S. 2 VVG als Gefahrsperson

Das VVG regelt die Möglichkeit, eine Versicherung auf die Person eines anderen als den Versicherungsnehmer zu nehmen, eigenständig im speziellen Krankenversicherungsrecht. Nach § 193 Abs. 1 S. 1 VVG kann der Versicherungsnehmer den Versicherungsschutz sowohl für sich selbst als auch für einen Dritten begründen. Die Person, deren Versicherungsschutz durch den Vertrag sichergestellt wird, heißt im Personenversicherungsrecht Gefahrsperson.[79] Das Gesetz selbst bezeichnet die Gefahrsperson in § 193 Abs. 1 S. 2 VVG als „versicherte Person". In jeder Krankenversicherung gibt es stets mindestens eine Gefahrsperson. Anstelle eines Dritten kann also grundsätzlich auch der Versicherungsnehmer selbst Gefahrsperson („*versicherte Person*") im Sinne des § 193 Abs. 1 S. 2 VVG sein. Häufig wird als „versicherte Person" des Krankenversicherungsvertrags aber nur der vom Versicherungsnehmer personenverschiedene Dritte bezeichnet, dessen Krankheitskostenrisiko durch die Versicherung abgesichert

---

78 *Lentz*, Die Dogmatik der Versicherung für fremde Rechnung, S. 46 f.

79 *Boetius*, PKV, § 193, Rn. 43; *Muschner* in Langheid/Rixecker, VVG, § 193, Rn. 15; *Koch* in Looschelders/Pohlmann, VVG, § 43, Rn. 18; *Voit* in Prölss/Martin, VVG, § 193, Rn. 1; *Eichelberger* in Spickhoff, Medizinrecht, § 193 VVG, Rn. 3; *Lentz*, Die Dogmatik der Versicherung für fremde Rechnung, S. 34; *Looschelders*, RuS 2015, 581, 581 f.

wird.[80] So differenziert auch das Gesetz etwa in § 208 S. 1 VVG begrifflich zwischen Versicherungsnehmer und versicherter Person. Der vorliegenden Arbeit wird vor diesem Hintergrund insgesamt ein eingeschränktes Begriffsverständnis der Gefahrsperson zugrunde gelegt. Beleuchtet wird ausschließlich die Rechtslage im Hinblick auf vom Versicherungsnehmer verschiedene Gefahrspersonen, deren Krankenversicherungsschutz durch die Versicherung abgesichert wird.

Keine Begriffsidentität besteht zwischen der „versicherten Person" oder Gefahrsperson im Sinne des § 193 Abs. 1 S. 2 VVG und dem „Versicherten" im Sinne des § 43 Abs. 1 VVG. Während die Versicherung für fremde Rechnung nach § 43 Abs. 1 VVG stets (auch) ein eigenes Interesse der versicherten Person an der Absicherung voraussetzt, ist dies bei der Gefahrsperson im Sinne des § 193 Abs. 1 S. 2 VVG nicht immer der Fall. Die versicherte Person kann je nach Interessenlage Gefahrsperson und zugleich Versicherter im Rahmen einer Versicherung für fremde Rechnung[81] oder nur reine Gefahrsperson ohne eigenes geschütztes Interesse an der Absicherung von Krankheitskosten sein.[82] Danach bestimmt sich, ob die Versicherung eine Eigen- oder Fremdversicherung des Versicherungsnehmers ist.

b) Vertragsgestaltung bei Abschluss einer Versicherung auf die Person eines Dritten

Es kommen verschiedene vertragliche Gestaltungsmöglichkeiten bei Abschluss einer Versicherung auf die Person eines anderen in Betracht. Grundsätzlich herrscht im privaten Krankenversicherungsrecht eine große vertragliche Gestaltungsfreiheit und daraus resultierende Tarifvielfalt.[83] Diese wird lediglich teilweise durch (halb-)zwingende Vorschriften des VVG modifiziert.[84] Daher ist die inhaltliche Ausgestaltung des Vertrags größtenteils frei. Es kann aber eine grobe Unterscheidung der praxisrelevanten Vertragsgestaltungen bei einer Versicherung auf die Person eines Dritten getroffen werden.

---

80 Vgl. etwa *Kalis* in Bach/Moser, PKV, § 193 VVG, Rn. 1; *Rogler* in Rüffer/Halbach/Schimikowski, VVG, § 193, Rn. 19.

81 Z.T. als „Mitversicherter" bezeichnet: *Muschner* in Langheid/Rixecker, VVG, § 193, Rn. 15.

82 Boetius, PKV, § 193, Rn. 41; *Muschner* in Langheid/Rixecker, VVG, § 193, Rn. 15; *Voit* in Prölss/Martin, VVG, § 193, Rn. 1.

83 *Staudinger* in Bach/Moser, PKV, Einl, Rn. 66 f.; *Brömmelmeyer* in Rüffer/Halbach/Schimikowski, VVG, § 1, Rn. 2.

84 *Boetius* in Langheid/Wandt, MüKo VVG, Vorbem. zu §§ 192–208, Rn. 818 ff.

Ein häufiger Fall ist in der privaten Krankheitskostenversicherung der Abschluss eines einheitlichen Vertrages für mehrere Gefahrspersonen,[85] beispielsweise in Form eines Familienversicherungsvertrags für den Ehegatten und die Kinder des Versicherungsnehmers.[86] In der privaten Krankenversicherung wird jedoch – trotz einheitlichen Vertrags – für jede Gefahrsperson ein Beitrag auf Grundlage einer individuellen Risikoanalyse festgelegt.[87] Demgegenüber werden in der gesetzlichen Krankenversicherung – unter den Voraussetzungen des § 10 SGB V – grundsätzlich die Familienmitglieder, d.h. der Ehegatte oder Lebenspartner und die Kinder, in gleichem Umfang wie der gesetzlich versicherte Ehegatte beziehungsweise Lebenspartner beitragsfrei (gemäß § 3 S. 3 SGB V) mitversichert.[88] Die kostenlose Mitversicherung ist Ausfluss des im gesetzlichen Krankenversicherungssystem vorherrschenden Solidaritätsprinzips.[89]

Daneben kann eine Versicherung auf die Person eines Dritten auch in Form eines separaten Vertrages zwischen dem Versicherungsnehmer und dem Versicherer zur ausschließlichen Sicherung des Krankenversicherungsschutzes eines Dritten erfolgen.[90] Das heißt, dass der Vertrag nur den Dritten als Gefahrsperson erfasst. Die eigene Versicherung des Versicherungsnehmers ist dann in einem eigenständigen Vertrag geregelt.

Ob es sich bei der versicherungsvertraglichen Ausgestaltung der Mitversicherung um jeweils mehrere eigenständige Verträge oder aber um ein einheitliches Vertragsdokument handelt, ist im Einzelfall durch Vertragsauslegung (§§ 133, 157 BGB) zu ermitteln. Dabei können insbesondere eine einheitliche Antragstellung, die Verwendung einheitlicher Versicherungsbedingungen und die Versicherung des gleichen Risikos als Indizien für einen einheitlichen

---

85 *Armbrüster*, Privatversicherungsrecht, S. 23, Rn. 73.

86 *Staudinger* in Bach/Moser, PKV, Einl, Rn. 66; *Rogler* in Rüffer/Halbach/Schimikowski, VVG, § 192, Rn. 3; *Marko*, PKV, Teil A, Rn. 2.

87 *Stormberg* in Beckmann/Matusche-Beckmann, Versicherungsrecht-Handbuch, § 44, Rn. 11, 42; *Boetius* in Langheid/Wandt, MüKo VVG, Vorbem. zu §§ 192–208, Rn. 101, 799 ff.

88 *Stormberg* in Beckmann/Matusche-Beckmann, Versicherungsrecht-Handbuch, § 44, Rn. 3c; *Berchtold* in Knickrehm/Kreikebohm/Waltermann, Sozialrecht, § 10 SGB V, Rn. 1 ff.; *Nebendahl* in Spickhoff, Medizinrecht, § 3 SGB V, Rn. 1, 5.

89 *Just* in Becker/Kingreen, SGB V, § 10, Rn. 1; *Stormberg* in Beckmann/Matusche-Beckmann, Versicherungsrecht-Handbuch, § 44, Rn. 5; *Hauck* in Plagemann, MAH Sozialrecht, § 17, Rn. 7; *Nebendahl* in Spickhoff, Medizinrecht, § 1 SGB V, Rn. 3.

90 *Staudinger* in Bach/Moser, PKV, Einl, Rn. 76, 67; *Stormberg* in Beckmann/Matusche-Beckmann, Versicherungsrecht-Handbuch, § 44, Rn. 95.

Versicherungsvertrag sprechen.[91] In beiden Fällen bedarf es keiner Mitwirkung oder Zustimmung des Dritten zu dem Vertragsabschluss.[92]

c) Versichertes Interesse in der Versicherung auf die Person eines Dritten

Wird die Versicherung zumindest auch auf eine andere Person als den Versicherungsnehmer genommen, ist im Hinblick auf die anzuwendenden Vorschriften danach zu unterscheiden, ob durch diese ein – für den im eigenen Namen handelnden Versicherungsnehmer – eigenes oder (auch) fremdes Interesse versichert wird.[93] Das richtet sich danach, wer mit dem Abschluss des Versicherungsvertrags vor wirtschaftlichen Belastungen im Zusammenhang mit der Erkrankung der Gefahrsperson geschützt wird bzw. geschützt werden soll.[94] Im Hinblick auf die Absicherung der Gefahrsperson wird anhand des abgesicherten Interesses dann zwischen der Eigenversicherung, der Fremdversicherung sowie der kombinierten Eigen- und Fremdversicherung unterschieden.[95] Die Unterscheidung betrifft ausschließlich das Deckungsverhältnis, also den zwischen dem Versicherer und dem Versicherungsnehmer geschlossenen Krankheitskostenversicherungsvertrag. Während die Einordnung in der Praxis keine große Rolle spielt, ist sie rechtlich insoweit sehr bedeutsam als von ihr die Rechte der Gefahrsperson im Hinblick auf die Versicherungsleistung abhängen.[96]

Unabhängig davon, wessen Interessen durch die Versicherung auf die Person eines Dritten abgesichert werden sollen, bleibt allein der Versicherungsnehmer der Vertragspartner des Versicherers.[97] Nicht in Betracht kommt für die Untersuchung ein Handeln in fremdem Namen, da ansonsten – die Wirksamkeit der Stellvertretung unterstellt – der Dritte gemäß § 164 Abs. 1 BGB selbst Versicherungsnehmer und Gefahrsperson wird und es an einer Mehrpersonenkonstellation fehlt.

---

91 *Staudinger* in Bach/Moser, PKV, Einl, Rn. 76, 68 ff.

92 *Lentz*, Die Dogmatik der Versicherung für fremde Rechnung, S. 9 f.

93 *Brömmelmeyer* in Rüffer/Halbach/Schimikowski, VVG, § 1, Rn. 3.

94 Anstatt vieler: *Boetius*, PKV, § 193 VVG, Rn. 41.

95 *Armbrüster*, Privatversicherungsrecht, S. 22 f., Rn. 70, 73; *Boetius*, PKV, § 193, Rn. 40 ff.; *Rixecker* in Langheid/Rixecker, VVG, § 43, Rn. 1; *Koch* in Looschelders/Pohlmann, VVG, § 43, Rn. 1; *Muschner* in Rüffer/Halbach/Schimikowski, VVG, § 43, Rn. 4.

96 Siehe dazu ausführlich nachfolgend unter B. II. 2. d).

97 *Koch* in Looschelders/Pohlmann, VVG, § 43, Rn. 43 f.; *Reinhard* in Looschelders/Pohlmann, VVG, § 193, Rn. 5; *Hübsch* in Schwintowski/Brömmelmeyer, PK-Versicherungsrecht, Vorbem §§ 43 bis 48 VVG, Rn. 1; *Schüffner/Franck* in Sodan, Krankenversicherungsrecht, § 43, Rn. 56.

d) Eigen- und Fremdversicherung

Die Differenzierung zwischen der Versicherung für eigene und für fremde Rechnung knüpft an die Frage an, zur Deckung wessen Interesses der Versicherungsvertrag geschlossen wurde.[98] Auch die Versicherung sowohl eigener als auch fremder Interessen durch einen einheitlichen Versicherungsvertrag als sogenannte kombinierte Eigen- und Fremdversicherung ist möglich und vielfach die Regel.[99] Ob es sich in der jeweiligen Konstellation der Versicherung auf einen Dritten um eine Versicherung für fremde oder eigene Rechnung handelt, kann sich aus den allgemeinen Versicherungsbedingungen oder individualvertraglichen Regelungen ergeben.[100] Fehlt es an einer entsprechenden Regelung, ist durch Auslegung anhand der Umstände des Einzelfalls zu ermitteln, ob die Versicherung für einen anderen genommen werden soll und ob es sich dabei um ein Handeln im eigenen oder fremden Namen handelt.[101] In Zweifelsfällen dient § 43 Abs. 2 VVG als Auslegungsregel, während § 43 Abs. 3 VVG eine gesetzliche Vermutung beinhaltet.[102] Die Vorschrift des § 43 Abs. 2 VVG betrifft die grundsätzliche Abgrenzung von Handeln in eigenem oder fremden Namen (Stellvertretung). Nach § 43 Abs. 2 VVG ist der Abschluss eines Vertrages für einen anderen im Zweifel als Handeln des Versicherungsnehmers in eigenem Namen und für fremde Rechnung und nicht als Auftreten als der Vertreter des Begünstigten auszulegen. Dagegen regelt § 43 Abs. 3 VVG den Fall, dass im Einzelfall Unklarheit darüber besteht, für wessen Rechnung der Vertrag geschlossen sein soll und stellt die widerlegbare Vermutung zugunsten der Versicherung eines eigenen Interesses (Versicherung für eigene Rechnung) auf.[103] Demnach handelt

---

98 *Brand* in Bruck/Möller, VVG, Vor §§ 43–48, Rn. 4; *Koch* in Looschelders/Pohlmann, VVG, § 43, Rn. 1; *Hübsch* in Schwintowski/Brömmelmeyer, PK-Versicherungsrecht, Vorbem. zu §§ 43 bis 48 VVG, Rn. 29 f.; *Meixner/Steinbeck*, Versicherungsvertragsrecht, § 1, Rn. 51.

99 *Dageförde* in Langheid/Wandt, MüKo VVG, § 43, Rn. 7; *Hübsch* in Schwintowski/Brömmelmeyer, PK-Versicherungsrecht, Vorbem §§ 43 bis 48 VVG, Rn. 32 f.; *Steinbeck* in Höra, MAH Versicherungsrecht, § 2, Rn. 366.

100 *Boetius*, PKV, § 193 VVG, Rn. 51; *Koch* in Looschelders/Pohlmann, § 43, Rn. 5.

101 *Reinhard* in Looschelders/Pohlmann, VVG, § 193, Rn. 5; *Muschner* in Rüffer/Halbach/Schimikowski, VVG, § 43, Rn. 4; *Hübsch* in Schwintowski/Brömmelmeyer, PK-Versicherungsrecht, § 43, Rn. 1 f.

102 *Armbrüster* in Beckmann/Matusche-Beckmann, Versicherungsrecht-Handbuch, § 6, Rn. 95; *Dageförde* in Langheid/Wandt, MüKo VVG, § 43, Rn. 38, 47 ff.; *Koch* in Looschelders/Pohlmann, VVG, § 43, Rn. 5.

103 Anstatt vieler: *Koch* in Looschelders/Pohlmann, VVG, § 43, Rn. 5.

es sich, bei Fehlen einer ausdrücklichen Regelung, im Zweifel um eine Versicherung, die im eigenen Namen und für eigene Rechnung auf einen anderen genommen wurde.

aa) Versicherung für fremde Rechnung

Die Annahme einer Versicherung für fremde Rechnung im Sinne der §§ 43 ff. VVG bei Abschluss einer Versicherung auf die Person eines Dritten setzt voraus, dass zumindest auch das Interesse der Gefahrsperson, vor Krankheitskostenrisiken im Falle ihrer Erkrankung geschützt zu werden, versichert wird.[104]

Bis zur Reform des VVG, im Zuge derer die Regelungen zur Versicherung für fremde Rechnung in den allgemeinen Teil des VVG aufgenommen wurden und außerdem mit § 194 Abs. 3 VVG eine Sonderregelung zur Empfangsberechtigung eingeführt wurde, war die Frage der Anwendbarkeit der §§ 74 ff. VVG a.F. auf Krankenversicherungsverträge sehr umstritten.[105] Inzwischen sind nach § 194 Abs. 3 VVG diese Regelungen ausdrücklich auf Krankenversicherungsverträge anwendbar, soweit die Gefahrsperson zugleich Versicherter im Sinne von § 43 Abs. 1 VVG ist. Es handelt sich insofern um eine Rechtsgrundverweisung auf die Regelungen zur Versicherung für fremde Rechnung.[106] Diese stellt zudem einen Sonderfall des echten Vertrags zugunsten Dritter dar, auf welchen nach Maßgabe der §§ 43 ff. VVG darüber hinaus die Regelungen der §§ 328 ff. BGB Anwendung finden.[107]

Die Feststellung des Vorliegens einer Fremdversicherung ist vor allem im Hinblick auf die Rechtsstellung der Gefahrsperson von Bedeutung. Grundsätzlich ist die Rechtsposition der Gefahrsperson, deren Interesse versichert ist und die daher Versicherter im Sinne von § 43 VVG ist, stärker als die einer

---

104 *Boetius*, PKV, § 193 VVG, Rn. 42; *Kalis* in Langheid/Wandt, MüKo VVG, § 193, Rn. 14 f.; *Reinhard* in Looschelders/Pohlmann, VVG, § 193, Rn. 5; *Voit* in Prölss/Martin, VVG, § 193, Rn. 1.

105 Vgl. zum früheren Streit insbesondere: *BGH*, Urt. v. 08.02.2006, NJW 2006, 1434; *Koch* in Looschelders/Pohlmann, VVG, § 43, Rn. 6, 7; *Voit*, NJW 2006, 2225; *Sieg*, VersR 1994, 249, 249 f.; *Wriede*, VersR 1994, 251, 252; a.A. *Wriede*, VersR 1996, 873, 873.

106 *Boetius*, PKV, § 193 VVG, Rn. 61; *Rogler* in Rüffer/Halbach/Schimikowski, VVG, § 194, Rn. 13.

107 *BGH*, Urt. v. 08.02.2006, VersR 2006, 686, 688; *Beckmann* in Bruck/Möller, VVG, Einf. A, Rn. 238; *Koch* in Looschelders/Pohlmann, VVG, § 43, Rn. 10; *Boetius*, PKV, § 193 VVG, Rn. 43; *Muschner* in Rüffer/Halbach/Schimikowski, VVG, § 43, Rn. 24; *Gottwald* in MüKo BGB, § 328, Rn. 92; *Harke*, Besonderes Schuldrecht, § 3, Rn. 182 (S. 147).

Gefahrsperson, deren Interesse nicht mitversichert ist. Nach § 44 Abs. 1 S. 1 VVG steht dem Versicherten im Sinne von § 43 Abs. 1 VVG insbesondere das materielle Forderungsrecht in Bezug auf die Versicherungsleistung gegen den Versicherer zu.[108] Der Anspruch auf die Versicherungsleistung fällt im Falle einer Insolvenz des Versicherungsnehmers daher auch nicht in die Insolvenzmasse.[109] Vom materiellen Anspruch zu unterscheiden ist die formelle Verfügungsbefugnis, welche nach § 45 Abs. 1 VVG grundsätzlich nur dem Versicherungsnehmer zusteht. Eine Verfügung des Versicherten im Sinne von § 43 Abs. 1 VVG über die Forderungsrechte ist – wie die Verfügungsbeschränkung in § 44 Abs. 2 VVG klarstellt -grundsätzlich nur mit Zustimmung des Versicherungsnehmers möglich oder wenn sich der Versicherte im Besitz des Versicherungsscheins befindet.[110] Sofern die Gefahrsperson nicht durch den Versicherungsnehmer gegenüber dem Versicherer in Textform als Empfangsberechtigte benannt wird, gilt diese Regel gemäß § 194 Abs. 3 S. 2 VVG auch in der Krankheitskostenversicherung.[111] Die Gefahrsperson in einer Fremdversicherung hat also in diesem Fall einen eigenen Anspruch auf die Versicherungsleistung gegen den Versicherer, welcher jedoch gemäß §§ 45 Abs. 1, 44 Abs. 2 VVG nur durch den Versicherungsnehmer geltend gemacht werden kann. Eine Besonderheit gilt insofern, als die Vorlage des Versicherungsscheins zur Geltendmachung der Versicherungsleistung gemäß § 194 Abs. 3 S. 3 VVG nicht erforderlich ist.[112] Der Grundsatz der §§ 44, 45 VVG wird durch § 194 Abs. 3 S. 1 VVG für die Krankenversicherung hingegen modifiziert, sofern die im Rahmen einer Fremdversicherung abgesicherte Gefahrsperson gegenüber dem Versicherer durch den Versicherungsnehmer in Textform widerruflich oder unwiderruflich als Empfangsberechtigte benannt wird. In diesem Fall tritt neben die Anspruchsberechtigung der Gefahrsperson auch die Verfügungsberechtigung.[113] Die Gefahrsperson leitet dann nicht nur eigene

108 Anstatt vieler: *Koch* in Looschelders/Pohlmann, VVG, § 44, Rn. 3.

109 *BGH*, Urt. 16.07.2014, VersR 2014, 1118, 1119 (Rn. 11); *Brand* in Bruck/Möller, VVG, § 44, Rn. 11; *Koch* in Looschelders/Pohlmann, VVG, § 44, Rn. 10.

110 *Koch* in Looschelders/Pohlmann, VVG, § 44, Rn. 15 f.

111 *Reinhard* in Looschelders/Pohlmann, VVG, § 194, Rn. 20; *Brömmelmeyer* in Schwintowski/Brömmelmeyer, PK-Versicherungsrecht, § 194, Rn. 10 f.

112 *Kalis* in Langheid/Wandt, MüKo VVG, § 194, Rn. 45; *Rogler* in Rüffer/Halbach/Schimikowski, VVG, § 194, Rn. 25.

113 *Boetius*, PKV, § 194 VVG, Rn. 74; *Reinhard* in Looschelders/Pohlmann, VVG, § 194, Rn. 20; *Muschner* in Rüffer/Halbach/Schimikowski, VVG, § 43, Rn. 23; *Rogler* in Rüffer/Halbach/Schimikowski, VVG, § 194, Rn. 12 f.; *Brömmelmeyer* in Schwintowski/Brömmelmeyer, PK-Versicherungsrecht, § 194, Rn. 10; *Marlow* in Marlow/Spuhl, Das neue VVG, S. 571, Rn. 1293.

Ansprüche aus dem Versicherungsvertrag her, sondern kann diese auch selber (gerichtlich) geltend machen. Anders stellt sich im Vergleich die Situation in der gesetzlichen Krankenversicherung dar, wo jede versicherte Person automatisch alleiniger Anspruchsinhaber ist (§§ 2, 10 SGB V).[114] Keine eigenen Ausübungsbefugnisse stehen der Gefahrsperson im Rahmen der Fremdversicherung aber im Hinblick auf den Versicherungsvertrag als Ganzes berührende Rechte, wie etwa die Kündigung, zu. Diese kann nur der Versicherungsnehmer ausüben.[115]

Das Vorliegen einer Versicherung für fremde Rechnung wirkt sich schließlich auch auf die Rechte zwischen Versicherungsnehmer und Versichertem im Sinne von § 43 VVG aus. Nach überwiegender Meinung besteht im Innenverhältnis bei Vorliegen einer Versicherung für fremde Rechnung ein gesetzliches Treuhandverhältnis, das neben eine etwaige sonstige (vertragliche oder gesetzliche) Rechtsbeziehung zwischen dem Versicherungsnehmer und der Gefahrsperson tritt.[116] Im Versicherungsfall ist der Versicherungsnehmer zur Einziehung und Auskehr des Entschädigungsbetrags an die Gefahrsperson verpflichtet.[117] Daneben können aus dem Treuhandverhältnis auch Auskunfts- oder Schadensersatzpflichten des Versicherungsnehmers folgen.[118]

bb) Versicherung für eigene Rechnung

Bei Abschluss einer Versicherung auf die Person eines Dritten ist es aber auch möglich, dass es sich um eine auf eigene Rechnung des Versicherungsnehmers geschlossene Versicherung handelt. Eine solche Versicherung für eigene Rechnung liegt vor, wenn der Versicherungsnehmer ausschließlich sich selbst gegen den Eintritt negativer wirtschaftlicher Konsequenzen im Zusammenhang mit der Erkrankung der Gefahrsperson absichern möchte.[119] Versichert ist demnach alleinig das Interesse des Versicherungsnehmers, vor wirtschaftlichen Einbußen geschützt zu werden, welche ihm durch die Erkrankung der Gefahrsperson entstehen würden.[120] Ein solches Eigeninteresse des Versicherungsnehmers ist

---

114 *Reinhard* in Looschelders/Pohlmann, VVG, § 194, Rn. 20; *Voit*, NJW 2006, 2225.

115 Anstatt vieler: *Koch* in Looschelders/Pohlmann, VVG, § 44, Rn. 4.

116 *BGH*, Urt. v. 07.05.1975, BGHZ 64, 260, 264; *BGH*, Urt. v. 12.12.1990, BGHZ 113, 151, 154, *Koch* in Looschelders/Pohlmann, VVG § 46, Rn. 10 (m.w.N.).

117 *BGH*, Urt. v. 20.07.2011, VersR 2011, 1435; *Koch* in Looschelders/Pohlmann, VVG, § 46, Rn. 10; *Klimke* in Prölss/Martin, VVG, § 46, Rn. 5.

118 Anstatt vieler: *Klimke* in Prölss/Martin, VVG, § 46, Rn. 15 f.

119 *Boetius*, PKV, § 193, Rn. 41; *Gottwald* in MüKo BGB, § 328, Rn. 114; *Voit* in Prölss/Martin, VVG, § 193, Rn. 1 f.; *Steinbeck* in Höra, MAH Versicherungsrecht, § 2, Rn. 365; *Pannenbecker*, VersR 1998, 1322, 1323.

120 *Brömmelmeyer* in Schwintowski/Brömmelmeyer, PK-Versicherungsrecht, § 193, Rn. 6.

anzunehmen, wenn (nur) ihn aufgrund der rechtlichen und tatsächlichen Gegebenheiten eine Zahlungspflicht für die Kosten der medizinischen Leistungen zugunsten der durch die Krankheitskostenversicherung abgesicherten Gefahrsperson treffen würde.[121] Außer aufgrund etwaiger vertraglicher Verpflichtungen kann das Eigeninteresse des Versicherungsnehmers insbesondere aus im Innenverhältnis zur Gefahrsperson bestehenden Unterhaltspflichten resultieren.[122] Der Dritte ist im Falle einer Eigenversicherung des Versicherungsnehmers dann reine Gefahrsperson, die keine eigenen Rechte aus dem Krankheitskostenversicherungsvertrag herleiten kann.[123] Es fehlt der Gefahrsperson in diesen Fällen somit – anders als bei der Versicherung auf fremde Rechnung – schon an einem materiellen Anspruch auf die Versicherungsleistung gegen den Versicherer. Auf Gefahrspersonen, welche der Versicherungsnehmer auf eigene Rechnung versichert, finden daher § 194 Abs. 3 VVG und die §§ 43 ff. VVG keine Anwendung.

Das Vorliegen einer Eigenversicherung des Versicherungsnehmers wird teilweise pauschal im Rahmen sogenannter Familienversicherungsverträge angenommen, durch welche Familienmitglieder des Versicherungsnehmers, regelmäßig dessen Kinder und Ehepartner, mitversichert werden.[124] Eine derart undifferenzierte Einordnung vermag allerdings nicht zu überzeugen, da diese die Besonderheiten und Unterschiede der Mitversicherung abhängig von der jeweiligen Personenkonstellation unberücksichtigt lässt.[125] Dies wird besonders bei der nachfolgenden Betrachtung der exemplarischen Personenkonstellationen deutlich.

---

121 *BGH*, Urt. v. 08.02.2006, NJW 2006, 1434, 1436 (Rn. 24); *OLG Saarbrücken*, Urt. v. 18.12.1996, VersR 1997, 863, 865; *Brömmelmeyer* in Schwintowski/Brömmelmeyer, PK-Versicherungsrecht, § 193, Rn. 7; *Pannenbecker*, VersR 1998, 1322, 1323.

122 Siehe nachfolgend ausführlich die Untersuchung der exemplarischen Drittversicherungskonstellationen unter B. II. 3., 4.

123 *OLG Saarbrücken*, Urt. v. 18.12.1996, VersR 1997, 863, 865; *Boetius*, PKV, § 193 VVG, Rn. 41; *Koch* in Looschelders/Pohlmann, VVG, § 43, Rn. 18; *Brömmelmeyer* in Schwintowski/Brömmelmeyer, PK-Versicherungsrecht, § 193, Rn. 7; *Schüffner/Franck* in Sodan, Krankenversicherungsrecht, § 43, Rn. 57.

124 *OLG Saarbrücken*, Urt. v. 18.12.1996, VersR 1997, 863, 865. Im Hinblick auf Gefahrspersonen in einer Familienkrankenversicherung: *Armbrüster* in Beckmann/Matusche-Beckmann, Versicherungsrecht-Handbuch, § 6, Rn. 92; *Pannenbecker*, VersR 1998, 1322, 1323.

125 So auch *Brömmelmeyer* in Schwintowski/Brömmelmeyer, PK-Versicherungsrecht, § 193, Rn. 7.

3. Das Innenverhältnis zwischen Versicherungsnehmer und Gefahrsperson in typischen Personenkonstellationen

Die Einordnung einer auf die Person eines Dritten genommenen Krankheitskostenversicherung als Fremd- oder Eigenversicherung des Versicherungsnehmers hängt davon ab, wessen Interesse durch die Versicherung abgesichert werden soll. Insofern kommt es maßgeblich darauf an, wer im Innenverhältnis zur Sicherung der Krankheitsvorsorge verpflichtet ist. Die im Innenverhältnis zwischen Versicherungsnehmer und Gefahrsperson bestehenden Rechtsbeziehungen sind in der Regel familienrechtlich geprägt und lassen sich in typische Personengruppen unterteilen. Im Rahmen dieser Arbeit wird zwischen vier exemplarischen und praxisrelevanten Drittversicherungskonstellationen in der privaten Krankheitskostenversicherung unterschieden. Untersucht wird im Einzelnen das Innenverhältnis von Gefahrsperson und Versicherungsnehmer bei der Versicherung auf die Person von minderjährigen unterhaltsberechtigten Kindern, volljährigen unterhaltsberechtigten Kindern, eines Ehegatten sowie von sonstigen Dritten. Im Vordergrund steht die Prüfung, ob und in welchem Umfang Unterhaltspflichten im Innenverhältnis bestehen und inwieweit diese die Krankenversicherungskosten der Gefahrsperson umfassen.

a) Minderjährige unterhaltsberechtigte Kinder des Versicherungsnehmers

Einen häufig auftretenden Fall der Versicherung auf die Person eines Dritten stellt die Versicherung eines minderjährigen unterhaltsberechtigten Kindes in der Krankheitskostenversicherung eines Elternteils dar. Insbesondere unterhaltsrechtlich ist die Krankenversicherung – häufig im Falle der Scheidung oder Trennung der Eltern – immer wieder Gegenstand gerichtlicher Auseinandersetzungen.[126]

aa) Allgemeine Rechtsbeziehung zwischen Kind und Eltern

Das rechtliche Verhältnis von Kindern und ihren Eltern wird vorrangig durch das Konstrukt der elterlichen Sorge, geregelt in § 1626 BGB, geprägt und bestimmt.[127] Diese umfasst gemäß § 1626 Abs. 1 S. 2 BGB die Personen- und

---

126 So v.a. zur Frage ob die private Krankenversicherung des Kindes zum angemessenen Unterhalt gehört, z.B.: *OLG Koblenz*, Urt. v. 19.01.2010, NJW-RR 2010, 654; *OLG Naumburg*, Urt. v. 17.08.2006, NJW-RR 2007, 728; *OLG Koblenz*, Urt. v. 19.01.2010, NJW-RR 2010, 654; *OLG Dresden*, Urt. v. 28.11.2002, NJW-RR 2003, 364.

127 *Klinkhammer* in Wendl/Dose, Das Unterhaltsrecht in der familienrichterlichen Praxis, § 2, Rn. 1.

die Vermögenssorge für das minderjährige Kind. Der Terminus der elterlichen Sorge ist zudem der Oberbegriff für die Gesamtheit der rechtlichen Bindungen zwischen den Eltern und ihrem minderjährigen Abkömmling.[128] Davon umfasst sind auch die gesetzliche Vertretung des Kindes (§ 1629 Abs. 1 S. 1 BGB) sowie die tatsächliche Sorge für das Kind.[129]

Charakteristisch für die Beziehung zwischen Eltern und ihrem Kind ist regelmäßig eine starke Abhängigkeit des Kindes sowohl in finanzieller als auch in persönlicher Hinsicht. Dies ist unter anderem durch die nicht oder nur eingeschränkt bestehende Geschäftsfähigkeit des Minderjährigen (§§ 104 ff. BGB) bedingt[130] und zeigt sich auch in der gegenüber den Eltern bestehenden Unterhaltsberechtigung (§§ 1601 ff. BGB).[131] Außerdem sind die Eltern berechtigt und verpflichtet, im Sinne des Wohles des Kindes Entscheidungen in persönlicher und finanzieller Hinsicht zu treffen.[132] Insgesamt ist die rechtliche Beziehung zwischen den Eltern und ihren Kindern also durch ein besonderes Rechte- und Pflichtenverhältnis gekennzeichnet, bei dem die Pflicht zur Sorge der Eltern für das Kind im Vordergrund steht.[133]

bb) Krankenversicherungsschutz als angemessener Unterhalt

(1) Unterhaltsanspruch des Kindes

Die Eltern sind grundsätzlich gegenüber ihrem minderjährigen Kind unterhaltsverpflichtet. Diese Verpflichtung hat ihre Rechtsgrundlage in § 1601 BGB.[134] Die Unterhaltsberechtigung besteht zugunsten des minderjährigen Kindes nach § 1606 Abs. 1 BGB vorrangig vor den Verwandten anderen Grades. Allgemeine

---

128 Anstatt vieler: *Götz* in Palandt, BGB, § 1626, Rn. 1.

129 *Huber* in MüKo BGB, § 1626, Rn. 25 f.; *Kemper* in Schulze, HK-BGB, § 1626, Rn. 1 f.; *Peschel-Gutzeit* in Staudinger, BGB, § 1626, Rn. 56.

130 *Schmitt* in MüKo BGB, Vorbem. (Vor § 104), Rn. 4 f.; *Klumpp* in Staudinger, BGB, Vorbem. §§ 104–115, Rn. 26; *Gernhuber/Coester-Waltjen*, Familienrecht, § 3, Rn. 11–13.

131 *Norpoth/Kohlenberg* in Heiß/Born, Unterhaltsrecht, Kapitel 12, Rn. 16 f.; *Klinkhammer* in Wendl/Dose, Das Unterhaltsrecht in der familienrichterlichen Praxis, § 2, Rn. 1; *Graba/Maier* in Johannsen/Henrich, Familienrecht, § 1601, Rn. 6 f.; *Born* in MüKo BGB, § 1601, Rn. 4.

132 *Veit* in Bamberger/Roth, BeckOK BGB, § 1626, Rn. 41 f., 71; *Budzikiewicz* in Jauernig, BGB, § 1626, Rn. 1 f.; *Peschel-Gutzeit* in Staudinger, BGB, § 1627, Rn. 20.

133 *Döll* in Erman, BGB, § 1626, Rn. 1; *Rakete-Dombek* in NK-BGB Familienrecht, § 1626, Rn. 2; *Rauscher*, Familienrecht, § 33 Rn. 952.

134 Anstatt vieler: *Klinkhammer* in Staudinger, BGB, § 1601, Rn. 1, 4 f.

Voraussetzung für die Unterhaltsberechtigung des Kindes ist dessen Bedürftigkeit. Nach § 1602 Abs. 1 BGB ist derjenige bedürftig, der außerstande ist sich selbst zu unterhalten, was bei minderjährigen Kindern regelmäßig der Fall ist. Für die Untersuchung ist im Rahmen dieser Konstellation von einer Bedürftigkeit des minderjährigen Kindes auszugehen. Der Unterhalt ist gemäß § 1612 Abs. 1 S. 1 BGB grundsätzlich in Form von Barunterhalt zu entrichten, der gemäß § 1612 Abs. 3 S. 1 BGB monatlich im Voraus zu zahlen ist. Für den Kindesunterhalt gilt jedoch eine Ausnahme. Nach § 1612 Abs. 2 BGB wird den Eltern ein Bestimmungsrecht insbesondere hinsichtlich der Art des Unterhalts, z.B. in Form von Sach- und Betreuungsunterhalt, eingeräumt.[135] Für die Untersuchung von Bedeutung ist insbesondere, ob auch der private Krankenversicherungsschutz des Kindes der Unterhaltsverpflichtung des barunterhaltspflichtigen Elternteils unterfällt. Tatsächliche Probleme treten diesbezüglich häufig im Zusammenhang mit der Trennung oder Scheidung der Eltern auf. Ausgangspunkt der Problematik ist regelmäßig die Frage, ob es sich bei der privaten Krankenversicherung des Kindes um angemessenen Unterhalt handelt. Das Maß des Unterhalts bestimmt sich gemäß § 1610 Abs. 1 BGB nach der Lebensstellung des Bedürftigen. Bei einem Kind richtet sich der angemessene Unterhalt aber regelmäßig nach den Lebensverhältnissen der Eltern.[136] Als wichtige Leitlinie für die Bemessung des Barunterhaltsbedarfs fungiert die sogenannte Düsseldorfer Tabelle, eine für die Ermittlung des Unterhaltsbedarfs erstellte Richtlinie, die in Abhängigkeit von elterlichem Nettoeinkommen und Alter des Unterhaltsberechtigten die Höhe des angemessenen Unterhalts konkretisiert.[137] Diese Tabellensätze gehen grundsätzlich von einer Deckung des für den gesamten Lebensbedarf des Kindes erforderlichen Barunterhalts, der von einem (getrennt lebenden) Elternteil erbracht werden muss, aus.[138]

---

135 *Reinken* in Bamberger/Roth, BeckOK BGB, § 1612, Rn. 6, 9; *Born* in MüKo BGB, § 1612, Rn. 28; *Klinkhammer* in Staudinger, BGB, § 1612, Rn. 22 f.; *Klinkhammer* in Wendl/Dose, Das Unterhaltsrecht in der familienrichterlichen Praxis, § 2, Rn. 16.

136 *Reinken* in Bamberger/Roth, BeckOK BGB, § 1610, Rn. 2 f.; *Bömelburg* in Schnitzler, MAH-Familienrecht, § 6, Rn. 60 f; *Pauling* in Schulz/Hauß, HK-Familienrecht, § 1610 BGB, Rn. 9; *Schellhammer*, Familienrecht, Teil 14, Rn. 1252.

137 *Graba/Maier* in Johannsen/Henrich, Familienrecht, § 1610, Rn. 22; *Born* in MüKo BGB, § 1610, Rn. 81; *Erdrich* in Scholz/Kleffmann/Doering-Striening, Praxishandbuch Familienrecht, Teil I, Rn. 106 ff.; *Klinkhammer* in Wendl/Dose, Das Unterhaltsrecht in der familienrichterlichen Praxis, § 2, Rn. 315 ff.

138 *Graba* in Johannsen/Henrich, Familienrecht, § 1610, Rn. 23; *Brudermüller* in Palandt, BGB, § 1610, Rn. 7; *Klinkhammer* in Staudinger, BGB, § 1610, Rn. 295 ff.

Unstreitig ist, dass es sich bei den Kosten für die Krankenversicherung des Kindes um einen von der Unterhaltsverpflichtung erfassten Posten des gesamten Lebensbedarfs im Sinne des § 1610 Abs. 2 BGB handelt.[139] Im Falle der privaten Krankenversicherung des Kindes ist dieser Posten allerdings nicht in den vorgeschlagenen Unterhaltssätzen der Düsseldorfer Tabelle enthalten, da diese vom Regelfall der kostenfreien Mitversicherung des Kindes in der gesetzlichen Krankenversicherung eines Elternteils ausgehen.[140] Insofern stellt sich die Frage, ob und unter welchen Voraussetzungen zusätzlich die Kosten für eine private Krankenversicherung als Unterhalt verlangt werden können. Für die weitere Untersuchung dieser Konstellation ist davon auszugehen, dass der eine Elternteil bereits durch die Betreuung des Kindes seiner Unterhaltspflicht nachkommt und es nur auf das Verhältnis zwischen dem Kind und dem sorgeberechtigten, grundsätzlich Barunterhaltsverpflichteten, ankommt.

(2) Angemessenheit der privaten Krankenversicherung

Häufig Gegenstand gerichtlicher Unterhaltsstreitigkeiten ist die Frage, ob die Finanzierung einer privaten Krankenversicherung als Mehrbedarf des Kindes noch als angemessener Unterhalt im Sinne des § 1610 Abs. 1 BGB einzuordnen ist.

Die Angemessenheit der privaten Krankenversicherung als Mehrbedarf des Kindes richtet sich grundsätzlich sowohl nach der Art der Versicherung, welche für das Kind vor der Trennung oder Scheidung der Eltern unterhalten wurde, als auch nach der Art der Krankenversicherung der Eltern.[141] Der Krankenvorsorgeunterhalt des Kindes im Hinblick auf eine private Krankenversicherung ist daher regelmäßig angemessen, wenn das minderjährige Kind schon vor der Trennung der Eltern[142] bzw. bereits seit seiner Geburt[143] privat krankenversichert war.

Es kommt darüber hinaus aber auch darauf an, welche Krankenversicherung der betreuende und der barunterhaltspflichtige Elternteil während und nach

---

139 Anstatt vieler: *Born* in MüKo BGB, § 1610, Rn. 68.

140 *Born* in MüKo BGB, § 1610, Rn. 68; *Brudermüller* in Palandt, BGB, § 1610, Rn. 12; *Gerhardt* in Wendl/Dose, Das Unterhaltsrecht in der familienrichterlichen Praxis, § 1, Rn. 1041; *OLG Koblenz*, Urt. v. 19.01.2010, NJW-RR 2010, 654, 655.

141 *Poppen*, FamFR 2010, 106, 106; *OLG Koblenz*, Urt. v. 19.01.2010, NJW-RR 2010, 654; *OLG Naumburg*, Urt. v. 17.08.2006, NJW-RR 2007, 728, 728; *LG Bonn*, Urt. v. 05.10.1970, NJW 1971, 247, 248.

142 *OLG Naumburg*, Urt. v. 17.08.2006, NJW-RR 2007, 728, 728.

143 *OLG Frankfurt a.M.*, Beschl. v. 18.04.2012, FamRZ 2013, 138, 138 f.; *OLG Koblenz*, Urt. v. 19.01.2010, NJW-RR 2010, 654; *Lettmaier* in Soergel, BGB, § 1610, Rn. 29.

der Ehe unterhalten haben (bzw. unterhalten). Für eine Angemessenheit der privaten Krankenversicherung spricht es daher, wenn der barunterhaltspflichtige Elternteil selbst privat krankenversichert war und ist.[144] Probleme ergeben sich jedoch häufig dann, wenn der betreuende Elternteil in der gesetzlichen Krankenversicherung versichert ist, wohingegen der barunterhaltspflichtige Teil privat krankenversichert ist und eine Übernahme der Beiträge für eine private Krankenversicherung des minderjährigen Kindes begehrt wird. Es müssen dabei sowohl der für das Kind zu ermittelnde angemessene Lebensbedarf als auch die Möglichkeit einer kostenlosen Mitversicherung im Rahmen der gesetzlichen Krankenversicherung berücksichtigt werden. Es stellt sich also die Frage, unter welchen Umständen es dem Barunterhaltspflichtigen – bei grundsätzlicher Angemessenheit des privaten Krankenvorsorgeunterhalts – zumutbar ist, trotz der Möglichkeit einer kostenfreien gesetzlichen Krankenversicherung für die Beiträge der privaten Krankenversicherung des Kindes aufzukommen. Die Rechtsprechung geht in solchen Fällen davon aus, dass das Kind nur dann auf eine gesetzliche Krankenversicherung verwiesen werden kann, wenn diese – etwa durch Kombination mit einer privaten Zusatzversicherung – den gleichen Versicherungsschutz bietet.[145] Das *OLG Koblenz* geht insofern zu Recht davon aus, dass ein Wechsel des Kindes in die gesetzliche Krankenversicherung dann in Betracht kommt, wenn ein gleicher Krankenversicherungsschutz durch die Mitversicherung in der gesetzlichen Krankenversicherung und den Abschluss einer Zusatzversicherung erreicht werden kann und es sich auch um die wirtschaftlich gesehen sinnvollere Alternative handelt.[146] Daran dürfte es in der Praxis etwa dann fehlen, wenn eine Vorerkrankung des Kindes besteht, die unter wirtschaftlichen Gesichtspunkten den Abschluss einer privaten Zusatzversicherung zur Herstellung eines gleichwertigen Schutzniveaus wesentlich erschwert oder sogar ausschließt.

Im Hinblick auf die Untersuchung ist für diese Personenkonstellation daher zunächst festzuhalten, dass es sich bei der privaten Krankenversicherung grundsätzlich dann um angemessenen Unterhalt des Kindes handelt, wenn das Kind bereits privat krankenversichert ist und zumindest auch der

144 *OLG Koblenz*, Urt. v. 19.01.2010, NJW-RR 2010, 654, 654; *OLG Naumburg*, Urt. v. 17.08.2006, NJW-RR 2007, 728, 728; *Reinken* in Bamberger/Roth, BeckOK BGB, § 1610, Rn. 14; *Lettmaier* in Soergel, BGB, § 1610, Rn. 29.

145 *OLG Frankfurt*, Beschl. v. 18.04.2012, NJW-Spezial 2012, 548; *OLG Koblenz*, Urt. v. 19.01.2010, NJW-RR 2010, 654, 654; *AG Mainz*, Urt. v. 10.08.2009 – 31 F 61/08, BeckRS 2010, 06552; *Lettmaier* in Soergel, BGB, § 1610, Rn. 29.

146 *OLG Koblenz*, Urt. v. 19.01.2010, NJW-RR 2010, 654, 654 f.

barunterhaltspflichtige Elternteil eine private Krankenversicherung unterhält. Ist die private Krankenversicherung nach den Umständen des Einzelfalls als angemessen zu beurteilen, besteht ein Unterhaltsanspruch des Kindes gegen den Barunterhaltspflichtigen auf Zahlung des privaten Krankenversicherungsbeitrags. Da Gegenstand dieser Arbeit gerade die Beendigung einer auf die Person eines Anderen genommenen Krankenversicherung ist, soll für diese Personenkonstellation von einer zunächst bestehenden privaten Krankenversicherung des Kindes ausgegangen werden.

b) Volljährige unterhaltsberechtigte Kinder

Die Kündigung der Mitversicherung eines volljährigen unterhaltsberechtigten Kindes hat eine große praktische Bedeutung und war in der Vergangenheit auch bereits mehrfach Gegenstand gerichtlicher Auseinandersetzungen.[147] Die Untersuchung dieser Konstellation – exemplarisch für die Mitversicherung volljähriger Unterhaltsberechtigter – beruht daher auf ihrer erheblichen Relevanz für die Praxis. So lag beiden Leitentscheidungen des *BGH* aus dem Jahr 2013[148], die im Rahmen dieser Arbeit einen wesentlichen Untersuchungsgegenstand darstellen, die Mitversicherung eines volljährigen Kindes zugrunde.

aa) Rechtsverhältnis von Eltern zu volljährigen Kindern

Der Eintritt der Volljährigkeit des Kindes hat vielfältige Auswirkungen auf das zwischen den Eltern und dem Kind bestehende Rechtsverhältnis. Als besonders wesentliche Einschnitte hat die Volljährigkeit die Beendigung der elterlichen Sorge für das Kind gemäß § 1626 BGB und das Entfallen des gesetzlichen Vertretungsrechts der Eltern zur Folge.[149] Auf Bereiche wie das Unterhaltsrecht oder das Erb- und Pflichtteilsrecht hat die Volljährigkeit jedoch keine beendigende Wirkung. Es verbleibt zudem die altersunabhängige wechselseitige Verpflichtung im Rahmen des allgemeinen familienrechtlichen Rechtsverhältnisses nach § 1618a BGB, einander beizustehen und aufeinander Rücksicht zu nehmen.[150]

---

147 *BGH*, Urt. v. 18.12.2013, VersR 2014, 234; *LG Stuttgart*, Urt. v. 20.04.2012 NJW-RR 2012, 1390; *LG Mannheim*, Urt. v. 23.03.2012, 6 O 260/11.

148 *BGH*, Urt. v. 18.12.2013, VersR 2014, 234; *BGH*, Urt. v. 16.01.2013, VersR 2013, 305.

149 *Gernhuber/Coester-Waltjen*, Familienrecht, § 3, Rn. 11–13; *Muscheler*, Familienrecht, § 29, Rn. 508.

150 *Pöcker* in Bamberger/Roth, BeckOK BGB, § 1618a, Rn. 2, 4, 9; *v. Sachsen Gessaphe* in MüKo BGB, § 1618a, Rn. 4, 7; *Czeguhn* in NK-BGB Familienrecht, § 1618a, Rn. 1; *Muscheler*, Familienrecht, § 29, Rn. 508.

bb) Unterhaltsberechtigung des volljährigen Kindes

Die Volljährigkeit des Kindes führt zwar grundsätzlich nicht zu einem Wegfall der Unterhaltsberechtigung des Kindes aus § 1601 BGB, solange es weiterhin bedürftig im Sinne des § 1602 Abs. 1 BGB ist.[151] Allerdings hat der Eintritt der Volljährigkeit auch Auswirkungen auf das Unterhaltsrecht. So schulden ab diesem Zeitpunkt beide Eltern Barunterhalt, wohingegen beim minderjährigen Abkömmling der betreuende Ehegatte nach § 1606 Abs. 3 S. 2 BGB durch die Pflege und Erziehung seiner Unterhaltsverpflichtung nachkommt.[152] Es gelten des Weiteren strengere Anforderungen hinsichtlich der Bedürftigkeit des volljährigen Kindes. Im Regelfall trifft die Kinder solange keine die Bedürftigkeit beschränkende Erwerbsobliegenheit, wie sich diese in ihrer (erstmaligen) Berufsausbildung befinden.[153] Die fortwährende Unterhaltsberechtigung des Kindes trotz Volljährigkeit beruht außerdem anders als beim Minderjährigen nicht mehr auf der elterlichen Sorge, sondern auf dem Gedanken der familienrechtlichen Solidarität nach § 1618a BGB.[154] Im Rahmen dieser Untersuchungskonstellation ist davon auszugehen, dass noch eine Unterhaltsberechtigung des Kindes mangels Erwerbsobliegenheit oder ausreichenden Vermögensstamms besteht, es sich also noch in einer Schul- oder erstmaligen Berufsausbildung befindet.

(1) Privilegierte und nicht privilegierte volljährige Kinder

Im Unterhaltsrecht wird bei den Regelungen zum Rangverhältnis der Unterhaltsberechtigten untereinander oder der gesteigerten elterlichen Unterhaltspflicht nach § 1603 Abs. 2 S. 2 BGB zwischen sogenannten privilegierten und nicht privilegierten volljährigen Kindern unterschieden.[155] Privilegierte (volljährige) Kinder sind solche, die im Rahmen der Voraussetzungen des § 1603 Abs. 2 S. 2 BGB den minderjährigen Kindern in den oben genannten Fällen

---

151 *Saathoff* in NK-BGB Familienrecht, § 1602, Rn. 6; *Soyka* in Prütting/Wegen/Weinreich, BGB, § 1602, Rn. 2; *Brudermüller* in Palandt, BGB, § 1602, Rn. 6.

152 *Brudermüller* in Palandt, BGB, § 1606, Rn. 11; *Lettmaier* in Soergel, BGB, § 1606, Rn. 9.

153 *Born* in MüKo BGB, § 1602, Rn. 10 ff.; *Lettmaier* in Soergel, BGB, § 1602, Rn. 6; *Graba/Maier* in Johannsen/Henrich, Familienrecht, § 1602, Rn. 7.

154 *v. Sachsen Gessaphe* in MüKo BGB, § 1618a, Rn. 10; *Götz* in Palandt, BGB, § 1618a, Rn. 1; *Klinkhammer* in Wendl/Dose, Das Unterhaltsrecht in der familienrichterlichen Praxis, § 2, Rn. 1.

155 *Brudermüller* in Palandt, BGB, § 1603, Rn. 36, § 1609, Rn. 10; *Gernhuber/Coester-Waltjen*, Familienrecht, § 46, Rn. 10; *Norpoth/Kohlenberg* in Heiß/Born, Unterhaltsrecht, Kapitel 12, Rn. 120.

gleichgestellt werden.[156] Die Privilegierung tritt nach § 1603 Abs. 2 S. 2 BGB dann ein, wenn das volljährige Kind unverheiratet ist, das 21. Lebensjahr noch nicht beendet hat, im Haushalt der Eltern oder eines Elternteils lebt und sich in der allgemeinen Schulausbildung befindet.[157] Hervorzuheben ist dabei insbesondere die Gleichstellung in der Rangfolge der Unterhaltsberechtigten. Durch § 1609 Nr. 1 BGB haben die privilegierten Volljährigen Vorrang vor sämtlichen nachfolgenden Unterhaltsberechtigten, wohingegen die nicht privilegierten Volljährigen nur auf der vierten Rangstufe hinter den Ehegatten stehen.[158] Durch den absoluten Vorrang unterstreicht der Gesetzgeber die besondere unterhaltsrechtliche Schutzwürdigkeit der privilegierten Volljährigen.

(2) Private Krankenversicherung als angemessener Unterhalt

Für die Beantwortung der Frage, ob es sich bei der privaten Krankenversicherung um den angemessenen Unterhalt des volljährigen Kindes handelt, muss festgestellt werden, auf wessen Lebensstellung als Orientierungsgröße dabei abzustellen ist. Dabei sind insbesondere der Ausbildungsstand und der Wohnstatus des Volljährigen zu berücksichtigen. Ebenso wie beim minderjährigen Kind kommt es beim volljährigen Kind gemäß § 1610 Abs. 1 BGB grundsätzlich zunächst auf die Lebensstellung der Eltern an.[159] Ob der Volljährige noch bei einem oder beiden Elternteilen wohnt oder einen eigenen Haushalt hat, wirkt sich dagegen lediglich auf die Bemessung des Unterhaltsbetrags aus. So richtet sich dieser beim Volljährigen mit eigenem Hausstand nach einem pauschalierten Betrag und bei einem im Haushalt der Eltern wohnhaften Kind nach dem addierten Einkommen der Eltern.[160] Nach § 1610 Abs. 2 BGB umfasst die Unterhaltspflicht den gesamten Lebensbedarf des Berechtigten. Wie oben bereits im Hinblick auf minderjährige Kinder festgestellt,[161] fallen die Kosten für die Krankenvorsorge jedenfalls unter den gesamten Lebensbedarf. Da es ebenso wie

---

156 *Saathoff* in NK-BGB Familienrecht, § 1603, Rn. 17; *Brudermüller* in Palandt, BGB, § 1603, Rn. 37 f.; *Gernhuber/Coester-Waltjen*, Familienrecht, § 46, Rn. 10; *Klinkhammer* in Wendl/Dose, Das Unterhaltsrecht in der familienrichterlichen Praxis, § 2, Rn. 580.

157 *Born* in MüKo BGB, § 1602, Rn. 101.

158 *Reinken* in Bamberger/Roth, BeckOK BGB, § 1609, Rn. 15 f., 29; *Born* in MüKo BGB, § 1609, Rn. 12, 23; *Lettmaier* in Soergel, BGB, § 1609, Rn. 12, 28.

159 Anstatt vieler: *Schellhammer*, Familienrecht, Teil 14, Rn. 1260.

160 *Brudermüller* in Palandt, BGB, § 1610, Rn. 6; *Lettmaier* in Soergel, BGB, § 1610, Rn. 10 f.; *Götz* in Schnitzler, MAH-Familienrecht, § 7, Rn. 12.

161 Siehe dazu zuvor unter B. II. 3. a) bb) (1).

beim minderjährigen Kind hinsichtlich der Bestimmung der Angemessenheit des Unterhalts auf die Lebensstellung der Eltern ankommt, gelten hinsichtlich der privaten Krankenversicherung als angemessenem Unterhalt des volljährigen Kindes die oben festgestellten Grundsätze.

cc) Bestimmungsrecht des barunterhaltspflichtigen Elternteils

Neben der Sicherung des Krankenvorsorgeunterhalts des Kindes durch die Leistung von Barunterhalt könnte grundsätzlich auch die Unterhaltsgewährung in Form von Naturalunterhalt durch die (Mit-)Versicherung des Kindes bzw. des separaten Abschlusses einer Versicherung auf die Person des Kindes in Betracht kommen. Relevant wird die Unterscheidung der Unterhaltsarten im Zusammenhang mit der in *Kapitel C* untersuchten Frage, ob der Abschluss einer Anschlussversicherung im Sinne der Kündigungsvorschrift des § 205 Abs. 6 S. 1 VVG für das Kind geeignet ist, die dem Valutaverhältnis zugrundeliegende Unterhaltsverpflichtung des Elternteils zu erfüllen und der Vertragsabschluss dem Elternteil als Versicherungsnehmer daher zumutbar sein könnte.[162] Die Wahl der Art der Unterhaltsgewährung hängt davon ab, ob der unterhaltsverpflichtete Elternteil entweder von seinem speziellen Bestimmungsrecht gemäß § 1612 Abs. 2 S. 1 BGB Gebrauch machen und als Art der Unterhaltsgewährung die (Mit-)Versicherung des Kindes festlegen kann oder, ob der Unterhaltsverpflichtete, unter Berufung auf § 1612 Abs. 1 S. 2 BGB, berechtigt ist, den Krankenvorsorgeunterhalt durch den Abschluss der Versicherung als besondere Form der Unterhaltsgewährung zu erbringen. Letzteres erfordert zusätzlich eine Rechtfertigung der anderen Unterhaltsgewährung durch besondere Gründe.

(1) Ausübung des Bestimmungsrechts gemäß § 1612 Abs. 2 BGB

Die Festlegung der Gewährung des Kindesunterhalts in Form der Versicherung auf die Person des Kindes kommt nach § 1612 Abs. 2 BGB in Betracht.[163] Die Regelung stellt eine gegenüber der allgemeinen Verwandtenunterhaltsregelung des Absatz 1 vorrangige Sonderregelung für die Gewährung von Kindesunterhalt dar.[164] Bei minderjährigen Kindern kann das Bestimmungsrecht bei

---

162 Vgl. dazu nachfolgend unter C. III. 2. b) cc) (2)-(3).

163 Die Versicherungswahl als vom Bestimmungsrecht umfasst ansehend: *Schwamb* in Niepmann/Schwamb, Rechtsprechung zur Höhe des Unterhalts, Rn. 239; OLG *Düsseldorf*, Urt. v. 17.02.1994, FamRZ 1994, 396, 396.

164 *Born* in MüKo BGB, § 1612, Rn. 8 f.

gemeinsamer elterlicher Sorge nur gemeinschaftlich ausgeübt werden.[165] Auch für volljährige Kinder geht das Gesetz davon aus, dass in intakter Ehe lebende Eltern das Bestimmungsrecht gemeinsam ausüben.[166] Demgegenüber herrscht im Falle geschiedener oder getrennter Eltern Uneinigkeit darüber,[167] ob und in welchem Umfang einem Elternteil des volljährigen Kindes ein unabhängiges Bestimmungsrecht zusteht. Diese Problematik folgt aus dem Umstand, dass – anders als bei minderjährigen Kindern – das Sorgerecht beim volljährigen Kind nicht mehr als Anknüpfungspunkt dienen kann.[168] Ganz überwiegend wird die Ansicht vertreten, dass dem auf Unterhaltsleistung in Anspruch genommenen Elternteil ein eigenständiges Unterhaltsbestimmungsrecht nach § 1612 Abs. 2 S. 1 BGB zusteht.[169] Nach dem Sinn und Zweck der Norm, durch Naturalunterhalt die wirtschaftlichen Belastungen des Unterhaltsschuldners zu verringern, kann nur dieses Ergebnis überzeugen.[170] Nur vereinzelt wird dagegen ein unabhängiges Bestimmungsrecht des in Anspruch genommenen Elternteils auch bei volljährigen Kindern abgelehnt.[171] Bei der Ausübung des Bestimmungsrechts ist de lege lata auch auf die Belange des Kindes Rücksicht zu nehmen. Bei volljährigen Kindern wird dies mit zunehmender Selbstständigkeit und dem Bedürfnis nach

165 *Saathoff* in NK-BGB Familienrecht, § 1612, Rn. 7; *Ehinger* in Ehinger/Rasch/Schwonberg/Siede, HB-Unterhaltsrecht, Kap. 1, Rn. 1.1, 1.4, Rn. 136 (S. 190); *Gernhuber/Coester-Waltjen*, Familienrecht, § 46, Rn. 29; *Klinkhammer* in Wendl/Dose, Das Unterhaltsrecht in der familienrichterlichen Praxis, § 2, Rn. 39; *Schmidt*, Das Unterhaltsbestimmungsrecht, S. 76.

166 *Ehinger* in Ehinger/Rasch/Schwonberg/Siede, HB-Unterhaltsrecht, Kap. 2, Rn. 2136a; *Born* in MüKo BGB, § 1612, Rn. 35, 42; *Seibl* in Soergel, BGB, § 1612, Rn. 30.

167 Einen Überblick über den Meinungsstand gebend: *BGH*, Urt. v. 01.06.1983, NJW 1983, 2200, 2202 f.

168 *Schellhammer*, Familienrecht, Teil 14, Rn. 1225; *Schmidt*, Das Unterhaltsbestimmungsrecht, S. 76 f.

169 *BGH*, Urt. v. 27.04.1988, NJW 1988, 1974, 1975 f.; *OLG Frankfurt a.M.*, Beschl. v. 08.12.1986, FamRZ 1987, 305, 306; *Reinken* in Bamberger/Roth, BeckOK BGB, § 1612, Rn. 10a, 11; *Born* in MüKo BGB, § 1612, Rn. 35; *Saathoff* in NK-BGB Familienrecht, § 1612, Rn. 9; *Pauling* in Schulz/Hauß, HK-Familienrecht, § 1612 BGB, Rn. 12; *Seibl* in Soergel, BGB, § 1612, Rn. 30; *Klinkhammer* in Staudinger, BGB, § 1612, Rn. 42; *Gernhuber/Coester-Waltjen*, Familienrecht, § 46, Rn. 30; *Schmidt*, Das Unterhaltsbestimmungsrecht, S. 77 f.

170 *Born* in MüKo BGB, § 1612, Rn. 42.

171 *OLG Karlsruhe*, Urt. v. 12.01.1981, FamRZ 1982, 521, 523; *OLG Hamm*, Beschl. v. 20.11.1979, FamRZ 1980, 192, 192.

Selbstbestimmtheit relevant.[172] Im Einzelfall kann es daher dem auf Unterhalt in Anspruch genommenen Elternteil versagt sein, der Krankenvorsorgepflicht durch (Mit-)Versicherung des Kindes in der privaten Krankenversicherung nachzukommen. So entschied das *LG Bonn* in einem Fall, dass, wenn vor der Geltendmachung des Unterhaltsanspruchs keine Mitversicherung des Kindes vorlag, der Unterhaltsplicht nur durch Barunterhalt in Form der Zahlung der Versicherungsprämien nachgekommen werden könne.[173]

(2) Wahl der Unterhaltsgewährung gemäß § 1612 Abs. 1 S. 2 BGB

Die Wahl einer anderen Art der Unterhaltsgewährung – wie vorliegend durch Abschluss der Krankenversicherung selbst – könnte nach § 1612 Abs. 1 S. 2 BGB dem Unterhaltsverpflichteten zudem dann überlassen sein, wenn besondere Gründe dies rechtfertigen.

Zunächst kommt es darauf an, was unter einer anderen Art der Unterhaltsgewährung im Sinne des § 1612 Abs. 1 S. 2 BGB zu verstehen ist. Geregelt wird die Erbringung von Naturalunterhalt als Substitut des Barunterhalts.[174] Die (Mit-)Versicherung des Unterhaltsgläubigers in der Krankenversicherung des Unterhaltsschuldners stellt grundsätzlich eine andere Art der Unterhaltsgewährung dar.[175] Für die Änderung der Unterhaltsart bedarf es aber einer besonderen Rechtfertigung. Es muss sich um gewichtige Gründe in der Person des Unterhaltsschuldners oder -gläubigers handeln, welche die andere Unterhaltsform im Einzelfall rechtfertigen können.[176] Dabei ist insbesondere auf die Zumutbarkeit der anderen Art der Unterhaltsgewährung für den Unterhaltsgläubiger, also das volljährige Kind, abzustellen.[177] Hinsichtlich der Gewährung

---

172 Vgl. dazu ausführlich: *Poppen* in Büte/Poppen/Menne, Unterhaltsrecht, § 1612 BGB, Rn. 13; *Schmidt*, Das Unterhaltsbestimmungsrecht, S. 3 ff.; *Ehinger* in Ehinger/Rasch/Schwonberg/Siede, HB-Unterhaltsrecht, Kap. 2, Rn. 2137a.

173 *LG Bonn*, Urt. v. 05.10.1970, NJW 1971, 247, 248.

174 *Born* in MüKo BGB, § 1612, Rn. 20; *Seibl* in Soergel, BGB, § 1612, Rn. 11.

175 *OLG Düsseldorf*, Urt. v. 17.02.1994, FamRZ 1994, 396, 396; *LG Bonn*, Urt. v. 05.10.1970, NJW 1971, 247, 248; *Graba/Maier* in Johannsen/Henrich, Familienrecht, § 1612, Rn. 11. Die Mitversicherung in der gesetzlichen Krankenversicherung als besondere Form des Naturalunterhalts i.S.d. § 1612 Abs. 1 S. 2 BGB ansehend: *Seibl* in Soergel, BGB, § 1612, Rn. 11.

176 *Hammermann* in Erman, BGB, § 1612, Rn. 7; *Kemper* in Schulze, HK-BGB, § 1612, Rn. 3; *Klinkhammer* in Staudinger, BGB, § 1612, Rn. 20.

177 *Born* in MüKo BGB, § 1612, Rn. 21; *Saathoff* in NK-BGB Familienrecht, § 1612, Rn. 5; *Klinkhammer* in Staudinger, BGB, § 1612, Rn. 21.

von Kindesunterhalt ist § 1612 Abs. 2 BGB, sofern das Kind unverheiratet ist, jedoch lex specialis zu der Regelung des § 1612 Abs. 1 S. 2 BGB.[178] Zugunsten der unterhaltsverpflichteten Eltern räumt § 1612 Abs. 2 BGB diesen gerade ein von besonderen Gründen losgelöstes Recht auf Festlegung der Art der Unterhaltsgewährung gegenüber dem Kind ein. Ein Rückgriff auf die Regelung des § 1612 Abs. 1 S. 2 BGB entfaltet daher nur im Falle volljähriger Kinder Wirkung und hat somit eine eher untergeordnete Auffangfunktion.

dd) Ergebnis

Mit dem Eintritt der Volljährigkeit endet die Unterhaltsberechtigung des volljährigen Kindes nicht automatisch. Soweit sich das Kind in der Erstausbildung befindet steht ihm weiter ein Unterhaltsanspruch gegen seine Eltern zu. Dabei bestimmt sich die Angemessenheit der privaten Krankenversicherung als Krankenvorsorgeunterhalt weiterhin nach den wirtschaftlichen Verhältnissen der Eltern. Der auf Unterhalt in Anspruch genommene Elternteil kann seiner Verpflichtung im Rahmen der Grenzen des § 1612 Abs. 2 S. 1 BGB grundsätzlich auch durch die Leistung von Naturalunterhalt durch Abschluss der Versicherung nachkommen. Mit zunehmender Selbstbestimmtheit des volljährigen Kindes können der Unterhaltsbestimmung aber im Einzelfall berechtigte Interessen des Kindes, wie insbesondere dessen Recht auf eine selbstbestimmte Regelung seiner gesundheitlichen Belange, entgegenstehen.

c) Ehepartner

Als weitere Konstellation soll die Versicherung eines Dritten im Rahmen einer Ehe untersucht werden. Die Versicherung eines Ehegatten in der privaten Krankenversicherung des anderen Ehegatten kommt stets nur dann in Betracht, wenn für ersteren keine Versicherungspflicht in der gesetzlichen Krankenversicherung besteht. Für die Untersuchung der Kündigung eines Versicherungsvertrags auf die Person eines anderen im Rahmen dieser Personenkonstellation sind zum einen die allgemeinen eherechtlichen Wertungen und zum anderen unterhaltsrechtliche Erwägungen von Bedeutung. Dies gilt insbesondere im Hinblick auf die bei der Auslegung der Nachweispflicht des § 205 Abs. 6 S. 1 VVG im Falle der Kündigung durch den Ehegatten sowie im Falle der außerordentlichen

---

178 *Hammermann* in Erman, BGB, § 1612, Rn. 7; *Saathoff* in NK-BGB Familienrecht, § 1612, Rn. 5; *Seibl* in Soergel, BGB, § 1612, Rn. 2, 10; *Klinkhammer* in Staudinger, BGB, § 1612, Rn. 11; *Schmidt*, Das Unterhaltsbestimmungsrecht, S. 64.

Kündigung durch den Versicherer gemäß § 206 Abs. 1 S. 1 VVG zu berücksichtigenden Interessen.

aa) Ehe als Rechtsverhältnis

Die rechtliche Beziehung von Ehegatten ist durch vielfältige gegenseitige Rechte und Pflichten geprägt. So schulden sich die Ehegatten etwa gegenseitig Fürsorge und Beistand und sind verpflichtet, aufeinander Rücksicht zu nehmen.[179] Dabei umfasst die Ehe als Rechtsverhältnis sowohl vermögens- als auch personenrechtliche Aspekte. Grundlage dieser Rechte und Pflichten ist die Generalklausel des § 1353 Abs. 1 S. 2 BGB.[180] Neben der Generalklausel enthalten auch die §§ 1355–1362 BGB Regelungen zu den vom Güterstand unabhängigen, allgemeinen Ehewirkungen.[181] Besonders hervorzuheben sind dabei die Regelungen des § 1357 BGB und der §§ 1360, 1360a BGB. Nach § 1357 BGB betreffen die zur angemessenen Deckung des Lebensbedarfs getätigten Geschäfte beide der zusammenlebenden Ehegatten. § 1357 Abs. 1 S. 2 BGB regelt, dass durch Geschäfte, die ein Ehegatte zur angemessenen Deckung des Lebensbedarfs der Familie mit Wirkung für den anderen Ehegatten besorgt, grundsätzlich beide berechtigt und verpflichtet werden. Anknüpfend an diese gesetzliche Mitverpflichtung und -berechtigung der Ehegatten wird überwiegend angenommen, dass der mitverpflichtete Ehegatte auch berechtigt ist, die Gestaltungsrechte aus dem Vertrag auszuüben. Inwiefern die Norm auch auf Krankheitskostenversicherungsverträge anwendbar ist, wird in Kapitel F näher betrachtet.[182]

bb) Krankenversicherung als Unterhaltsbedarf

Die Ehegatten schulden sich im Rahmen einer bestehenden Ehe gegenseitig angemessenen Unterhalt, den sogenannten Familienunterhalt nach §§ 1360, 1360a BGB.[183] Zu unterscheiden ist dieser vom Trennungsunterhalt, welcher ab der Beendigung der häuslichen Gemeinschaft der Ehegatten zu zahlen ist (§§ 1361 ff. BGB). Es sollen im Rahmen der Untersuchung der vorliegenden

---

179 *Hahn* in Bamberger/Roth, BeckOK BGB, § 1353, Rn. 15 ff., 26; *Budzikiewicz* in Jauernig, BGB, § 1353, Rn. 3 f.; *Roth* in MüKo BGB, § 1353, Rn. 31; *Kemper* in Schulze, HK-BGB, § 1353, Rn. 3 ff.; *Eckebrecht* in Scholz/Kleffmann/Doering-Striening, Praxishandbuch Familienrecht, Teil A, Rn. 9.

180 Anstatt vieler: *Budzikiewicz* in Jauernig, BGB, § 1353, Rn. 3.

181 *Budzikiewicz* in Jauernig, BGB, Vor § 1353, Rn. 1; *Brudermüller* in Palandt, BGB, Einf v § 1353, Rn. 8.

182 Siehe unter F. III. 1.

183 Anstatt vieler: *Brudermüller* in Palandt, BGB, § 1360, Rn. 1 f.

Personenkonstellation nur Feststellungen hinsichtlich einer intakten und in häuslicher Gemeinschaft bestehenden Ehe getroffen werden. Der Verpflichtung zum Unterhalt kann nach § 1360 S. 1 BGB durch Arbeit oder mit dem Vermögen der Ehegatten nachgekommen werden. Seit der Aufgabe des Leitbilds der Hausfrauenehe und der Einführung des § 1360 S. 2 BGB kann die Unterhaltspflicht auch durch die Führung des Haushalts durch den Ehegatten, dem diese überlassen wurde, erfüllt werden.[184] Von dem Familienunterhalt erfasst wird gemäß § 1360a Abs. 1 BGB alles, was nach den Verhältnissen der Ehegatten erforderlich ist, um die Kosten des Haushalts zu bestreiten und die persönlichen Bedürfnisse der Ehegatten und den Lebensbedarf der gemeinsamen unterhaltsberechtigten Kinder zu befriedigen, also der gesamte Lebensbedarf der Familie. Dabei fallen auch die zur Krankenvorsorge aufzuwendenden Krankenversicherungsbeiträge unter die nach § 1360 S. 1 BGB bestehende Unterhaltspflicht.[185] Anders als beim Kindesunterhalt fehlt es bei der zwischen den Ehegatten bestehenden Unterhaltsverpflichtung an einem darüber hinausgehenden Bedürftigkeitserfordernis.[186] Die grundsätzliche Unterhaltspflicht besteht also unabhängig von dem Umfang der Leistungsfähigkeit des jeweiligen Ehegatten. Allerdings wirkt sich nach allgemeiner Meinung die individuelle Leistungsfähigkeit der Ehegatten auf die Bemessung des Umfangs ihrer Unterhaltsbeiträge aus (sog. Proportionalitätsprinzip).[187] Die Ehegatten schulden einander also unabhängig von Erwerbstätigkeit oder eigenem Vermögen und ohne Bedürftigkeit des anderen Ehepartners gegenseitig Unterhalt.

Die sich anschließende Frage ist, ob eine private Krankheitskostenversicherung nach den Verhältnissen der Ehegatten erforderlich ist. Dabei ist ein objektiver Maßstab aus der Sicht eines vernünftigen Beobachters anzulegen, welcher sich an den Einkommens- und Vermögensverhältnissen der Ehepartner orientiert.[188]

---

184 *Weber-Monecke* in MüKo BGB, § 1360, Rn. 1; *Kemper* in Schulze, HK-BGB, § 1360, Rn. 2; *Leiß* in Soergel, BGB, § 1360, Rn. 6.

185 *BGH*, Urt. v. 21.01.1998, NJW 1998, 1553, 1554; *Weber-Monecke* in MüKo BGB, § 1360a, Rn. 5; *Leiß* in Soergel, BGB, § 1360a, Rn. 9; *Voppel* in Staudinger, BGB, § 1360a, Rn. 33; *Bömelburg* in Wendl/Dose, Das Unterhaltsrecht in der familienrichterlichen Praxis, § 3, Rn. 28.

186 *Brudermüller* in Palandt, BGB, § 1360, Rn. 2; *Leiß* in Soergel, BGB, § 1360, Rn. 17; *Voppel* in Staudinger, BGB, § 1360, Rn. 13.

187 *Weber-Monecke* in MüKo BGB, § 1360, Rn. 5; *Leiß* in Soergel, BGB, § 1360, Rn. 18; *Voppel* in Staudinger, BGB, § 1360, Rn. 19; *Rauscher*, Familienrecht, § 14, Rn. 11.

188 *Weber-Monecke* in MüKo BGB, § 1360a, Rn. 3; *Leiß* in Soergel, BGB, § 1360a, Rn. 6, 27; *OLG Bamberg*, Urt. v. 21.04.1998, FamRZ 1999, 849, 849.

Wie im Rahmen des Kindesunterhalts sprechen vor allem eine schon bei Eheschließung bestehende Versicherung eines oder beider Partner in der privaten Krankenversicherung für eine Erforderlichkeit. Da die Art der Unterhaltgewährung nach § 1360a Abs. 2 BGB in der gebotenen Weise erfolgen und nur ausnahmsweise in Form von Geldunterhalt erbracht werden muss, kann der auf Krankenvorsorge gerichtete Unterhaltsanspruch auch ohne Weiteres durch Abschluss eines privaten Krankenversicherungsvertrags für den anderen Ehegatten erfüllt werden. Da sich die Höhe der Unterhaltsverpflichtung des jeweiligen Ehegatten grundsätzlich nach der persönlichen Leistungsfähigkeit bemisst, kommt ein Anspruch eines Ehegatten auf (Mit-)Versicherung insbesondere bei Alleinverdienerehen in Betracht, im Rahmen derer der andere Ehegatte bereits durch die ihm zugewiesene Haushaltsführung seiner Unterhaltsverpflichtung nachkommt. Aber auch bei anderen „Ehetypen", wie etwa der Doppelverdienerehe, kann eine unterhaltsrechtliche Verpflichtung zur Versicherung des Ehegatten bestehen, da die Ehegatten in der Ausgestaltung der Unterhaltserbringung sowie der konkludenten oder ausdrücklichen Zuweisung einzelner Unterhaltsposten frei sind.[189] Die Absicherung eines Ehegatten in der privaten Krankenversicherung kann also einen nach der Lebensstellung der Ehegatten erforderlichen Posten des Familienunterhalts darstellen.[190] Welchem Ehegatten die Sicherung der Krankenvorsorge im Rahmen des Familienunterhalts im konkreten Fall obliegt, folgt grundsätzlich aus einer konkludenten oder ausdrücklichen Vereinbarung zwischen den Ehegatten oder muss ansonsten proportional zu Einkommen und Vermögen der beiden Ehegatten festgestellt werden.[191] Für die weitere Untersuchung der Kündigung privater Krankheitskostenversicherungsverträge ist von einem während der Ehe bestehenden und auf die Person des anderen Ehegatten genommenen Versicherungsvertrag auszugehen.

---

189 *Beutler* in Bamberger/Roth, BeckOK BGB, § 1360, Rn. 5; *Brudermüller* in Palandt, BGB, § 1360, Rn. 8 ff.; *Leiß* in Soergel, BGB, § 1360, Rn. 20; *Voppel* in Staudinger, BGB, § 1360, Rn. 18.

190 So auch hinsichtlich der privaten Krankenversicherungskosten im Rahmen des nachehelichen Unterhalts nach § 1578 BGB: *Graba*, NZFam 2014, 969, 970 f.

191 *Kleffmann* in Scholz/Kleffmann/Doering-Striening, Praxishandbuch Familienrecht, Teil H, Rn. 7; *Bömelburg* in Wendl/Dose, Das Unterhaltsrecht in der familienrichterlichen Praxis, § 3, Rn. 48.

d) Sonstige Dritte

Als sonstige Dritte in der Untersuchung zu berücksichtigen sind schließlich solche Personen, die nicht, beziehungsweise nicht mehr, in einem besonderen Verhältnis zum Versicherungsnehmer stehen, es im Innenverhältnis zwischen Versicherungsnehmer und der Gefahrsperson also an einer besonderen rechtlichen Beziehung fehlt. In der Praxis ist eine derartige Versicherung volljähriger und voll geschäftsfähiger Personen beispielsweise bei geschiedenen Ehegatten oder bei nicht mehr unterhaltsberechtigten Kindern denkbar. Charakteristisch für diese Mehrpersonen-Versicherungskonstellationen ist also, dass im Innenverhältnis rechtliche Bindungen nicht bestehen oder nachträglich entfallen sind und der Versicherungsnehmer nicht zur Übernahme der Krankenversicherungskosten des Dritten verpflichtet ist. Für die Gruppe der „sonstigen Dritten" soll exemplarisch die auf die Person eines geschiedenen, nicht unterhaltsberechtigten Ehegatten genommene Versicherung untersucht werden.

aa) Rechtsverhältnis zwischen geschiedenen Ehegatten

In der Krankheitskostenversicherung eines Ehegatten wird in der Praxis regelmäßig – wie bereits oben dargestellt – der andere Partner mitversichert. Sofern es aber zwischen den Ehegatten zu einer Scheidung kommt, ist fraglich, welche Auswirkungen die Scheidung auf die Mitversicherung des Ehegatten hat und welche Unterschiede im Innenverhältnis zu der Situation verheirateter Partner bestehen.

Im Falle einer Scheidung erlöschen grundsätzlich die bisher zwischen den Eheleuten nach Maßgabe der §§ 1353 bis 1362 BGB bestehenden allgemeinen Ehewirkungen.[192] Zu den Wirkungen der §§ 1353 ff. BGB zählen insbesondere die vielfältigen Rücksichtnahme- und Beistandspflichten im Rahmen der ehelichen Lebensgemeinschaft.[193] Etwaige verbleibende Rücksichtnahmepflichten, welche aufgrund sorgerechtlicher Erwägungen bestehen, sind für die Untersuchung außer Acht zu lassen. Nach rechtskräftiger Scheidung besteht daher keine generelle Beistands- oder Rücksichtnahmepflicht.[194] Etwaige Rechtsbeziehungen

---

192 *Neumann* in Bamberger/Roth, BeckOK BGB, § 1564, Rn. 4; *Weber* in MüKo BGB, § 1564, Rn. 122; *Brudermüller* in Palandt, BGB, Einf v § 1564, Rn. 3; *Rauscher* in Staudinger, BGB, Vorbem. zu §§ 1564–1568, Rn. 53.

193 *Kroll-Ludwigs* in Erman, BGB, § 1353, Rn. 14 f.; *Lipp* in Soergel, BGB, § 1353, Rn. 43; *Gernhuber/Coester-Waltjen*, Familienrecht, § 18, Rn. 49 f.

194 *Jaeger/Hamm* in Johannsen/Henrich, Familienrecht, § 1564, Rn. 62; *Rauscher* in Staudinger, BGB, Vorbem. zu §§ 1564–1568, Rn. 50.

aufgrund einer nachehelichen Unterhaltsberechtigung sind bei der Untersuchung ebenfalls außer Acht zu lassen. Hinsichtlich der vorliegend zu untersuchenden Mitversicherungskonstellation ist zu unterstellen, dass keinerlei Unterhaltsansprüche bestehen und es somit auch auf die Regelungen zum Versorgungsausgleich oder die weiteren Scheidungsfolgen für die Untersuchung nicht ankommt. Erfasst werden soll gerade die Situation, in der es zwischen dem Versicherungsnehmer und dessen geschiedenem, nicht unterhaltsberechtigtem Ehepartner im Innenverhältnis an einer zu berücksichtigenden rechtlichen Bindung fehlt.

bb) Auswirkungen der Scheidung auf den Krankenversicherungsschutz des mitversicherten Ehegatten

Für die Untersuchung von Bedeutung sind die Auswirkungen der rechtskräftigen Scheidung auf die bestehende Mitversicherung des nicht unterhaltsberechtigten Ehegatten in der gesetzlichen oder privaten Krankheitskostenversicherung des anderen Partners.

Eine im Rahmen der sogenannten Familienkrankenhilfe gemäß § 10 Abs. 1 SGB V erfolgte Mitversicherung des Partners in der gesetzlichen Krankenversicherung wird durch die rechtskräftige Scheidung beendet. Dem Ehegatten wurde bisher zur Aufrechterhaltung des Krankenversicherungsschutzes lediglich ein befristetes Fortsetzungsrecht eingeräumt (§ 9 Abs. 1 S. 1 Nr. 2 SGB V).[195] Der durch das Gesetz zur Beseitigung sozialer Überforderung bei Beitragsschulden in der Krankenversicherung vom 15.07.2013[196] neu eingefügte § 188 Abs. 4 SGB V regelt nunmehr aber, dass sich die Versicherung für die mitversicherte Person automatisch als freiwillige gesetzliche Versicherung fortsetzt, sofern die mitversicherte Person – nach Hinweis der Krankenkasse – nicht innerhalb von zwei Wochen ihren Austritt erklärt (§ 188 Abs. 4 S. 1 SGB V). Nach § 188 Abs. 4 S. 2 SGB V ist dies aber nur dann zulässig, wenn die mitversicherte Person den Nachweis eines anderweitigen Anspruchs auf Absicherung im Krankheitsfall erbringt. Die Nachweisverpflichtung ist Wirksamkeitsvoraussetzung für den Austritt und soll verhindern, dass die austretende Person versicherungspflichtig

195 *Doering-Striening*, NZFam 2014, 145, 147; *Müller*, FPR 2003, 160, 162; *Münder*, NJW 1998, 5, 6; *Theurer*, FPR 2009, 438, 439; *Weber* in MüKo BGB, § 1564, Rn. 134; *Heintzmann* in Soergel, BGB, Vor §§ 1564–1568, Rn. 54; *Rauscher* in Staudinger, BGB, Vorbem. zu §§ 1564–1568, Rn. 75.

196 BGBl. I 2013, Nr. 38, S. 2423.

nach § 5 Abs. 1 Nr. 13 SGB V wird.[197] Das Ziel dieser Regelung ist es, sowohl die Entstehung hoher Beitragsschulden zu verhindern als auch die Aufrechterhaltung eines lückenlosen Krankenversicherungsschutzes bei einem kraft Gesetzes endenden Versicherungsschutz zu gewährleisten.[198]

Anders stellt sich die Situation in der privaten Krankheitskostenversicherung dar. Dies beruht insbesondere auf den zwischen den beiden Systemen bestehenden konstruktiven Unterschieden. Im Gegensatz zu dem Beitritt zu der gesetzlichen Krankenversicherung handelt sich bei einer privaten Krankheitskostenversicherung um eine durch privatrechtlichen Vertrag zwischen dem Versicherungsnehmer und dem privaten Krankenversicherungsunternehmen zustande kommende Versicherung. Für den privaten Krankheitskostenvertrag besteht gerade keine die (Mit-)Versicherung kraft Gesetzes beendigende privatrechtliche Regelung, die der Rechtslage bei der gesetzlichen Krankenversicherung entspräche. Die Wirksamkeit des auf die Person des anderen Ehegatten genommenen Versicherungsvertrags wird durch die Scheidung also nicht angetastet.[199] Dies hängt unter anderem damit zusammen, dass, anders als in der Familienkrankenhilfe, für jede versicherte Person ein gesonderter Beitrag zu entrichten ist.[200] Zusammenfassend ist für diese Konstellation also festzuhalten, dass bei der gesetzlichen Krankenversicherung die rechtskräftige Scheidung zu einer Beendigung der Mitversicherung führt, wohingegen der Versicherungsvertrag in der privaten Krankheitskostenversicherung uneingeschränkt und in gleicher Form fortbesteht.

e) Ergebnis

Die obige Darstellung der rechtlichen Situation im Innenverhältnis zwischen Versicherungsnehmer und versicherter Person (Gefahrsperson), in Abhängigkeit von der jeweiligen Personenkonstellation, verdeutlicht die rechtliche Vielschichtigkeit der im Innenverhältnis bestehenden Rechtsbeziehungen. Die zum Teil gravierenden Diskrepanzen, insbesondere in unterhaltsrechtlicher Hinsicht, haben vor allem Auswirkungen auf die Feststellung, in wessen Interesse eine Versicherung geschlossen wird und können auch für die rechtliche Einschätzung

---

197 *Peters* in KassKomm Sozialversicherungsrecht, § 188 SGB V, Rn. 11; *Baier* in Krauskopf, Soziale Krankenversicherung, Pflegeversicherung, § 188 SGB V, Rn. 17; *Nebendahl* in Spickhoff, Medizinrecht, § 188 SGB V, Rn. 8.

198 Gesetzesbegründung des Gesundheitsausschusses, BT-Drucks. Nr. 17/13947, S. 27, 28.

199 *Doering-Striening*, NZFam 2014, 145, 150; *Theurer*, FPR 2009, 438, 439.

200 *Doering-Striening*, NZFam 2014, 145, 149 f.; *Theurer*, FPR 2009, 438, 440.

des Außenverhältnisses von Bedeutung sein. Die Frage, inwieweit sich die dargestellten Rechtswirkungen im Verhältnis zwischen Versicherungsnehmer und Gefahrsperson auf die Beendigung des Außenverhältnisses zwischen Versicherungsnehmer und Versicherer auswirken, ist vor allem Gegenstand der Prüfung der Nachweispflicht einer Anschlussversicherung nach § 205 Abs. 6 VVG.[201]

4. Versichertes Interesse in den exemplarischen Personenkonstellationen

Für die Feststellung, um die Versicherung wessen Interesses es sich handelt, kommt es zwar stets auf die Umstände des Einzelfalls an,[202] eine grundsätzliche Einordnung der Personenkonstellationen nach der Art des versicherten Interesses ist aber dennoch möglich und für die Bestimmung der Rechtsstellung der Gefahrsperson ausschlaggebend. Dieser stehen nur im Falle einer zumindest auch für fremde Rechnung geschlossenen Versicherung eigene Rechte aus dem Krankheitskostenversicherungsvertrag zu.

a) Minderjährige Kinder

Die Versicherung auf die Person eines minderjährigen unterhaltsberechtigten Kindes des Versicherungsnehmers wird regelmäßig als eine Versicherung im eigenen Interesse eingeordnet. Begründet wird dies vorrangig mit der im Innenverhältnis zwischen Versicherungsnehmer und dem minderjährigen Kind bestehenden Unterhaltsberechtigung sowie darüber hinaus mit der gesetzlichen Vertretungsmacht der Eltern und Praktikabilitätserwägungen.[203] Außerdem könne die (Mit)-Versicherung auch zum Zwecke der Erfüllung der elterlichen Versicherungspflicht hinsichtlich der gesetzlich vertretenen Kinder aus § 193 Abs. 3 S. 1 VVG erfolgen.[204] Der Versicherungsnehmer decke daher durch die Versicherung lediglich sein eigenes wirtschaftliches Interesse an der Vermeidung finanzieller Einbußen ab, welche ihm im Krankheitsfall des minderjährigen

201 Siehe dazu nachfolgend in Kapitel C.

202 *Rixecker* in Langheid/Rixecker, VVG, § 43, Rn. 17 f.; *Voit* in Prölss/Martin, VVG, § 193, Rn. 2; *Muschner* in Rüffer/Halbach/Schimikowski, VVG, § 43, Rn. 27.

203 *OLG Saarbrücken*, Urt. v. 18.12.1996, VersR 1997, 863, 865; *LG Dortmund*, Urt. v. 09.11.2006 – 2 O 172/06, Rn. 25 ff.; *OLG Koblenz* Urt. v. 27.11.2003, VersR 2004, 993, 994; *Voit*, NJW 2006, 2225, 2227; *Armbrüster* in Beckmann/Matusche-Beckmann, Versicherungsrecht-Handbuch, § 6, Rn. 142; *Kalis* in Langheid/Wandt, MüKo VVG, § 193, Rn. 14; *Gottwald* in MüKo BGB, § 328, Rn. 114.

204 *Schüffner/Franck* in Sodan, Krankenversicherungsrecht, § 43, Rn. 57.

Kindes entstehen würden.[205] Bei dem versicherten Kind handelt es sich dann um eine bloße Gefahrsperson.[206]

Diese generelle Einordnung der Versicherung auf die Person minderjähriger unterhaltsberechtigter Kinder vermag zu überzeugen. Der Versicherungsnehmer schuldet dem minderjährigen Kind im Innenverhältnis die Aufrechterhaltung eines Krankenversicherungsschutzes als Teil des angemessenen Unterhalts und vertritt diesen beim Abschluss von Rechtsgeschäften nach außen kraft gesetzlicher Vertretung. Auch die gerichtliche oder außergerichtliche Geltendmachung von Rechten aus dem Vertrag obliegt dem unterhaltsverpflichteten Elternteil als Ausdruck der Vermögenssorge im Sinne des § 1626 BGB.[207] Durch die Mitversicherung bezweckt der unterhaltsverpflichtete Versicherungsnehmer gerade nicht ein eigenes wirtschaftliches Interesse des Kindes abzusichern, da die in einem Krankheitsfall eintretenden finanziell negativen Konsequenzen ohnehin den die Vermögenssorge innehabenden Eltern auferlegt würden. Die Absicherung der nachteiligen wirtschaftlichen Folgen liegt demnach regelmäßig im ausschließlichen Interessenbereich der Eltern, sodass für minderjährige unterhaltsberechtigte Kinder von einer Eigenversicherung des die Krankenversicherung unterhaltenden Elternteils auszugehen ist.

b) Volljährige unterhaltsberechtigte Kinder

Hinsichtlich der Versicherung auf die Person von volljährigen unterhaltsberechtigten Kindern ist ebenfalls das Vorliegen einer Eigenversicherung des Versicherungsnehmers zu erwägen. Es stellt sich die Frage, ob die wirtschaftliche und rechtliche Situation des volljährigen Kindes der des minderjährigen Kindes insoweit vergleichbar ist, als auch, trotz des Eintritts der Volljährigkeit des Kindes, ausschließlich eigene wirtschaftliche Interessen des Elternteils die Annahme einer Eigenversicherung rechtfertigen. Grundsätzlich besteht auch in der vorliegenden Personenkonstellation ein Unterhaltsanspruch des Kindes gegenüber den Eltern. Insbesondere im Rahmen der unterhaltsrechtlich

---

205 *Rixecker* in Langheid/Rixecker, VVG, § 43, Rn. 3; *Reinhard* in Looschelders/Pohlmann, VVG, § 193, Rn. 5; *Muschner* in Rüffer/Halbach/Schimikowski, VVG, § 43, Rn. 25.

206 *BGH*, Urt. v. 08.02.2006, NJW 2006, 1434, 1436; *OLG Saarbrücken*, Urt. v. 03.03.2010, VersR 2011, 614, 615; *LG Köln*, Urt. v. 14.07.1993, VersR 1994, 464, 464; *Brand* in Bruck/Möller, VVG, § 43, Rn. 11; *Rixecker* in Langheid/Rixecker, VVG, § 43, Rn. 3; *Reinhard* in Looschelders/Pohlmann, VVG, § 193, Rn. 5.

207 Anstatt vieler: *Kemper* in Schulze, HK-BGB, § 1626, Rn. 9; *LG Dortmund*, Urt. v. 09.11.2006, NJOZ 2007, 376.

privilegierten Volljährigen ist eine weitgehend den Minderjährigen vergleichbare Interessenlage anzunehmen. Zwar sind die nicht privilegierten Volljährigen den minderjährigen Kindern nicht mehr hinsichtlich der Rangstufe ihrer Unterhaltsberechtigung gleichgestellt. Doch stehen auch diese nach wie vor in einem finanziellen Abhängigkeitsverhältnis zu ihren Eltern. Wie oben aufgezeigt schulden die Eltern auch weiterhin im Rahmen des angemessenen Unterhalts die Sicherstellung einer Krankenvorsorge des volljährigen Kindes.[208] Solange die volljährigen Kinder noch in einem Unterhaltsverhältnis zum Versicherungsnehmer stehen, ist daher auch im Regelfall noch von einer Eigenversicherung des Versicherungsnehmers, d.h. des unterhaltspflichtigen Elternteils, auszugehen. Auch der Wegfall der elterlichen Sorge und das Erlöschen der gesetzlichen Vertretungsmacht der Eltern vermögen an diesem Ergebnis nichts zu ändern, da für die Unterscheidung zwischen Eigen- und Fremdversicherung vorrangig auf das abgesicherte Interesse abzustellen ist und bereits eine bestehende Unterhaltsverpflichtung dieses begründet. Andere familienrechtliche Pflichten verstärken die Annahme nur zusätzlich. Es kommt also darauf an, wessen drohender Vermögensnachteil abgesichert werden soll.[209] Daher wird auch überwiegend eine Fremdversicherung des volljährigen Kindes erst mit Beendigung der Unterhaltspflicht, welche regelmäßig mit der Beendigung der Ausbildung zusammenfällt, angenommen und vorher die Versicherung als Eigenversicherung des Versicherungsnehmers eingeordnet.[210] Dennoch bleibt grundsätzlich auch die Annahme einer Fremdversicherung trotz bestehender Unterhaltsberechtigung denkbar, sofern das volljährige Kind etwa *„alters- und gesellschaftsbedingt auch ein erhebliches Eigeninteresse [entwickelt], selbstbestimmt seine gesundheitlichen Belange zu regeln."*[211] In den meisten Fällen ist das Kind bereits vor Eintritt der Volljährigkeit in der privaten Krankenversicherung eines Elternteils mitversichert. Die zunächst als Eigenversicherung bestehende Versicherung kann sich mit Wegfall des ausschließlich eigenen Interesses des Versicherungsnehmers an der finanziellen Absicherung der Krankheitskosten des Kindes in eine Fremdversicherung umwandeln.[212] Unter Umständen kann eine

208 Siehe oben unter B. II. 3. b) bb).

209 Anstatt vieler: *Koch* in Looschelders/Pohlmann, VVG, § 43, Rn. 45.

210 *Rixecker* in Langheid/Rixecker, VVG, § 43, Rn. 3; *Kalis* in Langheid/Wandt, MüKo VVG, § 193, Rn. 14; *Gottwald* in MüKo BGB, § 328, Rn. 114; *Voit* in Prölss/Martin, VVG, § 193, Rn. 2; *Klimke* in Prölss/Martin, VVG, Vorbem. zu den §§ 43–48, Rn. 7; *Commer* in van Bühren, Handbuch Versicherungsrecht, § 17, Rn. 69.

211 *Boetius*, PKV, § 193 VVG, Rn. 52.

212 *Rixecker* in Langheid/Rixecker, VVG, § 43, Rn. 3.

Umwandlung in eine Fremdversicherung aber auch durch entsprechende vertragliche Abreden ausgeschlossen werden.[213] Bis zum Erlöschen der Unterhaltspflicht handelt es sich also regelmäßig um eine Versicherung eigener Interessen des Versicherungsnehmers, sodass für diese Personenkonstellation im Grundsatz von einer Eigenversicherung des Versicherungsnehmers auszugehen ist, im Rahmen derer der volljährige Unterhaltsberechtigte bloße Gefahrsperson ist. Bei einem im Einzelfall bestehenden Eigeninteresse des Kindes an der Regelung seines Krankenversicherungsschutzes ist aber ausnahmsweise trotz bestehender Unterhaltsverpflichtung auch eine kombinierte Fremd- und Eigenversicherung des Versicherungsnehmers denkbar. Nur in letzterem Fall kann das Kind eigene Rechte auf die Leistung aus dem Vertrag herleiten.

c) Ehegatten

Die rechtliche Einordnung der Versicherung auf die Person eines Ehegatten im Rahmen einer Krankheitskostenversicherung ist bereits seit längerer Zeit umstritten. Zum Teil wird die Absicherung eines Ehegatten, insbesondere in einer Familienversicherung, aufgrund der im Rahmen der zwischen den Ehegatten bestehenden Unterhaltsverpflichtung (§§ 1360, 1360a BGB) als Versicherung für eigene Rechnung des die Krankenvorsorge schuldenden Ehegatten eingeordnet, mit der Folge, dass der andere Ehegatte bloße Gefahrsperson wäre.[214] Eine differenzierende Ansicht stellt bei der Unterscheidung darauf ab, ob der abgesicherte Ehegatte einer Erwerbstätigkeit nachgeht. So sei bei einer Doppelverdienerehe der mitversicherte Ehegatte bereits mangels bestehender Unterhaltsberechtigung gegenüber dem Anderen Versicherter im Sinne von § 43 Abs. 1 VVG und nicht bloße Gefahrsperson. Im Rahmen einer Alleinverdienerehe würde demgegenüber der erwerbstätige und somit unterhaltspflichtige Ehegatte die Krankheitskostenversicherung für eigene Rechnung abschließen.[215] Die herrschende Meinung geht aber, spätestens seit der Leitentscheidung des *BGH*[216] zur Mitversicherung eines Ehegatten in der Krankheitskostenversicherung, davon aus, dass

---

213 So zur Krankentagegeldversicherung: *OLG Koblenz*, Urt. v. 27.11.2003, VersR 2004, 993, 994.

214 *OLG Hamm*, Urt. v. 31.01.1979, VersR 1980, 137, 138; Dazu auch *Pannenbecker*, VersR 1998, 1322, 1323 f. m.w.N.

215 *OLG Koblenz*, Beschl. v. 09.09.2004, VersR 2005, 491, 492; *Kalis* in Langheid/Wandt, MüKo VVG, § 193, Rn. 14; *Steinbeck* in Höra, MAH Versicherungsrecht, § 2, Rn. 365; *Pannenbecker*, VersR 1998, 1322, 1323.

216 *BGH*, Urt. v. 08.02.2006, NJW 2006, 1434, 1437.

es sich unabhängig von einer Erwerbstätigkeit der Gefahrsperson um eine Versicherung für fremde Rechnung handele.[217] Dies wird damit begründet, dass das Interesse des Versicherungsnehmers in einer Ehe nicht ausschließlich auf die Erfüllung etwaiger unterhaltsrechtlicher Verpflichtungen gerichtet sei, sondern vielmehr der andere Ehegatte auch ein eigenes Interesse an einer selbstbestimmten Gestaltung seines Krankenversicherungsschutzes habe.[218] Dies vermag zu überzeugen, da dieser Ansatz dem Leitbild einer gleichberechtigten und selbstbestimmten Ehe gerecht wird und die vielseitigen neben der Unterhaltspflicht bestehenden rechtlichen Bindungen nicht außer Acht lässt. Eine nur auf die Erwerbstätigkeit des mitversicherten Ehegatten abstellende Einordnung übersieht nämlich, dass der Gesetzgeber mit der ausdrücklichen Gleichstellung von Erwerbstätigkeit und Haushaltsführung (§ 1360 S. 2 BGB) sowie der Aufgabe des Leitbilds der Hausfrauenehe gerade von einer Gleichberechtigung der Ehepartner losgelöst von einer Erwerbstätigkeit ausgeht. Darüber hinaus liegt die Ausgestaltung der Unterhaltspflichten bei den Ehegatten selbst, sodass auch bei Doppelverdienern ein Partner die Sicherung der Krankenvorsorge gem. §§ 1360, 1360a BGB schulden kann. Aus diesen Gründen kann daher eine pauschale, nur auf das zwischen den Ehegatten bestehende Unterhaltsverhältnis abstellende, Argumentation nicht überzeugen. Es ist bei der Einbeziehung eines Ehegatten in den Krankheitskostenvertrag des anderen oder einer anderen Form der Versicherung auf die Person des Dritten zwischen Ehegatten davon auszugehen, dass der Versicherungsnehmer stets das fremde Interesse des anderen an einer ausreichenden Krankenvorsorge versichert. Es handelt sich folglich um eine Versicherung für fremde Rechnung im Sinne des § 43 Abs. 1 VVG. Typischerweise versichert der unterhaltspflichtige Ehegatte zugleich sein eigenes Interesse, sodass regelmäßig eine kombinierte Fremd- und Eigenversicherung vorliegt. Jedenfalls stehen dem Ehegatten als Gefahrsperson eigene Rechte aus dem Vertrag im Rahmen der §§ 43 ff., 194 Abs. 3 VVG zu.

---

217 *BGH*, Urt. v. 08.02.2006, NJW 2006, 1434; *BGH*, Urt. v. 10.10.2007, NJW-RR 2008, 116; *OLG Düsseldorf*, Beschl. v. 01.10.2008, FamRZ 2009, 425, 426; *Boetius*, PKV, § 193 VVG, Rn. 52; *Rixecker* in Langheid/Rixecker, VVG, § 43, Rn. 3; *Gottwald* in MüKo BGB, § 328, Rn. 115; *Voit* in Prölss/Martin, VVG, § 193, Rn. 2; *Muschner* in Rüffer/Halbach/Schimikowski, VVG, § 43, Rn. 24; *Pannke*, FamRZ 2009, 426, 426; *Prölss*, LMK 2006, 183957; *Rogler*, jurisPR-VersR 5/2009, Anm. 2.

218 *BGH*, Urt. v. 08.02.2006, NJW 2006, 1434, 1437; *OLG Frankfurt am Main*, Urt. v. 02.08.2000, NJW-RR 2001, 242, 243; *Voit*, NJW 2006, 2225.

d) Sonstige Dritte

Auch bezüglich der Gruppe der sonstigen Dritten, speziell der nicht unterhaltsberechtigten geschiedenen Ehegatten, muss die Einordnung der Versicherung hinsichtlich des abgesicherten Interesses erfolgen. Wie oben festgestellt handelt es sich schon bei der Mitversicherung eines in intakter Ehe lebenden Ehepartners um eine Versicherung eines (zumindest auch) fremden Interesses, sodass der mitversicherte Dritte nicht bloße Gefahrsperson, sondern zugleich Versicherter im Sinne von § 43 Abs. 1 VVG ist.[219] Die Einordnung der Versicherung auf die Person eines nicht unterhaltsberechtigten, geschiedenen Ehegatten als sonstigem Dritten kann zu keinem anderen Ergebnis führen. Zwischen den geschiedenen Ehegatten fehlt es in dieser exemplarischen Personenkonstellation im Gegensatz zu nicht geschiedenen Ehegatten an einer Unterhaltsverpflichtung im Innenverhältnis, sodass erst recht keine Grundlage für die Versicherung nur eines eigenen Interesses des Versicherungsnehmers in Betracht kommt. Im Innenverhältnis wird im Versicherungsfall lediglich ein gesetzliches Treuhandverhältnis als Grundlage für die Auskehrung der Versicherungsleistung zugunsten der Gefahrsperson angenommen. Die Verpflichtung richtet sich aber nicht auf die generelle Übernahme der Krankheitsvorsorgekosten des Dritten, sondern nur auf den konkreten Versicherungsfall bei bestehender Krankenversicherung auf die Person des Dritten.

e) Zwischenergebnis

Im Rahmen der Einordnung der einzelnen Personenkonstellationen entsprechend dem versicherten Interesse zeigen sich, wie bereits hinsichtlich der Ausgestaltung der Rechtsbeziehungen im Innenverhältnis, deutliche Unterschiede. So ist die Versicherung auf die Person von minderjährigen und volljährigen unterhaltsberechtigten Kindern regelmäßig als Eigenversicherung des Unterhaltsschuldners einzuordnen, mit der Folge, dass die mitversicherten Kinder als reine Gefahrspersonen keinesfalls eigene Rechte aus dem Krankheitskostenvertrag geltend machen können. Demgegenüber sind sowohl verheiratete als auch geschiedene Ehegatten als Gefahrspersonen zugleich Versicherte im Rahmen einer Versicherung für fremde Rechnung und können eigene Rechte aus dem Vertrag herleiten. Nur sofern der Versicherungsnehmer diese gegenüber dem Versicherer nach § 194 Abs. 3 S. 1 VVG benannt hat, können sie aber als ausschließlich Empfangsberechtigte selbst die Versicherungsleistung verlangen.

219 So auch ausdrücklich *Kalis* in Langheid/Wandt, MüKo VVG, § 193, Rn. 14.

Ansonsten gilt der Grundsatz der §§ 44, 45 VVG, dass nur der Versicherungsnehmer als Vertragspartner des Versicherers berechtigt ist, die Rechte aus dem Vertrag geltend zu machen.

III. Ergebnis

Bei privaten Krankheitskostenversicherungsverträgen handelt es sich um spezielle Verträge, welche in der Regel zur Erfüllung der Versicherungspflicht aus § 193 Abs. 3 S. 1 VVG geschlossen werden. Diese können nach § 193 Abs. 1 S. 1 VVG nicht nur auf die Person des Versicherungsnehmers, sondern auch auf die Person eines Anderen genommen werden. Der Dritte wird Gefahrsperson des Vertrages. Er wird im Krankenversicherungsrecht als „versicherte Person" bezeichnet.

Die Beendigung einer Versicherung auf die Person eines Dritten, unabhängig davon, ob der Versicherungsnehmer im Rahmen des Vertrags zusätzlich auch seinen eigenen Krankenversicherungsschutz absichert, bildet den Ausgangspunkt der Untersuchung. Es besteht bei diesen Versicherungsverträgen ein Drei-Personen-Verhältnis zwischen dem Versicherer, dem Versicherungsnehmer und dem Dritten als Gefahrsperson des Vertrags. Sowohl im Innenverhältnis (Valutaverhältnis) zwischen Versicherungsnehmer und Gefahrsperson als auch im Außenverhältnis (Deckungsverhältnis) zwischen Versicherer und Versicherungsnehmer ist den Besonderheiten verschiedener typischer Drittversicherungskonstellationen Rechnung zu tragen. Die unterschiedlichen rechtlichen Beziehungen im Innenverhältnis – vorwiegend unterhaltsrechtlicher Natur – wirken sich nämlich mittelbar und unmittelbar auf das Deckungsverhältnis und die rechtliche Einordnung der Versicherung als Fremd- oder Eigenversicherung aus. So kommt es auf die rechtlichen Bindungen im Innenverhältnis maßgeblich bei der Auslegung der Kündigungsvoraussetzung des § 205 Abs. 6 S. 1 VVG an.[220] Von der Einordnung als Versicherung auf fremde oder eigene Rechnung hängt Art und Umfang der rechtlichen Stellung der Gefahrsperson ab, die insbesondere für *Kapitel F* relevant wird.[221] Die Untersuchung erfolgt am Beispiel der praxisrelevanten Versicherung unterhaltsberechtigter minderjähriger und volljähriger Kinder, zusammenlebender Ehegatten sowie geschiedener, nicht unterhaltsberechtigter Ehegatten.

---

220 Siehe ausführlich unter C. III. 2. b).

221 Siehe ausführlich unter F. III.

Kapitel C. Die Sicherung der Anschlussversicherung der Gefahrsperson als gesetzliche Kündigungsvoraussetzung

I. Einführung

Die Umsetzung des gesetzgeberischen Ziels der Sicherung eines permanenten Krankenversicherungsschutzes und Schaffung einer vollwertigen privaten Krankheitskostenversicherung hat sich auch auf die gesetzliche Ausgestaltung der Vertragsbeendigung von Pflichtkrankenversicherungen ausgewirkt. Eine Loslösung von Pflichtversicherungsverträgen durch eine Kündigung seitens des Versicherungsnehmers ist nur noch unter erschwerten Voraussetzungen möglich. Die zentrale Regelung findet sich in § 205 Abs. 6 VVG, der die Wirksamkeit der Kündigung davon abhängig macht, dass eine ebenfalls als Pflichtversicherung geeignete Krankheitskostenvollversicherung als nahtlose Anschlussversicherung durch den Versicherungsnehmer abgeschlossen und dieser Abschluss dem Versicherer gegenüber nachgewiesen wird. Bereits seit einiger Zeit besteht in Rechtsprechung und Schrifttum Uneinigkeit über die Frage, ob bzw. in welchem Umfang diese Regelung auch auf die Kündigung einer auf die Person eines (volljährigen) Dritten genommenen Krankenversicherung anwendbar ist. Mit Urteil vom 18.12.2013 entschied schließlich der *BGH* hinsichtlich der auf die Person eines volljährigen unterhaltsberechtigten Kindes genommenen Krankenversicherung, dass der Versicherungsnehmer nicht zum Abschluss und Nachweis einer Anschlussversicherung für das als Gefahrsperson versicherte Kind nach § 205 Abs. 6 VVG verpflichtet sei.[222] Die Entscheidung begegnet jedoch bei der Auslegung der Norm im Hinblick auf Drittversicherungskonstellationen erheblichen Bedenken und bildet den Ausgangspunkt für den Hauptuntersuchungsgegenstand dieses Kapitels.

Einleitend werden im Rahmen der Untersuchung zunächst die gesetzlichen Kündigungsrechte und Wirksamkeitsvoraussetzungen im privaten Krankenversicherungsrecht dargestellt, wobei der Fokus auf den gesetzlichen Kündigungsregelungen liegt, die – zumindest auch – dem Schutz der Gefahrsperson dienen. Anschließend wird der zentralen Frage nachgegangen, ob bzw. in welchem Umfang die Regelung des § 205 Abs. 6 VVG bei der Kündigung einer

222 *BGH*, Urt. v. 18.12.2013, VersR 2014, 234, 235 (Rn. 10 ff.).

Versicherung auf die Person eines Dritten Anwendung findet. Dabei konzentriert sich die Untersuchung insbesondere darauf, inwiefern die (meist familienrechtlichen) Beziehungen im Innenverhältnis der Mitversicherung bei der Auslegung des § 205 Abs. 6 S. 1 VVG zu berücksichtigen sind. Im Rahmen dessen werden die in *Kapitel B* dargestellten exemplarischen Drittversicherungskonstellationen zugrunde gelegt.[223] Darüber hinaus werden auch die Anforderungen, die an den Nachweis der Anschlussversicherung nach § 205 Abs. 6 S. 2 VVG zu stellen sind, konkretisiert und die Anwendbarkeit des § 205 Abs. 6 VVG auf außerordentliche Kündigungen nach § 314 BGB und § 19 Abs. 6 VVG untersucht. Abschließend soll unter Auswertung der Untersuchungsergebnisse ein eigener Reformvorschlag hinsichtlich der untersuchten Kündigungsregelungen vorgestellt werden.

II. Krankenversicherungsspezifische Kündigungsregelungen

Die Kündigung des Krankheitskostenversicherungsvertrags durch den Versicherungsnehmer ist Gegenstand von § 205 VVG, welcher sowohl ein ordentliches Kündigungsrecht als auch verschiedene Sonderkündigungsrechte und deren Wirksamkeitsvoraussetzungen normiert.[224] Der nachfolgende Abschnitt beschränkt sich an dieser Stelle auf die Kündigung durch den Versicherungsnehmer, da die Kündigungsmöglichkeiten des Versicherers und der Gefahrsperson ausführlich in *Kapitel F* untersucht werden.

1. Kündigungsrechte im privaten Krankenversicherungsrecht

Nach § 205 Abs. 1 S. 1 VVG kann der Versicherungsnehmer, vorbehaltlich einer vereinbarten Mindestversicherungsdauer, einen Krankheitskostenversicherungsvertrag, der für mehr als ein Jahr geschlossen wurde, ordentlich zum Ende des Jahres mit einer Frist von drei Monaten kündigen. Die ordentliche Kündigung kann durch den Versicherungsnehmer gemäß § 205 Abs. 1 S. 2 VVG auch auf einzelne versicherte Personen beschränkt werden.[225] Daneben sind in § 205 Abs. 2 bis 5 VVG verschiedene Sonderkündigungsrechte des

223 Siehe oben unter B. II. 3.

224 Anstatt vieler: *Ahlburg* in Halm/Engelbrecht/Krahe, Handbuch FA Versicherungsrecht, Kapitel 19, Rn. 125 ff.

225 *Hütt* in Bach/Moser, PKV, § 13 MB/KK, Rn. 24 f.; *Boetius*, PKV, § 205, Rn. 1, 4; *Hütt* in Langheid/Wandt, MüKo VVG, § 205, Rn. 12; *Voit* in Prölss/Martin, VVG, § 205, Rn. 7; *Brömmelmeyer* in Schwintowski/Brömmelmeyer, PK-Versicherungsrecht, § 205, Rn. 8; *Staab* in Staudinger/Halm/Wendt, Versicherungsrecht, § 205, Rn. 3.

Versicherungsnehmers geregelt.[226] Nach diesen ist der Versicherungsnehmer zur Kündigung berechtigt, wenn die versicherte Person kraft Gesetzes krankenversicherungspflichtig wird oder einen Anspruch auf Mitversicherung in der gesetzlichen Familienversicherung erwirbt (§ 205 Abs. 2 S. 1, 5 VVG), eine planmäßige Änderung der Prämie erfolgt (§ 205 Abs. 3 VVG), der Versicherer eine Leistungsminderung oder Prämienerhöhung aufgrund einer Anpassungsklausel vornimmt (§ 205 Abs. 4 VVG) oder der Versicherer eine Teilaufhebung bezüglich bestimmter Tarife oder versicherter Personen erklärt (§ 205 Abs. 5 S. 1, 2 VVG). Besonders praxisrelevant ist im Rahmen dieses Katalogs der Sonderkündigungsrechte der Fall des Eintritts der versicherten Person in die gesetzliche Krankenversicherung aufgrund einer gesetzlichen Verpflichtung oder des Entstehens eines Anspruchs auf Familienversicherung.[227] Daneben bleibt schließlich auch eine außerordentliche Kündigung aus wichtigem Grund gemäß § 314 BGB oder § 19 Abs. 6 VVG möglich.[228]

2. Kündigungsvoraussetzungen

Die Wirksamkeit sowohl der ordentlichen Kündigung gemäß § 205 Abs. 1 VVG als auch der Kündigung aus besonderem Grund gemäß § 205 Abs. 2 bis 5 VVG durch den Versicherungsnehmer hängt von allgemeinen sowie speziellen, versicherungsspezifischen Voraussetzungen ab.

a) Allgemeine Kündigungsvoraussetzungen

Die Kündigung muss grundsätzlich den allgemeinen zivilrechtlichen Anforderungen genügen. Als einseitige empfangsbedürftige Willenserklärung (§ 130 BGB)[229] muss sie hinreichend deutlich das Ziel der Vertragsbeendigung gegenüber dem Versicherer zum Ausdruck bringen.[230] Vor dem Hintergrund, dass die Kündigung auf einzelne versicherte Personen beschränkt werden kann, muss erkennbar sein, ob eine Voll- oder Teilkündigung angestrebt wird. Die

---

226 *Boetius*, PKV, § 205, Rn. 2; *Eichelberger* in Spickhoff, Medizinrecht, § 205 VVG, Rn. 1; *Staab* in Staudinger/Halm/Wendt, Versicherungsrecht, § 205, Rn. 1.

227 Vgl. die Leitentscheidung des *BGH*, Urt. v. 16.01.2013, VersR 2013, 305–308.

228 So die h.M., vgl. *Boetius*, PKV, § 205, Rn. 28; *Voit* in Prölss/Martin, VVG, § 205, Rn. 1; *Rogler* in Rüffer/Halbach/Schimikowski, VVG, § 205, Rn. 12; *Eichelberger* in Spickhoff, Medizinrecht, § 205 VVG, Rn. 7; *Schimikowski*, Versicherungsrecht, S. 58, Rn. 66.

229 *Gaier* in MüKo BGB, § 314, Rn. 18.

230 *Hütt* in Bach/Moser, PKV, § 13 MB/KK, Rn. 12; *Rogler* in Rüffer/Halbach/Schimikowski, VVG, § 205, Rn. 4.

Kündigung muss dem Versicherer als Erklärungsempfänger zugehen. Diesbezüglich trifft den Versicherungsnehmer die Beweislast.[231] Mangels einer speziellen Formvorschrift für Krankenversicherungsverträge ist eine Kündigung grundsätzlich formfrei möglich.[232] Hinsichtlich der Form einer Kündigung nach § 205 VVG kann nach § 208 S. 2 VVG – als Sonderregelung zu § 309 Nr. 13b BGB – aber eine Schrift- oder Textform vereinbart werden (§§ 126, 126b BGB). Regelmäßig wird eine solche Bestimmung durch AVB getroffen, so auch bei der Krankheitskostenversicherung durch § 16 MB/KK, der die Textform festlegt.[233]

b) Spezielle Kündigungsvoraussetzungen der Sonderkündigungsrechte

Die Wirksamkeit der Kündigung hängt außerdem von krankenversicherungsspezifischen Anforderungen ab. Dabei handelt es sich um für die jeweiligen Sonderkündigungsrechte bestehende Fristenregelungen und spezielle drittschützende Vorschriften.

aa) Spezielle Voraussetzungen der § 205 Abs. 2–5 VVG

Den Versicherungsnehmer treffen, abhängig von dem jeweiligen Kündigungsgrund, besondere Fristerfordernisse. So bestimmen § 205 Abs. 2 S. 1, Abs. 3, Abs. 4 und Abs. 5 S. 1 VVG spezielle Kündigungsfristen im Hinblick auf das jeweilige zur Kündigung berechtigende Ereignis. Nach § 205 Abs. 2 S. 1 VVG kann der Versicherungsnehmer beispielsweise die Kündigung aufgrund einer eintretenden Versicherungspflicht in der gesetzlichen Krankenversicherung innerhalb von drei Monaten nach Eintritt dieser Pflicht rückwirkend auf den Zeitpunkt des Eintritts der Pflicht erklären. Je nach Kündigungsgrund sind daher variierende Fristen für die Wirksamkeit der Kündigung zu beachten.

bb) Spezielle drittschützende Kündigungsvoraussetzungen

Im Fokus der Untersuchung stehen aber die Vorschriften, die dem Versicherungsnehmer für die Kündigung zusätzliche Wirksamkeitsvoraussetzungen auferlegen, wenn es sich um eine Versicherung auf die Person eines Dritten handelt. Für die Krankenversicherung sind solche – zumindest reflexartig – drittschützenden Regelungen in § 205 Abs. 6 S. 1, 2 VVG und § 207 Abs. 2 S. 2 VVG zu finden.

---

231 *Fausten* in Langheid/Wandt, MüKo VVG, § 11, Rn. 108 f.; *Rixecker* in Langheid/Rixecker, VVG, § 11, Rn. 10; *Ebnet*, NJW 2006, 1697, 1697.

232 *Boetius*, PKV, § 205, Rn. 52; *Ebnet*, NJW 2006, 1697, 1697.

233 *Kalis* in Bach/Moser, PKV, § 16 MB/KK, Rn. 1; *Voit* in Prölss/Martin, VVG, § 205, Rn. 6; *Eichelberger* in Spickhoff, Medizinrecht, § 208 VVG, Rn. 5.

Diese werden an dieser Stelle zunächst nur überblicksartig dargestellt.[234] Keine unmittelbar drittschützende Wirkung entfaltet demgegenüber § 205 Abs. 2 VVG, der dem Versicherungsnehmer im Falle des Eintritts einer Versicherungspflicht in der gesetzlichen Krankenversicherung für die Gefahrsperson ein außerordentliches Kündigungsrecht einräumt.[235] Zwar ist die Kündigung von einem Nachweis der Versicherungspflicht abhängig, wenn der Versicherer einen solchen einfordert (§ 205 Abs. 2 S. 2 VVG), doch dient diese Wirksamkeitsvoraussetzung vorrangig der Verhinderung einer Doppelversicherung und der weiteren Prämienbelastung des Versicherungsnehmers und nicht dem Schutz der Gefahrsperson.[236]

(1) Abschluss einer Anschlussversicherung nach § 205 Abs. 6 S. 1, 2 VVG

(a) Regelungsgehalt

§ 205 Abs. 6 S. 1 VVG stellt eine Sonderregel für den Fall auf, dass die zu kündigende Versicherung die Versicherungspflicht nach § 193 Abs. 3 S. 1 VVG erfüllt. In diesem Fall muss der Versicherungsnehmer dem Wortlaut nach für die Ausübung der Kündigungsrechte nach § 205 Abs. 1 bis 5 VVG für die Gefahrsperson bei einem anderen Versicherer einen Vertrag, der dieser Pflicht genügt, abschließen. Für die Kündigung ist der Abschluss dieser Anschlussversicherung im Sinne des § 193 Abs. 3 S. 1 VVG konstitutiv.[237] Daran anknüpfend regelt der Gesetzgeber in § 205 Abs. 6 S. 2 VVG die Pflicht zum Nachweis der Anschlussversicherung innerhalb von zwei Monaten ab der Kündigungserklärung als weiteres Wirksamkeitserfordernis.[238] Drittschützenden Charakter haben diese

---

234 Vgl. zu § 205 Abs. 6 VVG nachfolgend unter C. III. und zu § 207 Abs. 2 VVG nachfolgend unter D. II. 3. a).

235 Der Schutz der Gefahrsperson wird vielmehr auch bei der Kündigung nach § 205 Abs. 2 S. 1 VVG über § 207 Abs. 2 S. 2 VVG sichergestellt.

236 *Hütt* in Langheid/Wandt, MüKo VVG, § 205, Rn. 15; *Voit* in Prölss/Martin, VVG, § 205, Rn. 16.

237 *Hütt* in Langheid/Wandt, MüKo VVG, § 205, Rn. 59; *Voit* in Prölss/Martin, § 205, Rn. 42 f.; *Rogler* in Rüffer/Halbach/Schimikowski, VVG, § 205, Rn. 31.

238 *Boetius*, PKV, § 205 VVG, Rn. 157; *Rogler* in Rüffer/Halbach/Schimikowski, VVG, § 205, Rn. 33. *Boetius* weist richtigerweise darauf hin, dass die Vorschrift in rechtsdogmatischer Weise missglückt ist, da sie in Satz 1 die Ausübung des Gestaltungsrechts von einer Handlung abhängig macht und erst in ihrem zweiten Satz die Rechtsfolge der Unwirksamkeit der Kündigung bei einem Verstoß gegen die Voraussetzungen normiert (*Boetius*, PKV, § 205, Rn. 156 f). Praktisch wirkt sich diese Uneinheitlichkeit jedoch nicht aus. Beide Sätze stellen Wirksamkeitsvoraussetzungen der Kündigung dar.

Regelungen insofern, als sie dem Wortlaut nach auch auf den Bestand des Versicherungsschutzes der Gefahrsperson gerichtet sind. Im Falle der Kündigung in einer Drittversicherungskonstellation muss also grundsätzlich die Anschlussversicherung der Gefahrsperson sichergestellt und nachgewiesen werden.[239] Die Regelung stellt in dogmatischer Hinsicht eine zusätzliche Wirksamkeitsvoraussetzung der Kündigung in Ergänzung zu den jeweiligen speziellen Anforderungen der Kündigungsrechte des § 205 VVG auf.[240]

(b) Verhältnis von § 205 Abs. 6 S. 1 zu § 205 Abs. 2 VVG

Problematisch ist aber der Verweis des § 205 Abs. 6 S. 1 VVG auf die Kündigung nach § 205 Abs. 2 VVG. Danach kann der Versicherungsnehmer die private Krankenversicherung kündigen, wenn er oder die Gefahrsperson kraft Gesetzes versicherungspflichtig werden. Auf diesen Fall scheint – vor dem Hintergrund der evidenten Systemunterschiede des dualistisch aufgebauten Krankenversicherungssystems – die Anschlussversicherungspflicht des § 205 Abs. 6 S. 1 VVG nicht zu passen. Es stellt sich daher die Frage, ob trotz des Verweises des § 205 Abs. 6 S. 1 VVG auf die Absätze 1 bis 5 die Kündigungen nach § 205 Abs. 2 VVG aus dessen Anwendungsbereich auszunehmen sind. Eine Einschränkung im Wege einer teleologischen Reduktion käme danach in Betracht, wenn der Wortlaut im Hinblick auf Sinn und Zweck der Regelung planwidrig zu weit gefasst ist.

Die Einführung der Anschlussversicherungspflicht nach § 205 Abs. 6 S. 1 VVG[241] hatte das Ziel, einen umfassenden und ununterbrochenen Pflichtkrankenversicherungsschutz zu gewährleisten.[242] Dazu fordert § 205 Abs. 6 S. 1 VVG den Abschluss eines neuen Vertrags, der dieser Pflicht genügt. Im Zuge eines systemorientierten und teleologischen Vergleichs der Vertragsabschlusspflicht einerseits und der öffentlich-rechtlichen Natur der gesetzlichen Krankenversicherung andererseits wird deutlich, dass eine Anwendung des § 205 Abs. 6 S. 1 VVG auf Kündigungen wegen des Eintritts der gesetzlichen Versicherungspflicht

239 Zur Frage einer verfassungskonformen oder einschränkenden Auslegung in Drittkonstellationen siehe ausführlich nachfolgend unter C. III. 2. b).

240 *Boetius*, PKV, § 205, Rn. 155; *Rogler* in Rüffer/Halbach/Schimikowski, VVG, § 205, Rn. 32; *Eichelberger* in Spickhoff, Medizinrecht, § 205 VVG, Rn. 21.

241 Einführung des Absatzes 6 zum 01.01.2009 auf Beschlussempfehlung des Rechtsausschusses (6. Ausschuss) v. 28.06.2007, BT-Drucks. 16/5862, S. 91 f., 94.

242 Schon im Zuge des GKV-WSG wurde aufgrund dieses Regelungsziels die Einführung einer Anschlussversicherungspflicht i.R.v. § 178h VVG a.F. erwogen: Bericht des Gesundheitsausschusses (14. Ausschuss) v. 01.02.2007, BT-Drucks. 16/4247, S. 68; Beschlussempfehlung v. 31.01.2007, BT-Drucks. 16/4200, S. 205.

rechtlich schon nicht möglich ist. Der Abschluss eines privatrechtlichen Versicherungsvertrages ist der gesetzlichen Krankenversicherung fremd.[243] Nach § 5 SGB V tritt die Versicherungspflicht in der gesetzlichen Krankenversicherung vielmehr kraft Gesetzes und nicht durch eine rechtgeschäftliche Einigung ein.

Eine direkte Anwendung des § 205 Abs. 6 S. 1 VVG auf Kündigungen nach § 205 Abs. 2 S. 1 VVG ist zudem im Hinblick auf § 193 Abs. 3 S. 1, 2 Nr. 1VVG systemwidrig. Der zu schließende Anschlussversicherungsvertrag soll der Pflicht nach § 193 Abs. 3 S. 1 VVG genügen (vgl. § 205 Abs. 6 S. 1 a.E. VVG). Für Personen, die bereits in der gesetzlichen Krankenversicherung versichert oder versicherungspflichtig sind, besteht diese Pflicht gemäß § 193 Abs. 3 S. 2 Nr. 1 VVG aber ausdrücklich nicht. Die direkte Anwendung des § 205 Abs. 6 S. 1 VVG würde zu dem widersprüchlichen Ergebnis führen, dass der Versicherungsnehmer um wirksam zu kündigen, neben der gesetzlichen Versicherungspflicht einen privaten Krankenversicherungsvertrag im Sinne von § 193 Abs. 3 S. 1 VVG abschließen müsste und die Gefahr einer Doppelversicherung bestünde. Mangels planwidriger Regelungslücke und insbesondere mangels Vergleichbarkeit der Krankenversicherungssysteme muss auch eine analoge Anwendung auf § 205 Abs. 2 S. 1 VVG ausscheiden. Die Nachweispflicht des § 205 Abs. 2 S. 2 VVG stellt bereits selbständig den nahtlosen Versicherungsschutz der versicherten Person sicher. Vor diesem Hintergrund ist festzustellen, dass der Wortlaut des § 205 Abs. 6 S. 1 VVG zu weit gefasst ist.[244] Eine teleologische Reduktion des § 205 Abs. 6 S. 1 VVG ist mit dem Ergebnis geboten, dass § 205 Abs. 2 VVG aus dessen Anwendungsbereich ausgenommen ist.[245]

(2) Benachrichtigung der Gefahrsperson von der Kündigung, § 207 Abs. 2 S. 2 VVG

Eine weitere drittschützende Vorschrift findet sich in § 207 Abs. 2 S. 2 VVG, welche die Wirksamkeit der Kündigung davon abhängig macht, ob die Gefahrsperson Kenntnis von der Kündigungserklärung durch den Versicherungsnehmer

---

243 *Peters* in KassKomm, Sozialversicherungsrecht, Vorbem. zum SGB V, Rn. 23; *Hütt* in Bach/Moser, PKV, § 13 MB/KK, Rn. 58; *Ders.* in Langheid/Wandt, MüKo VVG, § 205, Rn. 58; *Brömmelmeyer* in Schwintowski/Brömmelmeyer, PK-Versicherungsrecht, § 205, Rn. 20.

244 So auch das *LG Dortmund*, Urt. v. 08.11.2013, RuS 2014, 616, 616.

245 *Hütt* in Bach/Moser, PKV, § 13 MB/KK, Rn. 58; *Ders.* in Langheid/Wandt, MüKo VVG, § 205, Rn. 58; *Brömmelmeyer* in Schwintowski/Brömmelmeyer, PK-Versicherungsrecht, § 205, Rn. 20; *Staab* in Staudinger/Halm/Wendt, Versicherungsrecht, § 205 VVG, Rn. 35.

Kenntnis erlangt.[246] Diese Regelung trägt der Tatsache Rechnung, dass – auch wenn das Interesse der Gefahrsperson mitversichert wird – nur der Versicherungsnehmer berechtigt ist, Gestaltungsrechte auszuüben und daher in diesen Fällen ein besonderes Informationsbedürfnis der Gefahrsperson besteht. Anders als bei § 205 Abs. 6 S. 1, 2 VVG muss es sich nicht um eine Versicherung im Sinne des § 193 Abs. 3 S. 1 VVG handeln, um die Informationspflicht des § 207 Abs. 2 S. 2 VVG auszulösen. Die Regelung gilt vielmehr auch für die private Krankheitskostenzusatz-, Krankentagegeld- und private Pflegeversicherung. Die Regelung des § 207 Abs. 2 S. 2 VVG korrespondiert mit dem der Gefahrsperson im Falle der Kündigung durch den Versicherungsnehmer nach § 207 Abs. 1, 2 S. 1 VVG zustehenden Fortsetzungsrecht. Durch dieses wird der Gefahrsperson die Möglichkeit eröffnet, die Krankenversicherung ohne Unterbrechung des Schutzes oder Änderung des Umfangs unter Benennung eines Versicherungsnehmers fortzuführen.[247]

3. Ergebnis

Für die Kündigung privater Krankheitskostenversicherungsverträge durch den Versicherungsnehmer stellt § 205 VVG den zentralen Anknüpfungspunkt dar. Neben einer ausnahmsweise in Betracht kommenden außerordentlichen Kündigung nach § 314 BGB oder § 19 Abs. 6 VVG, regelt § 205 Abs. 1 bis 5 VVG abschließend die in Betracht kommenden Kündigungsrechte und -voraussetzungen. Für die Kündigung gelten sonst weitgehend die allgemeinen zivilrechtlichen Regelungen. Für die Untersuchung sind als Drittschutz entfaltende Vorschriften § 205 Abs. 6 VVG[248] und § 207 Abs. 2 S. 2 VVG[249] maßgeblich.

III. Sicherung der Anschlussversicherung der Gefahrsperson durch den Versicherungsnehmer

1. Hintergrund der Regelung des § 205 Abs. 6 VVG

Das Ziel einer dauerhaften Absicherung des Krankenversicherungsbestands der versicherungspflichtigen Personen wurde im Zuge des GKV-WSG auch durch

246 Anstatt vieler: *Brömmelmeyer* in Schwintowski/Brömmelmeyer, PK-Versicherungsrecht, § 207, Rn. 7.

247 *Boetius*, PKV, § 207 VVG, Rn. 26; *Voit* in Prölss/Martin, VVG, § 207, Rn. 6; *Brömmelmeyer* in Schwintowski/Brömmelmeyer, PK-Versicherungsrecht, § 207, Rn. 6.

248 Siehe nachfolgend unter C. III.

249 Siehe nachfolgend unter D. II. 3 a).

die Beschränkung der Kündigungsmöglichkeiten von Versicherungsverträgen im Sinne des § 193 Abs. 3 S. 1 VVG umgesetzt.[250] Als Vorbild des § 205 Abs. 6 VVG diente insbesondere die Regelung des § 175 Abs. 4 S. 4 SGB V, welcher für die Kündigung der Mitgliedschaft bei einer gesetzlichen Krankenkasse, einen vergleichbaren Weiterversicherungsnachweis fordert. Ziel des § 205 Abs. 6 VVG ist es, den nahtlosen Fortbestand des Versicherungsschutzes der versicherten Person zu garantieren.[251] Im Hinblick auf den ungenauen Wortlaut des § 205 Abs. 6 VVG, der zwischen Versicherungsnehmer und versicherter Person differenziert, ist klarzustellen, dass sowohl der Versicherungsnehmer selbst als auch ein Dritter diese „versicherte Person" (*Gefahrsperson*) sein können. Dies gilt zudem unabhängig davon, ob ein versicherter Dritter zugleich Versicherter im Sinne von § 43 Abs. 1 VVG oder nur bloße Gefahrsperson ist.

2. Pflicht zur Sicherung der Anschlussversicherung der Gefahrsperson als Kündigungsvoraussetzung

a) Problemstand

Die Sicherung der Anschlussversicherung der abgesicherten Person durch die Kündigungsvoraussetzungen des § 205 Abs. 6 VVG wirft im Falle der Personenidentität von Versicherungsnehmer und Gefahrsperson keine grundlegenden Probleme auf. Anders stellt sich jedoch die Situation bei einem Auseinanderfallen von Versicherungsnehmer und Drittem als Gefahrsperson dar.[252]

Problematisch ist im Falle der Versicherung auf die Person eines Dritten die Frage der Anwendbarkeit des § 205 Abs. 6 VVG bei der Kündigung durch den Versicherungsnehmer. Diese Frage beschäftigte im Jahre 2013 bereits den *BGH*, der im Hinblick auf die Kündigung einer Versicherung auf die Person eines volljährigen unterhaltsberechtigten Kindes entschied, dass der Versicherungsnehmer für eine volljährige Gefahrsperson nach § 205 Abs. 6 VVG weder zum Abschluss noch zum Nachweis einer Anschlussversicherung für die Gefahrsperson verpflichtet sei.[253] Diese enge Auslegung des § 205 Abs. 6 VVG

250 GKV-WSG vom 26.03.2007, BGBl. I S. 378, 468; *Marko*, PKV, Teil B, Rn. 66.

251 Begr. des Gesundheitsausschusses zum Gesetzentwurf GKV-WSG zu § 178h VVG-E, BT-Drucks. 16/4247 S. 66, 68.

252 Nach dem dieser Arbeit zugrunde gelegten Begriffsverständnis erfasst der Begriff der Gefahrsperson nur den vom Versicherungsnehmer verschiedenen Dritten, sofern nicht ausdrücklich auf ein abweichendes Begriffsverständnis hingewiesen wird. Siehe dazu oben unter B. II. 2. a).

253 *BGH*, Urt. v. 18.12.2013, VersR 2014, 234, 235.

begründete er mit Verhältnismäßigkeitserwägungen hinsichtlich des Eingriffs der Anschlussversicherungspflicht in die Vertragsfreiheit des Versicherungsnehmers sowie mit systematischen Argumenten. So stellt der *BGH* fest, dass die Sicherstellung der nahtlosen Anschlussversicherung der volljährigen mitversicherten Gefahrsperson schon durch die Regelungen der §§ 207 Abs. 2 S. 2, 193 Abs. 4 VVG hinreichend gewährleistet werde. Dem Fortsetzungsrecht des § 207 Abs. 2 S. 2 VVG zugunsten der Gefahrsperson verbliebe sonst kein eigener Anwendungsbereich mehr. Die Ausdehnung der Anschlussversicherungspflicht auf die Krankheitskostenabsicherung des Dritten stelle auch einen demgegenüber nur gleich geeigneten aber schwereren Eingriff in die Vertragsfreiheit dar, der das Kündigungsrecht des Versicherungsnehmers unzumutbar aushöhle und daher nicht gerechtfertigt sei.[254] Eine potentielle Stellvertretung der volljährigen Gefahrsperson bei Abschluss einer Anschlussversicherung sei dem Versicherungsnehmer zudem rechtlich unmöglich und daher nicht zumutbar. Es sei vor dem Hintergrund auch nicht notwendig, dem Versicherungsnehmer den erneuten Abschluss einer Versicherung auf die Person des volljährigen Dritten zuzumuten. Schließlich sei die volljährige Gefahrsperson selbst nach § 193 Abs. 3 S. 1 VVG zur Aufrechterhaltung ihrer Krankheitskostenversicherung verpflichtet.

Ausgehend von den Feststellungen des *BGH* sind Anwendungsbereich und Regelungsgehalt des § 205 Abs. 6 S. 1 VVG durch Auslegung zu ermitteln.

b) Anschlussversicherungspflicht des Versicherungsnehmers bei einer Versicherung auf die Person eines Dritten

Die Untersuchung der Frage, ob den Versicherungsnehmer aus § 205 Abs. 6 S. 1 VVG eine Pflicht zum Abschluss einer Anschlussversicherung zugunsten des Dritten trifft, der als Gefahrsperson im Rahmen des zu kündigenden Vertrags abgesichert ist, ist in drei Teile untergliedert.

Zunächst hängt diese Beurteilung von der umstrittenen Vorfrage ab, ob die regelmäßig die Gefahrsperson selbst aus § 193 Abs. 3 S. 1 VVG treffende Pflicht überhaupt durch den Abschluss einer Versicherung auf die Person des Dritten durch den Versicherungsnehmer erfüllt werden kann. Wenn der Versicherungsnehmer nämlich die für ihn „fremde" Versicherungspflicht der (volljährigen) Gefahrsperson durch die Versicherung auf die Gefahrsperson aus rechtlichen Gründen nicht erfüllen kann, scheidet eine Verpflichtung zur Anschlussversicherung jedenfalls aus.[255]

---

254 *BGH*, Urt. v. 18.12.2013, VersR 2014, 234, 235 f.

255 Siehe dazu nachfolgend unter C. III. 2. b) aa).

Geht man davon aus, dass der Versicherungsnehmer durch die Versicherung auf die Person eines Dritten die Versicherungspflicht des Dritten (d.h. der Gefahrsperson) erfüllen kann, stellt sich daran anknüpfend die Frage, ob den Versicherungsnehmer aus § 205 Abs. 6 S. 1 VVG im Falle der Kündigung stets eine Verpflichtung zum Abschluss einer Anschlussversicherung für die Gefahrsperson trifft. Dies wäre dann zu verneinen, wenn der Versicherungsnehmer nach § 205 Abs. 6 S. 1 VVG nur zur Anschlussversicherung verpflichtet wäre, wenn er eine Versicherung kündigt, die seine eigene Pflicht aus § 193 Abs. 3 S. 1 VVG erfüllt. Eine eigene Verpflichtung des Versicherungsnehmers folgt aus § 193 Abs. 3 S. 1 VVG nur im Hinblick auf die Absicherung des Erkrankungsrisikos des Versicherungsnehmers selbst sowie der von ihm gesetzlich vertretenen Personen.[256]

Im Anschluss wird der zentralen – vom *BGH* grundlegend thematisierten – Frage nachgegangen, ob bzw. inwieweit eine verfassungskonforme oder einschränkende Auslegung des § 205 Abs. 6 S. 1 VVG in Betracht kommt. Eine verfassungskonforme Auslegung ist zu erwägen, wenn eine weite Auslegung der Norm den Versicherungsnehmer unverhältnismäßig beeinträchtigt, etwa weil ihm etwas rechtlich Unmögliches abverlangt wird. Daneben ist auch eine einschränkende Auslegung in Betracht zu ziehen, wenn unter Berücksichtigung des gesetzgeberischen Willens mit Blick auf das typische Innenverhältnis zwischen Versicherungsnehmer und Gefahrsperson der Anwendungsbereich der Norm planwidrig zu weit geraten ist.[257]

aa) *Erfüllung der Versicherungspflicht eines Dritten durch den Versicherungsnehmer*

(1) Rechtliche Beurteilung in Rechtsprechung und Schrifttum

Der Abschluss eines Vertrages, welcher der Pflicht aus § 193 Abs. 3 S. 1 VVG genügt, kann dem Versicherungsnehmer hinsichtlich einer dritten Person nur dann aufgebürdet werden, wenn die regelmäßig dieser Person selbst obliegende Versicherungspflicht überhaupt durch den Abschluss oder die Aufrechterhaltung einer Krankenversicherung auf die Person eines Dritten durch den Versicherungsnehmer erfüllt werden kann. Diese Frage wird in Rechtsprechung und Literatur uneinheitlich beurteilt.

256 Siehe dazu nachfolgend unter C. III. 2. b) bb).

257 Siehe dazu nachfolgend unter C. III. 2. b) cc).

Teilweise wird in der instanzgerichtlichen Rechtsprechung die Möglichkeit der Pflichterfüllung durch den Abschluss eines Krankheitskostenversicherungsvertrags auf die Person des Dritten unter Verweis auf den Wortlaut des § 193 Abs. 3 S. 1 VVG abgelehnt.[258] Die Regelung des § 193 Abs. 3 S. 1 VVG beschränke die Verpflichtung zum Abschluss und zur Aufrechterhaltung einer Pflichtversicherung gerade auf die Person des Versicherungsnehmers und die von diesem gesetzlich vertretenen Personen.[259] So ging etwa das *LG Hagen* im Falle der Mitversicherung eines Ehegatten in der Krankheitskostenversicherung des anderen Ehegatten davon aus, dass die Kündigung des Vertrages die Pflicht des § 193 Abs. 3 S. 1 VVG, wegen der fehlenden Stellung des Versicherungsnehmers als gesetzlicher Vertreter des anderen Ehegatten, nicht betreffe.[260]

Dieser Ansicht hat der *BGH* jedoch eine klare Absage erteilt und ausdrücklich die Möglichkeit der Pflichterfüllung durch den Abschluss von Verträgen auf die Person eines (volljährigen) Dritten bejaht.[261] Durch die Mitversicherung werde dann nicht eine eigene Pflicht des Versicherungsnehmers, sondern die Pflicht der nicht gesetzlich vertretenen Gefahrsperson erfüllt.[262] Ganz überwiegend schließt sich die Literatur diesem Verständnis der §§ 193 Abs. 3 S. 1, 205 Abs. 6 S. 1 VVG an. So betont etwa *Reinhard*, dass es für die Erfüllung der Versicherungspflicht nicht darauf ankomme, ob der Versicherungspflichtige selbst Versicherungsnehmer oder als Dritter Gefahrsperson sei.[263] Auch *Voit* vertritt die Ansicht, dass die Versicherungspflicht nach § 193 Abs. 3 S. 1 VVG sowohl durch den Vertragsabschluss im Namen des Versicherungspflichtigen als auch durch dessen Mitversicherung – sei es als reine Gefahrsperson oder zugleich als Versicherter im Sinne von § 43 Abs. 1 VVG – erfüllt werden könne.[264] Zustimmend geht *Eichelberger* davon aus, dass es im Rahmen von § 193 Abs. 3 S. 1 VVG nicht darauf ankomme, ob der Versicherungsschutz durch einen eigenen Vertrag der

258 *LG Stuttgart*, Urt. v. 20.04.2012, NJW-RR 2012, 1390; *LG Hagen*, Urt. v. 11.10.2010, BeckRS 2011, 01316; *AG Düsseldorf*, Urt. v. 21.06.2012, VersR 2013, 572, 573.

259 *LG Stuttgart*, Urt. v. 20.04.2012, NJW-RR 2012, 1390; *LG Hagen*, Urt. v. 11.10.2010, BeckRS 2011, 01316; *AG Düsseldorf*, Urt. v. 21.06.2012, VersR 2013, 572, 573.

260 *LG Hagen*, Urt. v. 11.10.2010, BeckRS 2011, 01316.

261 *BGH*, Urt. v. 18.12.2013, VersR 2014, 234, 235 (Rn. 11). So schon zuvor: *OLG Köln*, Urt. v. 08.03.2013, VersR 2013, 1432, 1433; *LG Köln*, Urt. v. 10.10.2012, BeckRS 2012, 21320.

262 So ausdrücklich: *OLG Köln*, Urt. v. 08.03.2013, VersR 2013, 1432, 1433.

263 *Reinhard* in Looschelders/Pohlmann, VVG, § 193, Rn. 12.

264 *Voit* in Prölss/Martin, VVG, § 193, Rn. 9.

Gefahrsperson als Versicherungsnehmer oder durch eine Versicherung auf die Person des Dritten bewerkstelligt werde.[265]

(2) Auslegung des § 193 Abs. 3 S. 1 VVG und Stellungnahme

Für die Beantwortung der Frage, ob die Pflicht aus § 193 Abs. 3 S. 1 VVG nur durch den verpflichteten Dritten selbst oder auch durch einen personenverschiedenen Versicherungsnehmer erfüllt werden kann, ist der Regelungsgehalt der Norm durch Auslegung zu ermitteln. Dabei ist ausgehend vom Wortlaut insbesondere der Schutzzweck des § 193 Abs. 3 S. 1 VVG zu berücksichtigen.

(a) Wortlaut und Systematik

Nach § 193 Abs. 3 VVG S. 1 ist jede Person verpflichtet *für sich selbst* und für die von ihr gesetzlich vertretenen Personen eine Krankheitskostenversicherung *abzuschließen und aufrechtzuerhalten.* Ausgehend vom Wortlaut scheint es zunächst naheliegend, dass der Versicherungspflichtige selbst als Versicherungsnehmer seinen Krankenversicherungsschutz sowie den Schutz der von ihm gesetzlich vertretenen Personen sicherzustellen hat. Die Verpflichtung zum „Abschluss" einer Krankenversicherung indiziert, dass die versicherungspflichtige Person als Versicherungsnehmer selbst Vertragspartei werden soll. Die den Versicherungsschutz begründende Handlung obläge danach der jeweiligen versicherungspflichtigen Person. Insofern spricht der Wortlaut eher dafür, dass die Versicherungspflicht des § 193 Abs. 3 S. 1 VVG den Abschluss eines eigenen Vertrages des Versicherungspflichtigen erfordert.[266]

In systematischer Hinsicht erscheint ein Festhalten an der engen Wortlautauslegung aber nicht haltbar. Nach § 193 Abs. 1 S. 1 VVG besteht für die Krankheitskostenversicherung gerade die Möglichkeit, die Versicherung nicht nur auf den Versicherungsnehmer selbst, sondern auch auf die Person eines anderen zu nehmen. Es ist daher zweifelhaft, dass diese ausdrücklich eingeräumte Möglichkeit, den Versicherungsschutz eines Dritten sicherzustellen, nur die Krankenversicherungsverträge außerhalb des Anwendungsbereichs des § 193 Abs. 3 S. 1 VVG betreffen soll. Faktisch wäre die Mitversicherung eines Dritten als Gefahrsperson im Sinne des § 193 Abs. 1 S. 2 VVG für Pflichtversicherungen nämlich ausgeschlossen, da diese nicht geeignet wäre, den Pflichtanforderungen zu genügen. Der systematische Zusammenhang zwischen der Versicherungspflicht und

---

265 *Eichelberger* in Spickhoff, Medizinrecht, § 205 VVG, Rn. 24.

266 Der Wortlaut stellt allerdings nicht, wie teilweise angenommen, ausdrücklich auf den Versicherungsnehmer ab, sondern auf jede im Inland wohnhafte Person.

der durch § 193 Abs. 1 S. 1 VVG bestätigten Möglichkeit einer vollwertigen Mitversicherung Dritter in der privaten Krankheitskostenversicherung spricht daher für eine weitere Auslegung der Norm.

(b) Telos

Auch aus teleologischer Sicht ist eine weitere Auslegung geboten. Nach Sinn und Zweck des § 193 Abs. 3 S. 1 VVG muss die Mitversicherung der versicherungspflichtigen Gefahrsperson deren Verpflichtung erfüllen können. Die Einführung der Versicherungspflicht nach § 193 Abs. 3 S. 1 VVG dient vorrangig der Sicherstellung eines bezahlbaren Krankenversicherungsschutzes der Allgemeinheit. Es soll verhindert werden, dass Einzelne für die Solidargemeinschaft durch eine fehlende Versicherung zu einem Kostenrisiko werden. Zur Erreichung dieses Ziels ist es aber ohne Belang, in welcher Form der Krankenversicherungsschutz des Einzelnen sichergestellt wird. Die Versicherung auf die Person des Dritten schützt in gleicher Weise wie der Abschluss eines eigenen Vertrages durch den Dritten den Bestand seines Krankenversicherungsschutzes. Ob die versicherungspflichtige Person Versicherungsnehmer oder eine von diesem verschiedene Gefahrsperson im Sinne des § 193 Abs. 1 S. 2 VVG ist, ändert an ihrem Versicherungsschutz nichts. Zudem ist dem Krankenversicherungsrecht die Möglichkeit der Versicherung auf die Person eines Dritten nicht fremd (vgl. § 193 Abs. 1 S. 1 VVG). Durch die Absicherung des Dritten durch den Versicherungsnehmer wird tatsächlich dessen Krankenversicherungsschutz sichergestellt und somit auch den Interessen der Allgemeinheit genügt. Zur Erfüllung des mit der Einführung der Versicherungspflicht angestrebten Ziels bedarf es keines eigenen Vertragsabschlusses durch die versicherungspflichtige Gefahrsperson.

Auch im Hinblick auf die reflexartig durch § 193 Abs. 3 S. 1 VVG geschützten einzelnen Bürger ist eine weite Auslegung des § 193 Abs. 3 S. 1 VVG geboten. Die Bürger sollen zumindest mittelbar davor geschützt werden, mangels ausreichenden Versicherungsschutzes zugunsten ihrer Gesundheit auf eine Behandlung zu verzichten. Durch die Beschränkung der Versicherungsmöglichkeiten ohne sachlichen Grund würde dieses Ziel aber konterkariert. Dies gilt insbesondere unter rechtspraktischen Gesichtspunkten. Die Mitversicherung (volljähriger) Dritter ist im privaten Krankenversicherungsrecht – besonders bei Familienangehörigen – gängige Geschäftspraxis[267] und geht regelmäßig mit Vergünstigungen für den Versicherungsnehmer einher. Sofern die Versicherung auf die Person der anderen versicherungspflichtigen Personen aber nicht der Pflicht des § 193 Abs. 3 S. 1 VVG genügen würde, wären diese gehalten sich selbstständig zu versichern, um

267 *Brömmelmeyer* in Schwintowski/Brömmelmeyer, PK-Versicherungsrecht, § 193, Rn. 5.

nicht von der Sanktion des § 193 Abs. 4 S. 1 VVG getroffen zu werden. Tatsächlich hätte diese Auslegung also zur Folge, dass sämtliche seit dem 01. April 2007 geschlossenen Drittversicherungsverträge – vorher geschlossene Verträge genießen nach § 193 Abs. 3 S. 3 VVG Bestandsschutz – nicht der Versicherungspflicht genügen würden. Dieses sachlich nicht gerechtfertigte Ergebnis kann aber nicht gewollt gewesen sein. Sonst hätte der Gesetzgeber zwar im Zuge der Reform für die Krankenversicherung klargestellt, dass der Abschluss von Verträgen auf die Person eines Dritten möglich ist. Zugleich hätte er aber den praktisch relevantesten Fall der Mitversicherung, die Krankheitskostenversicherung im Sinne des § 193 Abs. 3 S. 1 VVG, zulasten der Versicherungspflichtigen davon ausgenommen. Im Ergebnis kann daher unter Berücksichtigung des Normziels und der Interessen der Versicherungspflichtigen nur eine weite Auslegung der Norm überzeugen. Der Verpflichtung des § 193 Abs. 3 S. 1 VVG kann durch die Versicherung auf die Person der versicherungspflichtigen Gefahrsperson genügt werden.

bb) *Anwendbarkeit des § 205 Abs. 6 VVG nur bei „eigener" Versicherungspflicht des Versicherungsnehmers?*

Wie zuvor festgestellt, kann eine Versicherung auf die Person eines Dritten die Versicherungspflicht dieser Gefahrsperson aus § 193 Abs. 3 S. 1 VVG erfüllen. Im Hinblick auf die Kündigung einer solchen Versicherung stellt sich aber die vom *BGH* im Jahr 2013[268] beantwortete Frage, ob den Versicherungsnehmer aus § 205 Abs. 6 S. 1 VVG in diesem Fall eine Pflicht zum Abschluss einer Anschlussversicherung für die Gefahrsperson trifft. Dem Wortlaut nach gibt § 205 Abs. 6 S. 1 VVG vor, dass die Kündigung einer Versicherung, *„die eine Pflicht aus § 193 Abs. 3 S. 1 VVG erfüllt"*, nur wirksam ist, wenn der Versicherungsnehmer *„bei einem anderen Versicherer für die versicherte Person einen neuen Vertrag abschließt, der dieser Pflicht genügt."* Der *BGH* geht bei der Auslegung der Norm im Kern davon aus, dass den Versicherungsnehmer diese erhebliche Einschränkung seines Kündigungsrechts nur trifft, soweit sein eigenes Krankheitskostenrisiko oder das der von ihm gesetzlich vertretenen Personen versichert ist und damit seine eigene Pflicht aus § 193 Abs. 3 S. 1 VVG erfüllt wird.[269]

Die Problematik soll an nachfolgendem Beispiel verdeutlicht werden:
Der Versicherungsnehmer (*VN*) hat bei einem Versicherer (*VR*) einen Krankheitskostenversicherungsvertrag im Sinne des § 193 Abs. 3 S. 1 VVG für sich selbst, für seine Ehefrau (*E*) und sein minderjähriges unterhaltsberechtigtes Kind (*K*)

268 *BGH*, Urt. v. 18.12.2013, VersR 2014, 234.
269 *BGH*, Urt. v. 18.12.2013, VersR 2014, 234, 235 (Rn. 12 f.).

abgeschlossen. Diesen Vertrag möchte er insgesamt kündigen. Die Frage, die sich ihm stellt, ist, ob und in welchem Umfang ihn die Anschlussversicherungspflicht des § 205 Abs. 6 S. 1 VVG als Voraussetzung für eine wirksame Kündigung trifft.

(1) Wenn sich § 205 Abs. 6 S. 1 VVG nur auf die den *VN* selbst treffende („eigene") Pflicht aus § 193 Abs. 3 S. 1 VVG bezieht, könnte der *VN* wirksam kündigen, indem er für sich selbst und den von ihm gesetzlich vertretenen *K* eine Anschlussversicherung abschließt und diese dem *VR* nachweist. Der Abschluss einer Anschlussversicherung durch den *VN* auf die Person der *E* wäre nicht erforderlich um die Versicherung wirksam für sie zu kündigen. Die *E* wäre vielmehr selbst aufgrund von § 193 Abs. 3 S. 1 VVG zur Sicherung ihres Krankenversicherungsschutzes verpflichtet.

(2) Versteht man § 205 Abs. 6 S. 1 VVG aber so, dass den *VN* die Anschlussversicherungspflicht trifft sobald „irgendeine" Pflichtversicherung im Sinne von § 193 Abs. 3 S. 1 VVG durch seine Kündigung betroffen ist, müsste der *VN* auch für die *E* eine Anschlussversicherung sicherstellen. Der *VN* wäre also zur Kündigung einer Versicherung, die eine nicht ihn treffende („fremde") Pflicht aus § 193 Abs. 3 S. 1 VVG erfüllt, nämlich die Pflicht der *E*, nur unter den Voraussetzungen des § 205 Abs. 6 S. 1 VVG berechtigt.

Für die exemplarischen Personenkonstellationen heißt dies Folgendes:

Versteht man § 205 Abs. 6 S. 1 VVG so wie in Variante (1) des Beispiels, dann trifft den Versicherungsnehmer die Anschlussversicherungspflicht nur bei auf die Person eines unterhaltsberechtigten minderjährigen Kindes genommenen Versicherungen, da es sich insofern um eine vom Versicherungsnehmer gesetzlich vertretene Person handelt. Eine Anschlussversicherungspflicht bei der Kündigung einer Versicherung auf die Person von unterhaltsberechtigten volljährigen Kindern, Ehegatten oder sonstigen Dritten durch den Versicherungsnehmer bestünde nach § 205 Abs. 6 S. 1 VVG nicht.

Geht man aber wie in Variante (2) davon aus, dass § 205 Abs. 6 S. 1 VVG Anwendung findet, sobald die Versicherung auf die Person des Dritten überhaupt eine Versicherungspflicht – das heißt nicht notwendigerweise die Pflicht des Versicherungsnehmers selbst – aus § 193 Abs. 3 S. 1 VVG erfüllt, ist der Versicherungsnehmer in allen Untersuchungskonstellationen zum Abschluss einer Anschlussversicherung verpflichtet. Für die minderjährigen Kinder ist die Situation somit zu Variante (1) identisch. Im Hinblick auf den Versicherungsschutz der anderen Personengruppen bestünde aber – anders als bei Variante (1) – für den Versicherungsnehmer eine Anschlussversicherungspflicht als Wirksamkeitsvoraussetzung seiner Kündigung.

Der Anwendungsbereich und Regelungsgehalt des § 205 Abs. 6 S. 1 VVG sind im Hinblick auf diese beiden Varianten durch Auslegung zu ermitteln.

(1) Auslegung des § 205 Abs. 6 S. 1 VVG

(a) Wortlaut

§ 205 Abs. 6 S. 1 VVG kommt zur Anwendung, wenn eine Versicherung gekündigt wird, die eine Pflicht aus § 193 Abs. 3 S. 1 VVG erfüllt. Der Wortlaut ist allerdings nicht eindeutig. Wird das Merkmal der Pflichtversicherung weit ausgelegt, erfasst die Norm sämtliche Versicherungen, die eine Pflicht aus § 193 Abs. 3 S. 1 VVG erfüllen. Anderes ergibt sich, wenn der Wortlaut eng ausgelegt wird und das Merkmal der Pflichtversicherung nur auf die den Versicherungsnehmer selbst nach § 193 Abs. 3 S. 1 VVG treffende Pflicht beschränkt wird. Für eine solche enge Auslegung finden sich aber keine hinreichenden Anhaltspunkte im Wortlaut. So wird richtigerweise von Teilen der Rechtsprechung und des Schrifttums darauf hingewiesen, dass § 205 Abs. 6 S. 1 VVG nur erfordere, dass der Versicherungsnehmer eine Versicherung kündige, die *eine* Pflicht, nicht aber *seine* Pflicht erfülle.[270] Insofern spricht der Wortlaut also dafür, dass die Kündigungsanforderungen nicht auf den Fall beschränkt sein sollen, dass der Versicherungsnehmer seinen eigenen Krankenversicherungsschutz oder den der von ihm gesetzlich vertretenen Personen beenden will, sondern vielmehr bei jeder Kündigung von Pflichtkrankenversicherungsverträgen eingreifen soll.

(b) Historie

Die historische Auslegung des § 205 Abs. 6 S. 1 VVG stützt das durch Wortlautauslegung gewonnene Ergebnis auf den ersten Blick nur bedingt. Der Gesetzgeber hat in der Gesetzesbegründung ausgeführt, dass durch die Regelung sichergestellt werden solle, dass die Gefahrsperson über einen nahtlos angrenzenden Versicherungsschutz verfügt, wenn sie *ihren* bisherigen Vertrag kündigt.[271] Zwar steht der erkennbare Wille des Gesetzgebers, den nahtlosen Versicherungsschutz der versicherten Person zu gewährleisten, dem weiten Wortlautverständnis grundsätzlich nicht entgegen. Doch deutet der Wortlaut der Begründung darauf hin, dass der Gesetzgeber davon ausging, dass zwischen Gefahrsperson und kündigendem Versicherungsnehmer Personenidentität

270 *OLG Koblenz*, Beschl. v. 08.09.2011 – 7 UF 541/11; *LG Mannheim*, Urt. v. 23.03.2012 – 6 O 260/11.

271 Gesetzesentwurf des GKV-WSG des Gesundheitsausschusses zu § 178 h VVG a.F., BT-Drucks. 16/4247 S. 68.

besteht. Unter Zugrundelegung des allgemeinen Ziels der Reform des Krankenversicherungsrechts – die Sicherstellung des dauerhaften Bestands eines Krankenversicherungsschutzes aller Einwohner[272] – ist die Begründung des § 178 h VVG a.F. aber nicht streng wörtlich zu verstehen. Vielmehr bringt der Gesetzgeber zum Ausdruck, dass im Falle der Kündigung keinesfalls eine Versicherungslücke im Hinblick auf den Krankenversicherungsschutz der jeweiligen Gefahrsperson entstehen soll. Dieses Ergebnis überzeugt erst recht mit Blick auf die korrespondierende Versicherungspflicht in der gesetzlichen Krankenversicherung nach § 5 SGB V.[273] Durch die Einführung von § 5 Abs. 1 Nr. 13 SGB V und § 193 Abs. 3 S. 1 VVG wird das gesetzgeberische Ziel umgesetzt, eine möglichst weitgehende Absicherung der gesamten Bevölkerung entweder in der privaten oder der gesetzlichen Krankenversicherung herbeizuführen.[274] Die historische Auslegung spricht somit ebenfalls dafür, dass § 205 Abs. 6 S. 1 VVG bei jeder Kündigung einer Pflichtversicherung zur Anwendung kommt.

(c) Systematik

Das bisherige Auslegungsergebnis wird durch systematische Erwägungen gestützt. Nach § 205 Abs. 6 S. 1 VVG soll ausdrücklich für die *versicherte Person* ein Anschlussversicherungsvertrag abgeschlossen werden, der § 193 Abs. 3 S. 1 VVG genügt. Das deutet darauf hin, dass (zumindest auch) der Versicherungsschutz der vom Versicherungsnehmer verschiedenen Gefahrsperson sichergestellt werden soll.[275] *Rogler* geht sogar davon aus, dass der Wortlaut auf den ersten Blick nur die Versicherung von Dritten erfasse und die Anwendbarkeit des § 205 Abs. 6 S. 1 VVG auf den eigenen Pflichtversicherungsschutzes des Versicherungsnehmers erst aus systematischen und teleologischen Erwägungen folge.[276] Dem ist mit Blick auf die Verwendung des Begriffs der *versicherten Person* im

272 Gesetzesentwurf des GKV-WSG der Bundesregierung, BT-Drucks. 16/3950, S. 1; Gesetzesentwurf des GKV-WSG des Gesundheitsausschusses, BT-Drucks. 16/4247 S. 2, 66.

273 Auch in der gesetzlichen Krankenversicherung wird die Kündigung nach § 175 Abs. 4 S. 4 SGB V von der Mitgliedschaft und deren Nachweis in einer anderen Krankenkasse abhängig gemacht.

274 *Simon* in Berchtold/Huster/Rehborn, NK-Gesundheitsrecht, § 5 SGB V, Rn. 6; *Baier* in Krauskopf, Soziale Krankenversicherung, Pflegeversicherung, § 5 SGBV, Rn. 4 f.

275 So auch *LG* Köln, Urt. v. 10.10.2012, BeckRS 2012, 21320; *Boetius*, PKV, § 205 VVG, Rn. 158; *Voit* in Prölss/Martin, VVG, § 205, Rn. 43; *Rogler* in Rüffer/Halbach/Schimikowski, VVG, § 205, Rn. 31 f.; *Eichelberger* in Spickhoff, Medizinrecht, § 205 VVG, Rn. 24.

276 *Rogler*, jurisPR-VersR 3/2011 Anm. 3.

Regelungsgefüge der §§ 192 ff. VVG zuzustimmen. So stellt § 193 Abs. 1 S. 2 VVG für die Krankheitskostenversicherung klar, dass unter dem Begriff der „versicherten Person" jedenfalls auch die vom Versicherungsnehmer verschiedenen Dritten als Gefahrspersonen erfasst werden.[277] Eine Unterscheidung zwischen dem Versicherungsnehmer und der versicherten Person im Sinne der krankenversicherungsspezifischen Regelungen des VVG trifft auch § 208 S. 1 VVG. Dieser geht davon aus, dass nicht zum Nachteil des Versicherungsnehmers *oder* der versicherten Person von bestimmten Vorschriften abgewichen werden kann. Schließlich bestätigt auch der Wortlaut und Regelungsgehalt des § 207 Abs. 2 S. 2 VVG dieses Auslegungsergebnis. Dieser normiert als zusätzliche Kündigungsvoraussetzung die Kenntnis der versicherten Person von der Kündigung. Insofern geht der Gesetzgeber eindeutig davon aus, dass als versicherte Person nur vom Versicherungsnehmer verschiedene Dritte erfasst werden. Es wäre widersprüchlich, die Wirksamkeit der Kündigung von der Kenntnis des die Kündigung erklärenden Versicherungsnehmers abhängig zu machen.

Systematisch ist die Vorschrift zudem im inhaltlichen Zusammenhang mit § 193 Abs. 3 S. 1 VVG zu betrachten. Wie oben dargestellt wird zwar teilweise angenommen, dass die Pflicht aus § 193 Abs. 3 S. 1 VVG nur den Versicherungsnehmer und die von ihm gesetzlich vertretenen Personen treffe. Die Vorschrift des § 205 Abs. 6 S. 1 VVG sei daher bei der Mitversicherung eines Dritten mangels Bezugs zu einer Pflicht im Sinne des § 193 Abs. 3 S. 1 VVG nicht betroffen.[278] Dem ist aber der *BGH* mit überzeugender Begründung nicht beigetreten.[279] Die Regelung des § 193 Abs. 3 S. 1 VVG knüpft gerade nicht an die Stellung als Versicherungsnehmer an, sondern führt die Versicherungspflicht für jede im Inland wohnhafte Person ein. Die Beschränkung des § 205 Abs. 6 S. 1 VVG unter Verweis auf den nicht eröffneten Anwendungsbereich des § 193 Abs. 3 S. 1 VVG geht daher fehl. Dieses Ergebnis bestätigt auch ein systematischer Vergleich zu der korrespondierenden Regelung des § 206 Abs. 1 S. 1 VVG.[280] Nach § 206 Abs. 1 S. 1 VVG ist jede Kündigung einer Krankheitskostenversicherung durch den Versicherer ausgeschlossen, die eine Pflicht aus § 193 Abs. 3 S. 1 VVG erfüllt. Zugunsten des dauerhaften Versicherungsschutzes der Versicherungspflichtigen

277 Zum Begriffsverständnis der Gefahrsperson im Krankenversicherungsrecht ausführlich oben unter B. II. 2. a).

278 *LG Stuttgart*, Urt. v. 20.04.2012, NJW-RR 2012, 1390, 1390; *LG Hagen*, Urt. v. 11.10.2010, BeckRS 2011, 01316; *AG Düsseldorf*, Urt. v. 21.06.2012, VersR 2013, 572, 573.

279 So ausdrücklich auch *BGH*, Urt. v. 18.12.2013, VersR 2014, 234, 235 (Rn. 11).

280 Vgl. *Rogler*, jurisPR-VersR 3/2011 Anm. 3.

wird also nicht nur die Vertragsbeendigung durch den Versicherungsnehmer erschwert, sondern auch die Kündigung durch den Versicherer reguliert.[281] Dem Versicherer werden jedoch nicht nur zusätzliche Anforderungen auferlegt, sondern ihm wird die Kündigung eines Pflichtversicherungsvertrags vollständig untersagt. Es wäre nicht nachvollziehbar, warum den Versicherer hinsichtlich jeder Pflichtversicherung ein absolutes Kündigungsverbot treffen sollte, der Versicherungsnehmer im Gegenzug aber die Pflichtversicherung der Gefahrsperson ohne Weiteres beenden könnte. Der systematische Zusammenhang von § 205 Abs. 6 S. 1 VVG und §§ 193 Abs. 3 S. 1, 206 Abs. 1 S. 1 VVG spricht somit ebenfalls für die Anwendbarkeit des § 205 Abs. 6 VVG auf die Kündigung sämtlicher Pflichtversicherungsverträge durch den Versicherungsnehmer.

(d) Telos

Die Vorschrift des § 205 Abs. 6 S. 1 VVG verfolgt den Zweck, korrespondierend mit der Einführung einer allgemeinen Versicherungspflicht, die Aufrechterhaltung des Krankenversicherungsschutzes der Gesamtheit der Versichertengemeinschaft sicherzustellen.[282] Dieser Zweck würde konterkariert, wenn die erschwerten Kündigungsvoraussetzungen den Versicherungsnehmer nur im Falle der Kündigung einer eigenen Pflichtversicherung treffen würden und jede Kündigung einer Versicherung, welche die Pflicht der Gefahrsperson erfüllt, das Risiko des Eintritts der Versicherungslosigkeit bergen würde.[283] Es ist konsequent, dass den Versicherungsnehmer, wenn dieser in der Lage ist die Versicherungspflicht der Gefahrsperson zu erfüllen, auch die pflichtversicherungsspezifischen Kündigungsanforderungen bei deren Beendigung treffen sollen. Es ist nicht nachvollziehbar, warum es für § 193 Abs. 3 S. 1 VVG unbeachtlich sein soll, wer den Pflichtversicherungsschutz für den Pflichtigen begründet und aufrechterhält, es bei der Beendigung aber nur auf die Pflichtenstellung des Versicherungsnehmers ankommen soll. Sofern in der Instanzrechtsprechung eine Anwendung des § 205 Abs. 6 S. 1 VVG auf die Kündigung von Verträgen auf die Person von volljährigen Gefahrspersonen verneint wurde, beruhte dies auf der Annahme, dass die Versicherung der Gefahrsperson nicht die Pflicht des § 193

281 Gesetzesentwurf des GKV-WSG des Gesundheitsausschusses zu § 178 i VVG a.F., BT-Drucks. 16/4247 S. 68.

282 *Hütt* in Langheid/Wandt, MüKo VVG, § 205, Rn. 57; *Voit* in Prölss/Martin, VVG, § 205, Rn. 42 f.

283 Kritisch auch *Rogler*, jurisPR-VersR 3/2011 Anm. 3.

Abs. 3 S. 1 VVG beträfe.[284] Dabei übersehen die Gerichte aber, dass durch die Versicherung auf die Person des Dritten sehr wohl die eigene Versicherungspflicht der Gefahrsperson erfüllt wird.[285] Die Vorschrift des § 193 Abs. 3 S. 1 VVG begründet die Versicherungspflicht grundsätzlich für jede (volljährige) Person. Sobald aber der Bestand einer Pflichtversicherung im Sinne des § 193 Abs. 3 S. 1 VVG durch die Kündigung bedroht wird, gefährdet dies den von § 205 Abs. 6 S. 1 bezweckten dauerhaften Bestand des Pflichtversicherungsschutzes.[286] Nach Sinn und Zweck der Norm ist § 205 Abs. 6 S. 1 VVG daher nicht auf die Kündigung von Versicherungsverträgen beschränkt, die eine eigene Verpflichtung des Versicherungsnehmers aus § 193 Abs. 3 S. 1 VVG erfüllen.

(2) Zwischenergebnis

Die Auslegung der Vorschrift führt zu dem Ergebnis, dass den Versicherungsnehmer die zusätzlichen Kündigungsvoraussetzungen des § 205 Abs. 6 S. 1 VVG auch bei der Kündigung von Versicherungsverträgen auf die Person von (volljährigen) Dritten, die eine Pflicht aus § 193 Abs. 3 S. 1 VVG erfüllen, treffen.

cc) Grenzen der Pflicht zum Abschluss einer Anschlussversicherung für die Gefahrsperson gemäß § 205 Abs. 6 S. 1 VVG

Den Versicherungsnehmer treffen die zusätzlichen Kündigungsvoraussetzungen aus § 205 Abs. 6 VVG grundsätzlich bei der Kündigung jeder Pflichtversicherung im Sinne des § 193 Abs. 3 S. 1 VVG. Um seiner Kündigung zur Wirksamkeit zu verhelfen, muss er nach § 205 Abs. 6 S. 1 VVG für die Gefahrsperson einen neuen Vertrag abschließen, welcher der Versicherungspflicht genügt. Diese Verpflichtung stellt einen erheblichen Eingriff in die grundrechtlich geschützte Vertragsfreiheit des Versicherungsnehmers dar.[287] Es stellt sich die Frage, ob dem

---

284 *LG Stuttgart*, Urt. v. 20.04.2012, NJW-RR 2012, 1390, 1390; *LG Hagen*, Urt. v. 11.10.2010, BeckRS 2011, 01316; *AG Düsseldorf*, Urt. v. 21.06.2012, VersR 2013, 572, 573.

285 Siehe dazu ausführlich oben unter C. III. 2. b) aa).

286 Folgt man demgegenüber der Ansicht, dass die Mitversicherung eines Dritten ohnehin nicht die Anforderungen des § 193 Abs. 3 S. 1 VVG erfüllen kann, ist es konsequent in diesen Fällen auch die Anwendbarkeit des § 205 Abs. 6 S. 1 VVG zu verneinen. Nach diesem Verständnis kann der Versicherungspflicht nur durch eine eigene Versicherung des jeweiligen Pflichtigen selbst Genüge getan werden, sodass der Versicherungspflichtige stets Versicherungsnehmer des Krankheitskostenversicherungsvertrages sein müsste. Bei der Kündigung der Versicherung würde es sich dann zwangsläufig um eine eigene Pflichtversicherung des Versicherungsnehmers handeln.

287 *Rößler*, VersR 2013, 1478, 1481.

Versicherungsnehmer dieser Eingriff in den jeweiligen Mitversicherungskonstellationen zumutbar ist. Dies ist -wie der *BGH* ausdrücklich betont[288] – unter Verhältnismäßigkeitsgesichtspunkten zu verneinen, wenn durch die Regelung dem Versicherungsnehmer etwas rechtlich Unmögliches abverlangt wird oder das bezweckte legitime Ziel bereits anderweitig ausreichend sichergestellt ist. Es gilt daher zu überprüfen, ob eine verfassungskonforme oder einschränkende Auslegung des § 205 Abs. 6 S. 1 VVG vor diesem Hintergrund erforderlich ist.

(1) Verfassungskonforme Auslegung des § 205 Abs. 6 S. 1 VVG bei Unmöglichkeit des Abschlusses einer Anschlussversicherung durch den Versicherungsnehmer

Dem Versicherungsnehmer darf unter Verhältnismäßigkeitsgesichtspunkten der Abschluss einer neuen Versicherung für die Gefahrsperson nicht auferlegt werden, wenn ihm dieser rechtlich unmöglich ist. Insofern kommt es darauf an, wie der Abschluss einer Anschlussversicherung „*für die versicherte Person*“ im Sinne des § 205 Abs. 6 S. 1 VVG rechtlich einzuordnen ist. Sollte der Versicherungsnehmer der Pflicht nur durch den Abschluss des Vertrages im Namen der Gefahrsperson als deren Stellvertreter genügen können, begegnet dies hinsichtlich des Verhältnismäßigkeitsgrundsatzes in einigen Konstellationen rechtlichen Bedenken. So betonte der *BGH* in seiner Leitentscheidung im Hinblick auf die Anschlussversicherungspflicht für eine volljährige mitversicherte Gefahrsperson, dass das Gesetz dem Versicherungsnehmer keine Verhaltenspflichten auferlegen dürfe, die er allein nicht erbringen könne, da anderenfalls die Grenze der Zumutbarkeit überschritten werde.[289] Wäre die Sicherung der Anschlussversicherung der (volljährigen) Gefahrsperson für den Versicherungsnehmer insgesamt rechtlich unmöglich, müsste § 205 Abs. 6 S. 1 VVG dahingehend verfassungskonform ausgelegt werden, dass die Anschlussversicherungspflicht in diesen Drittversicherungskonstellationen nicht greift. Vor diesem Hintergrund wird daher untersucht, ob dem Versicherungsnehmer der Abschluss einer Anschlussversicherung für die Gefahrsperson rechtlich möglich ist.

(a) Abschluss der Anschlussversicherung der Gefahrsperson durch den Versicherungsnehmer

Der *BGH* stellte im Hinblick auf die Kündigung eines Vertrags auf die Person eines volljährigen unterhaltsberechtigten Kindes des Versicherungsnehmers fest, dass eine Anschlussversicherungspflicht des Versicherungsnehmers hinsichtlich

288 *BGH*, Urt. v. 18.12.2013, VersR 2014, 234, 235 (Rn. 14).

289 *BGH*, Urt. v. 18.12.2013, VersR 2014, 234, 235.

der Gefahrsperson gemäß § 205 Abs. 6 S. 1 VVG nicht bestehe.[290] Dieses Ergebnis begründete er mit der rechtlichen Unmöglichkeit einer Stellvertretung der Gefahrsperson beim Abschluss der neuen Versicherung durch den Versicherungsnehmer. Eine Anschlussversicherungspflicht für volljährige Gefahrspersonen sei vor diesem Hintergrund unzumutbar und werde daher nicht nach § 205 Abs. 6 S. 1 VVG vom Versicherungsnehmer geschuldet.[291] Diesem Verständnis der Norm kann nicht beigetreten werden. Eine verfassungskonforme Auslegung des § 205 Abs. 6 S. 1 VVG ist trotz der rechtlichen Unmöglichkeit der Stellvertretung volljähriger Gefahrspersonen nicht erforderlich.

(aa) Rechtliche Unmöglichkeit der Stellvertretung der Gefahrsperson

Ein Krankheitskostenversicherungsvertrag kann grundsätzlich im Rahmen einer wirksamen Stellvertretung im Sinne des § 164 Abs. 1 S. 1 BGB durch einen anderen geschlossen werden. Der Versicherungsnehmer muss dazu einen Vertrag im Namen der Gefahrsperson abschließen. Handelt der Versicherungsnehmer dabei erkennbar in fremdem Namen und mit Vertretungsmacht, wird nach § 164 Abs. 1 S. 1 BGB lediglich der Vertretene aus dem geschlossenen Vertrag berechtigt und verpflichtet.[292] Die vormals bloße Gefahrsperson würde dann selbst Versicherungsnehmer im Rahmen der neuen Pflichtversicherung. Bei der Versicherung auf die Person von volljährigen Dritten wird es aber regelmäßig – wie der *BGH* zu Recht betont – an der erforderlichen Vertretungsmacht des Versicherungsnehmers fehlen. Sofern die Gefahrspersonen den Versicherungsnehmer nicht zur Vornahme des konkreten Geschäfts bevollmächtigt oder das ohne Vertretungsmacht getätigte Geschäft nicht genehmigt haben (§ 177 Abs. 1 BGB), ist dem Versicherungsnehmer die wirksame Verpflichtung des Dritten nicht möglich. Ohne Mitwirkung der Gefahrsperson ist es für den Versicherungsnehmer daher jedenfalls im Hinblick auf die sonstigen Dritten im Sinne dieser Arbeit und volljährige Kinder rechtlich unmöglich, wirksam als Vertreter einen Anschlussversicherungsvertrag zu schließen.

Weniger eindeutig ist wegen der Regelung des § 1357 BGB auf den ersten Blick die rechtliche Situation im Rahmen der Mitversicherung eines Ehegatten. Nach § 1357 Abs. 1 S. 1, 2 BGB kann der Ehegatte nämlich Geschäfte zur angemessenen Deckung des Lebensbedarfs besorgen, durch welche auch der andere Ehegatte berechtigt und verpflichtet wird. Doch ändert dies im Ergebnis auch im Hinblick auf Ehegatten nichts an der rechtlichen Unmöglichkeit

290 *BGH*, Urt. v. 18.12.2013, VersR 2014, 234, 235 (Rn. 14 ff.).

291 *BGH*, Urt. v. 18.12.2013, VersR 2014, 234, 236.

292 Anstatt vieler: *Ellenberger* in Palandt, BGB, § 164, Rn. 1, 13.

der Stellvertretung durch den Versicherungsnehmer ohne die Mitwirkung des Ehegatten. Losgelöst von der Frage der generellen Anwendbarkeit des § 1357 Abs. 1 BGB auf Krankenversicherungsverträge[293], handelt es sich bei der Regelung schon nicht um einen Fall gesetzlicher Stellvertretung.[294] Für die Mitverpflichtung nach § 1357 BGB bedarf es gerade keines Auftretens im Namen des Ehegatten. Außerdem wird nicht ausschließlich der andere Ehegatte aus dem Vertragsabschluss verpflichtet und berechtigt, sondern die Ehegatten haften gemeinsam als Gesamtschuldner.[295] Eine Stellvertretung des anderen Ehegatten im Sinne des § 164 Abs. 1 S. 1 BGB wird durch § 1357 BGB auch nicht ausgeschlossen. Sofern der Handelnde zum Ausdruck bringt, nur im Namen des Partners aufzutreten, gehen die §§ 164 ff. BGB dem § 1357 Abs. 1 BGB vor.[296] Auch zwischen Ehegatten ist daher dem Versicherungsnehmer ein Vertragsschluss im Namen des Partners ohne dessen Mitwirkung – durch Bevollmächtigung oder Genehmigung – unmöglich.

Ohne Schwierigkeiten ist dem Versicherungsnehmer demgegenüber nur die Stellvertretung minderjähriger Kinder möglich. Nach § 1629 Abs. 1 S. 1 BGB umfasst die elterliche Sorge von Vater und Mutter auch die Vertretung des Kindes, sodass der Versicherungsnehmer und der anderen Elternteil als gesetzliche Vertreter im Namen des Kindes Verträge abschließen können.

(bb) Vertragsabschluss für einen anderen im Sinne des § 205 Abs. 6 S. 1 VVG

Dem Versicherungsnehmer ist die wirksame Stellvertretung der volljährigen und von ihm nicht gesetzlich vertretenen Gefahrspersonen ohne deren Mitwirkung rechtlich unmöglich. Entgegen der Annahme des *BGH*[297] folgt daraus jedoch nicht, dass dem Versicherungsnehmer der Abschluss einer Anschlussversicherung für die Gefahrsperson nach § 205 Abs. 6 S. 1 VVG insgesamt unmöglich ist.

Die Regelung des § 205 Abs. 6 S. 1 VVG geht von einem Abschluss der Anschlussversicherung *für die versicherte Person* aus. Dies bedeutet aber nicht, dass den Versicherungsnehmer keine versicherungsvertragliche Pflicht zum

293 Vgl. dazu nachfolgend unter F. III. 1.

294 *Hahn* in Bamberger/Roth, BeckOK BGB, § 1357, Rn. 4; *Budzikiewicz* in Jauernig, BGB, § 1357, Rn. 2; *Roth* in MüKo BGB, § 1357, Rn. 10; *Voppel* in Staudinger, BGB, § 1357, Rn. 77; *Eckebrecht* in Scholz/Kleffmann/Doering-Striening, Praxishandbuch Familienrecht, Teil A, Rn. 54.

295 Anstatt vieler: *Brudermüller* in Palandt, BGB, § 1357, Rn. 22.

296 *Kroll-Ludwigs* in Erman, BGB, § 1357, Rn. 6.

297 *BGH*, Urt. v. 18.12.2013, VersR 2014, 234, 235 f. So zuvor schon das *OLG Köln*, Urt. v. 08.03.2013, VersR 2013, 1432, 1433.

Abschluss eines Versicherungsvertrags im eigenen Namen trifft.[298] Der Wortlaut spricht vielmehr für einen Vertragsschluss im eigenen Namen des Versicherungsnehmers. Dieser ist dem Versicherungsnehmer auch in allen Konstellationen rechtlich möglich.[299] Anders als die §§ 164 ff. BGB geht die Regelung des § 205 Abs. 6 S. 1 VVG nicht davon aus, dass eine Willenserklärung *im Namen des Vertretenen* abgegeben, sondern, dass ein Vertrag *für die versicherte Person* geschlossen wird. Das für die Stellvertretung typische Handeln unter fremdem Namen setzt die Norm nicht voraus. Vielmehr weist die Regelung Parallelen zu § 43 Abs. 1 VVG auf. Nach dem Wortlaut des § 43 Abs. 1 VVG kann der Versicherungsnehmer im eigenen Namen *für einen anderen* einen Versicherungsvertrag schließen. Nach § 43 Abs. 2 VVG ist sogar im Zweifelsfall davon auszugehen, dass, wenn ein Vertrag für einen anderen geschlossen wird, der Versicherungsnehmer nicht als Vertreter, sondern im eigenen Namen handelt. Der Wortlaut spricht vor diesem Hintergrund sogar dafür, dass der Abschluss der Anschlussversicherung im eigenen Namen des Versicherungsnehmers der intendierte Regelfall ist.

Auch nach Sinn und Zweck der Norm ist kein anderes Auslegungsergebnis geboten. Die Regelung des § 205 Abs. 6 S. 1 VVG soll den nahtlosen Versicherungsschutz jeder Gefahrsperson sicherstellen. Zur Erreichung dieses Ziels kommt es nicht darauf an, durch wessen Verpflichtung der Versicherungsschutz der Gefahrsperson sichergestellt wird. Sowohl die Verpflichtung der Gefahrsperson selbst im Rahmen einer wirksamen Stellvertretung nach § 164 Abs. 1 S. 1 VVG als auch der Abschluss eines drittbegünstigenden Vertrags des Versicherungsnehmers im eigenen Namen sind gleichermaßen geeignet, den Zweck zu erfüllen.

Der Abschluss einer Anschlussversicherung *für einen anderen* im Sinne des § 205 Abs. 6 S. 1 VVG kann sowohl durch ein Handeln des Versicherungsnehmers im eigenen als auch im fremden Namen erfolgen. Ob dem Versicherungsnehmer der Vertragsschluss in eigenem Namen auferlegt werden kann, ist letztlich eine Frage der Zumutbarkeit und nicht der Unmöglichkeit.[300]

(b) Abschluss der Anschlussversicherung durch die Gefahrsperson

Neben den vom *BGH* aufgegriffenen Möglichkeiten der Sicherung der Anschlussversicherung durch den Versicherungsnehmer kommt auch eine Erfüllung der

298 So aber unter Verweis auf die Versicherungspflicht des Dritten aus § 193 Abs. 3 S. 1 VVG: *BGH*, Urt. v. 18.12.2013, VersR 2014, 234, 236.

299 Siehe oben ausführlich unter B. II. 2. d).

300 Siehe dazu nachfolgend unter C. III. 2. b) cc) (3).

Kündigungsvoraussetzung des § 205 Abs. 6 S. 1 VVG durch die Gefahrsperson in Betracht. Nach dem Wortlaut des § 205 Abs. 6 S. 1 VVG bedarf es für eine wirksame Kündigung des Vertrages eines neuen Vertragsabschlusses durch den Versicherungsnehmer. Mit Blick auf die angestrebte Sicherstellung der nahtlosen Anschlussversicherung ist der Wortlaut des § 205 Abs. 6 S. 1 VVG aber zu eng gefasst.[301] In gleichem Maße effektiv und für den Versicherungsnehmer regelmäßig günstiger ist der Abschluss des Anschlussversicherungsvertrags durch die versicherungspflichtige Gefahrsperson selbst. Das gesetzgeberische Ziel, der Sicherung eines nahtlosen Versicherungsschutzes der Gefahrsperson, wird in gleichem Maße sichergestellt wie durch den Abschluss eines drittbegünstigenden Vertrages. Für § 205 Abs. 6 S. 1 VVG kommt es nicht darauf an, wer Vertragspartei des neuen Versicherungsvertrags wird, sondern wessen Versicherungsschutz durch die Anschlussversicherung fortbesteht.[302] Für dieses Ergebnis spricht aus systematischer Sicht auch § 205 Abs. 6 S. 2 VVG, der nur darauf abstellt, dass die Gefahrsperson ohne Unterbrechung „versichert ist".

Bedenken könnten im Hinblick auf den Vertragsabschluss durch ein volljähriges unterhaltsberechtigtes Kind bestehen, da dem unterhaltspflichtigen Elternteil gegenüber dem volljährigen Kind grundsätzlich ein Unterhaltsbestimmungsrecht zusteht. Nach § 1612 Abs. 2 S. 1 BGB kann der Unterhaltpflichtige festlegen, dass die geschuldete Krankenvorsorge des Kindes durch die – häufig kostengünstigere – Mitversicherung in der eigenen privaten Krankheitskostenversicherung sichergestellt wird.[303] Allerdings muss der Unterhaltspflichtige dabei die Bedürfnisse und Interessen des Kindes berücksichtigen, welche mit zunehmender Selbstständigkeit auch in der Wahl eines Krankenversicherers liegen können. Sollte das volljährige unterhaltsberechtigte Kind sich dazu entschließen, selbstständig einen Versicherungsvertrag abzuschließen, wird dies als Ausdruck seines Selbstbestimmungsrechts regelmäßig dem Bestimmungsrecht des Elternteils vorgehen.[304]

Die Erfüllung des Anschlussversicherungserfordernisses kann also auch durch den selbstständigen Vertragsschluss der Gefahrsperson erfolgen. Das Gleiche muss auch für die sich nahtlos anschließende Mitversicherung der

301 So auch: *Boetius*, PKV, § 205 VVG, Rn. 158.

302 Dies ist auch insofern konsequent, als im Falle der wirksamen Stellvertretung des mitversicherten Dritten durch den Versicherungsnehmer auch nur der Dritte Vertragspartner des neuen Vertrages würde.

303 Ausführlich oben unter B. II. 3. b) cc).

304 Vgl. *Poppen* in Büte/Poppen/Menne, Unterhaltsrecht, § 1612 BGB, Rn. 13; *Dethloff*, Familienrecht, § 11, Rn. 79 (S. 358 f.).

Gefahrsperson in der Krankheitskostenversicherung eines Anderen gelten, da auch diese geeignet ist, den Krankenversicherungsbestand dauerhaft zu sichern.[305]

Es ist aber zu beachten, dass das Anschlussversicherungserfordernis aus § 205 Abs. 6 S. 1 VVG zwar durch einen anderen als den Versicherungsnehmer erfüllt werden kann. Die Vorschrift des § 205 Abs. 6 S. 1 beinhaltet aber keine Verpflichtung des versicherten Dritten zum Abschluss einer Anschlussversicherung. Demgegenüber enthält § 193 Abs. 3 VVG zwar eine solche Verpflichtung. Der Regelung fehlt es aber an einem § 205 Abs. 6 VVG vergleichbaren Sicherungsmechanismus zur Einhaltung der Pflicht. Sofern also kein Anschlussversicherungsvertrag durch die Gefahrsperson oder einen anderen Dritten abgeschlossen wird, schuldet allein der Versicherungsnehmer im Rahmen seiner Kündigung nach § 205 Abs. 6 S. 1 VVG den Vertragsabschluss im eigenen oder - sofern rechtlich möglich - im fremden Namen.

(2) Ausreichende Sicherung des Krankenversicherungsbestands durch § 193 Abs. 4 S. 1 VVG und § 207 Abs. 2 S. 2 VVG

Die Verpflichtung des Versicherungsnehmers zum Abschluss des Anschlussversicherungsvertrags als Kündigungsvoraussetzung ist unzweifelhaft geeignet, den nahtlosen Fortbestand des Krankenversicherungsschutzes des Versicherten sicherzustellen. Es stellt sich aber die auch vom *BGH* thematisierte Frage, ob es zur Zweckerfüllung - im Rahmen des bestehenden Regelungsgefüges der §§ 192 ff. VVG - überhaupt der Regelung des § 205 Abs. 6 S. 1 VVG bei Versicherungen auf die Person von volljährigen Gefahrspersonen bedarf.

Der *BGH* hält eine Anwendung des § 205 Abs. 6 S. 1 VVG bei der Kündigung einer Versicherung auf die Person eines volljährigen Dritten unter Verweis auf die Regelung des § 193 Abs. 4 S. 1 VVG und des § 207 Abs. 2 S. 2 VVG für nicht erforderlich und daher unverhältnismäßig.[306] Er geht davon aus, dass der Schutz des vom Gesetzgeber angestrebten Ziels der Sicherstellung eines ununterbrochenen Krankenversicherungsschutzes aller versicherten Personen, bereits durch diese Vorschriften erreicht werde. Eine Anwendung des § 205 Abs. 6 S. 1 VVG auf alle Kündigungen von Pflichtversicherungsverträgen sei daher nicht erforderlich, führe zu einer unzumutbaren Aushöhlung des Kündigungsrechts des Versicherungsnehmers und beeinträchtige diesen unverhältnismäßig in seiner Vertragsfreiheit.[307] Diesen systematischen Erwägungen des *BGH* kann jedoch

305 Vgl. *Voit* in Prölss/Martin, VVG, § 205, Rn. 43.
306 *BGH*, Urt. v. 18.12.2013, VersR 2014, 234, 236.
307 *BGH*, Urt. v. 18.12.2013, VersR 2014, 234, 236 (Rn. 16, 18).

nicht beigetreten werden. Der nahtlose Bestand des Krankenversicherungsschutzes bereits versicherter Gefahrspersonen wird durch § 193 Abs. 4 S. 1 VVG und § 207 Abs. 2 S. 1, Abs. 1 VVG – die einen geringeren Eingriff in die Vertragsfreiheit des Versicherungsnehmers darstellen – nicht in gleichem Maße sichergestellt. Eine verfassungskonforme Auslegung des § 205 Abs. 6 S. 1 VVG ist daher auch nicht wegen einer unverhältnismäßigen Beeinträchtigung der grundrechtlich geschützten Vertragsfreiheit geboten.

(a) Prämienzuschlag nach § 193 Abs. 4 S. 1 VVG

Zur Sanktionierung eines verspäteten Abschlusses eines Pflichtversicherungsvertrages trifft den Versicherungspflichtigen bei Antragsstellung nach § 193 Abs. 4 S. 1 VVG ein einmaliger Prämienzuschlag. Die Regelung soll einerseits eine Straf- und Abschreckfunktion gegenüber solchen Personen entfalten, die sich, um die regelmäßigen Kosten der Versicherung zu sparen, erst später versichern. Andererseits soll der Schaden, welcher der Versicherungsgemeinschaft durch den verspäteten Abschluss des Krankenversicherungsvertrags entsteht, durch den Prämienzuschlag einen gewissen Ausgleich finden.[308] Primäres Schutzgut des § 193 Abs. 4 S. 1 VVG ist somit die *Herstellung* eines dauerhaften Krankenversicherungsschutzes der nicht versicherten Pflichtigen. Anders als § 205 Abs. 6 S. 1 VVG knüpft § 193 Abs. 4 S. 1 VVG dabei nicht an die Beendigung einer bestehenden Pflichtversicherung sowie die *Aufrechterhaltung* des Schutzes, sondern an den (Neu-)Abschluss an. Insofern bleibt § 193 Abs. 4 S. 1 VVG hinter dem Schutzumfang der Anschlussversicherungspflicht nach § 205 Abs. 6 S. 1 VVG zurück. Während § 205 Abs. 6 S. 1 VVG zwar nicht die Versicherungspflichtigen ohne ausreichenden Versicherungsschutz anspricht, geht sein Schutz im Hinblick auf bereits bestehende Pflichtversicherungen über die Sanktion des Prämienzuschlags hinaus. Sobald erst einmal ein Versicherungsschutz des Pflichtigen im Sinne von § 193 Abs. 3 S. 1 VVG besteht, kann dieser aufgrund von § 205 Abs. 6 S. 1 VVG grundsätzlich nicht mehr entfallen. Indem § 205 Abs. 6 S. 1 VVG nämlich die Kündigung von einem tatsächlichen unmittelbaren Neuabschluss abhängig macht, wird das Risiko des Eintritts einer Versicherungslosigkeit bis auf einige Ausnahmefälle minimiert. Einen gleichermaßen effizienten Schutz vermag § 193 Abs. 4 S. 1 VVG in diesen Fällen nicht zu bieten. Der Prämienzuschlag fällt nach § 193 Abs. 4 S. 1 VVG erst mit dem verspäteten Antrag an. Solange ein Versicherungspflichtiger die Versicherungspflicht

308 Gesetzesentwurf des GKV-WSG des Gesundheitsausschusses, BT-Drucks. 16/4247 S. 67.

überhaupt nicht erfüllt, sieht § 193 Abs. 4 S. 1 VVG somit keine Sanktion vor.[309] Sofern also der Versicherungsschutz eines Pflichtigen durch wirksame Kündigung ohne den Abschluss einer Anschlussversicherung beendet und kein neuer Schutz beantragt wird, läuft die Regelung des § 193 Abs. 4 S. 1 VVG leer. Sollte der Pflichtige eine längere Zeit später dann mit Antragstellung auch zuschlagspflichtig werden, trügen allein der Versicherer und die Versichertengemeinschaft das wirtschaftliche Risiko seiner Leistungsfähigkeit hinsichtlich des Zuschlags. Streng betrachtet fällt der Zuschlag des § 193 Abs. 4 S. 1 VVG auch erst nach einem Monat der Verletzung der Versicherungspflicht an, sodass der Prämienzuschlag von vornherein keinen Anreiz für eine völlig *nahtlose* Versicherung setzt. Nach § 193 Abs. 4 S. 1 VVG wird zudem nicht der Versicherungsschutz für die versicherungsfreie Zeit gesichert, sondern nur die Versicherungslosigkeit sanktioniert. Eine rückwirkende Versicherung des Versicherungspflichtigen wird durch § 193 Abs. 4 S. 1 VVG gerade nicht bewirkt.[310] Schließlich erscheint es fraglich, wie eine bloß finanzielle Sanktion überhaupt effektiv den Neuabschluss einer Versicherung sicherstellen kann und praktisch durchsetzbar ist.[311] Die Sanktionierung der verspäteten Anmeldung mit finanziellen Nachteilen vermag nämlich lediglich einen Anreiz zur rechtzeitigen Antragstellung zu schaffen, nicht aber die tatsächliche Aufrechterhaltung des Versicherungsschutzes sicherzustellen.

Im Ergebnis ist vor diesem Hintergrund der Annahme, die Sanktion des § 193 Abs. 4 S. 1 VVG wirke ausreichend der Gefahr entgegen, dass versicherungspflichtige Personen keinen Krankenversicherungsvertrag abschließen,[312] eine Absage zu erteilen. Die Sicherung des nahtlosen Fortbestands eines bestehenden Pflichtversicherungsschutzes kann durch den Prämienzuschlag nicht in gleichem Maße wie durch § 205 Abs. 6 S. 1 VVG gewährleistet werden. Die Vorschrift des § 193 Abs. 4 S. 1 VVG lässt nicht die Erforderlichkeit der Anschlussversicherungspflicht als Kündigungsvoraussetzung entfallen. Zwischen § 205 Abs. 6

309 Insofern handele es sich bei der Versicherungspflicht um eine lex imperfecta: *Boetius*, PKV, § 193 VVG, Rn. 116.

310 *OLG Köln*, Urt. v. 20.12.2013, RuS 2014, 134, 135 f.; *Reinhard* in Looschelders/Pohlmann, VVG, § 193, Rn. 15; *Voit* in Prölss/Martin, VVG, § 193, Rn. 21; *Brömmelmeyer* in Schwintowski/Brömmelmeyer, PK-Versicherungsrecht, § 193, Rn. 33; *Marko*, PKV, Teil B, Rn 44; *Marlow/Spuhl*, VersR 2009, 593, 599.

311 Die Sanktion des § 193 Abs. 4 S. 1 VVG als „zur Durchsetzung der Versicherungspflicht praktisch ungeeignet“ ansehend: *Rolfs/Wiemer*, NJW 2014, 696, 698.

312 So aber *BGH*, Urt. v. 18.12.2013, VersR 2014, 234, 236 (Rn. 18); *OLG Köln*, Urt. v. 08.03.2013, VersR 2013, 1432, 1433; *Rößler*, VersR 2013, 1478, 1481.

S. 1 VVG und § 193 Abs. 4 S. 1 VVG besteht eine sinnvolle Koexistenz. Während der Sanktion des § 193 Abs. 4 S. 1 VVG in Kündigungsfällen, in denen die Anschlussversicherungspflicht einen ausreichenden Schutz bietet, nur eine Auffangfunktion zukommt, hat diese vielmehr im Hinblick auf versicherungslose Personen einen eigenständigen Anwendungsbereich.

(b) Fortsetzungsrecht der Gefahrsperson nach § 207 Abs. 2 S. 1, Abs. 1 VVG

Neben den Anforderungen des § 205 Abs. 6 VVG wird die Wirksamkeit der Kündigung eines drittbegünstigenden Krankenversicherungsvertrags nach § 207 Abs. 2 S. 2 VVG von der Kenntnis der versicherten Person von der Kündigung abhängig gemacht.[313] Durch diese Regelung soll die rechtzeitige Ausübung des Fortsetzungsrechts der versicherten Person sichergestellt werden. Unter Berufung auf das der versicherten Person nach § 207 Abs. 2 S. 1, Abs. 1 VVG zustehende Fortsetzungsrecht wird seitens des *BGH* und Teilen der Literatur sowie der instanzgerichtlichen Rechtsprechung die Erforderlichkeit des Abschlusses der Anschlussversicherung für die nicht gesetzlich vertretene Gefahrsperson verneint.[314] Das gesetzgeberische Ziel, *„dem Mitversicherten einen nahtlos angrenzenden Versicherungsschutz zu ermöglichen"*, werde durch § 207 Abs. 2 S. 2 VVG ausreichend sichergestellt.[315] Ausgangspunkt dieser Erwägungen ist dabei die Schutzwürdigkeit der Gefahrsperson. Zwar sei die Gefahrsperson schutzwürdig, da diese mangels Status als Vertragspartei keinen Einfluss auf die Kündigung der Krankheitskostenversicherung habe. Diesem Schutzbedürfnis werde aber ausreichend durch die Sicherung des Fortsetzungsrechts aus § 207 Abs. 2 S. 2 VVG Genüge getan. Einer Anschlussversicherungspflicht des Versicherungsnehmers nach § 205 Abs. 6 S. 1 VVG bedürfe es daher in Fällen der Versicherung auf die Person einer volljährigen Gefahrsperson nicht.[316] Außerdem verbliebe § 207 Abs. 2 S. 2 VVG kein eigener Anwendungsbereich, wenn § 205 Abs. 6 S. 1 VVG bei jeder Kündigung einer Pflichtkrankenversicherung zur Anwendung käme.[317]

---

313 Siehe nachfolgend unter D. II. 3. a).

314 *BGH*, Urt. v. 18.12.2013, VersR 2014, 234, 236 (Rn. 16); Zuvor schon: *OLG Köln*, Urt. v. 08.03.2013, VersR 2013, 1432, 1433; *LG Stuttgart*, Urt. v. 20.04.2012, NJW-RR 2012, 1390, 1391; *Rößler*, VersR 2013, 1478, 1481.

315 *BGH*, Urt. v. 18.12.2013, VersR 2014, 234, 235 f. (Rn. 12, 16).

316 *LG Stuttgart*, Urt. v. 20.04.2012, NJW-RR 2012, 1390, 1391; *Rößler*, VersR 2013, 1478, 1481.

317 *BGH*, Urt. v. 18.12.2013, VersR 2014, 234, 235 (Rn. 13).

Das mag hinsichtlich des Normzwecks des § 207 VVG überzeugen, nicht aber im Hinblick auf das gesetzgeberische Ziel der §§ 205 Abs. 6, 193 Abs. 3 S. 1 VVG. Das Bestehen eines Fortsetzungsrechts und der Schutz seiner effektiven Ausübung lässt nur dann die Erforderlichkeit eines Anschlussversicherungsabschlusses entfallen, wenn es gleichermaßen effektiv den nahtlosen Versicherungsschutz der Gefahrsperson sicherstellt. Richtigerweise wird dem aber entgegengehalten, das Fortsetzungsrecht ermögliche zwar die Aufrechterhaltung des Krankenversicherungsschutzes, stelle diese aber nicht sicher.[318] Die Einräumung eines Rechts zur Aufrechterhaltung der Krankenversicherung kann nicht mit der Verpflichtung zum Abschluss einer Anschlussversicherung gleichgesetzt werden. Sollte sich die Gefahrsperson nämlich gegen die Ausübung ihres Fortsetzungsrechts entscheiden und auch keine Anschlussversicherung abgeschlossen werden, tritt als Folge Versicherungslosigkeit ein. Diese wollte der Gesetzgeber aber gerade verhindern.[319] So zeigt gerade der vom *BGH* entschiedene Fall des volljährigen (unterhaltsberechtigten) Studenten, der finanziell zur Bezahlung des Volltarifs der Krankheitskostenversicherung nicht in der Lage ist, dass das Fortsetzungsrecht, in diesem besonders praxisrelevanten Fall der Versicherung auf die Person eines Dritten, eine Aufrechterhaltung des Krankenversicherungsschutzes nicht sicherstellen kann. In dem der Entscheidung des *BGH* zugrunde liegenden Fall hatte der volljährige unterhaltsberechtigte Sohn des Versicherungsnehmers sich geweigert, eine eigene private Krankenversicherung abzuschließen.[320] Diese Fallgestaltung ist ein typischer Anwendungsfall des § 205 Abs. 6 S. 1 VVG. Das versicherte Kind wird volljährig und damit korrespondierend steigen für den Versicherungsnehmer regelmäßig die Versicherungsprämien für das Kind. Vielfach wird dann der Versicherungsnehmer eine Kündigung erwägen. Eine finanzielle Abhängigkeit des Kindes besteht aber trotz Eintritt der Volljährigkeit in aller Regel fort und wird folglich einer praktischen Realisierbarkeit einer Fortsetzung der Vollversicherung durch die Gefahrsperson entgegenstehen.[321] Der unterhaltsberechtigten Gefahrsperson bliebe in diesen Fällen – bei Weigerung der Bezahlung der Prämien durch den unterhaltspflichtigen Versicherungsnehmer – nur die häufig wohl eher theoretische Möglichkeit, den unterhaltspflichtigen Elternteil auf Zahlung von Unterhalt in Höhe der Versicherungsprämien in

---

318 *Rolfs/Wiemer*, NJW 2014, 696, 698.

319 Gesetzesentwurf des GKV-WSG des Gesundheitsausschusses, BT-Drucks. 16/4247 S. 68.

320 *BGH*, Urt. v. 18.12.2013, VersR 2014, 234, 236 (Rn. 16 f.).

321 Das gilt zumindest für den Fall, dass der unterhaltspflichtige Versicherungsnehmer nicht mehr zur Zahlung der Prämien, zumindest in voller Höhe, bereit ist.

Anspruch zu nehmen und diesen Anspruch gerichtlich durchzusetzen. Zudem müsste das volljährige Kind erheblich in Vorleistung gehen mit Blick auf die Prämienverpflichtung, die das Kind bei einer Ausübung des Fortsetzungsrecht gem. 207 Abs. 2 VVG träfe. Vor diesem Hintergrund besteht daher ein erhebliches Risiko, dass die volljährige unterhaltsberechtigte Gefahrsperson ihr Fortsetzungsrecht in diesem praxisrelevanten Fall weder ausüben kann noch wird. Entgegen der Feststellung des *BGH* kommt es somit für die Beurteilung der Wirksamkeit des durch § 207 Abs. 2 S. 2 VVG gewährten Schutzes sehr wohl auf die Frage an, ob der Versicherungsnehmer verpflichtet ist, diese Kosten im Innenverhältnis zu erstatten.[322]

Die Schutzwürdigkeit der Gefahrsperson ist aber nicht allein ausschlaggebend, sondern insbesondere auch der Schutz der Allgemeinheit vor dem Schaden, welcher aus der fehlenden Krankenversicherung Einzelner folgt. Letztere wird durch § 207 Abs. 2 VVG gerade nicht geschützt. Mit § 207 Abs. 2 S. 2 VVG steht im Ergebnis kein gleich geeignetes milderes Mittel zur Verfügung, um die dauerhafte Absicherung der Gefahrsperson zu garantieren. Folglich kann dem *BGH* daher auch nicht in der Annahme gefolgt werden, der Eingriff in die Vertragsfreiheit durch die Anschlussversicherungspflicht sei wegen § 207 Abs. 2 S. 2 VVG nicht erforderlich.

Diesem Ergebnis kann auch nicht entgegengehalten werden, dass bei einem weiten Verständnis des § 205 Abs. 6 S. 1 VVG dem Fortsetzungsrecht der volljährigen Gefahrsperson kein eigener Anwendungsbereich mehr verbliebe.[323] Zwar betrifft § 207 Abs. 2, Abs. 1 VVG ebenso wie § 205 Abs. 6 S. 1 VVG die Aufrechterhaltung des Krankenversicherungsschutzes der Gefahrsperson im Sinne von § 193 Abs. 1 S. 2 VVG, doch haben die Vorschriften einen unterschiedlichen Hintergrund. Während § 205 Abs. 6 S. 1 VVG in Verbindung mit § 193 Abs. 3 S. 1 VVG der Aufrechterhaltung eines flächendeckenden Krankenversicherungsschutzes zugunsten der Allgemeinheit dient, zielt § 207 Abs. 2, Abs. 1 VVG auf das Versicherungsbedürfnis des Einzelnen ab. Die Gefahrsperson soll ohne Verlust der erworbenen Rechte ihrem Bedürfnis nach Krankenversicherungsschutz nachkommen können.[324] Für den Fall, dass sie selbst die Anschlussversicherung begründen möchte, soll sie nicht durch die Kündigung durch den

---

322 Der vom *BGH* entschiedene Fall stellt den typischen Anwendungsfall des § 205 Abs. 6 S. 1 bei volljährigen unterhaltsberechtigten Kindern dar, in denen der Elternteil (VN) nicht zur Zahlung der Prämien bereit ist. Der Fall verdeutlicht daher gerade die Bedeutung dieser Konstellation.

323 So aber *BGH*, Urt. v. 18.12.2013, VersR 2014, 234, 235 (Rn. 13).

324 *Voit* in Prölss/Martin, VVG, § 207, Rn. 1.

Versicherungsnehmer benachteiligt werden.[325] Des Weiteren schützt § 207 VVG die Gefahrsperson bei allen Arten der Krankenversicherung.[326] Demgegenüber ist § 205 Abs. 6 S. 1 VVG auf den Fall der Kündigung einer Pflichtversicherung im Sinne des § 193 Abs. 3 S. 1 VVG beschränkt. Uneingeschränkt zur Anwendung kommt § 207 Abs. 2 VVG daher bei allen Krankenversicherungsverträgen, welche nicht die Pflicht aus § 193 Abs. 3 S. 1 VVG erfüllen. Das Interesse am Fortbestand des Versicherungsschutzes unter Verwertung der erworbenen Rechte besteht nicht nur in der Krankheitskostenvollversicherung. Daneben kommt dem § 207 Abs. 2 VVG auch im Anwendungsbereich des § 205 Abs. 6 S. 1 VVG Bedeutung zu. Dem Anschlussversicherungserfordernis kann auch durch einen Vertragsabschluss der Gefahrsperson selbst oder durch Mitversicherung im Vertrag eines Dritten Genüge getan werden.[327] In diesen Fällen ermöglicht § 207 Abs. 2 VVG, dass das bisherige Versicherungsverhältnis unter Benennung des künftigen Versicherungsnehmers fortgesetzt und auf diese Weise der Anschlussversicherungspflicht nachgekommen wird.

Das Fortsetzungsrecht des § 207 Abs. 2, Abs. 1 VVG ist mangels Zwangscharakters nicht gleichermaßen geeignet, den nahtlosen Versicherungsschutz der Gefahrsperson wie durch die Abschlusspflicht des § 205 Abs. 6 S. 1 VVG zu garantieren.

(3) Einschränkende Auslegung des § 205 Abs. 6 S. 1 VVG

Während eine verfassungskonforme Auslegung des § 205 Abs. 6 S. 1 VVG – wie oben dargelegt – ausscheiden muss, kommt jedoch eine einschränkende Auslegung der Norm unter Berücksichtigung der gesetzgeberischen Ziele in Betracht. Die Frage einer Reduktion des Anwendungsbereichs der Norm stellt sich vor dem Hintergrund, dass der Versicherungsnehmer bei strenger Anwendung des § 205 Abs. 6 S. 1 VVG faktisch dauerhaft zur Aufrechterhaltung einer Versicherung auf die Person des Dritten gezwungen würde. Es bestehen aber Bedenken, ob der Gesetzgeber dieses Ergebnis herbeiführen wollte. Zwar stellt die Sicherung eines nahtlosen Versicherungsschutzes ein wesentliches Reformziel der Krankenversicherungsreform dar, doch wollte der Gesetzgeber dieses Ziel nicht um jeden Preis erreichen. Der Gesetzgeber ging vielmehr davon aus, dass bei der Versicherung auf die Person eines Dritten – gerade auch, wenn es sich dabei

---

325 So auch *Rolfs/Wiemer*, NJW 2014, 696, 698.

326 *Hütt* in Langheid/Wandt, MüKo VVG, § 207, Rn. 8; *Reinhard* in Looschelders/Pohlmann, VVG, § 207, Rn. 3; *Voit* in Prölss/Martin, VVG, § 207, Rn. 1.

327 Siehe dazu oben unter C. III. 2. b) cc) (1) (a), (b).

zugleich um eine Versicherung auf fremde Rechnung handelt – im Innenverhältnis zwischen Versicherungsnehmer und Gefahrsperson rechtliche Beziehungen bestehen, die über ein etwaiges gesetzliches Treuhandverhältnis im Sinne von § 46 VVG hinausgehen.[328] So zeigt auch die Gesetzgebungsgeschichte, dass der Gesetzgeber von typischen Mitversicherungskonstellationen, nämlich der Versicherung von volljährigen Kindern, Ehegatten oder sonstigen Verwandten *„aus Unterhaltsgründen"* ausging.[329] Die Mehrbelastung des Versicherungsnehmers durch § 205 Abs. 6 S. 1 VVG sollte also erkennbar auch der (wirtschaftlichen) Risikoverteilung im Innenverhältnis entsprechen. Dabei wollte der Gesetzgeber die Interessen des Versicherungsnehmers, der Gefahrsperson und der Allgemeinheit berücksichtigen und das entstehende Spannungsfeld von Privatautonomie und soziale Zielsetzung des Krankenversicherungsrechts einer gerechten Lösung zuführen. Zusätzlich drängt es sich auf, dass der Gesetzgeber den Versicherungsnehmer nur insoweit belasten wollte, als es diesem unter Berücksichtigung der betroffenen Interessen zumutbar ist.[330] Die Zumutbarkeit der Einschränkung des Kündigungsrechts durch § 205 Abs. 6 S. 1 VVG endet jedoch spätestens dann, wenn für den Versicherungsnehmer keine angemessene Möglichkeit besteht, einer dauerhaften Aufrechterhaltung einer Versicherung auf die Person des Dritten zu entkommen. Zunächst ist daher auf die kollidierenden Interessen von Versicherungsnehmer und der Gesamtheit der Versicherten einzugehen und im Anschluss anhand des Innenverhältnisses in den exemplarischen Drittversicherungskonstellationen die Notwendigkeit einer einschränkenden Auslegung des § 205 Abs. 6 S. 1 VVG zu untersuchen.

(a) Beeinträchtigung des Versicherungsnehmers durch § 205 Abs. 6 S. 1 VVG

Der Versicherungsnehmer wird durch die Regelung des § 205 Abs. 6 S. 1 VVG erheblich in seiner grundgesetzlich durch Art. 2 Abs. 1 GG geschützten Dispositionsfreiheit[331] beeinträchtigt, da es ihm faktisch unmöglich ist, ohne die Mitwirkung der Gefahrsperson eine vollständige Beendigung einer eigenen

328 Abschlussbericht der Kommission zur Reform des Versicherungsvertragsrechts (VVG-KE) v. 19.04.2004, S. 167 f.; *Rogler* in Rüffer/Halbach/Schimikowski, VVG, § 194, Rn. 10.

329 Abschlussbericht der Kommission zur Reform des Versicherungsvertragsrechts (VVG-KE) v. 19.04.2004, S. 168.

330 So ausdrücklich auch das *OLG Köln*, Urt. v. 08.03.2013, VersR 2013, 1432, 1433.

331 *Dreier* in Dreier, GG, Art. 2 Abs. 1, Rn. 35 f.; *Lang* in Epping/Hillgruber, BeckOK GG, Art. 2, Rn. 6; *Jarass* in Jarass/Pieroth, GG, Art. 2, Rn. 22a f.; *Di Fabio* in Maunz/Dürig, GG, Art. 2, Rn. 101.

Verpflichtung herbeizuführen. Es kann dabei dahinstehen, ob die Beeinträchtigung aus der Verhinderung der Kündigung oder dem Abschluss der Anschlussversicherung für den Dritten folgt.[332] Sollte die Gefahrsperson nicht selbstständig den nahtlosen Versicherungsschutz sicherstellen, bleibt der Versicherungsnehmer entweder weiter durch den Altvertrag oder im Rahmen der von ihm abzuschließenden Anschlussversicherung vertraglich verpflichtet und berechtigt. Zwar steht dem Versicherungsnehmer trotz der Drittabsicherung – sofern nicht die Gefahrsperson als Empfangsberechtigte benannt ist – die Forderungsberechtigung für die Versicherungsleistung zu. Doch stellt die korrespondierende Zahlungsverpflichtung in wirtschaftlicher Hinsicht für ihn eine erhebliche Beeinträchtigung dar. Als Vertragspartner schuldet er im Verhältnis zum Versicherer allein die Zahlung der Versicherungsprämien. Es ist ihm aufgrund der Regelung des § 205 Abs. 6 S. 1 VVG nicht möglich, sich im Außenverhältnis zum Versicherer von der Zahlungspflicht zu befreien. Die Anschlussversicherungspflicht wirkt sich somit spürbar negativ auf die Vermögensposition des Versicherungsnehmers aus.

(b) Schutzwürdige Interessen der Allgemeinheit

Die Einschränkung des Versicherungsnehmers dient gewichtigen Interessen der Allgemeinheit. Die allgemeine Versichertengemeinschaft hat ein schutzwürdiges Interesse daran, dass durch die staatliche Sicherung der möglichst flächendeckenden Krankenversicherung der Einwohner ein Krankenversicherungsschutz zu bezahlbaren Konditionen gewährleistet wird. Dies ist erklärtes legislatives Ziel.[333] Zwar sieht der *BGH* dieses Ziel bereits durch das Fortsetzungsrecht des § 207 Abs. 2 VVG sichergestellt und geht davon aus, das Kündigungsrecht würde durch die zusätzliche Anschlussversicherungspflicht unzumutbar ausgehöhlt.[334] Mangels gleicher Effektivität des Fortsetzungsrechts gegenüber einer Vertragsabschlussverpflichtung kann dieser Ansatz jedoch nicht überzeugen.[335]

Die erhebliche Bedeutung der Aufrechterhaltung des Krankenversicherungsschutzes wird zudem durch die Regelung des § 193 Abs. 6 S. 2 VVG verdeutlicht. Danach bleibt der vertragliche Krankenversicherungsschutz – zumindest rudimentär im Notlagentarif – sogar erhalten, wenn der Versicherungsnehmer die Zahlung von Prämien vollständig eingestellt hat. Anstelle einer

332 *Lorenz* in BK-GG, Art. 2, Rn. 205; *Jarass* in Jarass/Pieroth, GG, Art. 2, Rn. 22a.

333 Gesetzesentwurf des GKV-WSG des Gesundheitsausschusses, BT-Drucks. 16/4247, S. 68.

334 *BGH*, Urt. v. 18.12.2013, VersR 2014, 234, 236 (Rn. 16).

335 Siehe dazu oben ausführlich unter C. III. 2. b) cc) (2) (b).

Vertragsbeendigung tritt das Ruhen der Versicherung.[336] Der Gesetzgeber traf erkennbar eine Wertentscheidung zugunsten der Aufrechterhaltung des Krankenversicherungsschutzes.

Im Hinblick auf die private Pflegeversicherung hat das *BVerfG* auch bereits bestätigt, dass die dem § 205 Abs. 6 S. 1 VVG vergleichbare Verpflichtung zu Abschluss und Aufrechterhaltung eines privatrechtlichen Vorsorgevertrages nach § 23 Abs. 1 S. 1 SGB XI unter den sozialpolitischen Gestaltungsauftrag des Gesetzgebers falle.[337] Es sei legitim, für die erhebliche finanzielle Belastung im Pflegefall die notwendigen Mittel durch die Begründung einer Pflichtversicherung zu gewährleisten.[338] Dabei mache die Verpflichtung „*ein Lebensrisiko mit für die meisten nicht finanzierbaren Folgen durch verhältnismäßig niedrige Prämien kalkulierbar und im Versicherungsfall tragbar.*“[339] Diese Argumentation ist im Grundsatz auch auf die Krankenversicherung übertragbar. Diese dient ebenso wie die Pflegeversicherung der Absicherung existenzieller Risiken. Unterschiede ergeben sich aber hinsichtlich der Drittversicherungsfälle, welche von § 205 Abs. 6 S. 1 VVG erfasst werden. Für die private Pflegepflichtversicherung wird die Kündigung nach § 23 Abs. 2 S. 4 SGB XI zwar davon abhängig gemacht, dass der Versicherungsnehmer den ununterbrochenen Versicherungsschutz der Gefahrsperson nachweist. Doch findet sich keine vergleichbare Verpflichtung des Versicherungsnehmers zum Abschluss eines drittschützenden Vertrages.[340] Insofern wird die besondere Entscheidung des Gesetzgebers zugunsten eines stärkeren Schutzes vor dem Eintritt einer Versicherungslosigkeit der Gefahrspersonen bei der Krankheitskostenversicherung im Vergleich zur Pflegepflichtversicherung deutlich.

(c) Einschränkende Auslegung des § 205 Abs. 6 S. 1 VVG in den exemplarischen Drittversicherungskonstellationen

Die Frage der Erforderlichkeit einer einschränkenden Auslegung des § 205 Abs. 6 S. 1 VVG ist mit Blick auf die der Untersuchung zugrundeliegenden, exemplarischen Drittversicherungskonstellationen als praxisrelevante Anwendungsfälle

---

336 Anstatt vieler: *Rogler/Marko* in Rüffer/Halbach/Schimikowski, VVG, § 193, Rn. 67.

337 BVerfGE 103, 197, 221 (Urt. v. 03.04.2001).

338 BVerfGE 103, 197, 221 (Urt. v. 03.04.2001).

339 BVerfGE 103, 197, 223 (Urt. v. 03.04.2001).

340 Zur Frage der Verfassungsmäßigkeit der Nachweisverpflichtung des § 23 Abs. 2 S. 4 SGB XI als Kündigungsvoraussetzung traf das BVerfG keine gesonderten Feststellungen. Gegenstand der Entscheidung war vielmehr die Frage, ob eine Pflichtversicherung im Bereich der Pflegeversicherung eingeführt werden darf.

zu beantworten.[341] Dabei steht das Ziel des Gesetzgebers im Vordergrund, eine Anschlussversicherungspflicht in Drittversicherungsfällen entsprechend der typischen Risikoverteilung im Innenverhältnis zu schaffen und den Versicherungsnehmer nicht in unzumutbarer Weise in seiner Vertragsfreiheit zu beeinträchtigen. Der Berücksichtigung des Innenverhältnisses zwischen Versicherungsnehmer und Gefahrsperson steht nicht entgegen, dass bei einem Vertrag zugunsten Dritter im Sinne des § 328 Abs. 1 BGB – der im Falle einer Fremdversicherung vorliegt – das Deckungs- und Valutaverhältnis voneinander unabhängig sind.[342] Diese Unabhängigkeit betrifft lediglich die Frage der Wirksamkeit der beiden Verträge, sodass Mängel im Innenverhältnis zwischen Versicherungsnehmer und Gefahrsperson keine Auswirkungen auf die Wirksamkeit des Versicherungsvertragsverhältnisses haben können.[343]

(aa) Minderjährige unterhaltsberechtigte Kinder

Bei der Versicherung auf die Person eines minderjährigen unterhaltsberechtigten Kindes ergeben sich keine Bedenken im Hinblick auf die Pflicht zum Abschluss einer Anschlussversicherung nach § 205 Abs. 6 S. 1 VVG. Die Pflicht zu Abschluss und Aufrechterhaltung einer ausreichenden Krankheitskostenversicherung gemäß § 193 Abs. 3 S. 1 VVG trifft den Versicherungsnehmer für die von ihm gesetzlich vertretenen Personen selbst. Durch die Anschlussversicherung erfüllt er also seine eigene Pflicht. Selbst nach einem engen Verständnis des § 205 Abs. 6 S. 1 VVG wäre der Versicherungsnehmer für die von ihm abhängige Gefahrsperson zum Abschluss einer Anschlussversicherung verpflichtet, um seiner Kündigung zur Wirksamkeit zu verhelfen. Es kommt von vorherein zu keiner Interessenkollision, die eine Reduktion des § 205 Abs. 6 S. 1 VVG erfordern würde. Auf die im Innenverhältnis bestehende Unterhaltsverpflichtung des Versicherungsnehmers gegenüber dem minderjährigen Kind kommt es daher nicht mehr an.

(bb) Volljährige unterhaltsberechtigte Kinder

Bei der Versicherung auf die Person eines volljährigen unterhaltsberechtigten Kindes sind verschiedene Aspekte im Innenverhältnis zwischen Gefahrsperson und Versicherungsnehmer für die Auslegung der Norm von Bedeutung.

---

341 Vgl. die Konstellationen oben unter B. II. 3.

342 Anstatt vieler: *Janoschek* in Bamberger/Roth, BeckOK BGB, § 328, Rn. 8.

343 Der *BGH* folgert aus der Unabhängigkeit der Verhältnisse jedoch, dass das familienrechtliche Innenverhältnis für die Beurteilung der Kündigungsvoraussetzung des § 205 Abs. 6 S. 1 VVG unerheblich ist (Urt. v. 18.12.2013, VersR 2014, 234, 236 (Rn. 17)).

Eine einschränkungslose Anwendung des § 205 Abs. 6 S. 1 VVG setzt – entsprechend der gesetzgeberischen Intention – voraus, dass im Innenverhältnis der Versicherungsnehmer typischerweise das Risiko für die Absicherung des Krankenversicherungsschutzes der Gefahrsperson trägt und eine Beendigung der Drittabsicherung nicht dauerhaft von einer Mitwirkung der Gefahrsperson abhängt.

Maßgeblich ist insofern die unterhaltsrechtliche Beziehung zwischen Versicherungsnehmer und Gefahrsperson, da diese Aufschluss über die wirtschaftliche und rechtliche Risikoverteilung bezüglich der Krankenvorsorge der Gefahrsperson gibt. Im Innenverhältnis hat das volljährige Kind gegenüber dem Versicherungsnehmer einen Anspruch auf Unterhalt, welcher auch den privaten Krankenversicherungsschutz des Kindes umfasst.[344] Bereits dieses abstrakte Bestehen einer die private Krankenvorsorge erfassenden Unterhaltspflicht spricht für eine gegenüber der versicherten Gefahrsperson verminderte Schutzwürdigkeit des Versicherungsnehmers im Hinblick auf die Einschränkung seiner Rechte durch § 205 Abs. 6 S. 1 VVG. Entsprechend zeigt auch ein Vergleich zur unterhaltsrechtlichen Lage die besondere Schutzwürdigkeit der Gefahrsperson auf. So setzt schon das Entstehen des Unterhaltsanspruchs tatbestandlich nach § 1602 Abs. 1 BGB die Bedürftigkeit des Kindes voraus. Das heißt, das Kind muss de lege lata außerstande sein, sich selbst zu unterhalten. Es besteht eine besondere Abhängigkeit des Kindes von dem unterhaltsverpflichteten Elternteil. Das gilt umso mehr im Hinblick auf privilegiert volljährige Kinder, die in verschiedener Hinsicht aufgrund ihrer besonderen Schutzbedürftigkeit den minderjährigen Kindern gleichgestellt sind.[345]

Der konkrete Unterhaltsanspruch des volljährigen Kindes ist allerdings grundsätzlich nicht auf die (Mit-)Versicherung durch den Versicherungsnehmer als besondere Form des Naturalunterhalts gerichtet. Gesetzlicher Regelfall ist nach § 1612 Abs. 1 S. 1 BGB die Gewährung des Unterhalts in Form einer Geldrente. Nur im Rahmen der Grenzen des § 1612 Abs. 2 S. 1 BGB kann abweichend eine Absicherung des Kindes durch den Abschluss eines drittbegünstigenden Vertrages zur Erfüllung der Unterhaltspflicht erfolgen.[346] Der unterhaltspflichtige Versicherungsnehmer schuldet also dem Grunde nach nicht die Sicherung der Krankenvorsorge für das volljährige Kind durch einen Vertragsabschluss,

344 Siehe ausführlich zur unterhaltsrechtlichen Rechtslage bei volljährigen Kindern unter B. II. 3. b).

345 Siehe dazu unter B. II. 3. b) bb) (1).

346 Siehe ausführlich unter B. II. 3. b) cc).

sondern durch Geldleistung. Durch die Regelung des § 205 Abs. 6 S. 1 VVG wird er aber zu einem Vertragsabschluss verpflichtet. Die Diskrepanz zwischen versicherungsvertraglicher Pflicht und unterhaltsrechtlichem Anspruchsinhalt ändert jedoch nichts an der grundsätzlichen Risikoverteilung und damit der Auslegung der Norm innerhalb dieser Drittversicherungskonstellation. Die durch die Anschlussversicherungspflicht entstehende zusätzliche Beeinträchtigung des Versicherungsnehmers durch die Kündigungsvoraussetzung besteht vorrangig in wirtschaftlicher Hinsicht. Der Versicherungsnehmer bleibt durch § 205 Abs. 6 S. 1 VVG zur Zahlung der Versicherungsprämien für den Drittversicherungsschutz verpflichtet. Diese Prämien müsste der Versicherungsnehmer aber ohnehin erbringen. Zwar wäre der Versicherungsnehmer – unterstellt die Kündigung wäre ohne Anschlussversicherungsabschluss wirksam – im Verhältnis zum Versicherer von der Prämienzahlung befreit. Die Übernahme der Versicherungsprämien würde der Versicherungsnehmer dann aber im Verhältnis zum volljährigen unterhaltsberechtigten Kind schulden. Für die wirtschaftliche Situation des Versicherungsnehmers macht die Anschlussversicherungspflicht somit keinen erheblichen Unterschied und ändert nichts an der grundsätzlichen Risikoverteilung im Hinblick auf die Krankenvorsorge des Kindes.

Trotz der unterhaltsrechtlichen Erwägungen wäre eine Reduktion des Anwendungsbereichs der Norm wohl trotzdem erforderlich, wenn der Versicherungsnehmer durch § 205 Abs. 6 S. 1 VVG letztlich dauerhaft zur Vertragsaufrechterhaltung verpflichtet würde. Es darf nicht möglich sein, dass die Gefahrsperson durch obstruktives Verhalten faktisch permanent die Loslösung des Versicherungsnehmers von dem Vertrag verhindern kann.[347] Diese Gefahr besteht in dieser Konstellation jedoch auf lange Sicht nicht.[348] Zwischen Versicherungsnehmer und volljährigem Kind besteht kraft Gesetzes ein familienrechtliches Fürsorgeverhältnis. In § 1618a BGB hat dieser Grundsatz familiärer Solidarität seine gesetzliche Normierung erfahren.[349] Das Beistands- und Rücksichtnahmegebot dient dabei nicht nur als Interpretationsmaxime und Wertungsmaßstab, sondern auch als Anspruchsgrundlage (inner-)familiärer Einzelpflichten.[350] Aus der Verpflichtung zu gegenseitiger Rücksichtnahme

347 *BGH*, Urt. v. 18.12.2013, VersR 2014, 234, 236; *LG Stuttgart*, Urt. v. 20.04.2012, NJW-RR 2012, 1390, 1391; *Rolfs/Wiemer*, NJW 2014, 696, 698.

348 A.A. *Rößler*, VersR 2013, 1478, 1481.

349 Anstatt vieler: *Götz* in Palandt, BGB, § 1618a, Rn. 1.

350 *v. Sachsen Gessaphe* in MüKo BGB, § 1618a, Rn. 14; *Kemper* in Schulze, HK-BGB, § 1618a, Rn. 3; *Gernhuber/Coester-Waltjen*, Familienrecht, § 54, Rn. 67; *Schellhammer*, Familienrecht, Teil 15, Rn. 1338.

aus § 1618a BGB kann somit dem Grunde nach auch ein auf den selbständigen Abschluss eines Versicherungsvertrags im Sinne des § 193 Abs. 3 S. 1 VVG gerichteter Anspruch des Versicherungsnehmers gegen sein volljähriges Kind hergeleitet werden.[351] Diese Möglichkeit der Inanspruchnahme erkannte auch der *BGH*, lehnte sie aber unter erneutem Verweis auf das Fortsetzungsrecht des § 207 Abs. 2, 1 VVG als unzumutbar ab.[352] Sofern die Belange des Kindes es objektiv zulassen und der Versicherungsnehmer die Leistung einer Geldrente in Höhe der Versicherungsprämie als Art der Unterhaltserbringung festlegt, ist das Kind unterhaltsrechtlich zur eigenständigen Sicherstellung seines Krankenversicherungsschutzes verpflichtet. Es widerspräche daher dem Gebot der gegenseitigen Rücksichtnahme, wenn das als Gefahrsperson versicherte Kind den Abschluss einer eigenen Krankenversicherung verweigern und somit die Kündigung durch den Versicherungsnehmer vorsätzlich verhindern könnte, obwohl der Versicherungsnehmer bereit ist, den von ihm geschuldeten Barunterhalt zu leisten. Dies führt zwar zu dem wenig praktikablen Ergebnis, dass der Versicherungsnehmer unter Umständen sein volljähriges Kind verklagen muss, einen Antrag auf Abschluss einer Krankenversicherung zu stellen bzw. die Vertragsfortsetzung nach § 207 Abs. 2 S. 2 VVG zu erklären. Doch ist die Schaffung eines einfacheren, praktikableren Weges der Vertragsbeendigung keine Frage der Auslegung des § 205 Abs. 6 S. 1 VVG, sondern vielmehr Aufgabe des Gesetzgebers.[353] Die Pflicht zum Vertragsabschluss ist auch gerichtlich durchsetzbar. Sollte die Gefahrsperson sich weigern, eine Vertragserklärung abzugeben, kann diese nach § 894 S. 1 ZPO fingiert werden.[354]

Im Ergebnis ist daher eine einschränkende Auslegung des § 205 Abs. 6 S. 1 VVG bei der Versicherung auf ein volljähriges unterhaltsberechtigtes Kind nicht geboten, da die Regelung der typischen Risikoverteilung im Innenverhältnis entspricht. Das Risiko der Leistungsunfähigkeit des Kindes im Hinblick auf die seine Krankheitsvorsorge betreffenden Kosten trifft den Versicherungsnehmer nicht, da er im Innenverhältnis ohnehin zumindest die Übernahme der Versicherungsprämien für die Krankenversicherung des Kindes schuldet. Bestärkt wird dieses Ergebnis wertungsmäßig durch die Abhängigkeit des Kindes vom

---

351 So auch *Rolfs/Wiemer*, NJW 2014, 696, 698.

352 *BGH*, Urt. v. 18.12.2013, VersR 2014, 234, 236 (Rn. 16).

353 Siehe dazu nachfolgend einen entsprechenden Reformvorschlag unter C. III. 6. b).

354 *Bendtsen* in Kindl/Meller-Hannich/Wolf, Zwangsvollstreckungsrecht, § 894 ZPO, Rn. 12; *Lackmann* in Musielak/Voit, ZPO, § 894, Rn. 5; *Gruber* in Rauscher/Krüger, MüKo ZPO, § 894, Rn. 3; *Kießling* in Saenger, HK-ZPO, § 894, Rn. 4.

Versicherungsnehmer und dem Schutz des Versicherungsnehmers durch die Regelung des § 1618a BGB.

(cc) Ehegatte

Die Auslegung des § 205 Abs. 6 S. 1 VVG im Hinblick auf die typische Verteilung des Krankheitskostenrisikos im Innenverhältnis bei der Versicherung auf die Person eines unterhaltsberechtigten Ehegatten muss sowohl mit Blick auf die unterhaltsrechtliche Lage als auch auf die Besonderheiten der eherechtlichen Regelungen erfolgen. Im Vordergrund steht dabei insbesondere die Regelung des § 1357 Abs. 1 S. 1 BGB.

(aaa) Mitverpflichtung des Ehegatten gemäß § 1357 Abs. 1 S. 2 BGB

Die Anschlussversicherungspflicht des § 205 Abs. 6 S. 1 VVG hat zur Folge, dass der Versicherungsnehmer sich zunächst nicht von einer Prämienzahlungspflicht befreien kann. Er bleibt im Außenverhältnis gegenüber Alt- oder Neuversicherer vertraglich verpflichtet. Nichts Anderes ergäbe sich aber, wenn die Regelung des § 1357 BGB auch auf Krankenversicherungsverträge Anwendung fände. Nach § 1357 Abs. 1 S. 2 BGB wird der nicht getrenntlebende Ehegatte durch Geschäfte, die der andere Ehegatte zur angemessenen Deckung des Lebensbedarfs tätigt, mitberechtigt und mitverpflichtet.[355] Im Außenverhältnis haften die Ehegatten als Gesamtschuldner gegenüber dem Vertragspartner jeweils aufs Ganze.[356] Die Regelung stellt einen gewollten Eingriff in die Vertragsfreiheit beider Ehegatten dar. Würde der Ehegatte, der für den anderen die Versicherung unterhält, nach § 1357 Abs. 1 S. 2 BGB ohnehin im Rahmen des Krankenversicherungsvertrags des anderen Ehegatten mitverpflichtet, läge demnach schon keine erhebliche weitere Beeinträchtigung der Dispositionsfreiheit des Versicherungsnehmers durch § 205 Abs. 6 S. 1 VVG vor. Es bestünde – wenn überhaupt – nur ein untergeordnetes schutzwürdiges Interesse des Versicherungsnehmers von der vertraglichen Pflicht befreit zu werden, da er ohnehin – auch im Falle des eigenständigen Vertragsabschlusses durch die Gefahrsperson – Verpflichteter eines Krankheitskostenversicherungsvertrages wäre. Auch nach §§ 1357 Abs. 1 S. 2, 421 S. 1 BGB wäre er im Außenverhältnis gegenüber dem Versicherer zur vollständigen Prämienzahlung verpflichtet. Die Regelung des § 205 Abs. 6 S. 1

355 Anstatt vieler: *Roth* in MüKo BGB, § 1357, Rn. 38 ff.

356 *Brudermüller* in Palandt, BGB, § 1357, Rn. 22; *Lipp* in Soergel, BGB, § 1357, Rn. 32; *Weinreich* in Weinreich/Klein, Familienrecht, § 1357 BGB, Rn. 16; *Gernhuber/Coester-Waltjen*, Familienrecht, § 19, Rn. 52 f.; *Dethloff*, Familienrecht, § 4, Rn. 67, 134 (S. 79, 101).

VVG bedürfte folglich schon wegen des Gleichlaufs mit der speziellen Verpflichtung des § 1357 BGB keiner einschränkenden Auslegung.

Die Anwendung des § 1357 Abs. 1 S. 2 BGB auf Krankheitskostenversicherungsverträge setzt jedoch voraus, dass es sich bei dem Abschluss solcher Verträge um ein Geschäft zur angemessenen Deckung des Lebensbedarfs der Ehegatten handelt. Das Rechtsgeschäft bedarf insofern eines Bezugs zu dem Konsumverhalten der ehelichen Gemeinschaft und sollte in Art, Umfang und Bestimmung für die Bedarfsdeckung der Ehegatten angemessen sein.[357] Nach allgemeiner Meinung ist die Angemessenheit des konkreten Rechtsgeschäfts zwischen den Ehegatten dann anzunehmen, wenn über den Vertragsschluss zwischen ihnen keine vorherige Verständigung notwendig ist und regelmäßig unterbleibt.[358] Zwar wird der Abschluss einer privaten Krankheitskostenversicherung regelmäßig der Bedarfsdeckung im Rahmen der konkreten Lebensverhältnisse der Ehegatten zuzuordnen sein, wenn auch nach unterhaltsrechtlichen Maßstäben (§§ 1360, 1360a BGB) eine private Krankenversicherung angemessen ist.[359] Jedoch bestehen erhebliche Bedenken an der Angemessenheit des Vertragsschlusses.

Im Hinblick auf die Anwendbarkeit des § 1357 BGB auf Versicherungsverträge im Allgemeinen besteht seit längerer Zeit Uneinigkeit in Rechtsprechung und Schrifttum.[360] Teilweise wurde eine Anwendung des § 1357 BGB auf Versicherungsverträge insgesamt abgelehnt, während andere sie zumindest für bestimmte Versicherungsverträge bejahten. Die Frage hat nunmehr durch eine Entscheidung des *BGH* zur Vollkaskoversicherung eine grundsätzliche Klärung erfahren.[361] Der *BGH* stellte fest, dass sich vor dem Hintergrund der gebotenen unterhaltsrechtlich-individuellen Auslegung des § 1357 BGB, die sich nach den

---

357 Anstatt vieler: *Brudermüller* in Palandt, BGB, § 1357, Rn. 11 f.

358 *OLG Köln*, Urt. 14.11.1990, NJW-RR 1991, 1092, 1092; *Roth* in MüKo BGB, § 1357, Rn. 20; *Brudermüller* in Palandt, BGB, § 1357, Rn. 12; *Lipp* in Soergel, BGB, § 1357, Rn. 15; *Weinreich* in Weinreich/Klein, Familienrecht, § 1357 BGB, Rn. 10; *Eckebrecht* in Scholz/Kleffmann/Doering-Striening, Praxishandbuch Familienrecht, Teil A, Rn. 57.

359 Ausführlich siehe oben unter B. II. 3. c) bb).

360 Eine Anwendbarkeit des § 1357 BGB (zumindest auf Hausratversicherungsverträge) bejahten bisher insbesondere: *AG Eschwege*, Urt. v. 14.07.1959, VersR 1959, 1038; *AG Karlshafen*, Urt. v. 03.06.1965, VersR 1965, 871; *Kroll-Ludwigs* in Erman, BGB § 1357, Rn. 12; *Roth* in MüKo BGB, § 1372, Rn. 23. Ablehnend dagegen etwa: *Lipp* in Soergel, BGB, § 1357, Rn. 25.

361 *BGH*, Urt. v. 28.02.2018, NZFam 2018, 327.

nach außen in Erscheinung tretenden Verhältnissen der Ehegatten richtet, eine pauschale Beantwortung der Frage verbietet.[362] Es kann also nicht überzeugen, Versicherungsverträge pauschal aus dem Anwendungsbereich des § 1357 BGB auszunehmen. Für Vollkaskoversicherungsverträge stellte der *BGH* klar, dass diese, je nach den Verhältnissen der Eheleute, auf ihre Angemessenheit hinsichtlich des allgemeinen Lebensbedarfs zu beurteilen sind.[363]

Für Krankenversicherungsverträge als solche, das heißt für diesen speziellen Typus eines Versicherungsvertrags, dürfte dennoch eine pauschale Beantwortung der Frage der Anwendbarkeit des § 1357 BGB möglich und auch geboten sein. Zwar mag der Beitrag zu einer privaten Krankenversicherung – wenn auch sehr selten – nach den jeweiligen Unterhaltsverhältnissen der Ehegatten noch als angemessen im Sinne des § 1357 BGB einzuordnen sein. Eine Anwendbarkeit von § 1357 BGB auf Krankheitskostenversicherungsverträge muss aber aufgrund verschiedener anderer Faktoren dennoch generell abgelehnt werden. Insbesondere wegen der grundsätzlich signifikanten Laufzeit sowie der erschwerten Kündigungsmöglichkeiten, der fehlenden Dringlichkeit eines solchen Vertragsabschlusses sowie der betroffenen persönlichen Belange des Versicherten, kann nicht davon ausgegangen werden, dass eine vorherige Verständigung der Ehegatten über das Geschäft ausbleibt.[364] Der Abschluss eines Krankheitskostenversicherungsvertrags stellt keinen alltäglichen Vertragsschluss dar, bei dem es seitens des handelnden Ehegattens keiner Rückversicherung bei seinem Partner bedarf. Krankheitskostenversicherungsverträge werden ganz überwiegend nur wenige Male im Leben sowie immer für längere Dauer geschlossen und betreffen den elementaren Bereich der Regelung der gesundheitlichen Belange des Einzelnen, sodass nicht davon ausgegangen werden kann, dass die Ehegatten üblicherweise solche Verträge für einander schließen.[365] Insbesondere aufgrund des variierenden Leistungsumfangs und der signifikanten Prämienhöhe

---

362 *BGH*, Urt. v. 28.02.2018, NZFam 2018, 327, 329.

363 *BGH*, Urt. v. 28.02.2018, NZFam 2018, 327, 330.

364 So auch *Koch*, Versicherungslehre I, S. 117; allgemein in Bezug auf Versicherungsverträge: *Voppel* in Staudinger, BGB, § 1357, Rn. 64; a.A. ohne Begründung: *Gernhuber/Coester-Waltjen*, Familienrecht, § 18, Rn. 47.

365 Dem steht auch nicht entgegen, dass die wohl h.M. eine Angemessenheit i.S.d. § 1357 BGB beim Abschluss von medizinisch gebotenen Behandlungsverträgen bejaht (Vgl. etwa: *Kroll-Ludwigs* in Erman, BGB, § 1357, Rn. 16; *Brudermüller* in Palandt, BGB, § 1357, Rn. 14), da diese regelmäßig eine gewisse Dringlichkeit voraussetzen und keine vergleichbare langfristige Verpflichtung begründen.

wird auch bei wirtschaftlich gut gestellten Ehepaaren eine vorherige Verständigung stattfinden.[366] Gegen eine Angemessenheit des Versicherungsabschlusses spricht auch, dass im Rahmen der Krankheitskostenversicherung zunächst eine umfangreiche Sichtung und Lektüre der Vertragsdokumente – insbesondere der AVB – notwendig erscheint.[367] Ein spontaner Vertragsschluss ist mangels Alltagsgeschäftscharakters nicht zu erwarten.

Des Weiteren sprechen auch systematische Erwägungen gegen eine Anwendung des § 1357 BGB auf Krankheitskostenversicherungsverträge. Bei der Mitversicherung eines Ehegatten handelt es sich regelmäßig um eine Versicherung für fremde Rechnung im Sinne des § 43 Abs. 1 VVG.[368] Nach Maßgabe des § 194 Abs. 3 S. 1 VVG ist bei der Versicherung für fremde Rechnung zwar grundsätzlich nur der Versicherungsnehmer verfügungsberechtigt, sofern dieser nicht die Gefahrsperson als Empfangsberechtigten benannt hat. Das materielle Forderungsrecht liegt aber stets bei der Gefahrsperson. Demgegenüber würden nach § 1357 Abs. 1 S. 2 BGB beide Ehegatten aus dem Vertrag berechtigt, die Versicherungsleistung zu fordern. Zudem handelt es sich bei der Fremdversicherung im Sinne des § 43 Abs. 1 VVG um einen echten Vertrag zugunsten Dritter gemäß § 328 Abs. 1 BGB. Während § 1357 BGB von einer Mitverpflichtung des Ehegatten ausgeht, ist eine Verpflichtung der Gefahrsperson – im Sinne eines Vertrags zu Lasten Dritter – nach § 328 BGB jedoch grundsätzlich unzulässig.[369] Das Versicherungsrecht trifft in den §§ 43 ff. VVG insofern eine gegenüber § 1357 BGB speziellere Regelung und ist daher im Rahmen des Konfliktes vorrangig anzuwenden. Eine Anwendung des § 1357 BGB auf den Abschluss von Krankheitskostenversicherungsverträgen scheidet aus.

(bbb) Verteilung des Krankheitskostenrisikos zwischen den Ehegatten

Die Notwendigkeit einer Reduktion des § 205 Abs. 6 S. 1 VVG der Anschlussversicherungspflicht ist – ebenso wie für volljährige mitversicherte Kinder – im Hinblick auf die typische Verteilung des Krankheitskostenrisikos bei der Versicherung auf die Person eines unterhaltsberechtigten Ehegatten zu untersuchen. Dies bestimmt sich anhand der unterhaltsrechtlichen Regelungen im Innenverhältnis.

---

366 So auch *Leverenz* in Bruck/Möller, VVG, § 179, Rn. 39; *Koch*, Versicherungslehre I, S. 117.

367 So auch *Löhnig*, NZFam 2018, 327, 330, der eine Angemessenheit für Versicherungsverträge anzweifelt, die einen umfangreichen Versicherungsvertrag erfordern.

368 Vgl. oben ausführlich unter B. II. 4. c).

369 Anstatt vieler: *Gottwald* in MüKo BGB, § 328, Rn. 58.

Im Innenverhältnis schulden sich die Ehegatten gemäß §§ 1360, 1360a BGB gegenseitig Unterhalt, wobei eine Zuweisung der einzelnen Unterhaltsposten regelmäßig durch die Ehegatten ausdrücklich oder konkludent oder ansonsten proportional zum Einkommen erfolgt. Der Familienunterhalt schließt die Krankenvorsorge der Ehegatten – insbesondere auch durch Mitversicherung – mit ein.[370] Anders als der Kindesunterhalt nach § 1612 Abs. 1 S. 1 BGB, ist der Familienunterhalt grundsätzlich als Naturalunterhalt zu gewähren. Eine Barunterhaltsverpflichtung kann nur in bestimmten Fällen, wie etwa der Bereitstellung von Haushaltsgeld, angenommen werden.[371] Im Innenverhältnis schuldet der unterhaltspflichtige Ehegatte daher grundsätzlich unmittelbar den Abschluss und die Aufrechterhaltung der Krankenversicherung als Fremdversicherung im Sinne der §§ 43 ff, 194 Abs. 3 S. 1 VVG. Nach unterhaltsrechtlicher Lage ist der Ehegatte also verpflichtet, im Außenverhältnis mit einem Versicherer einen Krankheitskostenversicherungsvertrag zu schließen und diesen Schutz aufrechtzuerhalten. Durch § 205 Abs. 6 S. 1 VVG wird nichts Anderes sichergestellt. Anders als bei der Versicherung auf die Person volljähriger unterhaltsberechtigter Kinder, gleicht bei Ehegatten die Rechtslage bei der versicherungsrechtlichen Anschlussversicherungspflicht der unterhaltsrechtlichen Verpflichtung nicht nur in finanzieller, sondern auch in rechtlicher Hinsicht. Der Versicherungsnehmer ist nämlich grundsätzlich im Rahmen des Familienunterhalts auch zum Vertragsschluss im eigenen Namen verpflichtet, während er beim Kindesunterhalt nur die Bereitstellung von Barunterhalt in Höhe der Versicherungsprämien schuldet. Vor diesem Hintergrund wiegt der Eingriff in die Vertragsfreiheit des Versicherungsnehmers durch § 205 Abs. 6 S. 1 VVG schon weniger schwer. Insgesamt ging auch in dieser Konstellation der Gesetzgeber richtigerweise davon aus, dass im Innenverhältnis der Versicherungsnehmer das finanzielle Risiko der Krankheitskostenabsicherung des versicherten Ehepartners trägt.

Ebenso wie bei der Versicherung auf die Person eines volljährigen Kindes, ist der die Versicherung unterhaltende Ehegatte zudem in der Lage, sich langfristig von der permanenten vertraglichen Verpflichtung zu lösen. Sofern ein Ehegatte durch seinen Partner in der privaten Krankenversicherung (mit-)versichert ist, kann unterstellt werden, dass dies im Rahmen des ihm zugewiesenen Krankenvorsorgeunterhalts geschieht. Diese Zuweisung können die Ehegatten aber

370 Siehe oben ausführlich unter B. II. 3. c) bb).

371 *Beutler* in Bamberger/Roth, BeckOK BGB, § 1360, Rn. 6; *Weber-Monecke* in MüKo BGB, § 1360, Rn. 14; *Triebs* in Schulz/Hauß, HK-Familienrecht, § 1360a BGB, Rn. 14; *Voppel* in Staudinger, BGB, § 1360a, Rn. 50.

jederzeit – etwa wegen einer Veränderung der Einkommenslagen – ändern.[372] Sollte der versicherungsvertraglich verpflichtete Ehepartner daraufhin von der unterhaltsrechtlichen Krankenvorsorgepflicht befreit werden, hat dies zwar keine unmittelbaren Auswirkungen auf den Bestand des Versicherungsvertrags. Allerdings steht dem Versicherungsnehmer gegen den Ehegatten dann ein Anspruch auf eigenständigen Vertragsabschluss zu, welcher sich aus dem allgemeinen ehelichen Rücksichtnahmegebot des § 1353 BGB herleitet.[373] Es kann darüber hinaus auch von in einer intakten Ehe lebenden Ehegatten eine größere Bereitschaft zu einer internen Verständigung und Abwicklung erwartet werden.

Die wirtschaftlichen, rechtlichen und tatsächlichen Auswirkungen, welche den Versicherungsnehmer aufgrund der Anschlussversicherungspflicht treffen, sind wegen der im Innenverhältnis bestehenden Verpflichtungen im Ergebnis – wenn überhaupt – untergeordneter Art. Der Versicherungsnehmer wird durch § 205 Abs. 6 S. 1 VVG nur geringfügig in seinen Interessen beschränkt, sodass vor dem Hintergrund des erheblichen Gemeinwohlinteresses auch der Zumutbarkeit der Anschlussversicherungspflicht keine Bedenken begegnen.

Schließlich stützt dieses Ergebnis auch ein praktischer Vergleich. Würde der unterhaltspflichtige Versicherungsnehmer von dem als Gefahrsperson versicherten Ehegatten die Zahlung der Versicherungsprämien mit der Begründung fordern, dass er durch den Vertragsabschluss die Pflicht der Gefahrsperson aus § 193 Abs. 3 S. 1 VVG erfülle, so würde ihm dies unter Verweis auf § 242 BGB verwehrt werden. Das gleiche gilt, wenn er den als Gefahrsperson mitversicherten Ehegatten zum selbstständigen Abschluss einer Anschlussversicherung auffordern würde. Es stellt gemäß § 242 BGB eine nach dem Rechtsgedanken von Treu und Glauben unzulässige Rechtsausübung dar eine Leistung zu fordern, die alsbald zurückgewährt werden müsste („*dolo agit*").[374] Der als Versicherungsnehmer verpflichtete Ehegatte schuldet aber gerade die Sicherung der Versicherung des anderen Ehegatten aus §§ 1360, 1360a BGB als ehelichen Unterhalt. Es fehlt daher aufgrund der unterhaltsrechtlichen Leistungspflicht auch nach § 242 BGB an einem schutzwürdigen Interesse des versicherungsvertraglich verpflichteten Ehegatten. Eine einschränkende Auslegung des § 205 Abs. 6 S. 1 VVG im Hinblick auf Ehegatten scheidet somit aus.

---

372 Siehe dazu oben unter B. II. 3. c) bb).

373 Vgl. dazu allgemein: *Rolfs/Wiemer*, NJW 2014, 696, 698; *Stein*, FPR 2011, 85, 86 f.

374 Anstatt vieler: *Grüneberg* in Palandt, BGB, § 242 BGB, Rn. 52.

(dd) Sonstige Dritte

(aaa) Krankenvorsorge als alleiniges Risiko der Gefahrsperson

Die uneingeschränkte Anwendung der Anschlussversicherungspflicht des § 205 Abs. 6 S. 1 VVG begegnet jedoch im Falle der Versicherung auf die Person von sonstiger Dritten[375] Bedenken. Es fehlt bei dieser Konstellation im Innenverhältnis an einer rechtlichen Beziehung, welche dem Versicherungsnehmer das endgültige wirtschaftliche Risiko der Prämienzahlung hinsichtlich des Schutzes der Gefahrsperson auferlegt. Anders als bei den vorgenannten Konstellationen ist der Versicherungsnehmer somit in doppelter Hinsicht beschwert. Zum einen bleibt er trotz des Vertragsbeendigungswillens im Außenverhältnis letztlich irgendeinem Versicherer zur Prämienzahlung in Erfüllung einer fremden Pflicht (vgl. § 193 Abs. 3 S. 1 VVG) verpflichtet. Zum anderen trägt er im Innenverhältnis das Insolvenzrisiko der Gefahrsperson. Während im Rahmen der vorgenannten Konstellationen die Verpflichtung zur Prämienübernahme im Innen- oder Außenverhältnis gegenüber der Gefahrsperson bestand – die Vermögenseinbuße somit letztendlich ohnehin beim Versicherungsnehmer lag – fehlt es hier an einer entsprechenden Abmilderung der Belastung. Diesen Fall der Versicherung auf die Person eines Dritten hat der Gesetzgeber bei der Schaffung des § 205 Abs. 6 S. 1 VVG jedoch erkennbar übersehen.[376] Zwischen der Belastung des Versicherungsnehmers, insbesondere des langfristigen Eingriffs in seine Dispositionsfreiheit und dem durch § 205 Abs. 6 S. 1 VVG geschützten allgemeinen Interesse an der Absicherung des umfassenden Krankenversicherungsschutzes der Bevölkerung, besteht ein nicht gewolltes Missverhältnis. Es erscheint unbillig dem Versicherungsnehmer, der weder Versicherungsabschlussschuldner im Sinne des § 193 Abs. 3 S. 1 VVG ist, noch im Verhältnis zur Gefahrsperson die Prämienübernahme schuldet, das volle Prozessrisiko hinsichtlich der Rückforderung der Prämien aufzuerlegen. Schon die Beschränkung des Kündigungsrechts durch § 205 Abs. 6 S. 1 VVG in den Fällen, in denen der Versicherungsnehmer selbst mittelbar oder unmittelbar die Prämienübernahme schuldet, stellt eine Einschränkung der Vertragsfreiheit dar, die lediglich aufgrund der typischen Verlagerung des wirtschaftlichen Risikos

---

375 Vgl. unter B. II. 3. d).

376 So zeigen die Gesetzgebungsmaterialien, dass der Gesetzgeber bei der Versicherung auf fremde Rechnung von einer besonderen rechtlichen Beziehung im Innenverhältnis zwischen Versicherungsnehmer und Gefahrsperson, v.a. unterhaltsrechtlicher Natur, ausging (vgl. Abschlussbericht der Kommission zur Reform des Versicherungsvertragsrechts (VVG-KE) v. 19.04.2004, S. 168.).

auf den Versicherungsnehmer im Innenverhältnis zur Gefahrsperson hinnehmbar ist. Die Grenze der Zumutbarkeit ist aber überschritten, wenn die Gefahr besteht, dass den Versicherungsnehmer sämtliche wirtschaftlichen Risiken der Anschlussversicherungspflicht treffen und der Eingriff unter Umständen sehr lange fortbesteht.
Gedanklich muss jedoch zwischen drei Fällen unterschieden werden:

(1) Zunächst ist vorstellbar, dass der Versicherungsnehmer die Gefahrsperson zum Abschluss eines eigenen Krankenversicherungsvertrags auffordert und diese daraufhin erfolgreich ihren eigenen Krankenversicherungsschutz sicherstellt. Die uneingeschränkte Anwendung des § 205 Abs. 6 S. 1 VVG bereitet in diesem Fall keine Probleme, da der Versicherungsnehmer überhaupt nicht über das übliche Maß hinaus in seiner Vertragsfreiheit beschränkt wird. Es entspricht der allgemeinen Zivilrechtsordnung, dass eine Kündigung an Fristen und Voraussetzungen geknüpft wird. Der Versicherungsnehmer kann in diesem Fall unter Wahrung der Frist und dem Nachweis der Anschlussversicherung gemäß § 205 Abs. 6 S. 2 VVG den Versicherungsvertrag kündigen.
(2) Darüber hinaus ist aber auch die Situation denkbar, dass der Versicherungsnehmer die Gefahrsperson erfolglos zum Abschluss eines eigenen Krankheitskostenversicherungsvertrags auffordert und diese sich der Aufforderung widersetzt. Gerade in dieser Situation tritt eine nicht gewollte unverhältnismäßige Beschränkung der Vertragsfreiheit des Versicherungsnehmers ein, der sich nicht im Rahmen der üblichen Fristen von seiner vertraglichen Verpflichtung lösen kann. Eine Reduktion des Anwendungsbereichs ist daher geboten.[377]
(3) Schließlich ist es möglich, dass der Versicherungsnehmer die Beendigung des Vertrages auf die Person des sonstigen Dritten begehrt, ohne die Gefahrsperson zuvor zu einem eigenen Vertragsabschluss aufgefordert zu haben. In diesem Fall fehlt es mangels schutzwürdiger Interessen des Versicherungsnehmers an der Erforderlichkeit einer einschränkenden Auslegung des § 205 Abs. 6 S. 1 VVG. Da die Kündigung des Vertrages grundsätzlich in der Handlungs- und Wahrnehmungssphäre des Versicherungsnehmers liegt, ist es diesem auch in dieser Konstellation zumindest zuzumuten, der betroffenen Gefahrsperson seinen Willen zur endgültigen Vertragsbeendigung mitzuteilen, sie über die Notwendigkeit der Anschlussversicherung zu informieren und zu deren selbständigen Abschluss aufzufordern. Diese

377 Siehe dazu nachfolgend unter C. III. b) cc) (3) (c) (dd) (bbb).

> minimale Einschränkung muss der Versicherungsnehmer als derjenige, der die Versicherung auf die Person des Dritten seinerseits originär begründet hat, hinnehmen. Die einschränkende Auslegung des § 205 Abs. 6 S. 1 VVG ist daher nur geboten, wenn der Versicherungsnehmer eine Beendigung des Vertrages nicht ohne Neuverpflichtung herbeiführen kann, eine Beziehung zum Dritten im Innenverhältnis nicht besteht und der Versicherungsnehmer die ihm zumutbaren Wege, die Anschlussversicherung für den Dritten herbeizuführen, ausgeschöpft hat. An diesen Voraussetzungen fehlt es aber, wenn der Versicherungsnehmer die Gefahrsperson nicht mindestens zur eigenen Regelung seiner Krankenvorsorge im Sinne einer Anschlussversicherung aufgefordert hat.

Eine einschränkende Auslegung des § 205 Abs. 6 S. 1 VVG ist nur vorzunehmen, wenn der Versicherungsnehmer eine Versicherung auf die Person eines sonstigen Dritten kündigt und diesen erfolglos zum Abschluss einer Anschlussversicherung im Sinne des § 193 Abs. 3 S. 1 VVG aufgefordert hat.

(bbb) Einschränkende Auslegung bei obstruktivem Verhalten der Gefahrsperson

Im Hinblick auf die trotz Aufforderung des Dritten zur Anschlussversicherung nach § 205 Abs. 6 S. 1 VVG unwirksame Kündigung, ist eine Reduktion des Anwendungsbereichs der Norm erforderlich. Den Fall der vorsätzlichen Weigerung zum Abschluss einer eigenen Versicherung im Sinne des § 193 Abs. 3 S. 1 VVG bei fehlender rechtlicher Verpflichtung des Versicherungsnehmers zur Übernahme des Kostenrisikos der Gefahrsperson im Innenverhältnis[378] hat der Gesetzgeber wohl bei der Einführung der Norm nicht bedacht. Zwar wollte der Gesetzgeber zulasten des Einzelnen wichtige Gemeinwohlinteressen schützen, doch nicht eine vorsätzlich unrechtmäßig handelnde Gefahrsperson privilegieren. In diesem Fall fehlt es gegenüber den anderen Drittkonstellationen auch an einer entsprechenden Schutzwürdigkeit und -bedürftigkeit der Gefahrsperson. Zu dieser Situation kommt es vor allem dann, wenn eine frühere Unterhaltsverpflichtung – etwa durch Scheidung oder Aufnahme einer eigenen Erwerbstätigkeit – nachträglich entfallen ist. In diesem Fall stehen sich lediglich die Interessen des Versicherungsnehmers und der Allgemeinheit gegenüber,

---

378 Außer dem im Rahmen einer Fremdversicherung bestehenden gesetzlichen Treuhandverhältnis, welches keinen Rechtsgrund für das Behaltendürfen der Prämien seitens der Gefahrsperson darstellt, fehlt es an einer rechtlichen Beziehung im Innenverhältnis.

wobei der Versicherungsnehmer – mangels einer typischen Risikoverlagerung im Innenverhältnis zu der Gefahrsperson – besonders schutzwürdig ist. Der Versicherungsnehmer ist weder Versicherungsabschlussschuldner nach § 193 Abs. 3 S. 1 VVG noch gegenüber der Gefahrsperson zur (wirtschaftlichen) Übernahme der Krankenversicherung verpflichtet. Ihn träfe in vollem Umfang das Prozess- und Insolvenzrisiko hinsichtlich der Geltendmachung der Beiträge und der Herbeiführung der Kündigung gegenüber der Gefahrsperson. Dieses Ergebnis hat der Gesetzgeber auch unter dem Versicherungsrecht immanenten Verbraucherschutzgesichtspunkten nicht gewollt. Dem als Verbraucher handelnden Versicherungsnehmer darf ein solches Risiko nicht – auch nicht zugunsten gewichtiger Allgemeinwohlinteressen – ohne hinreichende Kompensation auferlegt werden. Hier muss das Allgemeininteresse an einem nahtlosen Versicherungsschutz aller Versicherungspflichtigen hinter dem Verbraucherschutz zurücktreten. Der Schutz des Einzelnen kann nicht derart reduziert werden, dass es zu einer vollständigen Übertragung der Risiken auf den Versicherungsnehmer kommt, da es sich für diesen als Verbraucher nicht um ein unpersönliches Massengeschäft handelt.

Die Regelung ist im Ergebnis aufgrund ihres überschießenden Regelungsgehalts insoweit einschränkend auszulegen, als die Anschlussversicherungspflicht den Versicherungsnehmer ausnahmsweise nicht trifft, wenn es im Innenverhältnis zu der Gefahrsperson an einer Rechtsgrundlage zur Übernahme des Krankheitskostenrisikos der Gefahrsperson fehlt und der Versicherungsnehmer die Gefahrsperson im Rahmen seiner Kündigung erfolglos zum Abschluss einer eigenen Anschlussversicherung aufgefordert hat.

An dieser Konstellation wird auch die besondere Reformbedürftigkeit des § 205 Abs. 6 VVG deutlich[379], da hier der Eintritt der Versicherungslosigkeit nicht nur möglich, sondern wahrscheinlich ist. Durch die gebotene Reduktion des Anwendungsbereichs des § 205 Abs. 6 S. 1 VVG droht der Eintritt der Versicherungslosigkeit der Gefahrsperson. Zur Vermeidung dieses Zustands sollte daher das Risiko der Anschlussversicherung generell in die Sphäre des eigentlichen Pflichtigen im Sinne des § 193 Abs. 3 S. 1 VVG verlagert werden.[380] Der Mitversicherung sonstiger Dritter kommt auch eine hohe praktische Relevanz zu, da ihr sowohl volljährige Kinder nach Erlöschen der Unterhaltsberechtigung als auch geschiedene Ehegatten ohne Unterhaltsverpflichtung unterfallen. Insbesondere bei letzterer Gruppe kann von einem gewissen Konfliktpotential

379 Siehe ausführlich nachfolgend unter C. III. 6.

380 Ähnlich *Rolfs/Wiemer*, NJW 2014, 696, 698.

ausgegangen werden, sodass ein obstruktives Verhalten der Gefahrsperson nicht fernliegend ist.

dd) Zwischenergebnis

Die Verpflichtung zum Abschluss einer Anschlussversicherung trifft den Versicherungsnehmer auch hinsichtlich (volljähriger) Gefahrspersonen. Der Anwendungsbereich des § 205 Abs. 6 S. 1 VVG ist in sachlicher Hinsicht nicht auf die eigene Pflicht des Versicherungsnehmers aus § 193 Abs. 3 S. 1 VVG beschränkt. Der Abschluss der Anschlussversicherung für die Gefahrsperson ist dem Versicherungsnehmer rechtlich möglich sowie grundsätzlich zumutbar und zur Sicherung eines lückenlosen Versicherungsschutzes im Ergebnis zwingend erforderlich. Eine Reduktion des Anwendungsbereichs des § 205 Abs. 6 S. 1 VVG kommt nur in Betracht, wenn es an einer Verpflichtung des Versicherungsnehmers zur Übernahme des Krankheitskostenrisikos der Gefahrsperson fehlt.

3. Anschlussversicherungspflicht bei außerordentlicher Kündigung nach § 314 BGB und § 19 Abs. 6 S. 1 VVG

Die zusätzlichen Kündigungsvoraussetzungen des § 205 Abs. 6 VVG treffen ihrem Wortlaut nach den Versicherungsnehmer nur bei der Ausübung seiner Kündigungsrechte aus § 205 Abs. 1 bis 5 VVG. Es stellt sich daher die Frage, ob der Versicherungsnehmer auch im Falle einer Kündigung nach § 314 BGB oder § 19 Abs. 6 VVG verpflichtet ist, sich und die Gefahrspersonen bei einem anderen Versicherer zu versichern.

a) Außerordentliche Kündigung aus wichtigem Grund gemäß § 314 BGB

Neben den versicherungsvertragsrechtlichen Kündigungsrechten besteht grundsätzlich auch das allgemeine Kündigungsrecht aus wichtigem Grund gemäß § 314 Abs. 1 BGB.[381] Danach kann die Vertragspartei, der ein Festhalten am Vertrag nicht mehr zugemutet werden kann, sich fristlos innerhalb einer bestimmten Zeit vom Vertrag lösen. In der Praxis wird dem Versicherungsnehmer wohl eher selten ein außerordentliches Kündigungsrecht aus § 314 Abs. 1 BGB gegen den Versicherer zustehen[382], da lediglich schwerste Verstöße das Kündigungsrecht auslösen. Sofern aber ausnahmsweise ein Kündigungsrecht nach § 314 Abs. 1 BGB zugunsten des Versicherungsnehmers entsteht, stellt sich die Frage,

---

381 Siehe dazu ausführlich oben unter C. II. 1.

382 So auch *Boetius*, PKV, § 205, Rn. 28.

ob dieses unabhängig von den krankheitskostenversicherungsspezifischen Voraussetzungen des § 205 Abs. 6 VVG ausgeübt werden kann.

Ausgehend vom Wortlaut des § 205 Abs. 6 VVG ist der Versicherungsnehmer nur in den in § 205 VVG geregelten Fällen verpflichtet, eine Anschlussversicherung abzuschließen und diese nachzuweisen, um seiner Kündigung zur Wirksamkeit zu verhelfen. Eine erweiterte Anwendung des § 205 Abs. 6 VVG im Wege eines Analogieschlusses ist jedoch geboten. Hinsichtlich der außerhalb von § 205 VVG geregelten Kündigungsrechte liegt eine planwidrige Regelungslücke vor. In seiner Begründung zu § 205 Abs. 6 VVG stellte der Gesetzgeber klar, dass die Beschränkung der Dispositionsfreiheit des Versicherungsnehmers durch zusätzliche Kündigungsvoraussetzungen dessen nahtlos angrenzenden Versicherungsschutz sicherstellen soll, „*wenn er seinen bisherigen Vertrag kündigt*“.[383] Dabei stellte er nicht auf die enumerativen Kündigungsrechte des § 205 VVG ab, sondern vielmehr generell auf die Vertragsbeendigung durch Kündigung des Versicherungsnehmers. Dies ist im Hinblick auf das Hauptziel des reformierten privaten Krankenversicherungsrechts, nämlich eine bezahlbare Krankenversicherung für jedermann zu garantieren, konsequent. Denn allein die Schwere eines Verstoßes im Sinne des § 314 Abs. 1 S. 2 BGB rechtfertigt nicht die Gefährdung des Reformziels.

Eine Anwendung des § 205 Abs. 6 VVG auf das Kündigungsrecht aus § 314 BGB führt nicht zu einer Entwertung des Schutzzwecks der außerordentlichen Kündigung aus wichtigem Grund. Das auf dem Gedanken von Treu und Glauben beruhende Kündigungsrecht trägt dem Umstand Rechnung, dass die Vertragsparteien im Rahmen von (unter Umständen auf lange Dauer angelegten) Dauerschuldverhältnissen bei schwersten Vertragsverstößen nicht an unzumutbar lange Kündigungsfristen gebunden sein sollen. Die Pflicht des Versicherungsnehmers auch in diesem Fall zunächst für eine Anschlussversicherung zu sorgen und diese nachzuweisen, hat jedoch nur zur Folge, dass sich die Wirksamkeit seiner Kündigung um diese verhältnismäßig kurze Zeit herauszögert. In Anbetracht der üblicherweise jahrzehntelangen Laufzeit von Krankenversicherungsverträgen stellt dies in der Relation eine marginale Einschränkung dar, die sich auf den Schutzzweck des § 314 Abs. 1 BGB nicht auswirkt. Die Regelungslücke war seitens des Gesetzgebers, der eine abschließende spezielle Kündigungsregelung im Besonderen Teil des VVG treffen wollte, erkennbar nicht beabsichtigt.

---

383 Gesetzesentwurf des GKV-WSG des Gesundheitsausschusses zu § 178 h VVG a.F., BT-Drucks. 16/4247 S. 68.

Die Vergleichbarkeit der Interessenlagen folgt aus dem in beiden Fällen gleichgelagerten Bedürfnis nach dauerhaftem Versicherungsschutz, welches von der Art des Kündigungsgrundes losgelöst ist. Verdeutlicht wird dies durch einen Umkehrschluss. Ginge man davon aus, dass die Kündigung nach § 314 BGB nicht von Abschluss und Nachweis der Abschlussversicherung nach § 205 Abs. 6 VVG analog abhinge, hieße das zwangsläufig, dass in diesen Fällen ein nahtloser Versicherungsschutz nie gewährleistet wäre. Dieser Zustand stünde im Widerspruch zu dem erklärten gesetzgeberischen Ziel, einen nahtlosen Versicherungsschutz zu garantieren, und zu der allgemeinen Versicherungspflicht nach § 193 Abs. 3 S. 1 VVG.[384] Schließlich spricht auch die Strukturgleichheit der Loslösungsrechte für die Vergleichbarkeit der Interessen. Sowohl die Kündigungsrechte aus § 205 Abs. 3 bis Abs. 5 VVG als auch das Kündigungsrecht aus § 314 Abs. 1 BGB sind Sonderkündigungsrechte, die eine Beendigung des Vertrages außerhalb der ordentlichen Kündigungsfristen ermöglichen sollen. Allen ist es immanent, dass dem Versicherungsnehmer bei Vorliegen der jeweiligen Voraussetzungen ein Rückgriff auf das ordentliche Kündigungsrecht nicht zugemutet werden kann. Eine andere Behandlung des Kündigungsrechts aus § 314 BGB ist vor diesem Hintergrund daher auch nicht geboten.

Im Ergebnis ist eine analoge Anwendung des § 205 Abs. 6 VVG auf die Kündigung aus wichtigem Grund gem. § 314 BGB billig und erforderlich.

b) Fristlose Kündigung wegen Prämienerhöhung gemäß § 19 Abs. 6 S. 2 VVG

Die Frage des Anwendungsumfangs des § 205 Abs. 6 VVG stellt sich auch bei Kündigungen des Versicherungsnehmers wegen einer Prämienerhöhung gemäß § 19 Abs. 6 S. 2 VVG.

Nach § 19 Abs. 6 S. 1 VVG steht dem Versicherungsnehmer ein Recht zur fristlosen Kündigung zu, wenn der Versicherer aufgrund einer Vertragsänderung nach § 19 Abs. 4 S. 2 VVG eine Prämienerhöhung von mehr als 10 Prozent herbeiführt oder die Gefahrabsicherung für den nicht angezeigten Umstand ausschließt. Das Recht zur Vertragsänderung wird dem Versicherer nach § 19 Abs. 4 S. 2 VVG eingeräumt, wenn der Versicherungsnehmer grob fahrlässig

384 *LG Berlin*, Urt. v. 26.06.2013, NJW-RR 2014, 297, 298; *Hütt* in Langheid/Wandt, MüKo VVG, § 205, Rn. 60; *Reinhard* in Looschelders/Pohlmann, VVG, § 205, Rn. 23; *Voit* in Prölss/Martin, VVG, § 205, Rn. 42; *Rogler* in Rüffer/Halbach/Schimikowski, VVG, § 205, Rn. 32; *Eichelberger* in Spickhoff, Medizinrecht, § 205, Rn. 21; *Marko*, PKV, Teil B, Rn. 93.

seine vorvertragliche Anzeigepflicht verletzt und der Versicherer den Vertrag hypothetisch unter anderen Bedingungen abgeschlossen hätte.[385]

Grundsätzlich sind hinsichtlich der analogen Anwendung des § 205 Abs. 6 VVG auf die Kündigung nach § 19 Abs. 6 S. 1 VVG die gleichen Erwägungen anzustellen wie bei der Kündigung gemäß § 314 Abs. 1 BGB. Der Übertragung der Kündigungsanforderungen auf die Kündigung des Versicherungsnehmers gem. § 19 Abs. 6 S. 1 VVG steht hinsichtlich der Planwidrigkeit der Regelungslücke nicht entgegen, dass § 194 Abs. 1 VVG zwar Modifikationen des § 19 Abs. 4 VVG regelt, § 19 Abs. 6 S. 1 VVG aber ungenannt bleibt.[386] § 194 Abs. 1 VVG hat den Zweck klarzustellen, welche Regelungen außerhalb der versicherungstypspezifischen Normen des Kapitels 8 des VVG auf Krankenversicherungsverträge Anwendung finden und ob diese modifiziert werden.[387] Ausgehend von § 194 Abs. 1 VVG sollte § 19 Abs. 6 VVG daher keiner Modifikation unterliegen. Das heißt aber lediglich, dass die Anforderungen und Voraussetzungen des § 19 Abs. 6 S. 1 VVG auch im Krankenversicherungsrecht gelten. Keinen Aufschluss gibt der Verweis des § 194 Abs. 1 VVG auf den Anwendungsbereich der Kündigungsvoraussetzungen in § 205 Abs. 6 VVG. Demgegenüber spricht aber die Gesetzesbegründung des § 205 VVG dafür, dass der Gesetzgeber bei der Schaffung des § 205 Abs. 6 VVG die außerhalb des Krankenversicherungsrechts geregelten Kündigungsrechte lediglich übersehen hat und abschließend einen nahtlosen Versicherungsschutz sicherstellen wollte.[388] Zudem findet sich auch eine vergleichbare Kündigungsregelung in § 205 Abs. 4 VVG.[389] Dem Analogieschluss steht im Vergleich zu § 314 BGB erst recht keine besondere Schutzwürdigkeit des Versicherungsnehmers gegenüber.[390] Das Kündigungsrecht des § 19 Abs. 6 S. 1 VVG entsteht nur dann, wenn aufgrund eines grob fahrlässigen Verstoßes des Versicherungsnehmers gegen die vorvertragliche Anzeigepflicht, der Versicherer gezwungen ist, nach § 19 Abs. 4 S. 2 VVG eine erhebliche Prämienanpassung vorzunehmen. Ursächlich für das Kündigungsrecht ist also eine ursprüngliche Pflichtverletzung des Versicherungsnehmers selbst. Schließlich wird auch das Kündigungsrecht nach § 19 Abs. 6 S. 1 VVG durch eine

---

385 Anstatt vieler: *Härle* in Schwintowski/Brömmelmeyer, PK-Versicherungsrecht, § 19, Rn. 123 ff.

386 A.A. *LG Dortmund*, Urt. v. 08.08.2013, NJW-RR 2014, 299, 300.

387 *Reinhard* in Looschelders/Pohlmann, VVG, § 194, Rn. 1; *Brömmelmeyer* in Schwintowski/Brömmelmeyer, PK-Versicherungsrecht, § 194, Rn. 1.

388 So auch *Grams*, FD-VersR 2013, 349923.

389 *Muschner* in Langheid/Rixecker, VVG, § 205, Rn. 9.

390 *Rogler* in Rüffer/Halbach/Schimikowski, VVG, § 205, Rn. 32.

entsprechende Anwendung des § 205 Abs. 6 VVG nicht unbillig im Hinblick auf die Monatsfrist des § 19 Abs. 6 S. 1 VVG eingeschränkt.[391] Zwar verbleibt dem Versicherungsnehmer lediglich ein Monat um die Kündigung zu erklären, doch muss er zunächst nach § 19 Abs. 6 S. 2 VVG von dem Versicherer auf dieses Recht hingewiesen werden um die Frist in Gang zu setzen. Die Belehrung sollte aber zu Klarstellungszwecken zugleich einen Hinweis auf die zusätzlichen Kündigungsvoraussetzungen des § 205 Abs. 6 VVG beinhalten.

Im Ergebnis sprechen daher gewichtige Gründe für eine entsprechende Anwendung des § 205 Abs. 6 VVG auf die Kündigung einer Pflichtversicherung nach § 19 Abs. 6 S. 1 VVG.

4. Wirksamkeit der Anschlussversicherung i.S.d. § 205 Abs. 6 S. 1 VVG

Es sind verschiedene Konstellationen denkbar, in denen eine zunächst abgeschlossene Anschlussversicherung im Sinne des § 205 Abs. 6 S. 1 VVG durch spätere Gestaltungserklärungen ex nunc oder ex tunc ihre Wirksamkeit verliert. Auf Seiten des Versicherungsnehmers kommt neben der von § 205 Abs. 6 VVG erfassten Kündigung der Widerruf des Anschlussversicherungsvertrags gemäß § 8 Abs. 1 S. 1 VVG in Betracht. Auf Seiten des (Neu-)Versicherers können die Anfechtung oder der Rücktritt wegen der Verletzung vorvertraglicher Anzeigepflichten zur Unwirksamkeit des Anschlussversicherungsvertrags führen.

a) Widerruf der Anschlussversicherung

Der Anschlussversicherungsschutz kann nach erklärter Kündigung durch den Widerruf des Versicherungsnehmers gemäß § 8 VVG nachträglich wieder entfallen. Dies wirft die Frage auf, welche Folgen der nachträgliche Wegfall der Kündigungsvoraussetzung des § 205 Abs. 6 VVG für die erklärte Kündigung und die Erklärung des Widerrufs hat. Allgemein abgelehnt wird zu Recht ein automatisches Wiederaufleben des gekündigten Vertrags im Falle des Widerrufs.[392] Der unter Umständen lange nach der Kündigung ausgesprochene Widerruf kann die einmal wirksame gewordene Kündigung der ursprünglichen Krankenversicherung nicht mehr beeinflussen.[393] Ansonsten müsste der Altversicherer über einen nicht absehbaren Zeitraum mit der rückwirkenden Absicherung des

391 A.A. *LG Dortmund*, Urt. v. 08.08.2013, NJW-RR 2014, 299, 300.
392 Vgl. *Marlow/Spuhl*, VersR 2009, 593, 598.
393 *OLG Bamberg*, Beschl. v. 06.12.2012, RuS 2013, 505, 505 f.; *LSG Berlin-Brandenburg*, Beschl. v. 10.04.2013 – L 1 KR 1/13 B ER; *Boetius*, PKV, § 205, Rn. 160; *Voit* in Prölss/Martin, VVG, § 205, Rn. 42; *Rogler* in Rüffer/Halbach/Schimikowski, VVG, § 205,

Versicherungsnehmers oder der jeweiligen Gefahrsperson rechnen[394] und dies aufgrund eines außerhalb seiner Sphäre liegenden Umstands.

Im Hinblick auf das übergeordnete Ziel, der Gewährleistung eines ununterbrochenen Krankenversicherungsschutzes, stellt sich aber die Frage, ob nicht durch einen Widerruf der Anschlussversicherung somit ohne Weiteres gerade ein ungewollter versicherungsfreier Zustand herbeigeführt werden kann. So stellte sich die Situation dar, wenn der Widerruf der Anschlussversicherung an keine Voraussetzungen geknüpft wäre und eine sofortige Beendigung des neuen Versicherungsverhältnisses herbeiführen würde.[395] Demgegenüber wird vom überwiegenden Teil des Schrifttums sowie von Teilen der Rechtsprechung eine analoge Anwendung des § 205 Abs. 6 S. 1 VVG auf den Widerruf der Anschlussversicherung nach § 8 VVG angenommen.[396] Das heißt, dass zwar der Altvertrag durch den Widerruf der Anschlussversicherung nicht wieder auflebt, die Anschlussversicherung aber nur unter den Voraussetzungen des § 205 Abs. 6 VVG wirksam widerrufen werden kann.

Die analoge Anwendung des § 205 Abs. 6 S. 1 VVG auf den Widerruf einer Pflichtversicherung im Sinne von § 193 Abs. 3 S. 1 erfordert das Vorliegen einer planwidrigen Regelungslücke sowie einer vergleichbaren Interessenlage.

aa) Planwidrige Regelungslücke

Anders als die Kündigung ist der Widerruf auch im Hinblick auf private Krankheitskostenverträge zentral im Allgemeinen Teil des VVG in §§ 8, 9 VVG geregelt. Diese Regelungen sehen, ebenso wie die speziellen Vorschriften zur Krankenversicherung, keine dem § 205 Abs. 6 S. 1 VVG entsprechende Anschlussversicherungspflicht für den Fall des Widerrufs von Pflichtversicherungen gemäß § 193 Abs. 3 S. 1 VVG vor. Das hat streng genommen zur Folge, dass ein Krankheitskostenversicherungsvertrag ohne Sicherstellung eines nahtlosen Krankenversicherungsschutzes durch Widerruf beendet werden kann. Diese Gesetzeslücke ist jedoch vom Gesetzgeber nicht gewollt. Der gesetzgeberische Wille ist erkennbar

---

Rn. 33; *Eichelberger* in Spickhoff, Medizinrecht, § 205, Rn. 28; *Marlow/Spuhl*, VersR 2009, 593, 598; *Marko*, PKV, Teil B, Rn. 116 ff.

394 *Marlow/Spuhl*, VersR 2009, 593, 598.

395 So *LG Dortmund*, Urt. v. 22.08.2013, RuS 2014, 27, 28; *Hütt* in Langheid/Wandt, VVG, § 205, Rn. 61; *Mandler*, VersR 2015, 1489, 1491.

396 *LG Berlin*, Urt. v. 26.06.2013, NJW-RR 2014, 297, 298; *Muschner* in Langheid/Rixecker, VVG, § 205, Rn. 19; *Reinhard* in Looschelders/Pohlmann, VVG, § 205, Rn. 27; *Voit* in Prölss/Martin, VVG, § 205, Rn. 42; *Rogler* in Rüffer/Halbach/Schimikowski, VVG, § 205, Rn. 32; *Marlow/Spuhl*, VersR 2009, 593, 598; *Grams*, FD-VersR 2013, 349927.

auf die nahtlose Absicherung eines (Mindest-)Krankenversicherungsschutzes gerichtet.[397] Die Planwidrigkeit der sich insofern ergebenden Gesetzeslücke wird besonders am Fall des Widerrufs der Anschlussversicherung im Sinne von § 205 Abs. 6 S. 1 VVG deutlich. Hätte der Versicherungsnehmer durch den Abschluss einer neuen Versicherung seiner Kündigung gerade zur Wirksamkeit verholfen und könnte er dann die neu abgeschlossene Anschlussversicherung ohne weitere Schranken durch einen Widerruf nach § 8 VVG beenden, liefe die Kündigungsbeschränkung des § 205 Abs. 6 S. 1 VVG regelmäßig leer und böte erhebliches Umgehungspotenzial.[398]

Dem steht auch nicht – wie teilweise vertreten[399] – ein möglicher Verstoß gegen die Fernabsatzrichtlinie über Finanzdienstleistungen (*nachfolgend*: Fernabsatzrichtlinie)[400] entgegen. Die auch für Versicherungsverträge als Finanzdienstleistungen geltende Fernabsatzrichtlinie schreibt in Art. 6 Abs. 1 S. 1 vor, dass Verbraucherfernabsatzverträge ohne die Nennung von Gründen oder die Zahlung einer Vertragsstrafe durch Widerruf beendet werden können müssen. Diese Vorgabe ändert aber nichts an der Planwidrigkeit der Regelungslücke. Zwar ist *Mandler* insofern Recht zu geben, als eine Planwidrigkeit einer lückenhaften Regelung im Falle eines daraus resultierenden Richtlinienverstoßes abzulehnen sein wird.[401] An einem Verstoß gegen die Fernabsatzrichtlinie durch eine analoge Anwendung des § 205 Abs. 6 S. 1 VVG auf den Widerruf gemäß §§ 8, 9 VVG fehlt es aber. Zunächst betrifft die Richtlinie – anders als die weiteren §§ 8, 9 VVG – nur mit einem Verbraucher im Wege des Fernabsatzes, das heißt mittels Fernkommunikationsmitteln zustande gekommene Verträge, sodass außerhalb dieses Bereichs ein Richtlinienverstoß ohnehin generell ausscheidet.[402] Darüber hinaus schreibt Art. 6 Abs. 1 S. 1 Fernabsatzrichtlinie nicht vor, dass der Widerruf an keinerlei Voraussetzungen geknüpft werden darf.[403] Dieser setzt im Sinne einer effektiven Ausübung des Widerrufsrechts nur voraus,

---

397 Gesetzesentwurf des GKV-WSG der Bundesregierung, BT-Drucks. 16/3950, S. 1; *Grams*, FD-VersR 2013, 349927; *Marko*, PKV, Teil B, Rn. 119 f.

398 *LG Berlin*, Urt. v. 26.06.2013, NJW-RR 2013, 297, 298; *Muschner* in Langheid/Rixecker, VVG, § 205, Rn. 19; *Rogler* in Rüffer/Halbach/Schimikowski, VVG, § 205, Rn. 32; *Marlow/Spuhl*, VersR 2009, 593, 598; *Marko*, PKV, Teil B, Rn. 119.

399 *LG Dortmund*, Urt. v. 22.08.2013, RuS 2014, 27, 28; *Mandler*, VersR 2015, 1489, 1489 f.

400 EU-Richtlinie über den Fernabsatz von Finanzdienstleistungen an Verbraucher, 2002/65/EG vom 23.09.2002, ABl. EU L 271, S. 16.

401 *Mandler*, VersR 2015, 1489, 1489 f.

402 Insoweit übereinstimmend auch *Mandler*, VersR 2015, 1489, 1490.

403 A.A. *Mandler*, VersR 2015, 1489.

dass eine Nennung von Gründen nicht erforderlich sein darf. Daran ändert auch § 205 Abs. 6 S. 1 VVG nichts. Die Anschlussversicherungspflicht sowie auch die korrespondierende Hinweispflicht des § 205 Abs. 6 S. 2 VVG stellen keine die Ausübung des Widerrufrechts beschränkenden Voraussetzungen dar. Vielmehr hindern sie nur das Wirksamwerden des fristgemäß und „ohne Gründe" erklärten Widerrufs.[404] Der Widerruf ist dann bis zum Abschluss und Nachweis einer Anschlussversicherung schwebend unwirksam.[405] Die Wirksamkeit tritt bei Erfüllung der Voraussetzungen des § 205 Abs. 6 S. 1 VVG dann mit Rückwirkung auf den Zeitpunkt der Widerrufserklärung ein.[406] Somit kann der Annahme einer planwidrigen Regelungslücke auch nicht entgegen gehalten werden, dass innerhalb der kurzen 14-Tages-Frist des § 8 Abs. 1 S. 1 VVG der Abschluss einer Anschlussversicherung regelmäßig nicht möglich sein wird. Richtigerweise genügt es, zur Sicherstellung eines effektiven Widerrufsrechts, die fristgemäße Erklärung von dem Anschlussversicherungserfordernis freizustellen. Die schwebende Unwirksamkeit des Verbraucherwiderrufs nach § 8 Abs. 1 S. 1 VVG stellt den Versicherungsnehmer auch nicht im Hinblick auf die abzuschließende Anschlussversicherung vor unzumutbare Schwierigkeiten. Wie *Marlow* und *Spuhl* mit überzeugender Argumentation klarstellen, kann der Versicherungsnehmer den nahtlosen Versicherungsschutz ohne Weiteres im Wege der Rückwärtsversicherung sicherstellen.[407]

bb) Vergleichbare Interessenlage

Es besteht zudem eine vergleichbare Interessenlage zwischen Kündigung und Widerruf des Krankenversicherungsvertrags. Sowohl Kündigung als auch Widerruf führen – trotz einiger rechtlicher Unterschiede – zu einer mit ex nunc Wirkung eintretenden Vertragsbeendigung nach der gleichermaßen das Bedürfnis einer Sicherung eines nahtlosen Versicherungsschutzes besteht. Für den Gesetzgeber ist es – mit vereinzelten Ausnahmen – unerheblich, aufgrund welchen Gestaltungsrechts eine eintretende Versicherungslosigkeit drohen kann. Die vergleichbare Gefahr versicherungsloser Zustände wird deutlich, wenn man sich das ansonsten erhebliche Umgehungspotenzial des Widerrufs vor Augen führt. Würde man den voraussetzungslosen Widerruf nach § 8 Abs. 1 VVG im

---

404 So auch *Marlow/Spuhl*, VersR 2009, 593, 598 mit dem Hinweis, dass nur so faktisch das Widerrufsrecht gewährleistet werden könne.

405 So auch *Marko*, PKV, Teil B, Rn. 120.

406 *LG Berlin*, Urt. v. 26.06.2013, NJW-RR 2013, 297, 298.

407 *Marlow/Spuhl*, VersR 2009, 593, 598.

Hinblick auf Pflichtversicherungsverträge im Sinne von § 193 Abs. 3 S. 1 VVG zulassen, könnte der Versicherungsnehmer das Kündigungssystem des § 205 Abs. 6 S. 1 VVG stets durch Abschluss einer Anschlussversicherung und deren anschließenden Widerruf umgehen. Die Kündigungsbeschränkung des § 205 Abs. 6 VVG würde – gegen den gesetzgeberischen Willen – faktisch ausgehöhlt, sodass ein vergleichbares Schutzbedürfnis anzunehmen ist.[408]

Im Ergebnis bleibt somit eine Kündigung unter Wahrung der Anschlussversicherungspflicht des § 205 Abs. 6 S. 1 VVG auch dann wirksam, wenn diese Anschlussversicherung später wirksam widerrufen wird. Der Widerruf der Anschlussversicherung ist aber nach § 205 Abs. 6 S. 1 VVG analog nur dann wirksam, wenn der Versicherungsnehmer eine Anschlussversicherung im Sinne von § 193 Abs. 3 S. 1 VVG abschließt.

b) Anfechtung oder Rücktritt des Anschlussversicherers

Der Anschlussversicherungsvertrag kann auch durch eine einseitige Gestaltungserklärung des Versicherers nachträglich wegfallen. Dabei kommen als Gestaltungsrechte des Versicherers die Anfechtung nach § 22 VVG und § 123 BGB sowie der Rücktritt gemäß § 19 Abs. 2 VVG in Betracht.

Die diesbezüglich teilweise aufgeworfene Frage, ob die Beendigung des Anschlussversicherungsverhältnisses durch den Versicherer zu einem Wiederaufleben des Altversicherungsvertrages führt,[409] muss verneint werden. Eine solche Rechtsfolge findet weder im Gesetz eine Grundlage, noch wäre sie dem (Alt-)Versicherer zumutbar.[410] Die Regelung des § 205 Abs. 6 S. 1 VVG bestimmt als konstitutive Kündigungsvoraussetzung den Abschluss eines neuen Vertrages durch den Versicherungsnehmer. Diese Pflicht hat der Versicherungsnehmer im maßgeblichen Kündigungszeitpunkt durch die Anschlussversicherung aber erfüllt.[411] Eine spätere, auch rückwirkend eintretende Unwirksamkeit der Anschlussversicherung, wirkt sich auf die Wirksamkeit der Kündigung nicht mehr aus.[412] Dies ist im Hinblick auf die Bedingungsfeindlichkeit der Kündigung

---

408 *LG Berlin*, Urt. v. 26.06.2013, NJW-RR 2013, 297, 298; *Muschner* in Langheid/Rixecker, VVG, § 205, Rn. 19; *Marko*, PKV, Teil B, Rn. 120.

409 Über diese Frage zu entscheiden hatten bereits: *OLG Bamberg*, Beschl. v. 06.12.2012, RuS 2013, 505, 505 f.; *LG Berlin*, Urt. v. 14.11.2012, NJW-RR 2013, 674, 674 f.

410 *OLG Bamberg*, Beschl. v. 06.12.2012, RuS 2013, 505.

411 So auch *LG Berlin*, Urt. v. 14.11.2012, NJW-RR 2013, 674.

412 So zur Nachweispflicht in § 175 Abs. 4 S. 4 SGB V: *LSG Nordrhein-Westfahlen*, Urt. v. 25.09.2014 – L 16 KR 735/13. Zu § 205 Abs. 6 VVG: *Boetius*, PKV, § 205, Rn. 160;

rechtsdogmatisch überzeugend.[413] Ein Wiederaufleben des Vertrags wäre dem (Alt-)Versicherer zudem unter Billigkeitsgesichtspunkten nicht zumutbar. Sowohl die Anfechtung als auch der Rücktritt bergen das Risiko, dass aufgrund verspätet erlangter Kenntnis des Anschlussversicherers von dem Anfechtungs- oder Rücktrittsgrund diese Gestaltungsrechte erst nach Ablauf eines erheblichen Zeitraums erklärt werden. Der (Alt-)Versicherer müsste unabsehbar lange mit dem Wiederaufleben der Versicherung rechnen, obwohl die Wirksamkeit der Anschlussversicherung nicht in seine Sphäre fällt. Schließlich würde das Wiederaufleben zu nicht absehbaren bilanziellen und kalkulatorischen Problemen führen.[414]

Bei der nachträglichen Beendigung der Anschlussversicherung durch den Versicherer durch Anfechtung oder Rücktritt muss im Ergebnis ausnahmsweise die Gefahr eines versicherungsfreien Zeitraums in Kauf genommen werden. Wie die Regelung des § 193 Abs. 5 S. 4 VVG zeigt, nimmt der Gesetzgeber – abschließend für beide Gestaltungsrechte – diese Rechtsfolge bewusst hin.[415] Diese Wertentscheidung des Gesetzgebers muss sich daher auch bei der Anfechtung oder dem Rücktritt von der Anschlussversicherung durch den Versicherer niederschlagen. Anders als bei der nachträglichen Auflösung der Anschlussversicherung durch den Versicherungsnehmer, kommt eine analoge Anwendung des § 205 Abs. 6 VVG nicht in Betracht. Die Beendigung durch den Versicherer kann nicht von einer Rechtshandlung des Versicherungsnehmers abhängig gemacht werden,[416] da dies zu einer vollkommenen Entwertung der Instrumente der Anfechtung und des Rücktritts führen würde. Vielmehr muss die Allgemeinheit hinnehmen, dass der Gesetzgeber dem Versicherer in diesen Fällen, in denen von vornherein kein mangelfreier Vertrag bestand, eine Loslösungsmöglichkeit vom Vertrag zugesteht.

5. Nachweis der Anschlussversicherung gem. § 205 Abs. 6 S. 2 VVG

Eine weitere Kündigungsvoraussetzung regelt § 205 Abs. 6 S. 2 VVG. Danach muss der Versicherungsnehmer dem Versicherer den Abschluss der

Voit in Prölss/Martin, VVG, § 205, Rn. 42; *Rogler* in Rüffer/Halbach/Schimikowski, VVG, § 205, Rn. 33; *Eichelberger* in Spickhoff, Medizinrecht, § 205 VVG, Rn. 28.

413 *Reinhard* in Looschelders/Pohlmann, VVG, § 205, Rn. 23 ff.

414 Ähnlich auch *Marko*, PKV, Teil B, Rn. 95.

415 *Voit* in Prölss/Martin, VVG, § 205, Rn. 42.

416 *LG Berlin*, Urt. v. 14.11.2012, NJW-RR 2013, 674, 675.

Anschlussversicherung innerhalb von zwei Monaten nach der Kündigungserklärung nachweisen, um seiner Kündigung zur Wirksamkeit zu verhelfen.[417]

a) Rechtsfolge des Nachweises

In Rechtsprechung[418] und Literatur[419] herrscht bereits seit einiger Zeit Uneinigkeit, welche Auswirkungen die Nachweiserbringung auf den Zeitpunkt des Wirksamwerdens der Kündigung hat. Die noch zur Vorgängerregelung diskutierte und vom *BGH*[420] entschiedene Frage, ob die Nachweiserbringung an eine Frist gebunden sei oder auch unbestimmte Zeit nach der Kündigungserklärung noch nachgereicht werden könne, hat sich durch das Gesetz zur Änderung versicherungsrechtlicher Vorschriften[421] erledigt. Nach § 205 Abs. 6 S. 2 VVG n.F. kann der Nachweis nur innerhalb von zwei Monaten nach der Kündigungserklärung eingereicht werden. Nicht eindeutig beantwortet wurde durch die Neufassung des § 205 Abs. 6 S. 2 VVG aber die Anschlussfrage, welche Rechtsfolge ein Nachweis hat, der zwar innerhalb der Zweimonatsfrist, aber nach dem Zeitpunkt, zu dem die Kündigung ausgesprochen wurde, erfolgt. Gemeint ist also der Fall, dass der Versicherungsnehmer beispielsweise am 30.11. zulässigerweise zum 31.12. die Kündigung erklärt, den Nachweis über die Anschlussversicherung aber erst am 15.1. einreicht. Es stellt sich insofern die Frage, wie sich die Nachweiserbringung auf den Wirksamkeitszeitpunkt der Kündigung auswirkt. Es ist zwischen zwei alternativen Auslegungsansätzen zu unterscheiden.

Die Vorschrift des § 205 Abs. 6 S. 2 VVG kann einerseits so verstanden werden, dass die Kündigung erst ex nunc mit Zugang des nachträglichen Nachweises

417 Einen Überblick über die höchstrichterliche Rechtsprechung zur Nachweispflicht des § 205 Abs. 6 S. 2 VVG gebend: *Brockmöller*, RuS 2014 394, 397 ff.

418 Zu § 205 Abs. 6 S. 2 VVG a.F.: *BGH*, Urt. v. 12.09.2012, VersR 2012, 1375, 1377 ff.; *OLG Karlsruhe*, Urt. v. 15.11.2011, VersR 2012, 310, 311 f.; *OLG Bamberg*, Urt. v. 05.07.2012 - 1 U 8/12; *AG Donaueschingen*, Urt. v. 08.03.2012 - 11 C 153/11; *AG Baden-Baden*, Urt. v. 23.03.2010, VersR 2010, 1027.

419 Z.T. noch zu § 205 Abs. 6 S. 2 VVG a.F.: *Hütt* in Langheid/Wandt, MüKo VVG, § 205, Rn. 59; *Reinhard* in Looschelders/Pohlmann, VVG, § 205, Rn. 22; *Brömmelmeyer* in Schwintowski/Brömmelmeyer, PK-Versicherungsrecht, § 205, Rn. 24 *Eichelberger* in Spickhoff, Medizinerecht, § 205, Rn. 27; *Staab* in Staudinger/Halm/Wendt, Versicherungsrecht, § 205, Rn. 37 f.; *Marko*, PKV, Teil B, Rn. 94 f.; *Erdmann*, VersR 2011, 1131, 1134; *Ders.*, VersR 2010, 1027, 1028 f.; *Marlow/Spuhl*, VersR 2009, 593, 598.

420 *BGH*, Urt. v. 12.09.2012, VersR 2012, 1375, 1377; *BGH*, Urt. v. 14.01.2015, VersR 2015, 230, 231 f.

421 Gesetz vom 24.04.2013, BGBl. I 2013, Nr. 20, S. 932.

wirksam wird. Die Kündigung wäre dann bis zu diesem Zeitpunkt insgesamt unwirksam.[422] Der Versicherer würde so vor dem Risiko geschützt, Leistungen zu erbringen, denen gegebenenfalls keine Prämienzahlungspflicht des Versicherungsnehmers gegenübersteht. Der Versicherungsnehmer würde demgegenüber das Risiko einer Doppelversicherung tragen. In dem oben genannten Beispielsfall wäre die Kündigung somit erst ab dem 15.01. ex nunc wirksam.

Andererseits ist auch denkbar, dass der fristgemäß nachgereichte Nachweis Rückwirkung auf den Zeitpunkt entfaltet, zu dem die Kündigung ausgesprochen wurde. Der Nachweis würde der bis dahin schwebend unwirksamen Kündigung ex tunc zur Wirksamkeit verhelfen.[423] Die Risikoverteilung wäre folglich umgekehrt. Der Versicherungsnehmer würde vor den finanziellen Risiken einer Doppelversicherung geschützt, während der Versicherer innerhalb der Zweimonatsfrist ab der Kündigungserklärung mit dem rückwirkenden Entfall seiner Prämienberechtigung rechnen müsste. Für das Beispiel hieße das, dass die Kündigung wie erklärt rückwirkend zum 31.12. wirksam würde sobald der Nachweis dem Versicherer am 15.01. zugeht.

Im Ergebnis ist letztere Auslegungsvariante zu befürworten. Noch im Hinblick auf § 205 Abs. 6 S. 2 VVG a.F. lehnte der *BGH* unter Verweis auf den Wortlaut der Norm und das berechtigte Interesse des Versicherers, möglichst zeitnah Klarheit über die Wirksamkeit der Kündigung zu erlangen, richtigerweise eine Rückwirkung der Nachweiserbringung ab.[424] Auf die neue Rechtslage ist diese Argumentation aber nicht mehr ohne Weiteres übertragbar.[425] Durch die Einführung einer konkreten Nachweisfrist von zwei Monaten trägt der (Vor-)Versicherer nicht mehr das Risiko, über einen unbestimmt langen Zeitraum in Unkenntnis von der Wirksamkeit der Kündigung zu bleiben. Es liegt nicht mehr in der Hand des Versicherungsnehmers die Wirksamkeit der Kündigung über unbestimmte Zeit zu beeinflussen.[426] Der Gesetzgeber wollte dabei sowohl dem

---

422 *OLG Karlsruhe*, Urt. v. 15.11.2011, VersR 2012, 310, 311 f.; *OLG Bamberg*, Urt. v. 05.07.2012 - 1 U 8/12; *Hütt* in Langheid/Wandt, MüKo VVG, § 205, Rn. 59; *Langheid* in Langheid/Rixecker, VVG, § 205, Rn. 23 f.

423 So v.a. *Reinhard* in Looschelders/Pohlmann, VVG, § 205, Rn. 24; *Voit* in Prölss/Martin, VVG, § 205, Rn. 44; *Brömmelmeyer* in Schwintowski/Brömmelmeyer, PK-Versicherungsrecht, § 205, Rn. 17; *Erdmann*, VersR 2011, 1131, 1134; *Ders.*, VersR 2010, 1027, 1028 f.

424 *BGH*, Urt. v. 12.09.2012, VersR 2012, 1375, 1377; *BGH*, Urt. v. 14.01.2015, VersR 2015, 230, 231 f.

425 So auch *Eichelberger* in Spickhoff, Medizinrecht, § 205, Rn. 27.

426 So auch *Staab* in Staudinger/Halm/Wendt, Versicherungsrecht, § 205, Rn. 38.

Versicherungsnehmer die praktische Umsetzung des Nachweises erleichtern als auch dem Versicherer durch die konkrete Frist zeitnah Klarheit über die Beendigung des Versicherungsverhältnisses verschaffen. Dabei hielt er eine Frist von zwei Monaten für angemessen.[427] Für eine Rückwirkung spricht insofern, dass der neugefasste § 205 Abs. 6 S. 2 VVG nicht an die Kündigungsfrist anknüpft, sondern die Kündigungserklärung als Ausgangspunkt der zeitlichen Begrenzung der Nachweiserbringung. Auch eine am letzten Tag der Kündigungsfrist erklärte Kündigung des Versicherungsnehmers muss daher nicht bereits den Nachweis der Anschlussversicherung enthalten. Dieser kann ab diesem Zeitpunkt innerhalb von zwei Monaten nachgereicht werden. Dabei ist es durchaus realistisch, dass die zweimonatige Nachweisfrist erst nach dem Zeitpunkt, zu dem die Kündigung wirksam werden soll, ausläuft.[428] Dafür spricht auch, dass § 205 Abs. 6 S. 2 VVG dem Versicherungsnehmer im umgekehrten Fall bei einer längeren Kündigungsfrist für den Nachweis der Anschlussversicherung sogar mehr Zeit einräumt.

Wäre der Gesetzgeber also nicht von einer Rückwirkung des fristgerechten Nachweises ausgegangen, hätte er mit der Regelung bewusst in Kauf genommen, dass der Versicherungsnehmer das Risiko einer Doppelversicherung tragen muss. Das kann vor dem von Verbraucherschutz geprägten Versicherungsrecht und der verhältnismäßig geringen Belastung des Versicherers nicht überzeugen.

b) Formelle Anforderungen an den Nachweis

Der Nachweis muss bestimmte formelle Voraussetzungen erfüllen. Das Gesetz selbst fordert, dass der Versicherungsnehmer nachweist, dass die Gefahrsperson bei einem neuen Versicherer ohne Unterbrechung versichert ist. Sinn und Zweck des Nachweises ist es, den Versicherer in die Lage zu versetzen, die Einhaltung der zusätzlichen Kündigungsvoraussetzung des § 205 Abs. 6 S. 1 VVG zu überprüfen. Eine eigenständige Nachforschung soll und kann dem Versicherer nicht zugemutet werden.[429] Es stellt sich daher die Frage, welche konkreten Anforderungen an die Form des Nachweises zu stellen sind.

427 Gesetzesbegründung der Bundesregierung, BT-Drucks. 17/11469, S. 15.

428 Das ist regelmäßig dann der Fall, wenn die Kündigungsfrist weniger als zwei Monate beträgt oder dem Versicherungsnehmer ein außerordentliches (sofortiges) Kündigungsrecht zusteht.

429 So zur vergleichbaren Nachweispflicht in § 205 Abs. 2 S. 2 VVG: *Reinhard* in Looschelders/Pohlmann, VVG, § 205, Rn. 11.

Ausgehend von der Art der Kontrolle, die der Versicherer aufgrund des Nachweises durchführen wird, ist es nicht erforderlich, dass der Versicherungsnehmer dem Altversicherer den neuen Versicherungsschein samt Versicherungsbedingungen übersendet. Der Versicherer wird – vor allem vor dem Hintergrund, dass die nachträgliche Unwirksamkeit der Anschlussversicherung die Wirksamkeit der Kündigung unberührt lässt – keine umfassende materiell-rechtliche Prüfung der Anschlussversicherung vornehmen.[430] Für eine Evidenzkontrolle durch den Altversicherer reicht es aus, dass aus einem durch einen neuen Versicherer ausgestellten Dokument die Gefahrsperson, der Umfang der Krankenversicherung und der Zeitpunkt des materiellen Versicherungsbeginns hervorgehen.[431] Anhand dieser erkennbar durch den neuen Versicherer autorisierten Daten wird der Altversicherer ausreichend in die Lage versetzt, die Wirksamkeit der Kündigung zu beurteilen. Aus Gründen der Rechtssicherheit kann eine Bestätigung durch den Versicherungsnehmer selbst oder einen Versicherungsmakler nicht genügen.[432]

6. Reform der Regelungen zur Sicherung der Anschlussversicherung

a) Reformbedarf

Die derzeitige Gesetzeslage ist im Hinblick auf die Vermeidung von Unklarheiten und Auslegungsschwierigkeiten sowie eine effizientere Umsetzung des Reformziels – der Sicherung eines ununterbrochenen Krankenversicherungsschutzes – dringend reformbedürftig. Dabei steht das Zusammenspiel der Regelungen § 205 Abs. 6 VVG und § 207 Abs. 2 VVG im Fokus.

Nach der aktuellen Gesetzeslage ist der Versicherungsnehmer grundsätzlich gemäß § 205 Abs. 6 S. 1 VVG verpflichtet, für die Gefahrsperson eine Anschlussversicherung im eigenen Namen abzuschließen, obwohl er lediglich bei gesetzlich von ihm vertretenen Personen selbst Versicherungsabschlussschuldner im Sinne des § 193 Abs. 3 S. 1 VVG ist. Nur bei der Versicherung auf die Person sonstiger – nicht unterhaltsberechtigter – Dritter im Sinne dieser Arbeit ist der Versicherungsnehmer im Rahmen der Kündigung ausnahmsweise von der Anschlussversicherungspflicht im eigenen Namen im Wege der

---

430 *LG Berlin*, Urt. v. 26.06.2013, NJW-RR 2014, 297, 298.

431 *LG Berlin*, Urt. v. 26.06.2013, NJW-RR 2014, 297, 298; *AG Aachen*, Urt. v. 12.05.2011 – 107 C 360/10; *Hütt* in Bach/Moser, PKV, § 13 MB/KK, Rn. 60; *Staab* in Staudinger/Halm/Wendt, Versicherungsrecht, § 205, Rn. 36; *Marlow/Spuhl*, VersR 2009, 593, 597 f.

432 So zur vergleichbaren Nachweispflicht aus § 175 Abs. 4 S. 4 SGB V: *LSG Berlin-Brandenburg*, Urt. v. 14.06.2013 – L 1 KR 48/11.

einschränkenden Auslegung des § 205 Abs. 6 S. 1 VVG freizustellen. Insofern kann es zu Versicherungslücken kommen, die verhindert werden sollen. Des Weiteren darf nicht unberücksichtigt bleiben, dass es sich bei der Sicherstellung des Versicherungsschutzes um eine originär in der Sphäre der (volljährigen) Gefahrspersonen liegende Pflicht handelt. Es ist daher nicht einzusehen, warum das Anschlussversicherungsrisiko nicht auch vom Gesetz von vornherein in die Sphäre des Versicherungspflichtigen verlagert werden sollte.

In ihrer aktuellen Fassung ist die Regelung des § 205 Abs. 6 VVG zudem nach ganz überwiegender Ansicht analog auf außerhalb des Krankenversicherungsrechts geregelte Kündigungsrechte anzuwenden. Durch eine Neufassung des § 205 Abs. 6 S. 1 VVG kann und sollte diese planwidrige Regelungslücke geschlossen werden.

Schließlich ist auch die Regelung der Fortsetzung des Versicherungsverhältnisses in § 207 VVG unvollständig. Zwar wird für sämtliche Arten der Krankenversicherung der Gefahrsperson ein Fortsetzungsrecht im Falle der Kündigung durch den Versicherungsnehmer eingeräumt. Doch kommt dies im Hinblick auf Krankheitskostenversicherungen im Sinne des § 193 Abs. 3 S. 1 VVG zu kurz. Ein Fortsetzungsrecht ist nicht geeignet, die nahtlose Weiterversicherung der Gefahrspersonen zu garantieren.[433] Die Herbeiführung eines lückenlosen Schutzes ist daher durch eine Erweiterung des § 207 VVG geboten.

b) *Reformvorschlag*

Zur Vermeidung von Auslegungsschwierigkeiten und Versicherungslücken durch die Kündigung von Pflichtversicherungsverträgen im Sinne des § 193 Abs. 3 S. 1 VVG bedarf es einer kombinierten Änderung von § 205 Abs. 6 S. 1 VVG und § 207 VVG.

aa) *§ 205 Abs. 6 S. 1, S. 3 VVG-E*

Die Regelung des § 205 Abs. 6 S. 1, S. 3 VVG-E könnte wie folgt neu gefasst werden:

> „[1]*Der Versicherungsnehmer kann eine Versicherung, die seine Pflicht aus § 193 Abs. 3 Satz 1 erfüllt, nur dann kündigen, wenn er bei einem anderen Versicherer für die versicherte Person einen neuen Vertrag abschließt, der dieser Pflicht genügt.* [2]*[…].* [3]*Die Sätze 1 und 2 gelten nicht für die Kündigung nach § 205 Abs. 2 VVG.*“

---

433 So auch *Rolfs/Wiemer*, NJW 2014, 696,698.

Durch diese Formulierung wird deutlich, dass die zusätzlichen Kündigungsvoraussetzungen des § 205 Abs. 6 VVG-E den Versicherungsnehmer bei der Kündigung einer Versicherung im Sinne des § 193 Abs. 3 S. 1 VVG unabhängig von der konkreten Kündigungsregelung treffen („*kann eine Versicherung [...] nur dann kündigen*"). Einer Beschränkung auf die Absätze 1 bis 5 des § 205 – wie bisher – bedarf es nicht. Ausgenommen werden muss nach § 205 Abs. 6 S. 3 VVG-E nur die Kündigung wegen der Eintrittspflicht in die gesetzliche Krankenversicherung nach § 205 Abs. 2 VVG, da in diesem Fall der Abschluss eines neuen privaten Krankenversicherungsvertrags gerade nicht erforderlich ist.[434] Der Wortlaut lässt zudem unzweifelhaft die Stellung der Regelung als lex specialis zu § 314 Abs. 1 BGB, § 19 Abs. 6 S. 1 VVG und § 205 Abs. 1–5 VVG erkennen. Im Hinblick auf die Regelung des § 19 Abs. 6 S. 1 VVG ist auch keine ergänzende klarstellende Änderung des § 194 Abs. 1 VVG erforderlich. Aus § 194 Abs. 1 VVG folgt bloß, dass das Kündigungsrecht nach § 19 Abs. 6 S. 1 VVG im Krankenversicherungsrecht grundsätzlich uneingeschränkte Gültigkeit hat. Lediglich für die Krankheitskostenpflichtversicherung nach § 193 Abs. 3 S. 1 VVG trifft § 205 Abs. 6 VVG eine Sonderregelung, die § 194 Abs. 1 VVG und § 19 Abs. 6 S. 1 VVG vorgeht.

Die Formulierung „*seine Pflicht aus § 193 Abs. 3 Satz 1*" dient der Klarstellung. Schon der Wortlaut macht deutlich, dass den Versicherungsnehmer nur die Pflicht zum Abschluss der Anschlussversicherung trifft, soweit er den Abschluss und die Aufrechterhaltung der Krankheitskostenversicherung nach § 193 Abs. 3 S. 1 VVG selbst schuldet. Die Vorschrift schränkt den Versicherungsnehmer nur in seiner Vertragsfreiheit ein, wenn sein eigener Versicherungsschutz oder der einer von ihm gesetzlich vertretenen Person durch den Vertrag abgesichert wird. Diese geringere Einschränkung ist dem Versicherungsnehmer jedenfalls zumutbar. Nicht mehr erfasst werden somit nach der Neufassung die Fälle der Versicherung auf die Personen eines Dritten, der nicht vom Versicherungsnehmer gesetzlich vertreten wird. Dem Versicherungsnehmer ist also die Kündigung ohne die zusätzlichen Voraussetzungen des § 205 Abs. 6 VVG möglich, wenn durch die Versicherung der Pflichtversicherungsschutz der (volljährigen) Gefahrsperson sichergestellt wird.

Betrachtet man die Regelung des § 205 Abs. 6 S. 1 VVG-E isoliert, kann folglich ein Versicherungsvertrag zugunsten einer Person, die selbst nach § 193 Abs. 3 S. 1 VVG versicherungspflichtig ist, ohne den Abschluss einer Anschlussversicherung durch den Versicherungsnehmer wirksam gekündigt werden. Der

434 Siehe dazu oben ausführlich unter C. II. 2. b) bb) (1) (b).

drohenden Gefahr eines lückenhaften Versicherungsschutzes muss daher zwingend durch eine Erweiterung des § 207 VVG begegnet werden.[435]

bb) § 207 Abs. 3 VVG-E

Innerhalb der Regelung zur Fortsetzung des Versicherungsverhältnisses ist eine Erweiterung für den Sonderfall der Kündigung von Krankenversicherungsverträgen im Sinne des § 193 Abs. 3 S. 1 VVG durch einen eigenständigen Absatz geboten. Der bisherige § 207 Abs. 3 VVG würde § 207 Abs. 4 VVG-E.

Die Erweiterung des § 207 durch § 207 Abs. 3 VVG-E könnte wie folgt lauten:

> „[1]*Kündigt der Versicherungsnehmer eine Versicherung, die eine Pflicht der versicherten Person aus § 193 Abs. 3 Satz 1 VVG erfüllt, ist die Kündigung nur wirksam, wenn der Versicherungsnehmer im Zeitpunkt der Kündigungserklärung die versicherte Person zum Abschluss einer Anschlussversicherung auffordert und dies dem Versicherer im Zeitpunkt der Kündigungserklärung nachweist.* [2]*Weist die versicherte Person nicht innerhalb von zwei Monaten nach der Kündigungserklärung gegenüber dem Versicherer nach, dass sie bei einem neuen Versicherer ohne Unterbrechung versichert ist, tritt sie an Stelle des Versicherungsnehmers in die sich aus dem Versicherungsverhältnis ab dem Zeitpunkt ihres Eintritts ergebenden Rechte und Pflichten ein.*“

Nach § 207 Abs. 3 S. 1 VVG-E muss der Versicherungsnehmer die Gefahrsperson, die selbst nach § 193 Abs. 3 S. 1 VVG zur Aufrechterhaltung einer Pflichtversicherung verpflichtet ist, auffordern, eine Anschlussversicherung abzuschließen und dies dem Versicherer nachweisen, um seiner Kündigung zur Wirksamkeit zu verhelfen. Im Zusammenspiel mit § 205 Abs. 6 S. 1 VVG-E ist diese Regelung geboten, da den Versicherungsnehmer in diesen Fällen eine eigene Abschlussverpflichtung nicht mehr trifft. Die Gefahrsperson soll darüber hinaus in Kenntnis gesetzt werden, dass sie aufgrund der bevorstehenden Kündigung selbst für eine Anschlussversicherung zu sorgen hat. Dabei schränkt die zusätzliche Kündigungsvoraussetzung den Versicherungsnehmer nicht unangemessen ein. Sie stellt ein Minus zur bisherigen Pflichtenlage des Versicherungsnehmers dar, wonach dem Versicherungsnehmer sogar der Abschluss eines neuen Vertrages auferlegt wird. Es liegt in der Sphäre des Versicherungsnehmers, der den Versicherungsschutz der Gefahrsperson bisher absichert, diesen zur eigenständigen Versicherung aufzufordern. Die daran anknüpfende Nachweispflicht dient der Absicherung des Versicherers, der so Gewissheit hinsichtlich der Wirksamkeit der Kündigung erhält.

---

435 Ähnlich auch *Rolfs/Wiemer*, NJW 2014, 696, 698.

§ 207 Abs. 3 S. 2 VVG-E erweitert den bisherigen Regelungsumfang des § 207 VVG – der in den ersten beiden Absätzen lediglich ein Recht auf Fortsetzung zugunsten der Gefahrsperson normiert – zudem um eine gesetzliche Vertragsübernahme der Gefahrsperson („*tritt […] in die sich aus dem Versicherungsverhältnis ab dem Zeitpunkt ihres Eintritts ergebenden Rechte und Pflichten ein*").

Die Vertragsübernahme durch die Gefahrsperson tritt kraft Gesetzes ein, wenn die Gefahrsperson nicht innerhalb einer Frist von zwei Monaten ab der Kündigungserklärung gegenüber dem Versicherer nachweist, ihre Versicherungspflicht durch den Abschluss eines Vertrages bei einem anderen Versicherer beziehungsweise eines anderen Vertrags bei dem gleichen Versicherer zu erfüllen. Die Formulierung orientiert sich dabei an anderen Fällen der gesetzlichen Vertragsübernahme, wie etwa § 102 Abs. 2 S. 1 VVG im Rahmen der Betriebshaftpflichtversicherung und § 566 Abs. 1 BGB im Mietvertragsrecht.[436] Anders als in den vorgenannten Beispielsfällen knüpft die Rechtsfolge des gesetzlichen Vertragsübergangs dabei an ein Unterlassen der Gefahrsperson an. Es liegt in der Hand der Gefahrsperson, den Eintritt in das bestehende Versicherungsverhältnis als Versicherungsnehmer dadurch abzuwenden, bei einem anderen Versicherer selbst einen Vertrag zu schließen oder sich mitversichern zu lassen. Durch diese mit einem modifizierten § 205 Abs. 6 S. 1 VVG-E korrespondierende Regelung wird ein effizientes und lückenloses System geschaffen, um einen nahtlosen Versicherungsschutz aller bereits versicherten Personen sicherzustellen.

Diese Modifikation ist für die Beteiligten zumutbar. Der Versicherer schuldet schon nach aktueller Fassung des § 207 VVG die widerspruchslose Fortsetzung des Versicherungsverhältnisses mit der Gefahrsperson. Ob die Vertragsfortsetzung mit der Gefahrsperson aufgrund der Ausübung ihres Fortsetzungsrechts oder kraft Gesetzes nach dem Ablauf einer zweimonatigen Frist eintritt, macht für den Versicherer keinen großen Unterschied. Jedenfalls erhält der Versicherer innerhalb einer Frist von zwei Monaten ab Kündigungserklärung Gewissheit über Beendigung oder Fortsetzung des Versicherungsverhältnisses.[437] Der nach fruchtlosem Ablauf der zweimonatigen Frist kraft Gesetzes eintretende Vertragsübergang auf die Gefahrsperson ist dieser zumutbar. Es ist billig, der nach § 193 Abs. 3 S. 1 VVG versicherungspflichtigen Person das Risiko des Neuabschlusses aufzuerlegen, da sie ohnehin gesetzlich zur Aufrechterhaltung des Schutzes

436 *Littbarski* in Langheid/Wandt, MüKo VVG, § 102, Rn. 127 f.; *Häublein* in MüKo BGB, § 566, Rn. 23 f.

437 Zur Angemessenheit einer vergleichbaren Neuregelung: *Rolfs/Wiemer*, NJW 2014, 696, 698.

durch den Abschluss eines Vertrages verpflichtet ist. Innerhalb der zweimonatigen Frist steht es ihr frei, sich einen vorteilhafteren Tarif oder einen anderen Versicherer auszusuchen. Erst nach fruchtlosem Fristablauf trifft die Gefahrsperson die Folge des § 207 Abs. 3 S. 2 VVG-E. Durch die Formulierung „*ab dem Zeitpunkt ihres Eintritts*" wird zudem sichergestellt, dass die Gefahrsperson nicht die Zahlung etwaiger rückständiger Prämien schuldet. Für diese bleibt der Versicherungsnehmer im Verhältnis zum Versicherer zur Zahlung verpflichtet. Im Ergebnis kann so effizient und gerecht der Eintritt eines versicherungslosen Zeitraums verhindert werden.

Aus Gründen der Übersichtlichkeit und der Systematik ist es vorzugswürdig, die Erweiterung als neuen Absatz 3 des § 207 VVG unmittelbar hinter dem allgemeinen Fortsetzungsrecht zu regeln.[438] Während § 207 Abs. 2 VVG allgemeine Kündigungsanforderungen für alle Arten von Krankenversicherungsverträgen festlegt, trifft § 207 Abs. 3 VVG-E eine Sonderregelung nur für den Fall der Kündigung von Krankheitskostenpflichtversicherungen nach § 193 Abs. 3 S. 1 VVG, welche § 207 Abs. 2 VVG als lex specialis vorgeht. Die Differenzierung zwischen Krankenversicherungsverträgen, welche die Pflicht aus § 193 Abs. 3 S. 1 VVG erfüllen und sonstigen Krankenversicherungsverträgen, ist auch im Hinblick auf § 205 Abs. 6 VVG-E konsequent. Schon in der aktuellen Gesetzesfassung hat der Gesetzgeber die Kündigungsanforderungen anhand dieses Kriteriums voneinander abgegrenzt. Die Unterscheidung ermöglicht die umfassende und präzise Berücksichtigung der Besonderheiten, welche die Krankheitskostenpflichtversicherung mit sich bringt.

IV. Ergebnis

Die Anschlussversicherung der Gefahrsperson wird durch die Regelung des § 205 Abs. 6 S. 1 VVG sichergestellt. Diese legt dem Versicherungsnehmer – als Vertragspartner des Versicherers – auch die Pflicht zum Abschluss einer Krankheitskostenversicherung auf die Person eines Dritten als Kündigungsvoraussetzung auf. Dem liegt die Erkenntnis zugrunde, dass der sachliche Anwendungsbereich des § 205 Abs. 6 S. 1 VVG nicht auf die eigene Versicherungspflicht des Versicherungsnehmers beschränkt ist, sondern vielmehr insgesamt der Aufrechterhaltung von Pflichtversicherungen im Sinne des § 193 Abs. 3 S. 1 VVG dient. Es ist dem Versicherungsnehmer rechtlich möglich einen

438 Vgl. zur zusätzlich vorgeschlagenen Neufassung des § 207 Abs. 2 nachfolgend unter D. III. 3. b) bb) (8).

Krankheitskostenversicherungsvertrag für einen anderen im eigenen Namen abzuschließen, um seiner Kündigung zur Wirksamkeit zu verhelfen. Nach der ratio legis des § 193 Abs. 3 S. 1 VVG – der Sicherung eines nahtlosen Versicherungsbestandes der Versichertengemeinschaft – ist die Erfüllung der Versicherungspflicht durch den Versicherungsnehmer auch möglich. Es besteht trotz der Regelungen der §§ 193 Abs. 3 S. 1, Abs. 4 S. 1, 207 Abs. 2 S. 1 VVG erheblicher Sicherungsbedarf. Während das Fortsetzungsrecht und der finanzielle Sanktionsmechanismus einen Neuabschluss zwar nahelegen und erleichtern, kann nur eine Verpflichtung des Versicherungsnehmers zur Aufrechterhaltung eines lückenlosen Versicherungsschutzes in geeignetem Maße das Reformziel sicherstellen. Im Ergebnis stehen auch Zumutbarkeitserwägungen diesem Normverständnis nicht entgegen, da der Versicherungsnehmer – mit einer Ausnahme – nicht unverhältnismäßig durch die Kündigungsvoraussetzungen beschwert wird. Seine Dispositionsfreiheit muss – nicht zuletzt wegen der sozialen Überlagerung des privaten Krankenversicherungsrechts – in der Regel hinter den gewichtigeren Gemeinwohlinteressen zurücktreten. Dies entspricht auch dem gesetzgeberischen Willen. Nach konsequenter Auslegung des § 205 Abs. 6 VVG gilt dieser zudem über seinen unmittelbaren Anwendungsbereich hinaus für die Kündigungsrechte des § 19 Abs. 6 S. 1 VVG und § 314 BGB.

Insgesamt besteht mit Blick auf die Regelungen zur Sicherung eines dauerhaften Krankenversicherungsschutzes erheblicher Reformbedarf. Dieser beruht sowohl auf der nach der derzeitigen Rechtslage drohenden Versicherungslücken hinsichtlich des Schutzes der Gefahrsperson als auch auf einer teilweise unbilligen Risikoverlagerung auf den Versicherungsnehmer, der nach der derzeitigen Rechtslage umfangreich zur Sicherstellung des Krankenversicherungsschutzes eines Dritten verpflichtet sein kann.

Kapitel D. Die vertragliche Modifikation von Kündigungsvoraussetzungen zum Schutz der Gefahrsperson

I. Einführung

Der nachfolgende Abschnitt behandelt die Problematik, ob und inwieweit vertragliche Modifikationen von Kündigungsvoraussetzungen, welche dem Schutz der Gefahrsperson dienen, für den Versicherungsnehmer bei auf die Person eines Dritten genommenen Versicherungsverträgen zulässig sind. Nach § 208 S. 1 VVG kann nicht von § 192 Abs. 5 S. 2 VVG und den §§ 194 bis 199 sowie §§ 201 bis 207 VVG zum Nachteil der Gefahrsperson oder des Versicherungsnehmers abgewichen werden. Nachstehend wird – unter besonderer Beachtung des § 208 S. 1 VVG – untersucht, ob vor diesem Hintergrund die Festlegung einer konstitutiven Nachweispflicht des Versicherungsnehmers hinsichtlich der Kenntnis der Gefahrsperson von der Kündigung durch allgemeine Versicherungsbedingungen zulässig ist. Im Zentrum steht dabei das Urteil des *BGH* vom 16.01.2013,[439] welches sich mit der Frage der Wirksamkeit der entsprechenden Klausel in § 13 Abs. 10 S. 3 MB/KK 2009 auseinandergesetzt hat.

Insgesamt behandelt dieser Abschnitt daher die Frage, ob und in welchem Rahmen eine vertragliche Modifikation von Kündigungsvoraussetzungen, die nur im Falle von auf die Person eines Dritten genommenen Versicherungen zum Tragen kommen und gerade dem Schutz der vom Versicherungsnehmer verschiedenen Gefahrsperson dienen, in rechtlich zulässiger Weise möglich ist und nach welchen Vorschriften sich deren Zulässigkeit bemisst.

II. Vertragliche Modifizierbarkeit der gesetzlichen Kündigungsvoraussetzungen zum Schutz der Gefahrsperson

Die gesetzlichen Kündigungsvorschriften im privaten Krankenversicherungsrecht dienen nicht nur dem Schutz des Versicherungsnehmers, sondern auch dem Schutz der mit diesem nicht identischen Gefahrsperson. Dies gilt unabhängig davon, wessen Interesse versichert wird, da nahezu alle Vorschriften der §§ 193 ff. VVG zwingend oder gemäß § 208 S. 1 VVG halbzwingend ausgestaltet

---

439 *BGH*, Urt. v. 16.01.2013, VersR 2013, .

sind. Es besteht daher grundsätzlich kein Spielraum für (nachteilige) Abweichungen mit Blick auf Versicherungsnehmer und dritte Gefahrspersonen. Vorschriften, die gerade dem Schutz der Gefahrsperson für den Fall der Kündigung durch den Versicherungsnehmer dienen, finden sich im privaten Krankenversicherungsrecht in den §§ 205, 207 VVG.[440]

Im Anschluss an eine abstrakte Betrachtung des aus § 208 S. 1 VVG für den Versicherungsnehmer und für in den Vertrag als Gefahrspersonen einbezogene Dritte folgenden Schutzes, erfolgt die Untersuchung der vertraglichen Modifizierbarkeit der halbzwingenden Kündigungsvorschriften am Beispiel der Vereinbarung, einer für die Kündigung konstitutiven Nachweispflicht bezüglich der Kenntniserlangung der Gefahrsperson von der Kündigung durch § 13 Abs. 10 S. 3 MB/KK 2009.

1. Die gesetzliche Schranke des § 208 S. 1 VVG

Nach § 208 S. 1 VVG kann von § 192 Abs. 5 S. 2 VVG, den §§ 194 bis 199 und §§ 201 bis 207 VVG nicht zum Nachteil des Versicherungsnehmers und der Gefahrsperson abgewichen werden. Die in Bezug genommenen Regelungen sind somit halbzwingend.[441] Die Beschränkung gilt sowohl für formular- als auch für individualvertragliche Änderungen zum Nachteil der Gefahrsperson. Sie unterstreicht die Schutzwürdigkeit der Gefahrsperson, da diese insofern dem Versicherungsnehmer gleichgestellt wird.[442] Ziel des § 208 S. 1 VVG ist es – im Regelungskomplex der privaten Krankenversicherung – den Mindestschutz sowohl des Versicherungsnehmers als auch der Gefahrsperson sicherzustellen.[443]

Die Feststellung, wann eine Vereinbarung zum Nachteil von Versicherungsnehmer oder Gefahrsperson getroffen wird, bestimmt sich nach allgemeiner Ansicht nach einer abstrakten Beurteilung der durch die Vereinbarung entstehenden Nachteile und Vorteile.[444] Die Nachteiligkeit ist dabei nicht bereits aufgrund einer einzelnen negativen Auswirkung auf den Versicherungsnehmer

---

440 Vgl. oben unter C. II. 2. b).

441 *Boetius*, PKV, § 208, Rn. 25 VVG; *Reinhard* in Looschelders/Pohlmann, VVG, § 208, Rn. 1; *Eichelberger* in Spickhoff, Medizinrecht, § 208 VVG, Rn. 3.

442 *Brömmelmeyer* in Schwintowski/Brömmelmeyer, PK-Versicherungsrecht, § 208, Rn. 4.

443 Zu § 178o VVG a.F.: Regierungsbegründung des Dritten DurchführungsG/EWG zum VAG, BT-Drucks. Nr. 12/6959, S. 107. Zu § 208 VVG n.F.: Gesetzesbegründung zum Gesetzesentwurf zur Reform des Versicherungsvertragsrechts, BT-Drucks. 16/3945 S. 115.

444 *Wandt* in Langheid/Wandt, MüKo VVG, § 32, Rn. 8; *Rogler* in Rüffer/Halbach/Schimikowski, VVG, § 208, Rn. 3; *Eichelberger* in Spickhoff, Medizinrecht, § 208 VVG, Rn. 3.

oder die Gefahrsperson anzunehmen, sondern – nach der ganz überwiegenden Meinung – im Rahmen einer abstrakten Gesamtbetrachtung festzustellen.[445] Die (überwiegende) Nachteilhaftigkeit der vertraglichen Regelung wird dann im Rahmen einer Saldobetrachtung der aus der Klausel resultierenden Vor- und Nachteile ermittelt.[446] Abwägungsgegenstand ist dabei jedoch nur die Regelung selbst, nicht aber der Rest des Vertrages.[447] Im Hinblick auf die Art der vertraglichen Regelung variiert zudem der Beurteilungsmaßstab, der bei der Gegenüberstellung der Vor- und Nachteile anzulegen ist. So kann es bei der Beurteilung von AVB – wie auch im Hinblick auf deren Auslegung – nur auf die Wirkungen für einen durchschnittlichen Versicherungsnehmer bzw. eine durchschnittliche Gefahrsperson ankommen, während bei der Überprüfung von individualvertraglichen Regelungen auf die Auswirkungen im konkreten Einzelfall abzustellen ist.[448] Die im Rahmen einer Gegenüberstellung der Vor- und Nachteile vorzunehmende Gesamtbetrachtung ist jedoch nicht an den konkreten rechtlichen Tatbestand gebunden.[449] Es muss folgerichtig daher auch möglich sein, dass eine Klausel, die hinsichtlich einer konkreten halbzwingenden gesetzlichen Regelung nachteilig ist, aufgrund anderer gesetzlicher Regelungen ihre Nachteiligkeit verliert. So kann eine Regelung denklogisch dann nicht nachteilig sein, wenn die nachteilige Abweichung ohnehin aufgrund anderer gesetzlicherer Regelungen durch den jeweiligen Normadressaten geschuldet wird. In diesem Fall wäre die Abweichung vielmehr für den Versicherungsnehmer oder die Gefahrsperson trotz grundsätzlich nachteiliger Abweichung per Saldo neutral.

Im Hinblick auf die Feststellung der Nachteiligkeit von AVB stellt sich zudem die Frage, ob entsprechend der Wirksamkeitskontrolle nach § 307 BGB im Rahmen der Saldierung nach § 208 S. 1 VVG auch eine Interessenabwägung vorzunehmen ist oder jede nachteilige Abweichung wie ein Verstoß gegen § 309 BGB zu werten ist. Eine über die adressatenbezogene Saldierung hinausgehende

445 Anstatt vieler: *Rogler* in Rüffer/Halbach/Schimikowski, VVG, § 208, Rn. 3; *Eichelberger* in Spickhoff, Medizinrecht, § 208 VVG, Rn. 3.

446 *Fausten* in Langheid/Wandt, MüKo VVG, § 18, Rn. 25 f.; *Armbrüster* in Prölss/Martin, VVG, § 18, Rn. 4; *Rogler* in Rüffer/Halbach/Schimikowski, VVG, § 208, Rn. 3; *Eichelberger* in Spickhoff, Medizinrecht, § 208 VVG, Rn. 3; *Klimke*, Die halbzwingenden Vorschriften des VVG, S. 68.

447 *Rogler* in Rüffer/Halbach/Schimikowski, VVG, § 208, Rn. 4.

448 *Wandt* in Langheid/Wandt, MüKo VVG, § 32, Rn. 12 f.; *Rogler* in Rüffer/Halbach/Schimikowski, VVG, § 208, Rn. 4; *Eichelberger* in Spickhoff, Medizinrecht, § 208 VVG, Rn. 3.

449 *Klimke*, Die halbzwingenden Vorschriften des VVG, S. 82.

Interessenabwägung ist aufgrund verschiedener Gründe abzulehnen. Zunächst widerspräche es Sinn und Zweck einer halbzwingenden Regelung im VVG, die Interessen des Versicherers bei der Beurteilung der Vor- und Nachteile zu berücksichtigen. Die Einordnung der Bestimmung als halbzwingend dient gerade dazu, nur einseitig ein bestimmtes Schutzniveau zugunsten des Versicherungsnehmers und der Gefahrsperson zu garantieren, sodass eine Interessenabwägung unter Einbeziehung der Interessen des Versicherers teleologisch verfehlt wäre. Darüber hinaus dürfen auch die Interessen von Gefahrsperson und Versicherungsnehmer nicht gegeneinander abgewogen werden. Das heißt im Falle einer für die Gefahrsperson vorteilhaften und für den Versicherungsnehmer nachteiligen Regelung oder umgekehrt, kann eine Abwägung nicht zur Wirksamkeit der Regelung führen. Die Normadressaten des § 208 S. 1 VVG sind sowohl Versicherungsnehmer als auch die Gefahrsperson, die gleichwertig nebeneinanderstehen. Diese können nicht gegen den eindeutigen Wortlaut als Einheit betrachtet werden, sodass ihre Interessen gegeneinander abzuwägen und in die Saldierung nach § 208 S. 1 VVG mit einzubeziehen wären. Gegen eine Interessenabwägung im Rahmen der Prüfung nach § 208 S. 1 VVG spricht schließlich auch, dass im Falle von Individualabreden das Gesetz eine Interessenabwägung wie bei § 307 BGB ohnehin nicht kennt. Eine Ungleichbehandlung von AVB und Individualabreden ist durch § 208 S. 1 VVG aber nicht bezweckt. Durch die Regelung soll vielmehr insgesamt ein Mindestschutz der Normadressaten unabhängig von der Art der Regelung hergestellt werden. Im Ergebnis hat, wenn im Rahmen der Gesamtsaldierung eine Nachteiligkeit der Klausel festgestellt wird, dies somit ohne eine weitere Abwägung die Unwirksamkeit der individual- oder formularvertraglichen Klausel zur Folge.

Unterschiedlich beurteilt wird seit der VVG-Reform schließlich die Rechtsfolge eines Verstoßes gegen § 208 S. 1 VVG. Überwiegend wird angenommen, dass ein Verstoß gegen § 208 S. 1 VVG durch AVB oder individualvertragliche Regelungen zur Unwirksamkeit der Regelung führe.[450] Andere gehen davon aus, dass im Einklang mit der vor der VVG-Reform bestehenden Rechtslage sich der Versicherer nur nicht auf die benachteiligende Bestimmung berufen dürfe.[451]

---

450 *Boetius*, PKV, § 208, Rn. 18; *Hütt* in Langheid/Wandt, MüKo VVG, § 208, Rn. 7; *Brömmelmeyer* in Schwintowski/Brömmelmeyer, PK-Versicherungsrecht, § 208, Rn. 1; *Eichelberger* in Spickhoff, Medizinrecht, § 208 VVG, Rn. 4; *Brand*, VersR 2011, 1337, 1344. So auch allgemein bzgl. halbzwingender AVB: *Adelmann*, Grenzen der Inhaltskontrolle, S. 84; *Werber*, VersR 2010, 1253, 1256.

451 *Höra* in Höra, MAH Versicherungsrecht, § 1, Rn. 37; *Reinhard* in Looschelders/Pohlmann, VVG, § 208, Rn. 1; *Rogler* in Rüffer/Halbach/Schimikowski, VVG, § 208, Rn. 5.

Letzterer Ansicht ist nicht zu folgen. Nach § 178o VVG a.F. hatte ein Verstoß gegen eine halbzwingende Vorschrift noch ausdrücklich zur Folge, dass sich der Versicherer auf diese nicht berufen durfte. Allerdings hat der Gesetzgeber bei der Neufassung der Bestimmung von dieser Formulierung abgesehen.[452] Ihrem Wortlaut nach ist eine nachteilige Abweichung überhaupt nicht mehr möglich. Die Annahme, eine benachteiligende Regelung könne zwar getroffen werden und dem Versicherer wäre bloß die Berufung auf diese verwehrt, findet inzwischen keine Entsprechung mehr im Wortlaut.[453] So wird richtigerweise auch im Schrifttum die Neufassung als erforderliche Klarstellung der Unwirksamkeit als Rechtsfolge des Verstoßes gegen halbzwingende Vorschriften begrüßt.[454] Sinn und Zweck der Neuregelung war zudem die Verbesserung des Verbraucherschutzes im Rahmen des VVG. Das Festhalten an der nach alter Fassung der Norm geltenden Rechtsfolge ist vor diesem Hintergrund nicht überzeugend. So könnte der Versicherer grundsätzlich eine nachteilige Regelung noch treffen und dürfte sich nur im Streitfall auf diese nicht berufen. Nur die Anordnung der Unwirksamkeit stellt zugunsten des Versicherungsnehmers und der Gefahrsperson sicher, dass der Versicherer eine nachteilige Regelung keinesfalls wirksam treffen kann.[455]

2. Grenzen der vertraglichen Gestaltung der Kündigungsvoraussetzungen

Eine Modifikation der gesetzlichen Kündigungsvoraussetzungen kommt durch individualvertragliche Regelungen oder – wie in der Praxis üblich – für eine Mehrheit von Versicherungsnehmern durch Allgemeine Versicherungsbedingungen in Betracht. Abhängig von ihrer Rechtsnatur kommen dabei unterschiedliche gesetzliche Gestaltungsbeschränkungen in Betracht.

Das *OLG Karlsruhe* ging hinsichtlich § 178o VVG a.F. davon aus, dass Abweichungen nur „unzulässig" nicht aber „unwirksam" seien (Urt. v. 20.06.2002, RuS 2002, 475, 476).

452 Die Neufassung des § 208 S. 1 VVG schreibt vor, dass von den halbzwingenden Vorschriften nicht abgewichen werden „kann".

453 *Werber*, VersR 2010, 1253, 1256.

454 So zur Parallelregelung des § 208 S. 1 VVG in § 18 VVG: *Fausten* in Langheid/Wandt, MüKo VVG, § 18, Rn. 31 f.; *Klenk* in Looschelders/Pohlmann, VVG, § 18, Rn. 3, 9; *Brömmelmeyer* in Rüffer/Halbach/Schimikowski, VVG, § 18, Rn. 5; *Rixecker* in Langheid/Rixecker, VVG; § 18, Rn. 1.

455 So auch *Klimke*, Die halbzwingenden Vorschriften des VVG, S. 113.

a) *Individualvertragliche Regelung*

Die Parteien des Versicherungsvertrags, der Versicherungsnehmer und der Versicherer, können grundsätzlich individualvertraglich die gesetzlichen Kündigungsvoraussetzungen modifizieren. Eingeschränkt wird die Dispositionsfreiheit lediglich durch die Regelung des § 208 S. 1 VVG. In der Praxis spielen Individualabreden jedoch keine große Rolle.

b) *Allgemeine Versicherungsbedingungen*

aa) *Musterbedingungen im Krankenversicherungsrecht*

Üblicherweise wird der Vertragsinhalt des Krankheitskostenversicherungsvertrags aufgrund seines Charakters als Massengeschäft nicht durch individualvertragliche Regelungen, sondern durch allgemeine Geschäftsbedingungen bestimmt.[456] Im Versicherungsrecht werden diese als Allgemeine Versicherungsbedingungen (AVB) bezeichnet.[457] Anders als die in anderen Branchen übliche Verwendung von AGB, die regelmäßig nur der Regelung nebenvertraglicher Modalitäten dienen, legen die AVB vor allem die Hauptleistungspflichten der Parteien und den wesentlichen Vertragsinhalt (wie etwa den Leistungsumfang) fest.[458] Für die Krankheitskostenversicherung besteht insofern eine weitere Besonderheit, als die allgemeinen Versicherungsbedingungen für diesen Versicherungsvertragstyp brancheneinheitlich in unverbindlichen Musterbedingungen, den sogenannten MB/KK, festgeschrieben werden. Lediglich hinsichtlich der unterschiedlichen Tarife treffen die Versicherer in der Regel eigene Regelungen.[459] Für die Krankheitskostenversicherung bilden im Falle ihrer Einbeziehung die MB/KK 2009, die Musterbedingungen 2009 für die Krankheitskosten- und Krankenhaustagegeldversicherung, die maßgebliche Rechtsgrundlage.[460] Dies

---

456 *Beckmann* in Beckmann/Matusche-Beckmann, Versicherungsrecht-Handbuch, § 10, Rn. 3; *Pohlmann* in Looschelders/Pohlmann, Einleitung B., Rn. 1; *Armbrüster* in Prölss/Martin, VVG, Einleitung, Rn. 27.

457 *Rudolph* in Bach/Moser, PKV, Einl., Rn. 22; *Boetius*, PKV, Einf, Rn. 207; *Höra* in Höra, MAH Versicherungsrecht, § 1, Rn. 41; So auch schon nach dem AGBG: *Jöster* in Thamm/Pilger, TK-AGB-Gesetz, S. 278, Rn. 1.

458 *Reiff* in Langheid/Wandt, MüKo VVG, Band 3, Allg. Versicherungsbedingungen, Rn. 2; *Pohlmann* in Looschelders/Pohlmann, Einleitung B., Rn. 1; *Reiff* in Wolf/Lindacher/Pfeiffer, AGB-Recht, Klauseln (V), Rn. V 63; *Koch*, VersR 2015, 133, 133 f.; *Martin*, VersR 1984, 1107, 1108.

459 *Rudolph* in Bach/Moser, PKV, Einl, Rn. 22; *Boetius*, PKV, Einf, Rn. 209.

460 Anstatt vieler: *Brömmelmeyer* in Schwintowski/Brömmelmeyer, PK-Versicherungsrecht, Vorbem §§ 192 bis 208, Rn. 7, 14.

hat zur Folge, dass die Unwirksamkeit einzelner Klauseln der MB/KK Auswirkungen auf die überwiegende Anzahl der privaten Krankheitskostenversicherungsverträge hat.

bb) Allgemeine Grenzen der Vertragsgestaltung durch AVB

Die Wirksamkeit der AVB bestimmt sich sowohl nach Regelungen des VVG als auch des VAG.[461] Eine besondere Einschränkung erfährt die Gestaltung der AVB in der privaten Krankenversicherung durch die Schutzvorschrift des § 208 S. 1 VVG. Soweit es sich – wie regelmäßig – bei ihnen um allgemeine Geschäftsbedingungen handelt, unterfallen die AVB zudem den Regelungen der §§ 305 ff. BGB. Insbesondere die Rechtsprechung greift regelmäßig auf das Instrument der Inhaltskontrolle auch im Krankenversicherungsrecht zurück.[462]

Bei den MB/KK handelt es sich grundsätzlich um allgemeine Geschäftsbedingungen im Sinne des § 305 Abs. 1 S. 1 BGB, da sie für eine Vielzahl von Verträgen vorformuliert sind und vom Versicherer einseitig gestellt werden.[463] Nur sofern ausnahmsweise über das Klauselwerk im Einzelnen verhandelt wurde, dem Versicherungsnehmer also eine selbstständige Mitbestimmungsmöglichkeit eingeräumt wurde, sind die AVB insoweit als Individualabrede zu behandeln.

Um Vertragsbestandteil zu werden, müssen die Musterbedingungen in den Vertrag wirksam nach § 305 Abs. 2 Nr. 1 oder 2 BGB einbezogen werden.[464] Dies ist der Fall, wenn der Versicherer als Verwender dem Versicherungsnehmer „bei Vertragsschluss" Zugang zu den AVB verschafft oder diesen auf einen Aushang hinweist und der Versicherungsnehmer zustimmt.[465] An dieser Stelle wird die besondere Natur der AVB deutlich. Da durch die Bedingungen weitestgehend auch die Hauptleistungspflichten geregelt werden, so etwa in § 1 Abs. 1 lit a) MB/KK 2009 hinsichtlich des Leistungsumfangs in der Krankheitskostenversicherung, müssen dem Versicherungsnehmer die AVB zwangsläufig bei Vertragsschluss in Verbindung mit der Vertragsurkunde zugänglich gemacht werden (§ 7

461 *Pohlmann* in Looschelders/Pohlmann, VVG, Einleitung, B., Rn. 1; *Reiff* in Langheid/Wandt, MüKo VVG, Allg. Versicherungsbedingungen, Rn. 5; *Armbrüster* in Prölss/Martin, VVG, Einleitung, Rn. 29.

462 Zu dieser Entwicklung bereits: *Dehner*, NJW 1993, 2961, 2961.

463 So ausdrücklich für die PKV: *Staudinger* in Bach/Moser, PKV, Einl, Rn. 100; *Commer* in van Bühren, Handbuch Versicherungsrecht, § 17, Rn. 32, 39.

464 So auch schon nach dem AGBG: *Jöster* in Thamm/Pilger, TK-AGB-Gesetz, S. 279, Rn. 4.

465 Anstatt vieler: *Schlosser* in Staudinger, BGB, § 305, Rn. 105 ff; 114.

VVG i.V.m. Info-VO[466]). Sollten die Bedingungen dem Versicherungsnehmer jedoch erst nach dem Vertragsschluss ausgehändigt werden, richtet sich der Vertragsinhalt nach den gesetzlichen Regelungen.[467] Erst durch die Kenntnisnahme der MB/KK kann der Versicherungsnehmer die essentiellen Rechte und Pflichten aus dem Vertrag erkennen. Von besonderer praktischer Relevanz sind im Rahmen der AGB-rechtlichen Einbeziehungs- und Wirksamkeitskontrolle das Verbot überraschender Klauseln nach § 305c Abs. 1 BGB, die Unklarheitenregelung des § 305c Abs. 2 BGB sowie die Inhaltskontrolle nach § 307 Abs. 1 S. 1 BGB.[468]

Der AGB-rechtlichen Einbeziehungs- und Wirksamkeitskontrolle geht stets eine Auslegung der Klausel unter Berücksichtigung des jeweiligen Versicherungszweigs voraus.[469] Erst der durch die Auslegung ermittelte Sinngehalt der jeweiligen Bedingung ist dann Gegenstand der Kontrolle.[470] Relevanter Auslegungsmaßstab für AVB ist nach ständiger Rechtsprechung des *BGH* dabei die verständige Sicht eines durchschnittlichen Versicherungsnehmers oder einer durchschnittlichen Gefahrsperson; es ist also darauf abzustellen, wie dieser bei gründlicher Betrachtung und unter Berücksichtigung des Sinnzusammenhangs die Klausel verstehen würde.[471]

Problematisch ist jedoch – gerade auch bei Versicherungen auf die Person von Dritten – wie sich die AGB-rechtliche Inhaltskontrolle nach §§ 307 ff. BGB im Anwendungsbereich der nach § 208 S. 1 VVG halbzwingenden Vorschriften des Krankenversicherungsrechts verhält. Dabei stellt sich insbesondere die Frage, ob im Falle einer Abweichung der MB/KK von halbzwingenden Normen – unabhängig davon, ob vorteilhaft oder nachteilig – eine parallele Inhaltskontrolle (zumindest ergänzend) möglich bleibt oder durch § 208 S. 1 VVG

466 Verordnung über Informationspflichten bei Versicherungsverträgen v. 18.12.2007, BGBl. I S. 3004.

467 Bzgl. der Einbeziehung von MB/KK: *Commer* in van Bühren, Handbuch Versicherungsrecht, § 17, Rn. 39 f.

468 *Commer* in van Bühren, Handbuch Versicherungsrecht, § 17, Rn. 53. Vgl. Darstellung bei *Pohlmann* in Looschelders/Pohlmann, VVG, Einleitung. B., Rn. 35 ff.; Vgl. Problemschwerpunkte in *BGH*, Urt. v. 16.01.2013, VersR 2013, 305–308.

469 *BGH*, Urt. v. 21.02.2001, NJW 2001, 3406, 3406; *Armbrüster* in Prölss/Martin, VVG, Einleitung, Rn. 260; *Höra* in Höra, MAH Versicherungsrecht, § 1, Rn. 52; *Commer* in van Bühren, Handbuch Versicherungsrecht, § 17, Rn. 52.

470 *Staudinger* in Bach/Moser, PKV, Einl., Rn. 96; *Commer* in van Bühren, Handbuch Versicherungsrecht, § 17, Rn. 52.

471 *BGH*, Urt. v. 21.02.2001, NJW 2001, 3406, 3406; *BGH* Urt. v. 23.06.1993, BGHZ 123, 83, 85; *Commer* in van Bühren, Handbuch Versicherungsrecht, § 17, Rn. 52.

ausgeschlossen wird. Für den Umfang des Schutzes der Gefahrsperson und des Versicherungsnehmers kommt es nämlich maßgeblich darauf an, ob eine nach § 208 S. 1 VVG neutrale oder vorteilhafte Klausel trotzdem einer AGB-rechtlichen Inhaltskontrolle unterliegt oder die Prüfung nach § 208 S. 1 VVG den Anwendungsbereich der §§ 307 ff. BGB sperrt. Daneben bestehen auch Zweifel, ob eine Inhaltskontrolle überhaupt möglich ist, wenn es an einer Abweichung der Klausel vom Gesetz fehlt. Diese Fragen werden nachfolgend, im systematischen Zusammenhang mit der exemplarischen Untersuchung des § 13 Abs. 10 S. 3 MB/KK 2009, behandelt.[472]

3. Einführung einer Nachweispflicht bezüglich der Kenntnis der Gefahrsperson von der Kündigung als zusätzliche Kündigungsvoraussetzung

Die Untersuchung der vertraglichen Modifizierbarkeit drittschützender gesetzlicher Kündigungsvorschriften des privaten Krankenversicherungsrechts erfolgt am Beispiel der in § 13 Abs. 10 S. 3 MB/KK 2009[473] brancheneinheitlich geregelten Nachweispflicht. Die Regelung des § 13 Abs. 10 S. 3 MB/KK 2009 lautet wörtlich:

> „*Die Kündigung ist nur wirksam, wenn der Versicherungsnehmer nachweist, dass die betroffenen versicherten Personen von der Kündigungserklärung Kenntnis erlangt haben.*“

Diese Nachweispflicht knüpft an das Wirksamkeitserfordernis des § 207 Abs. 2 S. 2 VVG an und weicht von diesem – zumindest sprachlich – ab. Die Abweichung der Musterbedingung vom gesetzlichen Wortlaut stellt einen praxisrelevanten Fall einer vertraglichen Modifikation einer gesetzlichen Kündigungsvorschrift in auf die Person von Dritten genommenen Krankheitskostenversicherungsverträgen dar, dessen Aktualität auch zuletzt durch die Leitentscheidung des *BGH*[474] bestätigt wurde. Nachfolgend wird daher zunächst die drittschützende gesetzliche Kündigungsregelung des § 207 Abs. 2 S. 2 VVG näher betrachtet und anschließend, unter Berücksichtigung der höchstrichterlichen Rechtsprechung, die Zulässigkeit der Einführung der Nachweispflicht als Kündigungsvoraussetzung durch die MB/KK für Drittversicherungsverträge untersucht.

---

472 Siehe nachfolgend unter D. II. 3. b) bb).

473 Musterbedingungen 2009, Stand Januar 2017, abrufbar auf der Homepage des Verbands der Privaten Krankenversicherung: http://www.pkv.de/service/broschueren/musterbedingungen/mb-kk-2009/ (abgerufen am 19.09.2018), Annex.

474 *BGH*, Urt. v. 16.01.2013, VersR 2013, 305.

a) *Erfordernis der Kenntnis der Gefahrsperson i.S.v. § 207 Abs. 2 S. 2 VVG*

Nach § 207 Abs. 2 S. 2 VVG ist die Kündigung des auf die Person eines Dritten genommenen Krankenversicherungsvertrags von der Kenntniserlangung der Gefahrsperson von der Kündigungserklärung abhängig. Die Regelung gilt sowohl für ordentliche als auch außerordentliche Kündigungen durch den Versicherungsnehmer und ist nicht auf im VVG geregelte Kündigungsrechte beschränkt.[475] Ziel dieser Regelung ist es, das nach § 207 Abs. 1, Abs. 2 S. 1 VVG der Gefahrsperson zustehende Fortsetzungsrecht sicherzustellen.[476] Anders als die in *Kapitel C* untersuchte Kündigungsvorschrift des § 205 Abs. 6 VVG, ist § 207 Abs. 2 VVG nicht auf die Kündigung von Pflichtversicherungsverträgen im Sinne von § 193 Abs. 3 S. 1 VVG beschränkt.

Nach § 207 Abs. 2 VVG kann die Gefahrsperson innerhalb von zwei Monaten nach der wirksamen Kündigung des Krankenversicherungsvertrags durch den Versicherungsnehmer, unabhängig davon, ob es sich bei der Versicherung um eine Versicherung für fremde oder eigene Rechnung des Versicherungsnehmers handelt,[477] die Fortsetzung des Versicherungsverhältnisses unter Benennung eines neuen Versicherungsnehmers erklären. Diese Erklärung hat zur Folge, dass die als neuer Versicherungsnehmer benannte Person, rückwirkend auf den Zeitpunkt des Wirksamwerdens der Kündigung, Vertragspartner des Versicherers wird und die Gefahrsperson so gestellt wird, als wäre der ursprüngliche Vertrag nie gekündigt worden.[478] Die Gefahrsperson kann die Versicherung auch selbst als eigene Versicherung fortführen.[479] Die Ausübung des Fortsetzungsrechts erfolgt durch eine einseitige, empfangsbedürftige Erklärung der Gefahrsperson.[480]

---

475 *Boetius*, PKV, § 207, Rn. 37; *Voit* in Prölss/Martin, VVG, § 207, Rn. 14; *Eichelberger* in Spickhoff, Medizinrecht, § 207 VVG, Rn. 7.

476 Zu § 178n VVG a.F.: Reg.-Begründung des Dritten DurchführungsG/EWG zum VAG, BT-Drucks. Nr. 12/6959, S. 107; *Boetius*, PKV, § 207, Rn. 3; *Reinhard* in Looschelders/Pohlmann, VVG, § 207, Rn. 9; *Muschner* in Langheid/Rixecker, VVG, § 207, Rn. 2.

477 *Boetius*, PKV, § 207, Rn. 16; *Rogler* in Rüffer/Halbach/Schimikowski, VVG, § 207, Rn. 6 f.

478 *Stormberg* in Beckmann/Matusche-Beckmann, Versicherungsrecht-Handbuch, § 44, Rn. 219; *Boetius*, PKV, § 207, Rn. 26; *Reinhard* in Looschelders/Pohlmann, VVG, § 207, Rn. 5; *Eichelberger* in Spickhoff, Medizinrecht, § 207 VVG, Rn. 3.

479 *Reinhard* in Looschelders/Pohlmann, VVG, § 207, Rn. 4.

480 *Voit* in Prölss/Martin, VVG, § 207, Rn. 4; *Eichelberger* in Spickhoff, Medizinrecht, § 207 VVG, Rn 3 f.

Umstritten ist insofern, ob es sich bei dieser Erklärung um die Ausübung eines einseitigen Gestaltungsrechts handelt, das eine weitere Mitwirkung des Versicherungsnehmers oder Versicherers nicht erforderlich macht,[481] oder die Erklärung nur ein Angebot zum Abschluss eines neuen Vertrages unter Anrechnung der bisherigen Alterungsrückstellungen und Rechte ist und den Versicherer hinsichtlich dieses Angebots ein Kontrahierungszwang trifft.[482] Letztere Ansicht vermag in verschiedener Hinsicht nicht zu überzeugen. Ausgehend vom Wortlaut des § 207 Abs. 1 S. 1 VVG kann die Gefahrsperson die Fortsetzung des Vertrages unter Benennung des künftigen Versicherungsnehmers „erklären". Diese Formulierung indiziert, dass die Voraussetzung für die Fortsetzung des Versicherungsverhältnisses grundsätzlich nur eine einseitige fristgemäße und vollständige Erklärung ist. § 207 Abs. 1 S. 1 VVG spricht gerade nicht davon, dass die Gefahrsperson eine Fortsetzung nur „verlangen" kann, also noch eine (zustimmende) Handlung des Versicherers erforderlich ist. Auch die Tatsache, dass § 207 Abs. 1 S. 1 VVG im Falle des Todes des Versicherungsnehmers zutreffend von einer bereits erfolgten Beendigung des Versicherungsverhältnisses ausgeht, steht der Annahme einer rückwirkenden automatischen Vertragsfortgeltung nicht entgegen. Ziel des Fortsetzungsrechts ist es, trotz der Beendigung einen nahtlosen Versicherungsschutz für die Gefahrsperson zu ermöglichen.[483] So wäre die Gefahrsperson, die lediglich berechtigt ist, die Fortsetzung ihrerseits anzubieten, dem Risiko ausgesetzt, dass ein solches Versicherungsverhältnis mangels Annahme durch den Versicherer nicht zustande käme. *Rogler* nimmt in einem solchen Fall zwar an, dass eine Annahmeverweigerung des Versicherers Schadensersatzansprüche wegen der Verletzung nachvertraglicher Pflichten auslösen würde,[484] doch kann dies als Ergebnis nicht befriedigen. Die Gefahrsperson würde nicht nur für die Geltendmachung der Schadensersatzansprüche das wirtschaftliche Risiko tragen, sondern es wäre auch der vom Gesetzgeber bezweckte fortbestehende Krankenversicherungsschutz der Gefahrsperson unter Erhaltung der Alterungsrückstellungen bei dem Verständnis der Fortsetzungserklärung als Angebot nicht sichergestellt. Schließlich deutet auch die Formulierung „Fortsetzung" auf eine nahtlose Vertragsübernahme hin. Die Gefahrsperson soll gerade

---

481 So die ganz überwiegende Meinung: *Boetius*, PKV, § 207, Rn. 28, § 206, Rn. 143; *Hütt* in Langheid/Wandt, MüKo VVG, § 207, Rn. 11; *Reinhard* in Looschelders/Pohlmann, VVG, § 207, Rn. 5; *Voit* in Prölss/Martin, VVG, § 207, Rn. 4, 11.

482 *Rogler* in Rüffer/Halbach/Schimikowski, VVG, § 207, Rn. 10.

483 Zu § 178n VVG a.F.: Reg.-Begründung des Dritten DurchführungsG/EWG zum VAG, BT-Drucks. Nr. 12/6959, S. 107.

484 *Rogler* in Rüffer/Halbach/Schimikowski, VVG, § 207, Rn. 11.

in die Position versetzt werden, wie sie ohne Beendigung des Ursprungsvertrags stünde.[485]

Die Ausübung des Fortsetzungsrechtes hat zum einen zur Folge, dass der geänderte Vertrag mit gleichem Inhalt und unter Anrechnung der Alterungsrückstellungen mit dem neuen Versicherungsnehmer fortgeführt wird. Dies bedeutet jedoch auch, dass den neuen Versicherungsnehmer als Vertragspartner die Pflichten aus dem Vertrag treffen.[486] Die Regelung des § 207 Abs. 1 VVG betrifft grundsätzlich nur den Fall der Beendigung des Versicherungsverhältnisses durch den Tod des Versicherungsnehmers. § 207 Abs. 2 S. 1 VVG erklärt diesen jedoch ausdrücklich auch für den Fall der Kündigung durch den Versicherungsnehmer für anwendbar. An die Art und Form der für die Wirksamkeit der Kündigung erforderlichen Kenntniserlangung nach § 207 Abs. 2 S. 2 VVG sind keine besonderen Anforderungen zu stellen.[487] Es genügt also, dass die Gefahrsperson tatsächlich von der Kündigungserklärung Kenntnis erlangt hat. Sinnvoll ist es, die Gefahrsperson bereits vor der Kündigungserklärung zu informieren, damit die Kündigung mit Zugang der Erklärung beim Versicherer wirksam wird.

b) Zusätzliche Kündigungsvoraussetzung durch § 13 Abs. 10 S. 3 MB/KK

aa) Problemstand

Nach § 13 Abs. 10 S. 3 MB/KK 2009 hängt die Wirksamkeit der vom Versicherungsnehmer erklärten Kündigung von einem Nachweis der Kenntniserlangung der Gefahrsperson im Sinne des § 207 Abs. 2 S. 2 VVG ab. Bis zur Einführung des § 207 VVG n.F. durch die VVG-Reform[488] war eine entsprechende Nachweispflicht auch gesetzlich ausdrücklich in der Vorgängerregelung § 178n Abs. 2 S. 2 VVG a.F. normiert. Anders als in der Regelung des § 207 VVG, wurde die Nachweispflicht in den MB/KK auch nach dem Wegfall des § 178n Abs. 2 S. 2 VVG a.F. beibehalten.[489] Die Wirksamkeit der Musterbedingung ist seither in Rechtsprechung und Literatur umstritten.

---

485 *Reinhard* in Looschelders/Pohlmann, VVG, § 207, Rn. 5.

486 *Reinhard* in Looschelders/Pohlmann, VVG, § 207, Rn. 5; *Voit* in Prölss/Martin, VVG, § 207, Rn. 7, 8.

487 *Boetius*, PKV, § 207, Rn. 41; *Rogler* in Rüffer/Halbach/Schimikowski, VVG, § 207, Rn. 26.

488 Gesetz zur Reform des Versicherungsvertragsrechts, BGBl. 2007 I Nr. 59, S. 2664.

489 *Hütt* in Bach/Moser, PKV, § 13 MB/KK, Rn. 70; *Eichelberger* in Spickhoff, Medizinrecht, § 207 VVG, Rn. 9.

Der Ausgangspunkt der Überlegungen zur Einführung der Nachweispflicht als Kündigungsvoraussetzung bei Versicherungen auf die Person eines Dritten durch AVB ist die Frage, ob eine derartige Klausel unter Abweichung vom Wortlaut des § 207 Abs. 2 S. 2 VVG wegen eines Verstoßes gegen § 208 S. 1 VVG sowie gegen AGB-rechtliche Vorschriften zur Unwirksamkeit der Klausel führt oder zulässigerweise die Nachweispflicht als zusätzliche Wirksamkeitsvoraussetzung der Kündigung regelt. Nach § 208 VVG ist grundsätzlich keine für Versicherungsnehmer oder Gefahrsperson nachteilige Abweichung von den halbzwingenden Normen der §§ 192 ff. VVG erlaubt. Für das Vorliegen einer solchen Abweichung spricht aber vorrangig, dass dem Wortlaut des § 207 Abs. 2 S. 2 VVG keine der Klausel entsprechende Nachweispflicht zu entnehmen ist. Demgegenüber hat der *BGH* in seinem Urteil vom 16.01.2013[490] – ohne auf § 208 S. 1 VVG einzugehen – die Wirksamkeit der Musterbedingung nach einer AGB-rechtlichen Kontrolle bestätigt.

Dem Urteil des *BGH* lag eine typische Drittversicherungskonstellation zugrunde. Die Beklagte hatte als Mutter von zwei minderjährigen Töchtern zugunsten dieser bei der Klägerin (Versicherer) einen privaten Krankheitskostenversicherungsvertrag in eigenem Namen auf die Person der Töchter abgeschlossen. Die in den Vertrag einbezogenen AVB der Klägerin enthielten insbesondere die folgende, mit § 13 Abs. 10 S. 3 MB/KK 2009 übereinstimmende Regelung: „*Die Kündigung ist nur wirksam, wenn der VN nachweist, dass die betroffenen versicherten Personen von der Kündigungserklärung Kenntnis erlangt haben*“[491]. Einige Jahre später erklärte die Beklagte gegenüber der Klägerin die sofortige Kündigung des auf die Person der beiden Töchter geschlossenen Vertrags, da diese ab diesem Zeitpunkt in der gesetzlichen Krankenkasse versichert seien. Als Nachweis übermittelte sie die Bestätigung einer gesetzlichen Krankenkasse. Im Zeitpunkt der Kündigungserklärung war eine der beiden Töchter inzwischen bereits volljährig. Die Beklagte stellte nach Erklärung der Kündigung die Prämienzahlung an die Klägerin ein. Die Klägerin nahm die Beklagte auf die Zahlung der nach der Kündigungserklärung rückständigen Prämien in Anspruch. Dabei berief sie sich auf die Unwirksamkeit der Kündigung, da es an einem Nachweis der Kenntnis der Gefahrspersonen von der Kündigung fehle. Dem hielt die Beklagte entgegen, dass ihre Töchter jedenfalls im Zeitpunkt der Kündigungserklärung von dieser Kenntnis gehabt hätten und es auf einen

490 *BGH*, Urt. v. 16.01.2013, VersR 2013, 305–308.
491 *BGH*, Urt. v. 16.01.2013, VersR 2013, 305, 306 (Rn. 3).

Nachweis für die Wirksamkeit der Kündigung nicht ankomme, da die entsprechende Klausel in den Versicherungsbedingungen der Klägerin unwirksam sei.

Entgegen der Ansicht der Beklagten bejahte der *BGH* jedoch die Wirksamkeit der Klausel. Seine Entscheidung beruhte ausschließlich auf einer AGB-rechtlichen Einbeziehungs- und Wirksamkeitskontrolle nach § 305c BGB und § 307 BGB. So stellte er einleitend fest, dass die Klausel nicht überraschend im Sinne von § 305c Abs. 1 BGB sei. Es handele sich um eine Regelung, die nur den Sonderfall der Versicherung auf die Person eines Dritten betreffe, sodass diese am Ende der Klausel über die Kündigung durch den Versicherungsnehmer geregelt werden dürfe.[492] Insbesondere könne auch von einem durchschnittlichen Versicherungsnehmer erwartet werden, dass er alle das Versicherungsende durch seine Kündigung betreffenden Bestimmungen zur Kenntnis nehme und auf besondere Voraussetzungen bei Versicherungen auf die Personen eines Dritten achte.[493] Darüber hinaus liege auch keine Unklarheit der Regelung im Sinne von § 305c Abs. 2 BGB hinsichtlich des Nachweiszeitpunkts vor. Einem durchschnittlichen Versicherungsnehmer sei offensichtlich, dass er den Nachweis nur bis zum Ablauf der Kündigungsfrist und nicht bis zu einem späteren Zeitpunkt erbringen könne.[494] Schließlich ging der *BGH* – wie auch schon die Vorinstanzen[495] – im Rahmen der Inhaltskontrolle nach § 307 BGB auf die Frage ein, ob die Nachweispflicht mit den wesentlichen Grundgedanken des § 207 Abs. 2 S. 2 VVG nach § 307 Abs. 2 Nr. 1 BGB unvereinbar sei. Dabei stellte auch der *BGH* zunächst fest, dass die Klausel eine über den Wortlaut des § 207 Abs. 2 S. 2 VVG hinausgehende Kündigungsvoraussetzung aufstellt. Allerdings stelle dies keine unangemessene Abweichung dar, da der Versicherungsnehmer auch ohne ausdrückliche Regelung den Nachweis zu erbringen habe, wenn er sich auf die Wirksamkeit seiner Kündigung berufen wolle.[496] Außerdem sprächen auch historische Erwägungen gegen eine Unvereinbarkeit mit § 207 Abs. 2 S. 2 VVG. Aus den Gesetzgebungsmaterialien gehe hervor, dass der Gesetzgeber gegenüber der Vorgängerregelung, die eine Nachweispflicht noch ausdrücklich vorsah, keine inhaltliche Änderung habe herbeiführen wollen. Die abweichende Formulierung des § 207 Abs. 2 S. 2 VVG könne daher nicht zu einer inhaltlichen

492 *BGH*, Urt. v. 16.01.2013, VersR 2013, 305, 306 (Rn. 15 f.).

493 *BGH*, Urt. v. 16.01.2013, VersR 2013, 305, 306 (Rn. 16).

494 *BGH*, Urt. v. 16.01.2013, VersR 2013, 305, 306 f. (Rn. 19).

495 *LG Aachen*, Urt. v. 04.04.2011 – 5 S 202/10, Rn. 16; *AG Aachen*, Urt. v. 07.10.2010 – 120 C 310/10, Rn. 18.

496 *BGH*, Urt. v. 16.01.2013, VersR 2013, 305, 307 (Rn. 22).

Änderung führen, sodass auch weiterhin der Nachweis nach § 207 Abs. 2 VVG vom Versicherungsnehmer geschuldet werde.[497]

Die Begründung des *BGH* kann aus den im nachfolgenden Abschnitt dargestellten Gründen nicht überzeugen.

bb) Wirksamkeit der Nachweispflicht aus § 13 Abs. 10 S. 3 MB/KK 2009

Der *BGH* übersieht bei seiner Untersuchung der Wirksamkeit der Klausel, dass neben den AGB-rechtlichen Vorschriften auch – wenn nicht sogar vorrangig – die Klausel auf einen Verstoß gegen § 208 S. 1 VVG zu untersuchen gewesen wäre. Zudem wäre in diesem Zusammenhang auf das Verhältnis der versicherungsrechtlichen Wirksamkeitskontrolle bei der Abweichung von halbzwingenden Normen zu der allgemeinen AGB-rechtlichen Kontrolle einzugehen gewesen.[498] Auch von der Literatur wurde dieses Versäumnis bisher nicht aufgegriffen. Nachfolgend ist daher zunächst das Verhältnis der §§ 305 ff. BGB zu § 208 S. 1 VVG und anschließend die konkrete Klausel auf ihre Wirksamkeit nach dem versicherungsrechtlichen Maßstab des § 208 S. 1 VVG zu untersuchen. Dabei handelt es sich um eine Kernfrage dieses Abschnitts. Anschließend ist dann auf die vom *BGH* aufgegriffenen AGB-rechtlichen Problemfelder bei der Beurteilung der zusätzlichen Nachweispflicht einzugehen.

(1) Verhältnis des § 208 S. 1 VVG zu den §§ 305 ff. BGB

(a) Vorrang der Einbeziehungsregeln der §§ 305 ff. BGB vor § 208 S. 1 VVG

Es stellt sich zunächst die Frage, in welchem Verhältnis die Schranke des § 208 S. 1 VVG zu den Einbeziehungsregelungen in den §§ 305 ff. BGB steht. In dogmatischer Hinsicht überzeugend ist es, wenn die Modifikation der gesetzlichen Kündigungsvorschriften durch eine allgemeine Geschäftsbedingung erfolgt, den §§ 305 ff. BGB den Vorrang einzuräumen. Wenn die Klausel mangels Einbeziehung schon nicht Vertragsbestandteil geworden ist, etwa weil sie überraschend im Sinne von § 305c Abs. 1 BGB ist, kann sie weder der Inhaltskontrolle nach §§ 307 ff. VVG noch der Kontrolle nach dem Maßstab des § 208 S. 1 VVG unterworfen werden.[499] Es fehlt dann schon an einer wirksamen vertraglichen

497 *BGH*, Urt. v. 16.01.2013, VersR 2013, 305, 307 (Rn. 23).

498 In der Vorinstanz ging das *LG Aachen* noch kurz auf § 208 S. 1 VVG ein, verneinte aber unter Verweis auf die Gesetzgebungsmaterialien eine Abweichung (Urt. v. 04.04.2011, BeckRS 2013, 02468).

499 So auch zu § 32 VVG: *Wandt* in Langheid/Wandt, MüKo VVG, § 32, Rn. 23.

Regelung. Allerdings geht die allgemeine Meinung zu Recht davon aus, dass eine gerichtliche Kontrolle der Klausel aus prozessökonomischen Gründen am Maßstab der halbzwingenden Regelung auch ohne die vorherige Prüfung ihrer wirksamen Einbeziehung erfolgen kann.[500] In der Praxis steht daher die Überprüfung von vertraglichen Regelungen nach § 208 S. 1 VVG neben der AGB-rechtlichen Einbeziehungskontrolle.

(b) Anwendungsbereich der Inhaltskontrolle nach § 307 Abs. 3 S. 1 BGB

Darüber hinaus stellt sich vor der Abgrenzung der Anwendungsbereiche von § 208 VVG und §§ 307 ff. BGB die Frage, ob die Bestimmung des § 13 Abs. 10 S. 3 MB/KK 2009, durch die eine Kündigungsvoraussetzung eingeführt wird, überhaupt der Inhaltskontrolle der §§ 308, 309 und des § 307 Abs. 1, 2 BGB unterfällt. Mit Ausnahme des für alle einbezogenen Klauseln geltenden Transparenzgebots (§ 307 Abs. 1 S. 2 i.V.m. § 307 Abs. 3 S. 2 BGB)[501] unterliegen nach dem Wortlaut des § 307 Abs. 3 S. 1 BGB die Geschäftsbedingungen der Inhaltskontrolle nur dann, wenn sie von Rechtsvorschriften abweichende oder diese ergänzende Regelungen treffen.[502] Im Versicherungsvertragsrecht sind nach der ständigen Rechtsprechung des *IV. Zivilsenats* jedoch nur bloße Leistungsbeschreibungen, die Art, Umfang und Güte der geschuldeten Leistungen festlegen, kontrollfrei. Klauseln, die das Hauptleistungsversprechen einschränken, verändern, ausgestalten oder modifizieren, sind hingegen inhaltlich zu kontrollieren.[503] Der Überprüfung entzogen ist somit nur der enge Bereich der Leistungsbezeichnungen, ohne deren Vorliegen mangels Bestimmtheit oder Bestimmbarkeit des wesentlichen Vertragsinhalts kein wirksamer Vertrag mehr angenommen werden kann.[504] Nach diesem Maßstab bestehen keine Bedenken an der grundsätzlichen Überprüfbarkeit einer Kündigungsvoraussetzung im Rahmen der Inhaltskontrolle.

---

500 *Hahn* in Beckmann/Matusche-Beckmann, Versicherungsrechts-Handbuch, § 20, Rn. 56; *Wandt* in Langheid/Wandt, MüKo VVG, § 32, Rn. 23; *Klimke*, Die halbzwingenden Vorschriften des VVG, S. 158.

501 *Roloff* in Erman, BGB, § 307, Rn. 19; *Grüneberg* in Palandt, BGB, § 307, Rn. 2, 42; *Basedow*, VersR 1999, 1045, 1048; So schon zu Rechtslage nach dem AGBG: *Präve*, Versicherungsbedingungen und AGBG, S. 119, Rn. 340 f.

502 *Schmidt* in Bamberger/Roth, BeckOK BGB, § 307, Rn. 70 ff.; *Lapp/Salamon* in jurisPK-BGB, § 307, Rn. 8; *Grüneberg* in Palandt, BGB, § 307, Rn. 2, 41; *Fuchs* in Ulmer/Brandner/Hensen, AGB-Recht, § 307, Rn. 25. Vgl. zur entsprechenden Regelung im AGBG: *Präve*, Versicherungsbedingungen und AGBG, S. 119, Rn. 339.

503 Vgl. etwa *BGH*, Urt. v. 23.06.1993, BGHZ 123, 83, 84; *BGH*, Urt. v. 13.07.1994, BGHZ 127, 35, 41.

504 *BGH*, Urt. v. 23.06.1993, BGHZ 123, 83, 84.

Voraussetzung ist – wie im Rahmen von § 208 S. 1 VVG – aber, dass eine inhaltliche Abweichung von den gesetzlichen Regelungen vorliegt.

(c) Verhältnis der §§ 307 ff. BGB zu § 208 S. 1 VVG

Im Hinblick auf die im Anwendungsbereich des § 208 S. 1 VVG zwingende Unwirksamkeit einer Klausel im Falle einer negativen Abweichung von halbzwingenden Regelungen ist es problematisch, wie das Konkurrenzverhältnis von § 208 S. 1 VVG zur AGB-rechtlichen Inhaltskontrolle, insbesondere nach § 307 BGB, zu beurteilen ist. Es bestehen Bedenken, ob bzw. wann bei Klauseln, die von nach § 208 S. 1 VVG halbzwingenden Regelungen abweichen, noch eine parallele oder zumindest ergänzende Inhaltskontrolle durchgeführt werden kann oder darf. Dies gilt insbesondere vor dem Hintergrund, dass der *BGH* in seiner Entscheidung vom 16.01.2013[505] die Wirksamkeit des § 13 Abs. 10 S. 3 MB/KK nur im Rahmen der AGB-rechtlichen Kontrolle untersucht hat. Fehlt es schon an einer Abweichung von gesetzlichen Regelungen, scheidet eine Inhaltskontrolle wie zuvor festgestellt – mit Ausnahme der Transparenzkontrolle nach § 307 Abs. 3 S. 2 BGB – wegen § 307 Abs. 3 S. 1 BGB aus.

Für die Beurteilung des Verhältnisses von §§ 307 ff. BGB und § 208 S. 1 VVG im Falle von abweichenden Klauseln ist zunächst festzustellen, dass durch § 208 S. 1 VVG der dispositive Charakter der halbzwingenden Normen zwar eingeschränkt, nicht aber vollkommen aufgehoben wird. Vertragliche Abweichungen, die für den Versicherungsnehmer neutral oder sogar vorteilhaft sind, werden vom Verbot des § 208 S. 1 VVG tatbestandlich nicht erfasst. Eine ergänzende Inhaltskontrolle der vom Gesetzeswortlaut abweichenden halbzwingenden Bestimmungen nach §§ 307 ff. BGB muss daher jedenfalls im Falle vorteilhafter oder neutraler Klauseln grundsätzlich möglich bleiben.[506] Insbesondere stellt das VVG nicht den insofern abschließenden Wertungsmaßstab dar, der einen Verstoß gegen gesetzliche Grundgedanken oder eine unangemessene Benachteiligung generell ausschließt.[507] Die speziell versicherungsrechtlichen Regelungen

---

505 *BGH*, Urt. v. 16.01.2013, VersR 2013, 305 ff.

506 *Boetius*, PKV, § 208, Rn. 16; So schon zur Rechtslage nach dem AGBG: *Präve*, Versicherungsbedingungen und AGBG, S. 172 f., Rn. 491.

507 *BGH*, Beschl. v. 18.03.2009, VersR 2009, 769; *BGH*, Urt. v. 26.09.2007, VersR 2007, 1690; *Rixecker* in Langheid/Rixecker, VVG, § 1, Rn. 71; *Bruns* in Langheid/Wandt, MüKo VVG, § 307 BGB, Rn. 117, 135; *Brömmelmeyer* in Rüffer/Halbach/Schimikowski, VVG, § 18, Rn. 6; a.A. *Werber*, der meint, die nach dem VVG durchzuführende Kontrolle sei aufgrund des konkreten Regelungszusammenhangs differenzierter als § 307 Abs. 1 BGB und daher spezieller (VersR 2010, 1253, 1257).

decken weder in tatsächlicher noch wertungsmäßiger Hinsicht sämtliche denkbaren Benachteiligungen des Versicherungsnehmers ab, sodass in diesem Bereich eine Inhaltskontrolle erforderlich und für den Versicherungsnehmer günstig bleibt.

(aa) Meinungsstand

Hinsichtlich der Problemstellung, wie das Konkurrenzverhältnis im Falle des Verstoßes einer Klausel gegen § 208 S. 1 VVG zu beurteilen ist, herrscht Uneinigkeit. Nach der überwiegenden Meinung im Schrifttum und der höchstrichterlichen Rechtsprechung besteht auch nach neuer Rechtslage ein Nebeneinander von gesetzlichen Unwirksamkeitsgründen und einer AGB-rechtlichen Wirksamkeitskontrolle.[508] Die vertraglichen Bestimmungen sind demnach sowohl an den halbzwingenden Normen des VVG als auch an den §§ 307 ff. BGB zu messen.[509] Dieses Verständnis beruht insbesondere auf dem Prinzip der Meistbegünstigung des Versicherungsnehmers, dem eine Doppelkontrolle den bestmöglichen Interessenschutz, insbesondere durch die vereinfachte Feststellungsmöglichkeit im Verbandsprozess nach dem UKlaG[510], sichert.[511] Wie *Armbrüster* zu Recht feststellt, wird es vorrangig auf die in §§ 308, 309 BGB geregelten Klauselverbote ankommen, da eine nach § 208 S. 1 VVG saldomäßig nicht nachteilige Klausel in der Regel auch keine unangemessene Benachteiligung nach § 307 BGB begründen wird.[512]

Nach anderer Ansicht besteht insbesondere wegen der Rechtsfolgenidentität spätestens seit der Neufassung des VVG keine Notwendigkeit einer parallelen Überprüfung der halbzwingenden Normen des VVG und der AGB-rechtlichen Anforderungen mehr.[513] Dies sei vor allem vor dem Hintergrund, dass seit der Reform das Versicherungsvertragsrecht, das gegenüber den §§ 307 ff. BGB

---

508 *BGH*, Urt. v. 12.10.2011, NJW 2012, 217, 218; *BGH*, Beschl. v. 18.03.2009, VersR 2009, 769, 769 f.; *BGH*, Urt. v. 28.06.1995, NJW 1995, 2710, 2712; *Rixecker* in Langheid/Rixecker, VVG, § 1, Rn. 72; *Reiff* in Wolf/Lindacher/Pfeiffer, AGB-Recht, Klauseln (V), Rn. V. 155a.

509 Anstatt vieler: *Reiff* in Wolf/Lindacher/Pfeiffer, AGB-Recht, Klauseln (V), Rn. V. 155a.

510 Den in § 3 UKlaG benannten Stellen steht die vereinfachte Feststellungsmöglichkeit zu. Diese dient dazu den Rechtsverkehr zugunsten der Allgemeinheit von unwirksamen AGB freizuhalten sowie Verbraucherschutzinteressen zu wahren.

511 *Bruns* in Langheid/Wandt, MüKo VVG, § 307 BGB, Rn. 117; *Reiff* in Wolf/Lindacher/Pfeiffer, AGB-Recht, Klauseln (V), Rn. V. 155a.

512 Zur vergleichbaren Regelung in § 18 VVG: *Armbrüster* in Prölss/Martin, VVG, § 18, Rn. 11.

513 *Boetius*, PKV, § 208, Rn. 18; *Werber*, VersR 2010, 1253, 1257.

inhaltlich und zeitlich modernere Regelwerk darstelle, überzeugend.[514] Seit der Reform des VVG sei dieses nicht mehr als die äußerste Schranke zu sehen, sondern könne „*in vorrangiger und alleiniger Anwendung zu sachgerechten und zeitgemäßen Entscheidungen führen*“[515]. Schließlich müsse die Möglichkeit bestimmter anspruchsberechtigter Stellen (wie insbesondere Verbraucherverbände), die Unwirksamkeit einer Klausel im Wege der Verbandsklage feststellen zu lassen, durch eine Anpassung des UKlaG, nicht aber durch eine parallele Anwendung des AGB-Rechts, herbeigeführt werden.[516]

(bb) Stellungnahme

Der letzteren Ansicht ist nicht zu folgen. Der halbzwingende Charakter der versicherungsvertragsgesetzlichen Normen hat nur zur Folge, dass diese als äußere Inhaltsschranke dienen, deren Überschreitung im Verhältnis zwischen den Parteien keinen Bestand haben kann.[517] Durch den halbzwingenden Charakter der Vorschriften soll gerade eine Verbesserung des Schutzes des Versicherungsnehmers und der Gefahrsperson bewirkt werden, sodass § 208 S. 1 einem zusätzlichen Kontrollmechanismus nicht entgegensteht. Bei dieser Sichtweise bleibt auch nicht unberücksichtigt, dass das Versicherungsvertragsrecht, zumindest im Hinblick auf das Verhältnis der Klausel zur halbzwingenden Regelung, einen wertungsmäßigen Anhaltspunkt bietet. Im Rahmen der Inhaltskontrolle schon denklogisch zu berücksichtigen ist die Regelung des § 208 S. 1 VVG im Falle eines Verstoßes. Sobald die Klausel gegen § 208 S. 1 VVG verstößt, muss dies auch eine nach § 307 Abs. 2 Nr. 1 BGB anzunehmende unangemessene Benachteiligung darstellen.[518] Eine weitere Interessenabwägung ist dann entbehrlich, weil die Abweichung von wesentlichen Grundgedanken halbzwingender Normen schon tatbestandsmäßig für § 208 S. 1 VVG ist und daher zwingend eine Abweichung von gesetzlichen Grundgedanken mit sich bringt. § 208 S. 1 VVG führt letztlich dazu, dass der gesamte Regelungsgehalt der halbzwingenden Norm als wesentlicher Grundgedanke zu werten ist.[519] Die insofern getroffene Wertung des VVG ist daher auch im AGB-Recht maßgeblich. Im Falle eines Verstoßes gegen

514 *Werber*, VersR 2010, 1253, 1257; Zuvor hatte *Ders.* noch vorgeschlagen, die Frage einer ergänzenden Inhaltskontrolle nur fallgruppenbezogen und differenziert zu beantworten (in FS Baumann, S. 359, 369 f).

515 *Werber*, VersR 2010, 1253, 1257.

516 *Werber*, VersR 2010, 1253, 1258.

517 *Adelmann*, Grenzen der Inhaltskontrolle, S. 84.

518 So im Hinblick auf den vergleichbaren § 18 VVG: *Armbrüster* in Prölss/Martin, VVG, § 18, Rn. 11 f.

519 So bzgl. § 18 VVG: *Brömmelmeyer* in Rüffer/Halbach/Schimikowski, VVG, § 18, Rn. 6.

§ 208 S. 1 VVG kommt daher einer Inhaltskontrolle nach § 307 Abs. 1 S. 1, Abs. 2 Nr. 1 BGB keine erhebliche eigene Bedeutung zu.

Daneben kommen aber mit den in §§ 308, 309 BGB normierten Klauselverboten zusätzliche eigenständige Unwirksamkeitsgründe in Betracht. Im Sinne eines möglichst umfassenden Verbraucherschutzes ist es auch geboten, diese Möglichkeit parallel neben § 208 S. 1 VVG anzunehmen. So muss sich der Versicherungsnehmer nicht darauf verlassen, dass ein nur im Rahmen einer Gesamtbetrachtung und nach Saldierung von Vor- und Nachteilen zu ermittelnder Verstoß gegen § 208 S. 1 VVG vorliegt, sondern kann die Unwirksamkeit der Regelung auch mit einem etwaigen zusätzlichen Verstoß gegen §§ 308, 309 BGB begründen. Zusätzlich hat die AGB-rechtliche Unwirksamkeit durch die Verbandsklagemöglichkeit von Verbraucherverbänden und anderen anspruchsberechtigten Stellen nach § 1 UKlaG eine Besserstellung des Versicherungsnehmers zur Folge, sodass im Ergebnis nur die parallele Anwendung der Schutzmechanismen überzeugen kann.

Für dieses Ergebnis sprechen auch zwei weitere Erwägungen. Zunächst haben die AGB-rechtlichen Regelungen und die Regelung des § 208 S. 1 VVG keinen identischen personellen Anwendungsbereich, sondern adressieren teilweise unterschiedliche Zielpersonen. Während eine AGB-Kontrolle mit Blick auf den Vertragspartner erfolgt, bezieht § 208 S. 1 VVG darüber hinaus auch in den Vertrag einbezogene Dritte, die Gefahrsperson, in den Anwendungsbereich mit ein. Noch stärker für eine parallele Anwendbarkeit von § 208 S. 1 VVG und den AGB-rechtlichen Regelungen spricht aber die unterschiedliche Zielsetzung der Regelungskomplexe. Nach § 208 S. 1 VVG hängt die Wirksamkeit einer Klausel von der Vor- oder Nachteiligkeit der vertraglichen Regelung ab. Die aus der konkreten Klausel folgenden Vor- und Nachteile für die jeweilige betroffene Person werden saldiert. Demgegenüber schützen die AGB-rechtlichen Regelungen den Versicherungsnehmer – neben dem allgemeinen Benachteiligungsschutz – unter anderem auch vor versteckten oder unklaren Regelungen. Dieser Schutz vor unklaren, überraschenden oder irreführenden Formulierungen oder Vertragsgestaltungen geht deutlich über den Schutzumfang des § 208 S. 1 VVG hinaus. Der Vergleich zeigt daher, dass die verschiedenen Schutzinstrumente zwar personelle und inhaltliche Überschneidungen aufweisen, keinesfalls aber deckungsgleich sind.

Darüber hinaus besteht ohnehin Einigkeit dahingehend, dass nicht der gesamte Anwendungsbereich des § 307 BGB durch § 208 S. 1 VVG verdrängt wird. Soweit eine Inhaltskontrolle nach § 307 Abs. 1 S. 2 BGB im Hinblick auf die Einhaltung des Transparenzgebots erfolgt, fehlt es nämlich jedenfalls an einer

Spezialität des VVG.[520] Auch *Werber* stellt klar, dass die Transparenzkontrolle im Versicherungsvertragsrecht nicht thematisiert werde und daher auch keine dem § 307 Abs. 1 S. 2 BGB vorrangige Regelung enthalten könne.[521]

Im Hinblick auf die Prüfung des *BGH* ist somit einerseits festzustellen, dass zwar der Untersuchung von § 13 Abs. 10 S. 3 MB/KK nach AGB-rechtlichen Maßstäben kein Vorrang des § 208 S. 1 VVG als lex posterior entgegensteht. An der Entscheidung ist aber in anderer Hinsicht Kritik geboten. Nicht überzeugend ist, dass der *BGH* eine Prüfung des § 208 S. 1 VVG vollständig unterlässt. Beachtet man nämlich, dass schon die Eröffnung des Anwendungsbereichs der Inhaltskontrolle nach § 307 Abs. 3 S. 1 BGB erfordert, dass eine Abweichung der Klausel von gesetzlichen Regelungen vorliegt, drängt es sich auf, diese Abweichung anhand der spezialgesetzlichen Regelung des § 208 S. 1 VVG zu untersuchen. Dogmatisch überzeugend wäre es gewesen, anstelle einer Inhaltskontrolle nach § 307 Abs. 1, Abs. 2 BGB zunächst eine Saldierung der Vor- und Nachteile im Sinne von § 208 S. 1 VVG vorzunehmen. Die Prüfung des § 208 S. 1 VVG ist insbesondere im Hinblick auf die Prüfung der unangemessenen Benachteiligung nach § 307 Abs. 2 Nr. 1 BGB denklogisch vorrangig. Da ein Verstoß gegen § 208 S. 1 VVG schon ohne Interessenabwägung, d.h. wie ein Verstoß gegen § 309 BGB, zur Unwirksamkeit der Klausel führt und jedenfalls eine Abweichung von den wesentlichen Grundgedanken der konkreten halbzwingenden Norm darstellt, wäre eine vorausgehende Prüfung der §§ 207 Abs. 2 S. 2, 208 S. 1 VVG geboten gewesen. Im vorliegenden Fall wäre dann, wenn man eine Nachteiligkeit der Klausel im Sinne von § 208 S. 1 VVG bejaht, gleichzeitig eine erhebliche Abweichung von § 207 Abs. 2 S. 2 VVG anzunehmen, die den Tatbestand des § 307 Abs. 2 Nr. 1 BGB erfüllt.

(2) Unwirksamkeit der Klausel nach § 208 S. 1 VVG

Die Klausel der MB/KK ist auf eine Abweichung von nach § 208 S. 1 VVG halbzwingenden Regelungen und in einem nächsten Schritt auf eine saldomäßige Benachteiligung der von § 208 S. 1 VVG geschützten Personen durch die Abweichung hin zu überprüfen.

(a) Ermittlung des Regelungsgehalts des § 207 Abs. 2 S. 2 VVG im Verhältnis zu § 13 Abs. 10 S. 3 MB/KK 2009

Den Ausgangspunkt der Untersuchung des § 13 Abs. 10 S. 3 MB/KK 2009 bildet vor diesem Hintergrund der Vergleich des Regelungsgehalts der Klausel und der

---

520 Anstatt vieler: *Brömmelmeyer* in Rüffer/Halbach/Schimikowski, VVG, § 18, Rn. 6.

521 *Werber*, VersR 2010, 1253, 1257 f.

gesetzlichen Regelung des § 207 Abs. 2 S. 2 VVG. Nur wenn überhaupt eine inhaltliche Abweichung zwischen den Regelungen vorliegt, kann ein Verstoß gegen § 208 S. 1 VVG in Betracht kommen. Erst in einem zweiten Schritt ist dann die Nachteiligkeit einer Abweichung im Sinne von § 208 S. 1 VVG zu untersuchen. Zunächst ist der Regelungsgehalt des § 207 Abs. 2 S. 2 VVG durch Auslegung zu ermitteln.

(aa) Wortlaut

Ausgehend vom Wortlaut des § 207 Abs. 2 S. 2 VVG als Auslegungsgrenze[522] stellt die Regelung nur auf die Kenntnis der Gefahrsperson von der sie betreffenden Kündigung als für die Kündigung konstitutive Voraussetzung ab. Darüber hinausgehende Wirksamkeitsanforderungen für die Kündigung sind dem Wortlaut des § 207 Abs. 2 S. 2 VVG nicht zu entnehmen.[523] Insbesondere findet sich im Wortlaut - wie noch im Wortlaut der Vorgängerregelung[524] - kein Anhaltspunkt für eine die Wirksamkeit der Kündigung beeinflussende Nachweispflicht des Versicherungsnehmers.[525]

(bb) Historie

Unter historischen Gesichtspunkten könnte sich jedoch ein abweichendes Verständnis ergeben. Im Gegensatz zur jetzigen Regelung sah die Vorgängerregelung des § 178n Abs. 2 S. 2 VVG a.F. (§ 207 Abs. 2 S. 2 VVG n.F.) noch ausdrücklich den Nachweis der Kenntnis als Kündigungsvoraussetzung der versicherten Person vor. Dieser ist dem Wortlaut nach inzwischen entfallen. Sowohl die Reformkommission[526] als auch die Bundesregierung[527] gingen jedoch im Rahmen des Gesetzgebungsprozesses zur VVG-Reform[528] davon aus, dass die Regelung des § 178n Abs. 2 VVG a.F. inhaltlich unverändert durch § 207 Abs. 2 S. 2 VVG n.F. übernommen werde. Nach dem Willen des Gesetzgebers sollte also die Wirksamkeit der

---

522 *Larenz/Canaris*, Methodenlehre, S. 143 f.

523 *Staab* in Staudinger/Halm/Wendt, Versicherungsrecht, § 207, Rn. 12.

524 In § 178n Abs. 2 S. 2 VVG a.F. hieß es ausdrücklich: „Die Kündigung ist nur wirksam, wenn der Versicherungsnehmer nachweist, daß [sic] die versicherte Person von der Kündigungserklärung Kenntnis erlangt hat."

525 Von diesem Ergebnis ging auch der *BGH* bei seiner Betrachtung des § 207 Abs. 2 S. 2 VVG aus: Urt. v. 16.01.2013, VersR 2013, 305, 307.

526 Abschlussbericht der Kommission zur Reform des Versicherungsvertragsrechts vom 19.04.2004 zu § 200 VVG-E, Abschnitt 3.1, S. 415, Abschnitt 2.1, S. 275.

527 Gesetzesbegründung der Bundesregierung zum Gesetzesentwurf zur Reform des Versicherungsvertragsrechts, BT-Drucks. 16/3945 S. 114.

528 Gesetz zur Reform des Versicherungsvertragsrechts vom 23.11.2007, BGBl. 2007 I S. 2631, 2664.

Kündigung auch nach der Reform weiterhin von der Nachweiserbringung abhängen. So ging auch der *BGH* im Rahmen seiner AGB-rechtlichen Prüfung davon aus, dass das Nachweiserfordernis durch die abweichende Formulierung nur scheinbar entfallen sei.[529] An dem tatsächlichen Wegfall des Nachweiserfordernisses kann dies jedoch nichts ändern. Auch wenn der Gesetzgeber tatsächlich an der Rechtslage nichts ändern wollte, hat er dies faktisch durch die erhebliche Modifikation des Wortlauts getan. So mag man durchaus annehmen, dass es sich um einen Gesetzgebungsfehler handelt, der zu dem Entfall des Nachweiserfordernisses geführt hat, doch bedarf der Fehler einer Korrektur, um eine gesetzliche Nachweispflicht konstituieren zu können. Insofern übersieht der *IV. Zivilsenat* im Ergebnis, dass die Veränderung des Wortlauts als Auslegungsgrenze sehr wohl zu einer Änderung der materiellen Rechtslage führen kann. Der zu schützende Versicherungsnehmer kann sonst weitergehende gesetzliche Pflichten nicht mehr erkennen.

(cc) Systematik

Des Weiteren ist die Gesetzessystematik bei der Ermittlung des Norminhalts zu berücksichtigen.[530] Innerhalb des krankenversicherungsspezifischen Normengefüges des VVG finden sich der Regelung des § 13 Abs. 10 S. 3 MB/KK 2009 vergleichbare Nachweispflichten. Diese werden jedoch ausdrücklich im Gesetz festgeschrieben. So legt § 205 Abs. 2 S. 2 VVG fest, dass die Kündigung durch den Versicherungsnehmer unwirksam ist, wenn dieser es nach einer Aufforderung durch den Versicherer schuldhaft unterlässt, den Eintritt der gesetzlichen Versicherungspflicht der Gefahrsperson nachzuweisen. Auch die Nachweispflicht im Falle der Kündigung einer Pflichtkrankenversicherung durch den Versicherungsnehmer regelt das Gesetz in § 205 Abs. 6 S. 2 VVG ausdrücklich. Danach wird die Kündigung des Versicherungsnehmers nur dann wirksam, wenn dieser die nahtlose Anschlussversicherung der Gefahrsperson nachweist. Diese Nachweispflicht hat sogar erst im Zuge der VVG-Reform Einzug in das VVG erhalten.[531] Die Gesetzessystematik deutet daher darauf hin, dass, wenn die Wirksamkeit einer Kündigung an eine Nachweispflicht geknüpft werden sollte, dies auch ausdrücklich im Gesetz Niederschlag findet. Es ist aus systematischer Sicht nicht ersichtlich, warum der Gesetzgeber im Rahmen der ebenfalls drittschützenden Normen des §§ 205 Abs. 2 S. 2, 205 Abs. 6 S. 2 VVG

---

529 *BGH*, Urt. v. 16.01.2013, VersR 2013, 305, 307.

530 *Larenz/Canaris*, Methodenlehre, S. 145 f.

531 Gesetz zur Reform des Versicherungsvertragsrechts vom 23.11.2007, BGBl. 2007 I S. 2631, 2676 f.

eine ausdrückliche Nachweispflicht festlegen, diese im Falle des § 207 Abs. 2 S. 2 VVG aber als ungeschriebenes Wirksamkeitsmerkmal voraussetzen sollte. Dies gilt insbesondere, da die anderen Nachweispflichten mit der Regelung des § 207 Abs. 2 S. 2 VVG in einem engen inhaltlichen Zusammenhang stehen.[532] Sie betreffen gleichfalls Wirksamkeitsvoraussetzungen einer (unter Umständen) drittbezogenen Kündigung durch den Versicherungsnehmer. Die Gesetzessystematik spricht daher gegen die Annahme einer ungeschriebenen Nachweispflicht als zusätzliche Kündigungsvoraussetzung gemäß § 207 Abs. 2 S. 2 VVG.

(dd) Telos

Es stellt sich schließlich die Frage, ob eine Nachweiserbringung unter teleologischen Gesichtspunkten geboten ist. Sinn und Zweck des § 207 Abs. 2 S. 2 VVG ist die Sicherung des Fortsetzungsrechtes der Gefahrsperson.[533] Das Erfordernis der Kenntniserlangung der Gefahrsperson von der Kündigung soll sicherstellen, dass diese fristgemäß die Fortsetzung des Versicherungsverhältnisses unter Benennung des künftigen Versicherungsnehmers erklären kann. Ausgelöst werden kann die Zwei-Monatsfrist des Fortsetzungsrechts nach § 207 Abs. 1, 2 S. 1 VVG aber stets nur durch eine wirksame Kündigung. Da § 207 Abs. 2 S. 2 VVG die Wirksamkeit der Kündigung von der Kenntniserlangung der von der Kündigung betroffenen Gefahrsperson abhängig macht, kann der Fristbeginn unter keinen Umständen ohne Kenntnis der Gefahrsperson eintreten. Dem Schutzzweck des § 207 Abs. 2 S. 2 VVG, nämlich die Bewahrung der Gefahrsperson vor einem unwissentlichen Verlust ihres Krankenversicherungsschutzes, wird durch das ausdrücklich normierte Wirksamkeitserfordernis bereits Genüge getan. Ein darüber hinausgehendes Nachweiserfordernis führt für die Gefahrsperson zu keiner (signifikanten) Verbesserung ihrer Rechtsposition. Sobald sie Kenntnis von der Kündigung erlangt hat, kann sie ihr Fortsetzungsrecht ausüben. Insofern steht die Auslegung also auch nicht im Widerspruch zu dem vom *BGH* bestätigten Schutzgedanken des § 207 Abs. 2 S. 2 VVG. Der *BGH* hat zu Recht darauf hingewiesen, dass § 207 Abs. 2 S. 2 VVG dem Schutz der Gefahrsperson dient und dieser Schutzgedanke Vorrang vor dem Interesse des Versicherungsnehmers an der Beendigung des Versicherungsverhältnisses hat.[534]

---

532 Eine generelle, auf die Erfüllung der konstitutiven Kündigungsvoraussetzungen gerichtete Nachweispflicht ist der Rechtsordnung fremd (*BGH*, Urt. v. 03.11.2004, VersR 2005, 66, 68).

533 So auch schon zu § 178n VVG a.F., der eine Nachweispflicht noch ausdrücklich vorsah: Reg.-Begründung des Dritten DurchführungsG/EWG zum VAG, BT-Drucks. Nr. 12/6959, S. 107.

534 *BGH*, Urt. v. 16.01.2013, VersR 2013, 305, 307.

Dabei geht aber auch der *BGH* davon aus, dass der Schutzzweck des § 207 Abs. 2 S. 2 VVG durch das Erfordernis der Kenntniserlangung der Gefahrsperson von der Kündigungserklärung sichergestellt wird. Eine Notwendigkeit der Nachweispflicht zur Erreichung des Schutzzwecks erwähnt der *BGH* nicht. Dies überzeugt auch von einem praktischen Standpunkt. Es ist durchaus naheliegend, dass zur vereinfachten Überprüfung des Vorliegens der Kenntnis der Gefahrsperson eine Nachweispflicht *sinnvoll* und unter Praktikabilitätsgesichtspunkten *wünschenswert* wäre. Zum Schutz der Gefahrsperson *erforderlich* ist sie aber nicht. Sollte nämlich die Gefahrsperson tatsächlich keine Kenntnis von der Kündigungserklärung gehabt haben und sich wegen eines Erstattungsfalls an den Versicherer oder den Versicherungsnehmer wenden, obläge es diesen, die Kenntnis im Zeitpunkt der Kündigungserklärung nachzuweisen, wenn sie sich auf eine wirksame Beendigung des Vertragsverhältnisses berufen wollen.[535]

Gegen eine, ohnehin nur ausnahmsweise zulässige, Auslegung über den gesetzlichen Wortlaut hinaus, spricht zudem auch das übergeordnete Reformziel. Durch die Neuregelung des Versicherungsvertragsrechts strebte der Gesetzgeber eine Verbesserung des Verbraucherschutzes an. Der besonders auf europäischer Ebene immer stärker im Vordergrund stehende Gedanke des Verbraucherschutzes sollte auch in das nicht mehr zeitgemäße Versicherungsvertragsrecht Einzug erhalten.[536] Würde man aber über den Wortlaut hinaus eine zusätzliche Wirksamkeitsvoraussetzung bejahen, hätte dies den gegenteiligen Effekt. Dem Versicherungsnehmer würden zusätzliche Anforderungen auferlegt, die ihm eine Lösung vom Krankenversicherungsvertrag erschweren würden.

Die Nachweispflicht, ob unter Rechtssicherheits- und Praktikabilitätsgesichtspunkten wünschenswert oder nicht, kommt im Ergebnis vorrangig dem Schutz des Versicherers zugute. Wie bereits festgestellt soll nämlich nur das Erfordernis der Kenntniserlangung, nicht aber die Nachweispflicht, dem Schutz der Gefahrsperson dienen und Vorrang vor dem Vertragsbeendigungsinteresse des Versicherungsnehmers haben. Vor dem Hintergrund des Verbraucherschutzgedankens ist eine zusätzliche ungeschriebene Kündigungsvoraussetzung daher nicht überzeugend. Für den Versicherungsnehmer wäre aus dem Gesetz, welches auch zu seinem Schutz nach § 208 S. 1 VVG insofern halbzwingend ausgestaltet ist, nicht erkennbar, welche abschließenden Kündigungsvoraussetzungen

535 Vgl. zur Beweislast bei Berufung auf die Kündigung gem. § 38 VVG: *Reiff* in Prölss/Martin, VVG, § 38, Rn. 45.

536 Gesetzesbegründung zum Gesetzesentwurf zur Reform des Versicherungsvertragsrechts, BT-Drucks. 16/3945, S. 47.

für ihn bestehen. Gerade die Tatbestandsvoraussetzungen eines elementaren Gestaltungsrechts des Versicherungsnehmers, der als Verbraucher am Rechtsverkehr teilnimmt, sollten bestimmt aus dem Gesetz hervorgehen.

Es ist daher davon auszugehen, dass durch § 207 Abs. 2 S. 2 VVG, entgegen der wohl anzunehmenden gesetzgeberischen Intention, keine Nachweispflicht für den Versicherungsnehmer eingeführt wurde. Eine Auslegung über die Wortlautgrenze hinaus ist unter Beachtung des mit § 207 VVG bezweckten Schutzzwecks nicht erforderlich. Eine Regelung, die dem Versicherungsnehmer, der im Rahmen der Krankheitskostenversicherung regelmäßig als Verbraucher auftritt, eine nicht vom Wortlaut getragene zusätzliche Voraussetzung aufbürdet, kann schließlich auch unter Bestimmtheits- und Rechtsicherheitsgründen nicht überzeugen.

(ee) Ergebnis

Der durch Auslegung ermittelte Regelungsgehalt des § 207 Abs. 2 S. 2 VVG umfasst keine gegenüber dem Versicherer zu erfüllende Nachweispflicht des Versicherungsnehmers. Die Bestimmung des § 13 Abs. 10 S. 3 MB/KK 2009 geht daher durch die Einführung einer Nachweispflicht als zusätzliche Kündigungsvoraussetzung inhaltlich über die gesetzliche Regelung des § 207 Abs. 2 S. 2 VVG hinaus.

(b) Nachteilige Abweichung im Sinne von § 208 S. 1 VVG

Unter Zugrundelegung der oben dargestellten Maßstäbe ist daher zu überprüfen, ob die zuvor festgestellte inhaltliche Abweichung des § 13 Abs. 10 S. 3 MB/KK 2009 von § 207 Abs. 2 S. 2 VVG nachteilig für den (durchschnittlichen) Versicherungsnehmer und daher nach § 208 S. 1 VVG zwingend unwirksam ist. Dabei sollen eingangs der relevante Beurteilungsmaßstab bestimmt sowie die in Rechtsprechung und Literatur vorgenommene Bewertung dargestellt und anschließend die Frage im Rahmen einer Gesamtwürdigung betrachtet werden.

(aa) Maßstab des durchschnittlichen Versicherungsnehmers in der privaten Krankheitskostenversicherung

Es kommt bei der Beurteilung der Nachteiligkeit einer durch AVB getroffenen Regelung im Anwendungsbereich des § 208 S. 1 VVG für die Auswirkungen auf einen durchschnittlichen Versicherungsnehmer in der jeweiligen Versicherungssparte an.[537] Anders als bei individualvertraglichen Regelungen kommt es somit nicht auf die Auswirkungen für den konkret betroffenen Versicherungsnehmer an.

537 Siehe dazu oben unter D. II. 1.

Ausgangspunkt der Beurteilung vieler AGB-rechtlicher Prüfungspunkte sind die Verständnismöglichkeiten sowie die Stellung des durchschnittlichen Versicherungsnehmers. Die Durchschnittlichkeit meint in diesem Zusammenhang die Anknüpfung an den gesamten betroffenen Verkehrskreis und nicht das Maß beziehungsweise den Grad der Aufmerksamkeit.[538] Bei AVB – im Gegensatz zu sonstigen AGB – ist insofern einschränkend zu berücksichtigen, dass im Rahmen von Versicherungsverträgen die überwiegende Regelung von Vertragsinhalten in vorformulierten Klauselwerken üblich und branchentypisch ist.

Neben dieser generellen Einschränkung ist eine Orientierung an dem konkreten Versicherungsvertragstypus und dessen typischem Kundenkreis geboten.[539] Bei der Krankheitskostenvollversicherung handelt es sich um die Absicherung der persönlichen Gesundheitsbelange des Einzelnen. Mangels gewerblichen oder beruflichen Bezugs, treten die Versicherungsnehmer im Verhältnis zum Versicherer als Verbraucher im Sinne des § 13 BGB auf. Bei der vorliegend zu untersuchenden Krankheitskostenversicherung im Sinne des § 193 Abs. 3 S. 1 VVG handelt es sich zudem um eine gesetzlich vorgeschriebene Versicherung, die den elementaren Bereich der Krankenvorsorge des Einzelnen betrifft. Regelmäßig werden Krankheitskostenversicherungsverträge nur einmalig oder wenige Male im Leben geschlossen. Es ist daher aufgrund der Bedeutung der Versicherung einerseits davon auszugehen, dass der Versicherungsnehmer bei dem Abschluss der Krankheitskostenversicherung eine besondere Vorsicht und Aufmerksamkeit an den Tag legt, da diese für ihn eine erhebliche Bedeutung hat. Andererseits wird er aber aufgrund der Seltenheit des Abschlusses derartiger Versicherungen keine speziellen Kenntnisse hinsichtlich branchentypischer Regelungen haben.

(bb) Nachteiligkeit des § 13 Abs. 10 S. 3 MB/KK 2009

(aaa) Standpunkt des BGH

Der *BGH* lehnte wie dargestellt – allerdings im Rahmen der Inhaltskontrolle nach § 307 BGB – schon eine inhaltliche Abweichung des § 13 Abs. 10 S. 3 MB/KK 2009 von § 207 Abs. 2 S. 2 VVG ab. Daneben führte er an, dass es an einer Nachteiligkeit der Bestimmung für den Versicherungsnehmer bereits deshalb fehle, weil dieser auch ohne § 207 Abs. 2 S. 2 VVG zu dem Nachweis verpflichtet

538 *Ulmer/Schäfer* in Ulmer/Brandner/Hensen, AGB-Recht, § 305c, Rn. 82; *Reiff* in Wolf/Lindacher/Pfeiffer, AGB-Recht, Klauseln (V), Rn. V 122; *Koch*, VersR 2015, 133, 137.

539 *Ulmer/Schäfer* in Ulmer/Brandner/Hensen, AGB-Recht, § 305c, Rn. 82; *Reiff* in Wolf/Lindacher/Pfeiffer, AGB-Recht, Klauseln (V), Rn. V 122; *Stoffels*, AGB-Recht, § 12, Rn. 360 (S. 132).

sei.[540] Da die Kenntnis der Gefahrsperson tatbestandliche Wirksamkeitsvoraussetzung der Kündigung sei, läge der nachzuweisende Umstand von vornherein in der Sphäre des Versicherungsnehmers und sei im Streitfall auch von diesem zu beweisen. Der Nachweis nach § 13 Abs. 10 S. 3 MB/KK 2009 müsse dabei auch nicht zivilprozessualen Beweisanforderungen genügen, sondern könne auch durch einen einfachen Beleg erbracht werden.[541]

(bbb) Meinungen im Schrifttum

Auch im Schrifttum wird die Frage der Nachteiligkeit der durch die Musterbedingungen eingeführten Nachweispflicht – vorwiegend im Hinblick auf einen Verstoß gegen § 307 Abs. 2 Nr. 1 BGB – diskutiert. Weit überwiegend wird ein Gesetzesverstoß durch die Nachweispflicht ebenfalls abgelehnt. Die fehlende Nachteiligkeit der Nachweispflicht für den Versicherungsnehmer wird damit begründet, dass dieser, wenn auch nicht zwingend nach § 207 Abs. 2 S. 2 VVG, zumindest aufgrund allgemeiner Grundsätze den Nachweis ohnehin schulde.

So führt *Hütt*[542] aus, dass ein Nachweis zwar nach der gesetzlichen Regelung des § 207 Abs. 2 S. 2 VVG nicht mehr für die Wirksamkeit erforderlich sei und daher ausgehend vom Wortlaut der Regelung eine Mehrbelastung des Versicherungsnehmers darstelle. Doch schulde der Versicherungsnehmer auch ohne ausdrückliche Regelung den Nachweis, sofern er seiner Kündigung zur Wirksamkeit verhelfen wolle. Bei der Kenntniserlangung der Gefahrsperson handele es sich tatbestandlich um eine Kündigungsvoraussetzung, die durch die sich darauf berufende Partei zu belegen sei. Das Fortbestehen der Nachweispflicht würde auch durch die Gesetzgebungsmaterialien gestützt, da nach diesen eine Nachweispflicht weiterhin gesetzeskonform sein solle.[543] Auch *Voit*[544] geht davon aus, dass nach dem Wortlaut des § 207 Abs. 2 S. 2 VVG kein Nachweis mehr erbracht werden müsse. Allerdings begründet er die Nachteillosigkeit der durch § 13 Abs. 10 S. 3 MB/KK 2009 eingeführten Nachweispflicht des Versicherungsnehmers mit der gesetzlichen Beweislastverteilung, welche durch die Klausel lediglich aufgegriffen werde und daher keine nachteilige Abweichung darstellen könne.[545]

---

540 *BGH*, Urt. v. 16.01.2013, VersR 2013, 305, 307 (Rn. 22).

541 *BGH*, Urt. v. 16.01.2013, VersR 2013, 305, 307 (Rn. 22).

542 *Hütt* in Bach/Moser, PKV, § 13 MB/KK, Rn. 70; *Ders.* in Langheid/Wandt, MüKo VVG, § 207, Rn. 15.

543 *Hütt* in Bach/Moser, PKV, § 13 MB/KK, Rn. 70; *Ders.* in Langheid/Wandt, MüKo VVG, § 207, Rn. 15.

544 *Voit* in Prölss/Martin, VVG, § 207, Rn. 15 f., § 13 MB/KK, Rn. 8.

545 *Voit* in Prölss/Martin, VVG, § 207, Rn. 16, § 13 MB/KK, Rn. 8.

Unter Verweis auf die vom *BGH* getroffenen Feststellungen zum fehlenden gesetzgeberischen Änderungswillen im Hinblick auf die Vorgängerregelung des § 178n Abs. 2 S. 2 VVG a.F. geht auch *Eichelberger* davon aus, dass eine Nachweispflicht nach § 207 Abs. 2 S. 2 VVG n.F. nach wie vor bestehe.[546] Kritischer betrachtet *Reinhard*[547] die nach der geltenden Gesetzesfassung bestehende Rechtslage. So geht er davon aus, dass § 207 Abs. 2 S. 2 VVG nach neuer Fassung keinen Nachweis mehr voraussetze. Allerdings sei ein Nachweis sowohl vom Reformgesetzgeber gewünscht als auch im Ergebnis sinnvoll. Insbesondere vor dem Hintergrund, dass in § 205 Abs. 6 VVG im Zuge der Reform sogar eine zusätzliche Nachweispflicht eingefügt worden wäre, könne ein vollständiger Wegfall des Nachweiserfordernisses nicht überzeugen. Im Ergebnis sei eine ohne Nachweis erbrachte Kündigung daher unwirksam.[548] Allerdings erkennt er die Korrekturbedürftigkeit des seines Erachtens auf einem gesetzgeberischen Fehler beruhenden Entfalls des ausdrücklichen Nachweiserfordernisses an. Es sei nämlich – dem *BGH* zufolge – bei der Ausübung von Gestaltungsrechten grundsätzlich nicht erforderlich, einen Nachweis der zur Ausübung berechtigenden Tatsachen zu erbringen.[549]

Entgegen der überwiegenden Meinung sah nur *Rogler*[550] noch in der Vorauflage in der Regelung des § 13 Abs. 10 S. 3 MB/KK 2009 eine für den Versicherungsnehmer nachteilige Abweichung von den gesetzlichen Vorschriften (§ 208 S. 1 VVG). Es seien nämlich Fälle denkbar, in denen der Versicherungsnehmer hinsichtlich der Kenntnis der Gefahrsperson nicht beweisbelastet sei.[551] Sofern die Gefahrsperson oder der Versicherer Rechte aus der wirksamen Kündigung herleiten wollten, seien diese und nicht der Versicherungsnehmer mit dem Nachweis der Kenntnis der versicherten Person belastet.[552] Inzwischen hält er die Regelung unter Verweis auf die Entscheidung des *BGH* vom 16.01.2013 ohne weitere Begründung für wirksam.[553]

---

546 *Eichelberger* in Spickhoff, Medizinrecht, § 207 VVG, Rn. 9.

547 *Reinhard* in Looschelders/Pohlmann, VVG, § 207, Rn. 9, § 205, Rn. 22.

548 *Reinhard* in Looschelders/Pohlmann, VVG, § 207, Rn. 9, § 205, Rn. 22.

549 *Reinhard* in Looschelders/Pohlmann, VVG, § 207, Rn. 9 (vgl. auch Fn. 9), § 205, Rn. 22 (vgl. auch Fn. 34).

550 *Rogler* in Rüffer/Halbach/Schimikowski, VVG, 2. Auflage 2011, § 13 MB/KK, Rn. 4.

551 *Rogler* in Rüffer/Halbach/Schimikowski, VVG, 2. Auflage 2011, § 13 MB/KK, Rn. 4.

552 *Rogler* in Rüffer/Halbach/Schimikowski, VVG, 2. Auflage 2011, § 207, Rn. 39.

553 *Rogler* in Rüffer/Halbach/Schimikowski, VVG, § 13 MB/KK, Rn. 4.

(cc) Rechtliche Würdigung

Die Untersuchung widmet sich daher der Frage, ob die eingeführte Nachweispflicht einen Nachteil des Versicherungsnehmers im Sinne des § 208 S. 1 VVG darstellt. Ein Nachteil würde dem Versicherungsnehmer aus jeder ansonsten nicht geschuldeten, über die gesetzlichen Regelungen hinausgehenden Mehrbelastung ohne hinreichenden äquivalenten Ausgleich entstehen. Auch Rechtsprechung und Schrifttum knüpfen bei der Überprüfung des § 13 Abs. 10 S. 3 MB/KK 2009 mit unterschiedlicher Begründung an die Frage an, ob der Versicherungsnehmer nicht ohnehin den Nachweis schulde, die ausdrückliche Regelung also keine Mehrbelastung des Versicherungsnehmers darstelle.[554] Die teilweise vertretene Ansicht, die Nachweispflicht folge schon aus § 207 Abs. 2 S. 2 VVG, scheidet insbesondere wegen des eindeutigen Wortlauts und dem Fehlen einer aus Sinn und Zweck der Norm folgenden Notwendigkeit des Nachweises aus.[555] Fraglich ist aber, ob losgelöst von § 207 Abs. 2 S. 2 VVG, dem Versicherungsnehmer der Nachweis der Kenntnis obliegt.

(aaa) Beurteilung im Hinblick auf den Anwendungsbereich der Beweisregeln

Sowohl die Rechtsprechung als auch das Schrifttum stellen bei der Beantwortung der Frage größtenteils auf die gesetzliche Beweislastverteilung für den Nachweis sowie teilweise auch auf eine allgemeine auf das Vorliegen der Kündigungsvoraussetzungen gerichtete Nachweispflicht ab.[556] Diese Anknüpfung vermag in verschiedenerlei Hinsicht nicht zu überzeugen.

Der Frage der Beweislast systematisch vorgelagert ist die Prüfung, ob eine generelle Nachweispflicht für Kündigungsvoraussetzungen besteht. Der Nachweis der tatbestandlichen Voraussetzungen, vorliegend also die Kenntnis der Gefahrsperson von der Kündigung, ist nicht etwa, wie *Hütt* pauschal annimmt, erforderlich, um der „Kündigung zum Erfolg [zu] verhelfen“[557]. Es besteht

---

554 *BGH*, Urt. v. 16.01.2013, VersR 2013, 305, 307 (Rn. 22); *LG Aachen*, Urt. v. 04.04.2011 – 5 S 202/10, Rn. 15; *Hütt* in Bach/Moser, PKV, § 13 MB/KK, Rn. 70; *Ders.* in Langheid/Wandt, MüKo VVG, § 207, Rn. 15; *Voit* in Prölss/Martin, VVG, § 207, Rn. 16, § 13 MB/KK, Rn. 8, *Eichelberger* in Spickhoff, Medizinrecht, § 207 VVG, Rn. 9.

555 Vgl. dazu ausführlich die Ausführungen oben unter D. II. 3. b) bb) (2) (a).

556 *BGH*, Urt. v. 16.01.2013, VersR 2013, 305, 307 (Rn. 22); *LG Aachen*, Urt. v. 04.04.2011 – 5 S 202/10, Rn. 15; *Hütt* in Bach/Moser, PKV, § 13 MB/KK, Rn. 70; *Ders.* in Langheid/Wandt, MüKo VVG, § 207, Rn. 15; *Voit* in Prölss/Martin, VVG, § 207, Rn. 16, § 13 MB/KK, Rn. 8, *Eichelberger* in Spickhoff, Medizinrecht, § 207 VVG, Rn. 9; Weber, NJW 2016, 1414, 1415.

557 *Hütt* in Bach/Moser, PKV, § 13 MB/KK, Rn. 70; *Ders.* in Langheid/Wandt, MüKo VVG, § 207, Rn. 15. So auch das *LG Aachen*, Urt. v. 04.04.2011 – 5 S 202/10, Rn. 15.

gerade keine allgemeine Regel, die einen generellen Nachweis von Kündigungsvoraussetzungen für die Wirksamkeit der Kündigung erforderlich macht. So stellte der *IV. Zivilsenat* in einem Grundsatzurteil im Hinblick auf das Bestehen einer (nicht ausdrücklich geregelten) Nachweispflicht des Versicherungsnehmers nach § 178h Abs. 2 S. 1 VVG a.F. fest, dass ein Rechtssatz, nach dem „*eine Kündigungserklärung notwendigerweise an besondere formelle Voraussetzungen, etwa den Nachweis der tatbestandlichen Voraussetzungen des Kündigungsgrundes, zu knüpfen ist, […] der Rechtsordnung […] fremd*" sei.[558] Außerdem sei der Nachweis tatbestandlicher Kündigungsvoraussetzungen als zusätzliche Wirksamkeitsvoraussetzung auch im Rahmen anderer Dauerschuldverhältnisse mit schutzbedürftigen Vertragsparteien nicht vorgesehen.[559]

Dies überzeugt. Zwar würde eine generelle Nachweispflicht bezüglich der Tatbestandsvoraussetzungen einer Kündigung als zusätzliche Wirksamkeitsvoraussetzung wohl der Nachteiligkeit der Klausel entgegenstehen, da der Nachweis dann keine Mehrbelastung des Versicherungsnehmers mehr darstellte. Doch lässt sich eine solche Pflicht weder aus Gesetz noch allgemeinen Rechtsgedanken herleiten. Das Bedürfnis eines Nachweises der tatbestandlichen Voraussetzungen besteht – im Hinblick auf die schützenswerten Parteiinteressen – nur im Streitfall. Im Regelfall bedarf es keiner weiteren, dem kündigenden Vertragspartner zusätzlich zu der prozessualen Beweislast aufzubürdenden, (formellen) Kündigungsvoraussetzung. Wenn über die Wirksamkeit der Kündigung und somit das Vorliegen der Tatbestandsvoraussetzungen schon gar kein Streit besteht, ist eine (ungeschriebene) zusätzliche Wirksamkeitsvoraussetzung weder erforderlich noch aus Rechtssicherheitsgründen sinnvoll. Eine solche Regel würde zudem häufig den schutzwürdigen Erklärenden der Kündigung, hier den Versicherungsnehmer, ohne Notwendigkeit bei der Ausübung seines Gestaltungsrechts belasten.[560]

Doch auch sofern, wie überwiegend angenommen wird, die Ablehnung der Benachteiligung des Versicherungsnehmers durch die Nachweispflicht nicht an eine generelle Nachweisregel, sondern an die prozessualen Beweislastregelungen anknüpft, kann dies bei einem Vergleich der Anwendungsbereiche nicht überzeugen. Der Verweis auf den Gleichlauf der Beweislast und der Nachweispflicht

---

558 *BGH*, Urt. v. 03.11.2004, VersR 2005, 66, 68.

559 *BGH*, Urt. v. 03.11.2004, VersR 2005, 66, 68; *Osterloh*, jurisPR-BGHZivilR 16/2005 Anm. 6.; vgl. auch *Reinhard* in Looschelders/Pohlmann, VVG, § 207, Rn. 9 (siehe auch Fn. 9), § 205, Rn. 21 (siehe auch Fn. 34).

560 Das Urteil des *BGH* v. 03.11.2004 (VersR 2005, 66–68) als wichtige Stärkung der Rechte des Versicherten begrüßend: *Osterloh*, jurisPR-BGHZivilR 16/2005 Anm. 6.

nach § 13 Abs. 10 S. 3 MB/KK 2009 geht schon im Grundsatz fehl. Es besteht – unterstellt dem Versicherungsnehmer obläge jedenfalls die Darlegungs- und Beweislast für die Kenntniserlangung – schon kein vergleichbarer rechtlicher Anwendungsbereich. Die zivilprozessualen Beweislastregelungen sind in sachlicher Hinsicht nur in dem Fall von Bedeutung, dass über die (Wirksamkeit der) Kündigung Streit besteht.[561] Im Regelfall, in dem eine Kündigung dem Versicherer zugeht und dieser die Kündigung nicht beanstandet, ist ein Beweis der tatbestandlichen Kündigungsvoraussetzungen nach diesen Regeln also nicht erforderlich. Eine generelle Nachweispflicht im Sinne der Klausel geht daher, selbst unterstellt der Versicherungsnehmer trüge stets die Beweislast für die Kenntniserlangung, über den sachlichen Anwendungsbereich der gesetzlichen Regelungen hinaus. Dies gilt umso mehr in zeitlicher Hinsicht. Die Nachweispflicht des § 13 Abs. 10 S. 3 MB/KK 2009 lässt, sogar nach hier vertretener weiter Auslegung, einen Nachweis nur bis zum beabsichtigten Wirksamwerden der Kündigung zu.[562] Insofern bleibt sie aber weit hinter der zivilprozessualen Beweismöglichkeit zurück. Nach § 296a S. 1 ZPO ist das Vorbringen von Beweismitteln grundsätzlich spätestens bis zum Schluss der mündlichen Verhandlung möglich.[563] Sowohl in zeitlicher als auch in sachlicher Hinsicht ist die Nachweispflicht des § 13 Abs. 10 S. 3 MB/KK 2009 daher bereits strenger als die gesetzlichen Beweislastregelungen. Im Ergebnis ist nach allgemeinen zivilprozessualen Beweislastregelungen der Nachweis nämlich nur im Streitfall und nicht generell zu erbringen. Zeitlich muss der Nachweis der Tatbestandsvoraussetzungen auch nicht bereits im Zeitpunkt des beabsichtigten Wirksamwerdens, sondern spätestens bis zum Schluss der mündlichen Verhandlung erbracht werden. Es ist daher an dieser Stelle festzuhalten, dass die Nachweispflicht eine nachteilige Abweichung für den Versicherungsnehmer darstellt.

Dieses Ergebnis stützt schließlich auch ein allgemeiner Vergleich der unterschiedlichen Rechtsfolgen von § 13 Abs. 10 S. 3 MB/KK 2009 und den allgemeinen Beweisregelungen. Für den Fall, dass der Versicherungsnehmer nämlich den nach der Bestimmung erforderlichen Nachweis nicht rechtzeitig erbringt, ist die Kündigung von vornherein unwirksam. Wenn der Versicherungsnehmer im

---

561 Dies erkennt auch der *BGH* (Urt. v. 16.01.2013, VersR 2013, 305, 307 (Rn. 22)). Er übersieht aber, dass bereits aus dieser Tatsache die Ungleichheit zwischen einem Nachweis als Wirksamkeitsvoraussetzung und einer nur im Streitfall relevanten Beweislast folgt.

562 Dazu ausführlich nachfolgend unter D. II. 3. b) bb) (6).

563 *Huber* in Musielak/Voit, ZPO, § 296a, Rn. 3; *Prütting* in Rauscher/Krüger, MüKo ZPO, § 296a, Rn. 5; *Saenger* in Saenger, HK-ZPO, § 296a, Rn. 3 f.

Rahmen eines Rechtsstreits den Nachweis der Kenntnis der Gefahrsperson nicht erbringt, führt dies aber nicht von vorherein zur Unwirksamkeit der Kündigung, sondern hindert nur ihre gerichtliche Durchsetzbarkeit. Eine Rechtfertigung des Nachweiserfordernisses des § 13 Abs. 10 S. 3 MB/KK 2009, unter Berufung auf die allgemeinen Beweisregeln, scheidet daher aus. Die durch die Bestimmung eingeführte Nachweispflicht legt strengere und folglich für den Versicherungsnehmer als Mehrbelastung nachteilige Anforderungen an die Kündigung fest. Hätte der Verwender keine Wirksamkeitsvoraussetzung, sondern lediglich eine Beweislastregelung schaffen wollen, hätte dies im Wortlaut der Klausel Ausdruck finden müssen.[564] Einen entsprechenden Ausgleich erhält der Versicherungsnehmer zudem nicht.

(bbb) Beweislast für die Kenntniserlangung

In Ergänzung ist – trotz des bereits festgestellten Verstoßes – zu überprüfen, ob überhaupt nach allgemeinen Beweisregeln ausschließlich der Versicherungsnehmer den Nachweis der Kenntniserlangung schuldet. Sollte der Versicherungsnehmer auch nach der allgemeinen Beweislastverteilung nicht stets beweisbelastet sein, wäre der Standpunkt der oben dargestellten überwiegenden Meinung wohl jedenfalls insgesamt entkräftet. Diese geht nämlich davon aus, dass der Versicherungsnehmer ohnehin die Kenntnis der Gefahrsperson beweisen müsse und daher die Klausel keine Mehrbelastung des Versicherungsnehmers begründe.[565] Eine die ausschließliche Beweisbelastung des Versicherungsnehmers ablehnende Haltung nahm bisher nur *Rogler*[566] ein. Dieser trug insofern vor, dass auch andere Personen als der Versicherungsnehmer für die Wirksamkeit der Kündigung und somit für das Vorliegen der Wirksamkeitsvoraussetzungen beweisbelastet sein könnten. Das sei immer dann der Fall, wenn die Gefahrsperson oder der Versicherer aus einer wirksamen Kündigung Rechte herleiten wollten.[567]

---

564 Etwa durch eine Formulierung wie: „Den Nachweis für die Kenntnis der versicherten Personen von der Kündigungserklärung trägt der Versicherungsnehmer." Bei der Integration einer entsprechenden Klausel sind allerdings die Grenzen des § 309 Nr. 12 BGB zu beachten, der eine für den Vertragspartner des Verwenders nachteilige Änderung der Beweislast ausschließt.

565 Vgl. die oben dargestellten Meinungen im Einzelnen unter D. II. 3. b) bb) (2) (b) (bb).

566 So noch in der Vorauflage: *Rogler* in Rüffer/Halbach/Schimikowski, VVG, 2. Auflage 2011, § 13 MB/KK, Rn. 4; inzwischen hält er die Klausel des § 13 Abs. 10 S. 3 MB/KK ohne nähere Begründung für wirksam (§ 13 MB/KK, Rn. 4).

567 *Rogler* in Rüffer/Halbach/Schimikowski, VVG, 2. Auflage 2011, 207, Rn. 39.

Als besonders praxisrelevant ist insofern der Fall einzuordnen, dass die Gefahrsperson, als die nach § 194 Abs. 3 S. 1 VVG regelmäßig Empfangsberechtigte, Leistungen des Versicherers verlangt, sich der Versicherer aber zur Begründung einer Leistungsverweigerung auf die wirksame Kündigung des Krankheitskostenversicherungsvertrags durch den Versicherungsnehmer beruft. Fraglich ist, wer in einem solchen Streitfall die Beweislast für die Wirksamkeit der Kündigung trägt. Allgemein gilt in einem zivilprozessualen Rechtsstreit, sofern keine ausdrücklichen gesetzlichen Beweisregeln im Sinne des § 286 Abs. 2 ZPO vorliegen, die Grundregel, dass der Anspruchsteller die rechtsbegründenden Tatbestandsmerkmale und der Anspruchsgegner die rechtshindernden, rechtsvernichtenden und hemmenden Merkmale beweisen muss.[568] Ungeachtet ihrer Parteirolle trägt also jeder die prozessuale Beweislast für die für ihn günstigen Voraussetzungen. In dem exemplarischen Fall wird sich der Versicherer auf die Wirksamkeit der Kündigung als das seine Leistungsverpflichtung beendende Ereignis berufen. Sollte die Kündigung wirksam und damit das die Leistungspflicht begründende Rechtsverhältnis wirksam beendet sein, wäre dies für den Versicherer günstig. Er muss die Erfüllung der für die Wirksamkeit der Kündigung des Versicherungsnehmers als rechtsvernichtendes Gestaltungsrecht konstitutiven Tatbestandsvoraussetzungen beweisen. Der Versicherer ist also auch hinsichtlich der Kenntniserlangung der Gefahrsperson beweisbelastet. Die Gefahrsperson oder der grundsätzlich aktivlegitimierte Versicherungsnehmer schulden hingegen nur den Nachweis für das Bestehen des Rechtsverhältnisses auf dem ihre Empfangsberechtigung beruht.

Im Ergebnis ist der Versicherungsnehmer auch unter Zugrundelegung der allgemeinen prozessualen Beweisregeln nicht per se beweispflichtig. Es sind verschiedene Konstellationen denkbar, in denen sich gerade nicht der Versicherungsnehmer auf die Wirksamkeit seiner Kündigung beruft. Die Nachweispflicht des § 13 Abs. 10 S. 3 MB/KK 2009 entspricht daher, selbst bei unterstellter Vergleichbarkeit der Anwendungsbereiche von Wirksamkeitsvoraussetzungen und Beweisregeln, nicht immer der gesetzlichen Beweislastverteilung.

(ccc) Vorteilhaftigkeit der Nachweispflicht für die Gefahrsperson und den Versicherer

Keine andere Bewertung der Nachteiligkeit der Regelung für den Versicherungsnehmer können die unter Umständen vorteilhaften Auswirkungen der Nachweispflicht für die Gefahrsperson und den Versicherer rechtfertigen. Anders als

568 *Foerste* in Musielak/Voit, ZPO, § 286, Rn. 35; *Prütting* in Rauscher/Krüger, MüKo ZPO, § 286, Rn. 111; *Bacher* in Vorwerk/Wolf, BeckOK ZPO, § 284, Rn. 72.

bei § 307 BGB ist eine Interessenabwägung im Hinblick auf die zur Unwirksamkeit führende Nachteiligkeit der Regelung nicht geboten. Jedenfalls keine Berücksichtigung findet daher das (grundsätzlich schutzwürdige) Interesse des Versicherers an der Nachweiserbringung.

Daneben muss auch ein vermeintlicher Vorteil der Gefahrsperson durch die den Versicherungsnehmer belastende Regelung bei der Feststellung der Nachteiligkeit unbeachtet bleiben. Zwar ist auch die Gefahrsperson grundsätzlich in den Schutzbereich des § 208 S. 1 VVG einbezogen, doch führt das nicht zu einer Gesamtsaldobetrachtung der Vor- und Nachteile für Versicherungsnehmer und Gefahrsperson. Die geschützten Normadressaten bilden gerade keine rechtliche Einheit. Vielmehr können die Nachteile für den Versicherungsnehmer auch nur durch ihm gewährte Vorteile oder einer für ihn ohnehin nach anderen Vorschriften bestehenden Pflicht zu einem Entfall der Nachteiligkeit führen.

Im Falle des § 13 Abs. 10 S. 3 MB/KK 2009 fehlt es zudem, auch unabhängig von der Berücksichtigung der Interessen der Gefahrsperson, an einem relevanten Vorteil für die Gefahrsperson. Die Nachweispflicht stellt für die Gefahrsperson schon deshalb keine relevante Besserstellung ihrer Rechtsposition dar, da ihr Schutz vor einem unwissentlichen Verlust des Krankenversicherungsschutzes bereits durch das Wirksamkeitserfordernis des § 207 Abs. 2 S. 2 VVG ausreichend sichergestellt ist. Die Mitteilung ihrer Kenntnis gegenüber dem Versicherer hat für sie daneben keinen besonderen Mehrwert. Insofern hat – wie bereits ausgeführt – der *BGH* zu Recht dem Schutz der Gefahrsperson, der aus § 207 Abs. 2 S. 2VVG folgt, den Vorrang vor dem Beendigungsinteresse des Versicherungsnehmers eingeräumt.[569] Über diese gesetzliche Regelung hinaus ist aber eine Beschränkung der Kündigungsmöglichkeit des Versicherungsnehmers per Saldo nicht gerechtfertigt und auch nicht erforderlich.

(dd) Zwischenergebnis

Die inhaltliche Abweichung des § 13 Abs. 10 S. 3 MB/KK von der Regelung des § 207 Abs. 2 S. 2 VVG stellt einen Nachteil für den Versicherungsnehmer dar, der nach § 208 S. 1 VVG unmittelbar zur Unwirksamkeit der Klausel führt. Einen über die Regelung des § 207 Abs. 2 S. 2 VVG hinausgehender Schutz der Gefahrsperson, der Vorrang vor dem Vertragsbeendigungsinteresse des Versicherungsnehmers hat, bietet § 13 Abs. 10 S. 3 MB/KK 2009 nicht. Nach gebotener saldierender Betrachtung ist die Klausel daher als nachteilige Abweichung gemäß § 208 S. 1 VVG unwirksam.

---

569 *BGH*, Urt. v. 16.01.2013, VersR 2013, 305, 307 (Rn. 28).

(3) Einbeziehungs- und Inhaltskontrolle der Nachweispflicht

Mit Blick auf die Entscheidung des BGH, die sich im Wesentlichen in einer AGB-rechtlichen Einbeziehungs- und Inhaltskontrolle erschöpft, und der nach hier vertretener Ansicht parallel anwendbaren Vorschriften der §§ 305 ff. BGB, sind nachfolgend auch die relevanten AGB-rechtlichen Problemfelder der Nachweispflicht zu untersuchen. Dies gilt zunächst mit Blick auf die Einbeziehungskontrolle nach §305c Abs. 1 BGB, die in dogmatischer Hinsicht einer Überprüfung nach § 208 S. 1 VVG grundsätzlich vorzuziehen wäre und die wegen der Verwendung der Klausel in Musterbedingungen auch Bedeutung für eine Vielzahl von Krankheitskostenversicherungsverträgen hat. Im Anschluss stellen sich zudem verschiedene Fragen im Zusammenhang mit der konkreten Inhaltskontrolle des § 13 Abs. 10 S. 3 MB/KK 2009.

(a) Überraschende Klausel im Sinne des § 305c Abs. 1 BGB

Eine wirksame Einbeziehung des § 13 Abs. 10 S. 3 MB/KK 2009 in jegliche Krankheitskostenversicherungsverträge scheitert jedenfalls, wenn die Klausel nach § 305c Abs. 1 BGB für den durchschnittlichen Versicherungsnehmer überraschend gestaltet ist.

(aa) § 305c Abs. 1 BGB als Einbeziehungshindernis

De lege lata sind Bestimmungen überraschend, wenn sie nach den Umständen, insbesondere nach dem äußeren Erscheinungsbild des Vertrages, so ungewöhnlich sind, dass der Vertragspartner des Verwenders mit ihnen nicht zu rechnen brauchte. Für die Annahme einer überraschenden Natur der Klausel muss es sich grundsätzlich um eine objektiv ungewöhnliche Klausel handeln, der ein subjektives Überraschungsmoment innewohnt.[570] Die Ungewöhnlichkeit der Klausel ist anhand der Betrachtung der Gesamtumstände zu beurteilen.[571] So ist eine Klausel in AVB regelmäßig ungewöhnlich im Sinne des § 305c Abs. 1 BGB, wenn ihr Inhalt in einem erheblichen Maße von dem abweicht, was üblicherweise von

---

570 Vgl. etwa *BGH*, Urt. v. 17.03.1994, NJW 1994, 1656, 1657; *BGH*, Urt. v. 30.10.1987, BGHZ 102, 152, 159; *Schmidt* in Bamberger/Roth, BeckOK BGB, § 305c, Rn. 13; *Roloff* in Erman, BGB, § 305c, Rn. 8; *Stadler* in Jauernig, BGB, § 305c, Rn. 2; *Grüneberg* in Palandt, BGB, § 305c, Rn. 3 f.; *Schulte-Nölke* in Schulze, HK-BGB, § 305c, Rn. 2; *Schlosser* in Staudinger, BGB, § 305c, Rn. 7, 13; *Stoffels*, AGB-Recht, § 10, Rn. 334 (S. 119).

571 Vgl. etwa *BGH*, Urt. v. 21.07.2010, NJW 2010, 3152, 3153 f.; *BGH*, Urt. v. 01.06.1989, NJW 1989, 2255, 2255 f.; *Stadler* in Jauernig, BGB, § 305c, Rn. 2; *Lapp/Salamon* in jurisPK-BGB, § 305c, Rn. 21; *Basedow* in MüKo BGB, § 305c, Rn. 6; *Grüneberg* in Palandt, BGB, § 305c, Rn. 3; *Brox/Walker*, BGB AT, § 10, Rn. 230 (S. 112).

einem verständigen Versicherungsnehmer erwartet wird.[572] Die Branchenüblichkeit einer Klausel ist für ihre Beurteilung aber nicht ausschlaggebend. Insbesondere ist eine Klausel nicht deshalb üblich und gewöhnlich, weil diese von einem Interessenverband empfohlen wird.[573] Häufig handelt es sich bei überraschenden Klauseln um Klauseln, die für ihren Vertragstyp untypisch sind,[574] die eine untypische, versteckte Stellung im Klauselwerk und ein unübliches äußeres Erscheinungsbild haben[575]. Neben die Ungewöhnlichkeit der Klausel muss zudem ein zusätzliches Überraschungsmoment im Sinne einer Überrumpelung treten,[576] um die Rechtsfolge des § 305c Abs. 1 BGB auszulösen.

(bb) § 13 Abs. 10 S. 3 MB/KK 2009 als überraschende Klausel?

Vor dem Hintergrund des Vorstehenden und unter Berücksichtigung der Ausführungen des *BGH* gilt es festzustellen, ob die Klausel des § 13 Abs. 10 S. 3 MB/KK 2009 für einen typischen Versicherungsnehmer überraschend ist und daher ohne Anpassung nicht wirksam Vertragsbestandteil von privaten Krankheitskostenversicherungsverträgen werden kann.

(aaa) Argumentation des IV. Zivilsenats des BGH

Der *BGH* befasste sich im Hinblick auf § 305c Abs. 1 BGB mit der Frage, ob § 13 Abs. 10 S. 3 MB/KK 2009 an einer Stelle der Musterbedingungen steht, an der die Klausel vom Versicherungsnehmer nicht zu erwarten ist. Die Beklagte hatte gerügt, dass sich die eigentlichen Kündigungsvoraussetzungen in § 13 Abs. 1 bis 5 MB/KK 2009 befänden und die Nachweisverpflichtung in reinen Abwicklungsvorschriften versteckt sei.[577] Dem trat der *BGH* unter Berücksichtigung des systemischen Zusammenhangs der Regelungen des § 13 MB/KK 2009 entgegen. Bei der

---

572 Vgl. allgemein: *Roloff* in Erman, BGB, § 305c, Rn. 9; *Basedow* in MüKo BGB, § 305c, Rn. 5; *Schulte-Nölke* in Schulze, HK-BGB, § 305c, Rn. 2.

573 *Schwab*, AGB-Recht, Rn. 298.

574 *BGH,* Urt. v. 22.12.1992, NJW 1993, 779, 780; *Roloff* in Erman, BGB, § 305c, Rn. 9; *Grüneberg* in Palandt, BGB, § 305c, Rn. 3.

575 *BGH*, Urt. v. 18.05.1995, NJW 1995, 2553, 2554; *BGH*, Urt. v. 26.07.2012, NJW-RR 2012, 1261, 1261; *Schmidt* in Bamberger/Roth, BeckOK BGB, § 305c, Rn. 17; *Lapp/Salamon* in jurisPK-BGB, § 305c, Rn. 38; *Basedow* in MüKo BGB, § 305c, Rn. 6; *Grüneberg* in Palandt, BGB, § 305c, Rn. 3; *Schlosser* in Staudinger, BGB, § 305c, Rn. 9.

576 *BGH,* Urt. v. 30.06.1995, NJW 1995, 2637, 2638; *BGH*, Urt. v. 30.09.2009, NJW 2010, 294, 295; *Lapp/Salamon* in jurisPK-BGB, § 305c, Rn. 23; *Basedow* in MüKo BGB, § 305c, Rn. 10; *Schulte-Nölke* in Schulze, HK-BGB, § 305c, Rn. 2; *Schlosser* in Staudinger, BGB, § 305c, Rn. 13.

577 Vgl. in *BGH*, Urt. v. 16.01.2013, VersR 2013, 305, 306 (Rn. 16).

Kündigungsmodifikation des § 13 Abs. 10 S. 3 MB/KK 2009 würde der Sonderfall geregelt, dass die Kündigung für eine vom Versicherungsnehmer verschiedene Person erklärt würde. Dieser Spezialfall rechtfertige es die Modifizierung, getrennt von den allgemeinen Kündigungsvoraussetzungen, am Schluss der Klausel zu etablieren. Die Bestimmung stünde also nicht an einer Stelle, an welcher der Versicherungsnehmer sie nicht erwarten würde.[578] Darüber hinaus könne von einem verständigen Durchschnittsversicherungsnehmer auch erwartet werden, dass er die Bestimmungen zur Vertragsbeendigung vollständig erfasse und auf besondere Anforderungen an Kündigungen in Drittversicherungskonstellationen achte.[579]

(bbb) Stellungnahme

Es stellt sich zunächst die Frage der Ungewöhnlichkeit der Klausel.

Die gegenständliche Bestimmung enthält in ihrem dritten Satz eine über den Wortlaut des korrespondierenden § 207 Abs. 2 S. 2 VVG hinausgehende, für die Wirksamkeit der Kündigung konstitutive Nachweispflicht. Innerhalb der Struktur des § 13 MB/KK 2009 befindet sich die Regelung im vorletzten Absatz. Ihr voran gestellt sind in den Absätzen 1 bis 6 Bestimmungen zu Kündigungsrechten und deren Anforderungen für den Versicherungsnehmer. In Absatz 7 wird für alle Gefahrspersonen, das heißt auch für vom Versicherungsnehmer verschiedene Personen, der Abschluss einer Anschlussversicherung und deren Nachweis als Wirksamkeitsvoraussetzung geregelt. In den Absätzen 8 und 9 finden sich Spezialregelungen zu Übertragungspflichten und Zurückbehaltungsrechten des Versicherers im Falle einer wirksamen Kündigung. Im elften und letzten Absatz ist schließlich für nach Art der Lebensversicherung betriebene Krankenversicherungen ein Recht auf den Abschluss einer Anwartschaftsversicherung geregelt. Zwar kommt es zur Annahme der Ungewöhnlichkeit einer Klausel grundsätzlich nicht auf ihre Stellung innerhalb des Vertragsgefüges an, da im Grundsatz alle Bestimmungen gleichwertig sind.[580] Doch kann eine Unterbringung der Klausel an einer Stelle, zu der diese keinen systematischen Zusammenhang aufweist, ungewöhnlich sein.[581] Dies hatte der *BGH* unter

578 *BGH*, Urt. v. 16.01.2013, VersR 2013, 305, 306 (Rn. 16).

579 *BGH*, Urt. v. 16.01.2013, VersR 2013, 305, 306 (Rn. 16).

580 *BGH*, Urt. v. 21.07.2010, NJW 2010, 3152, 3154; *BGH*, Urt. v. 16.01.2013, VersR 2013, 305, 306.

581 *BGH*, Urt. v. 18.05.1995, NJW 1995, 2553, 2554; *BGH*, Urt. v. 26.07.2012, NJW-RR 2012, 1261, 1261; *Schmidt* in Bamberger/Roth, BeckOK BGB, § 305c, Rn. 17; *Lapp/Salamon* in jurisPK-BGB, § 305c, Rn. 38; *Basedow* in MüKo BGB, § 305c, Rn. 6;

Verweis auf den Charakter des § 13 Abs. 10 S. 3 MB/KK 2009 als Sonderfallregelung verneint.[582]

Zwar ist dem *BGH* insoweit zuzustimmen als die Nachweispflicht nur den Sonderfall betrifft, dass die Kündigung mit Wirkung für die Gefahrsperson erklärt wird, doch geraten seine Ausführungen zum systematischen Zusammenhang zu kurz. Die Stellung einer weiteren Kündigungsvoraussetzung hinter Spezialregelungen, die vorrangig die Kündigungsabwicklung und den Versicherer betreffen, kann ungewöhnlich sein. Für eine ungewöhnliche Stellung spricht, dass § 13 Abs. 7 S. 1, 2 MB/KK 2009 ebenfalls eine Sonderregelung darstellt, die zumindest auch den Fall betrifft, dass ein drittbegünstigender Versicherungsvertrag gekündigt wird, und die diesbezüglich Wirksamkeitsvoraussetzungen normiert. § 13 Abs. 7 S. 2 MB/KK 2009 regelt sogar eine inhaltlich vergleichbare Nachweispflicht des Versicherungsnehmers. Es wäre insofern unter systematischen Gesichtspunkten überzeugend, die Nachweispflicht zur Sicherstellung des Fortsetzungsrechts im Anschluss an die (auch) drittschützende Regelung des § 13 Abs. 7 MB/KK 2009 zu stellen. Die sich anschließenden Regelungen zur Übertragung von Alterungsrückstellungen auf den neuen Versicherer und zu einem Zurückbehaltungsrecht des Versicherers im Falle eines nicht vollständigen Beitragsausgleichs stellen inhaltlich einen neuen Abschnitt dar. Sie knüpfen an eine bereits erfolgte wirksame Kündigung an, wohingegen die vorhergehenden Absätze noch Voraussetzungen und Wirksamkeit der Kündigung betreffen. Innerhalb des systematischen Gefüges des § 13 MB/KK 2009 erscheint nach den Absätzen 8 und 9 daher eine erneute Wirksamkeitsvoraussetzung als eine nicht im logischen Zusammenhang stehende Bestimmung, sodass eine Ungewöhnlichkeit der Klausel zunächst nicht auszuschließen ist.

Bedenken bestehen aber, ob mit der Klausel auch aus Sicht eines durchschnittlichen Versicherungsnehmers, der keine versicherungsrechtlichen Kenntnisse hat,[583] nicht zu rechnen war (*Überraschungsmoment*). Es gilt insofern ein strenger Maßstab. Entsprechend ging auch der *BGH* davon aus, dass von einem Durchschnittsversicherungsnehmer zumindest erwartet werden könne, dass dieser die Regelungen zur Kündigung durch den Versicherungsnehmer

---

Grüneberg in Palandt, BGB, § 305c, Rn. 4; *Schlosser* in Staudinger, BGB, § 305c, Rn. 9; *Schwab*, AGB-Recht, Rn. 351.

582 *BGH*, Urt. v. 16.01.2013, VersR 2013, 305, 306 (Rn. 16).

583 *Beckmann* in Beckmann/Matusche-Beckmann, Versicherungsrecht-Handbuch, § 10, Rn. 105; *Reiff* in Langheid/Wandt, MüKo VVG, Allgemeine Versicherungsbedingungen, Rn. 70; *Armbrüster* in Prölss/Martin, VVG, Einleitung, Rn. 260, 268; *Brömmelmeyer* in Rüffer/Halbach/Schimikowski, VVG, Einleitung, Rn. 75.

vollständig zur Kenntnis nehme.[584] Dem ist beizupflichten. Es konnte erwartet werden, dass sich an irgendeiner Stelle des § 13 MB/KK 2009 Modifikationen des Kündigungsrechts befinden könnten, zumal dessen elf Absätze insgesamt nur etwa anderthalb Seiten ausmachen.[585] Die Klausel ist weder übermäßig lang noch in Anbetracht der Länge besonders unübersichtlich gestaltet, sodass nicht von einer versteckten Stellung aus Sicht des Versicherungsnehmers gesprochen werden kann. Die Regelung stellt, nicht zuletzt durch die Überschrift erkennbar, die abschließende Regelung der Kündigung durch den Versicherungsnehmer dar. Vor diesem Hintergrund kann davon ausgegangen werden, dass der durchschnittliche Versicherungsnehmer die Klausel trotz der elf Absätze liest, da diese insgesamt nur einen überschaubaren Anteil des Klauselwerks von etwa anderthalb Seiten ausmachen. Daher fällt auch die eher ungünstige Stellung des Absatzes am Ende der Klausel nicht ins Gewicht. Es fehlt, mangels einer Diskrepanz zwischen Erwartungen des Versicherungsnehmers und dem tatsächlichen Inhalt des Vertrages, an einem Überraschungseffekt.

(b) Ergebnis

In Einklang mit dem BGH kann daher davon ausgegangen werden, dass § 13 Abs. 10 S. 3 MB/KK 2009 nicht überraschend gemäß § 305c Abs. 1 BGB ist und daher eine grundsätzliche Einbeziehung der Klausel in private Krankheitskostenversicherungsverträge möglich ist.

(4) Unklarheit der Klausel gemäß § 305c Abs. 2 BGB

Wirksam Vertragsbestandteil gewordene Klauseln unterliegen grundsätzlich einer Inhaltskontrolle nach den §§ 307 ff. BGB. Voraussetzung für diese Kontrolle ist aber, dass der Inhalt der Klausel durch Auslegung ermittelt wurde, da erst dieser einer Inhaltskontrolle nach §§ 307 ff. BGB zu unterziehen ist.[586] Sollten trotz der Auslegung der Bestimmung jedoch Zweifel hinsichtlich ihres Inhalts bestehen, die Klausel also mehrdeutig im Sinne des § 305c Abs. 2 BGB sein, gehen diese Zweifel zulasten des Verwenders. § 305c Abs. 2 BGB normiert die sogenannte Unklarheitenregel.[587] Als Vorprüfung zur Inhaltskontrolle der

---

584 *BGH*, Urt. v. 16.01.2013, VersR 2013, 305, 306 (Rn. 16).

585 Siehe Annex.

586 Anstatt vieler: *Schlosser* in Staudinger, BGB, § 305c, Rn. 105.

587 *Roloff* in Erman, BGB, § 305c, Rn. 27; *Präve* in Graf von Westphalen, Vertrags- und AGB-Recht, Klauselwerke, AVB, Rn. 251; *Pohlmann* in Looschelders/Pohlmann, Einleitung B., Rn. 49; *Wolf/Neuner*, BGB AT, § 47, Rn. 47; *Basedow*, VersR 1999, 1045, 1047.

grundsätzlich für eine Einbeziehung geeigneten Regelung des § 13 Abs. 10 S. 3 MB/KK 2009 hat auch der *BGH* gemäß § 305c Abs. 2 BGB den Inhalt der Klausel ermittelt und auf eine etwaige Unklarheit untersucht. Kern dieser Prüfung war die Frage, ob mit Blick auf den Zeitpunkt der Nachweiserbringung mehrere Auslegungsergebnisse aus Sicht eines verständigen Versicherungsnehmers denkbar sind. Mit dieser Frage setze sich der BGH gleichermaßen im Rahmen der jedenfalls neben § 208 S. 1 VVG anwendbaren Transparenzkontrolle nach § 307 Abs. 1 S. 2 BGB auseinander. Wegen der inhaltlichen Überschneidungen und der auch im Anwendungsbereich von § 208 S. 1 VVG größeren Bedeutung der Wirksamkeitskontrolle nach § 307 Abs. 1 S. 2 BGB, erfolgt eine einheitliche Beurteilung der Frage der Unklarheit im Zusammenhang mit der Transparenzkontrolle.[588]

(5) Ergänzende Inhaltskontrolle gemäß §§ 307 ff. BGB

Aufgrund der nach der hier vertretenen Ansicht gebotenen parallelen sowie ergänzenden Inhaltskontrolle nach §§ 307 ff. BGB ist die Klausel auch im Anwendungsbereich des § 208 S. 1 VVG auf etwaige AGB-rechtliche Verstöße zu untersuchen.

(a) Verstoß gegen das Klauselverbot des § 309 Nr. 12 BGB

Das einzige in Betracht kommende Klauselverbot aus dem Katalog der §§ 308, 309 BGB ist das Verbot nachteiliger Beweislastverschiebungen nach § 309 Nr. 12 BGB. Durch dieses soll insbesondere verhindert werden, dass der Verwender der Bedingungen, hier also der Versicherer, die Geltendmachung von Ansprüchen des Versicherungsnehmers in Abweichung von den allgemeinen Beweislastregelungen erschwert oder verhindert.[589] Dabei nennt das Gesetz exemplarisch die Auferlegung der Beweislast für Umstände, die im Verantwortungsbereich des Verwenders liegen, sowie die Festsetzung der Pflicht des Vertragspartners zur Bestätigung bestimmter Tatsachen.

Voraussetzung für die Anwendung des Verbotstatbestandes des § 309 Nr. 12 BGB wäre es, dass es sich bei der von § 13 Abs. 10 S. 3 MB/KK 2009 getroffenen Regelung um eine rechtliche oder faktische Beweislastregelung handelt. Die gegenständliche Bestimmung der Musterbedingungen legt zwar die Pflicht eines

---

588 Siehe unter D. II. 3. b) bb) (6) (a).

589 *Roloff* in Erman, BGB, § 309, Rn. 145, 147; *Lapp/Salamon* in jurisPK-BGB, § 309, Rn. 214 f.; *Bruns* in Langheid/Wandt, MüKo VVG, § 309 BGB, Rn. 13; *Wurmnest* in MüKo BGB, § 309 Nr. 12, Rn. 6; *Coester-Waltjen* in Staudinger, BGB, § 309 Nr. 12, Rn. 9; *Dammann* in Wolf/Lindacher/Pfeiffer, AGB-Recht, § 309 Nr. 12 BGB, Rn. 10.

Nachweises fest, doch handelt es sich dabei nicht um eine Beweislastverteilung, sondern vielmehr um die vertragliche Normierung einer Wirksamkeitsvoraussetzung. Die Wirksamkeit der Kündigung hängt gerade von der Nachweiserbringung ab. Die Nachweispflicht stellt daher eine Tatbestandsvoraussetzung der Kündigung durch den Versicherungsnehmer dar, die ihrerseits beweispflichtig ist und nicht eine allgemeine Beweislastregelung für den Streitfall. Im Hinblick auf die Beweislast für die Nachweiserbringung trifft die Bestimmung keine Regelung. Mangels Änderung der gesetzlichen Beweislastgrundsätze durch § 13 Abs. 10 S. 3 MB/KK 2009 greift das Klauselverbot des § 309 Nr. 12 BGB nicht ein.

(b) Unvereinbarkeit mit den gesetzlichen Grundgedanken gemäß § 307 Abs. 2 Nr. 1 BGB

Nach § 307 Abs. 2 Nr. 1 BGB wird im Falle einer mit den wesentlichen Grundgedanken nicht zu vereinbarenden Abweichung zugunsten des Vertragspartners des Verwenders vermutet, dass diese Abweichung eine unangemessene Benachteiligung darstellt und als solche nach § 307 Abs. 1 S. 1 BGB unwirksam ist.[590] Grundsätzlich kann diese Vermutung auch widerlegt werden. Die Möglichkeit der Widerlegung der Vermutung einer Benachteiligung des Versicherungsnehmers scheidet im Anwendungsbereich von § 208 S. 1 VVG, und damit auch hinsichtlich § 13 Abs. 10 S. 3 MB/KK 2009, aber insgesamt aus. Die Regelung des § 208 S. 1 VVG setzt bereits tatbestandlich eine für den Versicherungsnehmer nachteilige Regelung voraus und verbietet – ohne zusätzliche Interessenabwägung – eine von den gesetzlichen Vorschriften für den Versicherungsnehmer saldomäßig nachteilige Abweichung. Eine entgegen dem ausdrücklichen Verbotstatbestand erfolgende Schlechterstellung muss folglich zwingend dem gesetzlichen Grundgedanken widersprechen und unangemessen im Sinne von § 307 Abs. 1, Abs. 2 Nr. 1 BGB sein.

(c) Ergebnis

Im Ergebnis wird durch § 13 Abs. 10 S. 3 MB/KK 2009 eine im Sinne des § 208 S. 1 VVG für den Versicherungsnehmer nachteilige Regelung getroffen, die aufgrund des Verstoßes gegen die halbzwingende Regelung des § 207 Abs. 2 S. 2 VVG unwirksam ist. Diese Abweichung stellt folgerichtig zugleich zwingend auch eine unangemessene Benachteiligung aufgrund der Unvereinbarkeit mit dem gesetzlichen Grundgedanken gemäß § 307 Abs. 2 Nr. 1, Abs. 1 S. 1 BGB dar.

---

590 *Schmidt* in Bamberger/Roth, BeckOK BGB, § 307, Rn. 51; *Roloff* in Erman, BGB, § 307, Rn. 3, 24; *Stadler* in Jauernig, BGB, § 307, Rn. 10; *Bruns* in Langheid/Wandt, MüKo VVG, § 307 BGB, Rn. 104; *Grüneberg* in Palandt, BGB, § 307, Rn. 28.

(6) Transparenzgebot, § 307 Abs. 1 S. 2 BGB

Da dem Transparenzgebot neben § 208 S. 1 VVG jedenfalls ein eigenständiger Anwendungsbereich im Rahmen der Inhaltskontrolle verbleibt,[591] ist – vor allem im Hinblick auf die Entscheidung des *BGH* – § 13 Abs. 10 S. 3 MB/KK 2009 auf einen Verstoß zu untersuchen. Nach § 307 Abs. 1 S. 2 ist die Klausel dahingehend zu überprüfen, ob sie eine entgegen der Gebote von Treu und Glauben unangemessene Benachteiligung des Versicherungsnehmers (§ 307 Abs. 1 S. 1 BGB) darstellt. De lege lata liegt ein solcher Verstoß vor, wenn die Klausel nicht klar und verständlich ist. Dabei kommt es nicht nur auf eine verständliche Wortwahl, sondern auch auf die Erkennbarkeit und Verständlichkeit der Nachteile und Belastungen in wirtschaftlicher und rechtlicher Hinsicht an.[592] Der Vertragspartner soll in die Lage versetzt werden, die sich aus der Klausel ergebenden Pflichten zu erkennen und die ihm daraus erwachsenden Rechte vollumfänglich geltend zu machen.[593] Insbesondere der Kerngehalt der Klausel muss sich dem Vertragspartner eindeutig erschließen.[594] Besondere Ausprägungen des Transparenzgebots stellen das Bestimmtheits- und Verständlichkeitsgebot sowie das Täuschungsverbot dar.[595] Bei der Feststellung der Transparenz der Klausel kommt es auf den Beurteilungsmaßstab eines durchschnittlichen und verständigen Versicherungsnehmers bei verständiger Würdigung der Bestimmung an.[596] Doch gilt das Gebot zu Klarheit und Verständlichkeit nicht uneingeschränkt. Nach allgemeiner Meinung muss die Klausel keine kommentarartige Erläuterung des Inhalts der Bestimmung liefern, insbesondere dürfen unbestimmte Rechtsbegriffe verwendet werden.[597] Der Verwender muss die Bestimmung so

---

591 *Werber*, VersR 2010, 1253, 1257.

592 *BGH*, Urt. v. 26.10.2005, NJW 2006, 996, 997 f.; *BGH*, Urt. v. 08.10.1997, NJW 1998, 454, 456; *Roloff* in Erman, BGB, § 307, Rn. 20 f.; *Stadler* in Jauernig, BGB, § 307, Rn. 6; *Lapp/Salamon* in jurisPK-BGB, § 307, Rn. 96 f.; *Bruns* in Langheid/Wandt, MüKo VVG, § 307 BGB, Rn. 85; *Coester* in Staudinger, BGB, § 307, Rn. 178; *Fuchs* in Ulmer/Brandner/Hensen, AGB-Recht, § 307, Rn. 335; *Wolf/Neuner*, BGB AT, § 47, Rn. 77 f.; *Basedow*, VersR 1999, 1045, 1052 f.

593 *Schmidt* in Bamberger/Roth, BeckOK BGB, § 307, Rn. 40; *Roloff* in Erman, BGB, § 307, Rn. 20; *Wurmnest* in MüKo BGB, § 307 Rn. 59 f.

594 *Kreienbaum*, Transparenz und AGB-Gesetz, S. 271.

595 Anstatt vieler: *Grüneberg* in Palandt, BGB, § 307, Rn. 26, 27 m.w.N.

596 *BGH*, Urt. v. 23.02.2005, NJW-RR 2005, 902, 903; *Bruns* in Langheid/Wandt, MüKo VVG, § 307 BGB, Rn. 88; *Grüneberg* in Palandt, BGB, § 307, Rn. 21; *Kreienbaum*, Transparenz und AGB-Gesetz, S. 262.

597 *Roloff* in Erman, BGB, § 307, Rn. 22; *Grüneberg* in Palandt, BGB, § 307, Rn. 22; *Coester* in Staudinger, BGB, § 307, Rn. 195; *Römer*, FS Lorenz 2004, S. 618 f.

klar und verständlich wie möglich gestalten.[598] Für das Versicherungsrecht ist zusätzlich zu beachten, dass die AVB grundsätzlich ein wesentliches Vertragsdokument darstellen und daher vor allem die die Hauptvertragspflichten betreffenden Bestimmungen einer klaren und verständlichen Formulierung bedürfen.[599] Im Falle eines Verstoßes gegen das Transparenzgebot kann nach § 307 Abs. 1 S. 2 BGB bereits die Unklarheit der Bestimmung allein zu ihrer Unwirksamkeit führen.[600]

Die Frage einer etwaigen Unklarheit oder Intransparenz des § 13 Abs. 10 S. 3 MB/KK 2009 stellt sich vorrangig mit Blick auf die Festlegung des Zeitpunkts der Nachweiserbringung. In diesem Zusammenhang hat der BGH die Klausel sowohl unter dem Aspekt einer nach § 305c Abs. 2 BGB in Betracht kommenden Unklarheit als auch im Zusammenhang mit dem Transparenzgebot gem. § 307 Abs. 1 S. 2 BGB überprüft.[601] Wegen der erheblichen inhaltlichen Überschneidungen der sich stellenden Auslegungsfragen der Klausel erfolgt die Darstellung und Auseinandersetzung unter beiden rechtlichen Aspekten nachfolgend einheitlich in diesem Abschnitt.

(a) Unklarheit des § 13 Abs. 10 S. 3 MB/KK 2009 nach § 305c Abs. 2 BGB

(aa) Rechtliche Würdigung durch den BGH

Bei der Prüfung der Unklarheit des § 13 Abs. 10 S. 3 MB/KK 2009 nach § 305c Abs. 2 BGB knüpfte der *BGH* an die Frage des Nachweiszeitpunkts an und verneinte eine Mehrdeutigkeit der Klausel.[602] Unter Verweis auf den bereits seit einiger Zeit bestehenden Streit überprüfte der *BGH* als denkbare Nachweiszeitpunkte den Nachweis zusammen mit der Kündigungserklärung bis zum Ablauf der Kündigungsfrist sowie den Nachweis bis zum Wirksamwerden der Kündigung.[603] Der Nachweis der bis zum Wirksamwerden der Kündigung, d.h. auch nach Ablauf der

---

598 Ausführlich im Hinblick auf AVB: *Römer*, FS Lorenz 2004, S. 615.

599 *Römer*, FS Lorenz 2004, S. 628.

600 *BGH*, Urt. v. 23.02.2011, NJW-RR 2011, 1144, 1145; *Pohlmann* in Looschelders/Pohlmann, Einleitung. B., Rn. 68; *Wurmnest* in MüKo BGB, § 307, Rn. 56; *Grüneberg* in Palandt, BGB, § 307, Rn. 24; *Römer*, FS Lorenz 2004, S. 624 f. Daran anknüpfend ist umstritten, ob die Intransparenz nur zur Unwirksamkeit der Klausel führt, wenn diese zusätzlich eine materiell benachteiligende Wirkung hat. Einen Überblick über den wohl nicht praxisrelevanten Streit gebend: *Pohlmann* in Looschelders/Pohlmann, Einleitung. B., Rn. 70.

601 *BGH*, Urt. v. 16.01.2013, VersR 2013, 305, 306 f.

602 *BGH*, Urt. v. 16.01.2013, VersR 2013, 305, 306 (Rn. 19).

603 *BGH*, Urt. v. 16.01.2013, VersR 2013, 305, 306 f. (Rn. 19).

Kündigungserklärungsfrist möglich wäre, setze einen auf den Zeitpunkt der Kündigungserklärung rückwirkenden Bedingungscharakter voraus.[604] Eine solche Auslegung hielt der *BGH* bei objektivem Auslegungsmaßstab aber nicht für vertretbar. Ein durchschnittlicher Versicherungsnehmer werde bei verständiger Würdigung nicht davon ausgehen, dass nach Sinn und Zweck der streitigen Klausel das Erbringen des Nachweises noch eine erhebliche Zeit nach Abgabe der Kündigungserklärung möglich sein solle. Vielmehr werde der Versicherungsnehmer bei laienhafter Würdigung annehmen, dass spätestens bis zum Ablauf der Kündigungsfrist der Nachweis dem Versicherer übermittelt werden müsse.[605] Keine Feststellungen traf der *BGH* hinsichtlich des Nachweiszeitpunkts bei fristlosen Kündigungen.

(bb) Meinungen im Schrifttum

Im Schrifttum wird die Frage hinsichtlich des Zeitpunkts der Nachweiserbringung seit längerem kontrovers diskutiert. Es bilden sich grundsätzlich drei Lager. Einige stellen darauf ab, dass der Nachweis zusammen mit der Kündigungserklärung erbracht werden müsse, andere sehen den Nachweis spätestens bis zum Ablauf der Kündigungserklärungsfrist für geboten, wohingegen eine dritte Gruppe den Nachweis bis zum Zeitpunkt des Wirksamwerdens der Kündigung ausreichen lassen will. Uneinigkeit besteht auch hinsichtlich der Anwendung und Auslegung des § 13 Abs. 10 S. 3 MB/KK 2009 bei der fristlosen außerordentlichen Kündigung aus wichtigem Grund. Diesbezüglich wird zum Teil eine Nachholung nach Wirksamwerden der Kündigung erwogen.

(aaa) Fristgebundene Kündigungen

Teilweise wird ein weiter Ansatz vertreten. Unter Verweis auf den Wortlaut des § 13 Abs. 10 MB/KK 2009 geht *Voit*[606] davon aus, dass der Nachweis nicht vor dem Wirksamwerden der Kündigung erbracht werden müsse. Das Gleiche müsse – mangels ausdrücklicher Festlegung eines Mitteilungszeitpunkts – auch für den korrespondierenden § 207 Abs. 2 S. 2 VVG gelten.[607] Auch *Rogler*[608] stellt auf die fehlenden normativen Anknüpfungspunkte hinsichtlich des Zeitpunkts der Unterrichtung und der Nachweiserbringung in § 207 Abs. 2 S. 2 VVG und § 13 Abs. 10 S. 3 MB/KK 2009 ab. Vielmehr hält er es aus Rechtssicherheitserwägungen

604 *BGH*, Urt. v. 16.01.2013, VersR 2013, 305, 307 (Rn. 19).

605 *BGH*, Urt. v. 16.01.2013, VersR 2013, 305, 307 (Rn. 19).

606 *Voit* in Prölss/Martin, VVG, § 207, Rn. 15.

607 *Voit* in Prölss/Martin, VVG, § 207, Rn. 15; so auch bereits *Prölss* zur Nachweispflicht nach alter Rechtslage: *Prölss* in Prölss/Martin, VVG, 27. Auflage 2004, § 178n, Rn. 11.

608 *Rogler* in Rüffer/Halbach/Schimikowski, VVG, § 207, Rn. 27.

erst ab dem Zeitpunkt, in dem die Kündigung ihre Wirkungen entfalten sollte, für geboten, die Nachweiserbringung nicht mehr ausreichen zu lassen, sondern als neue Kündigungserklärung auszulegen. Vorher solle die Nachholung möglich sein.[609] Diesem Ansatz folgt auch *Boetius*, der die Unterrichtung nach § 207 Abs. 2 S. 2 VVG bis zum Zeitpunkt des beabsichtigten Wirksamwerdens als möglich ansieht. Erst danach sei die Kündigung unheilbar unwirksam.[610]

Demgegenüber geht *Reinhard* im Sinne einer engen Auslegung davon aus, dass der Nachweis als Wirksamkeitsvoraussetzung stets zusammen mit der Kündigungserklärung übermittelt werden müsse, da ansonsten die Kündigung von vornherein unheilbar unwirksam sei. Es müsse zur wirksamen Kündigung, unter Vorlage des Nachweises, erneut die Kündigung erklärt werden.[611]

Vermittelnd wird die Ansicht vertreten, dass der Nachweis spätestens bis zum Ablauf der Kündigungserklärungsfrist erfolgen müsse, um dem Erfordernis des § 13 Abs. 10 S. 3 MB/KK 2009 zu genügen. *Eichelberger* und *Hütt* begründen die Anknüpfung an die Erklärungsfrist mit dem Hinweis auf den Charakter der Nachweispflicht als Wirksamkeitsvoraussetzung der Kündigung.[612] Es könne unter dem Gesichtspunkt der Rechtssicherheit, welche durch eine Frist gerade gewährleistet werden solle, nicht überzeugen, dass diese Funktion durch eine nach Fristablauf erfolgende Nachweiserbringung unterlaufen werde. Der Versicherungsnehmer könne sich sonst durch die fristwahrende Kündigungserklärung zusätzliche Zeit verschaffen und zulasten der Rechtssicherheit dann nachträglich die Wirksamkeitsvoraussetzungen erfüllen.[613] Ebenfalls einen vermittelnden Standpunkt vertritt *Weber*, der unter analoger Anwendung des § 205 Abs. 2 S. 2 VVG eine Nachweiserbringung noch bis zwei Monate nach einem diesbezüglich erfolgten Hinweis des Versicherers für ausreichend erachtet.[614]

---

609 Allerdings schränkt *Rogler* die Nachholungsmöglichkeit bis zum Wirksamwerden insofern wieder ein als er im Regelfall eine verspätete Darlegung als neue Kündigungserklärung versteht. Es bleibt daher offen in welchen Fällen er eine Nachholung bis zum Wirksamwerden ausreichen lässt oder als erneute Kündigung auslegt (*Rogler* in Rüffer/Halbach/Schimikowski, VVG, § 207, Rn. 27).

610 *Boetius*, PKV, § 207 VVG, Rn. 42.

611 *Reinhard* in Looschelders/Pohlmann, VVG, § 207, Rn. 9.

612 *Hütt* in Bach/Moser, PKV, § 13 MB/KK 2009, Rn. 71; *Ders.* in Langheid/Wandt, MüKo VVG, § 207, Rn. 16; *Eichelberger* in Spickhoff, Medizinrecht, § 207 VVG, Rn. 9.

613 *Hütt* in Bach/Moser, PKV, § 13 MB/KK 2009, Rn. 71; *Ders.* in Langheid/Wandt, MüKo VVG, § 207, Rn. 16.

614 *Weber*, NJW 2016, 1414, 1416 f.

(bbb) Fristlose außerordentliche Kündigungen

Im Hinblick auf die fristlose außerordentliche Kündigung wird der maßgebliche Zeitpunkt ebenfalls unterschiedlich beurteilt.

Unter Berufung auf die engen zeitlichen Vorgaben, die den Versicherungsnehmer bei einer mit sofortiger Wirkung erklärten Kündigung treffen und eine sofortige Nachweiserbringung häufig ausschließen, nimmt *Rogler*[615] grundsätzlich eine Wirksamkeit der Kündigungserklärung auch ohne zeitgleichen Nachweis der Kenntnis an. Er meint, dass, wenn eine außerordentliche Kündigung ohne gleichzeitigen Nachweis unwirksam sei, den Versicherer diesbezüglich zumindest eine Hinweispflicht gegenüber dem Versicherungsnehmer träfe. Schutzzweck des § 207 Abs. 2 S. 2 VVG sei zwar der Schutz der Gefahrsperson vor einer unbemerkten Kündigung, dieser Zweck würde aber von dem zwischen Versicherer und Versicherungsnehmer bestehenden Verhältnis von Treu und Glauben überlagert. Ein ausreichender Schutz der Gefahrsperson werde auch erreicht, wenn diese überhaupt Kenntnis von der Kündigung erlangen würde, sodass es ausnahmsweise gerechtfertigt sei eine unverzügliche Nachholung des Nachweises zuzulassen. Die daraus resultierende gewisse Rechtsunsicherheit sei im Interesse der Sicherung eines wirkungsvollen außerordentlichen Kündigungsrechts hinzunehmen.[616] So geht auch *Voit* davon aus, dass ansonsten das außerordentliche Kündigungsrecht des Versicherungsnehmers entwertet werde.[617]

Der Zulässigkeit einer nachträglichen Unterrichtung der Gefahrsperson tritt demgegenüber *Eichelberger* mit der Begründung entgegen, dass durch eine Nachholungsoption die Frist zur Ausübung des Fortsetzungsrechts nach § 207 Abs. 2 S. 1, Abs. 1 VVG verkürzt würde und dies nicht mit dem Schutzinteresse der versicherten Person vereinbar wäre.[618]

(cc) Stellungnahme

Die Überprüfung des § 13 Abs. 10 S. 3 MB/KK 2009 auf eine etwaige Unklarheit, insbesondere unter dem Gesichtspunkt des § 305c Abs. 2 BGB, ist eine Frage ihrer möglichen Auslegung.

---

615 *Rogler* in Rüffer/Halbach/Schimikowski, VVG, § 207, Rn. 28.
616 *Rogler* in Rüffer/Halbach/Schimikowski, VVG, § 207, Rn. 28.
617 *Voit* in Prölss/Martin, VVG, § 207, Rn. 15.
618 *Eichelberger* in Spickhoff, Medizinrecht, § 207 VVG, Rn. 8.

(aaa) Wortlaut

Für die Feststellung des Nachweiszeitpunktes, der nach § 13 Abs. 10 S. 3 MB/KK 2009 in Betracht kommt, ist zunächst der Wortlaut der Bestimmung herzanzuziehen.[619] § 13 Abs. 10 S. 3 MB/KK 2009 bestimmt lediglich, dass die Kündigung nur wirksam ist, wenn der Versicherungsnehmer die erlangte Kenntnis der versicherten Personen von der Kündigungserklärung nachweist. Insofern korrespondiert die Formulierung mit dem Wortlaut des § 207 Abs. 2 S. 2 VVG. Die Bestimmung unterscheidet nicht zwischen ordentlicher und außerordentlicher Kündigung. Anders die vergleichbaren Regelungen zu Nachweispflichten, wie etwa in § 13 Abs. 3 S. 2 MB/KK 2009 (§ 205 Abs. 2 S. 2 VVG) und § 13 Abs. 7 S. 2 MB/KK 2009 (§ 205 Abs. 6 S. 2 VVG), die die Frist für den Nachweis ausdrücklich festlegen. Mangels der ausdrücklichen Regelung eines Nachweiszeitpunktes könnte man daher annehmen, dass es sich bei dem Nachweis um ein nicht fristgebundenes Wirksamkeitserfordernis handelt.

Es stellt sich aber die Frage, ob nicht der Wortlaut auch ohne ausdrücklich Regelung Schlüsse auf eine zeitliche Begrenzung der Nachweismöglichkeit zulässt. Die Wirksamkeit der Kündigung wird davon abhängig gemacht, dass die Gefahrsperson Kenntnis von der Erklärung erlangt hat. Die Kenntniserlangung von einer Tatsache oder einem Ereignis indiziert schon dem Begriff nach, dass das in Bezug genommene Ereignis bereits stattgefunden hat, vorliegend die Kündigung also schon erklärt wurde.[620] Würden die Bestimmungen die zeitgleiche Kenntnisnahme beziehungsweise den zeitgleichen Nachweis voraussetzen, hätte dies durch eine Formulierung wie „bei der Kündigungserklärung“ oder „im Zeitpunkt der Kündigungserklärung“ Ausdruck im Wortlaut gefunden beziehungsweise finden müssen. Durch die derzeitige Fassung wird lediglich deutlich, dass der Nachweis eine Wirksamkeitsvoraussetzung darstellt. Diese Auslegung wird auch durch die unterschiedlichen Begrifflichkeiten der Klausel selbst gestützt, die zwischen „Kündigungserklärung“ und „Kündigung“ sprachlich differenziert. Nicht die Erklärung der Kündigung ist wirksam, wenn der Nachweis erbracht wird, sondern die Kündigung. „Kündigung“ ist also nach dem Wortlaut der Bestimmung nicht zwingend mit der Ausübung des Gestaltungsrechts durch Erklärung gleichzusetzen. Diese Wortlautauslegung schließt weder den weiten Ansatz im Schrifttum noch die vermittelnde, auf die Erklärungsfrist abstellende Ansicht aus. Denn auch, wenn die Nachweiserbringung im Einklang mit der vermittelnden Ansicht auf die Erklärungsfrist begrenzt würde, wäre für

619 *Larenz/Canaris*, Methodenlehre, S. 141.

620 A.A. *LG Aachen*, Urt. v. 04.04.2011 – 5 S 202/10, Rn. 17.

die Wirksamkeit der Kündigung kein zeitliches Zusammenfallen von Erklärung, Kenntnis und Nachweis erforderlich.[621]

Ebenso wird auch der maßgebliche durchschnittliche Versicherungsnehmer den Wortlaut wahrnehmen. Der Versicherungsnehmer ohne rechtliche Vorkenntnisse versteht zunächst schon den Begriff der „Kündigung" nicht als einseitiges Gestaltungsrecht mit Wirkung für die Zukunft, sondern vielmehr nach dem allgemeinen Sprachgebrauch als „Lösung vom Vertrag". Zwar wird dem Versicherungsnehmer eine gewisse rechtliche Würdigung zugetraut, hinsichtlich rechtlich erheblicher Begriffe kann aber etwas anders gelten, wenn diese auch im allgemeinen Sprachgebrauch etabliert sind und der Versicherungsnehmer diese nicht als Rechtsbegriffe wahrnimmt. Es ist dann -wie vorliegend – das allgemein-sprachliche Verständnis maßgebend. Die Formulierung „Die Kündigung ist nur wirksam" wird der durchschnittliche Versicherungsnehmer auf die Beendigung des Vertrags als solche beziehen. Der Versicherungsnehmer wird zudem aufgrund der unterschiedlichen Terminologie von unterschiedlichen Anknüpfungspunkten ausgehen und nicht die Kündigung mit der Kündigungserklärung gleichsetzen. Vielmehr deutet für ihn alles darauf hin, dass nur der Eintritt der Rechtswirkungen im beabsichtigten Zeitpunkt von der Nachweiserbringung abhängt. Der Versicherungsnehmer wird dem daher nur eine fristähnliche zeitliche Einschränkung der Nachweiserbringung auf den Zeitpunkt des beabsichtigten Wirksamwerdens entnehmen.

(bbb) Telos

Neben dem Wortlaut sind auch Sinn und Zweck der Klausel heranzuziehen um Inhalt und Umfang der Nachweispflicht zu bestimmen. Dazu ist zunächst das Verhältnis der Bestimmung zu § 207 Abs. 2 S. 2 VVG zu betrachten. Die Nachweispflicht bezieht sich auf die nach § 207 Abs. 2 S. 2 VVG erforderliche Kenntniserlangung der Gefahrsperson von der sie betreffenden Kündigungserklärung durch den Versicherungsnehmer. Diese Vorschrift dient ihrerseits wiederum der Sicherung des der Gefahrsperson zustehenden Fortsetzungsrechts.[622] Die Gefahrsperson soll das ihr zeitlich begrenzt zustehende Fortsetzungsrecht fristgemäß ausüben können. § 13 Abs. 10 S. 3 MB/KK 2009 hat in Ergänzung zur gesetzlichen Regelung somit zumindest mittelbar die Absicherung der fristgerechten

621 Vgl. *BGH*, Urt. v. 16.01.2013, VersR 2013, 305, 307 (Rn. 19); *Hütt* in Langheid/Wandt, MüKo VVG, § 207, Rn. 16; *Eichelberger* in Spickhoff, Medizinrecht, § 207 VVG, Rn. 8, 9.

622 Reg.-Begründung des Dritten DurchführungsG/EWG z. VAG, BT-Drucks. Nr. 12/6959, S. 107.

Ausübung des Fortsetzungsrechts der Gefahrsperson zur Folge.[623] Es bedarf aber der Überprüfung, inwiefern der Zeitpunkt der Nachweiserbringung überhaupt das Interesse der Gefahrsperson betrifft und daher unter teleologischen Gesichtspunkten eine bestimmte Auslegung geboten sein könnte.

Interessen der Gefahrsperson

Es drängt sich insofern die Frage auf, durch welches Ereignis die Zwei-Monats Frist zur Ausübung des Fortsetzungsrechts nach § 207 Abs. 1 VVG ausgelöst wird. Sollte die Frist ohnehin erst mit der Kenntniserlangung oder deren Nachweis zu laufen beginnen, hätte eine Nachweiserbringung bis zum beabsichtigten Wirksamwerden der Kündigung für die Gefahrsperson keine nachteiligen Folgen, da dem Schutzzweck der Regelung ausreichend Rechnung getragen würde. Dann wäre von vornherein der dauerhafte Krankenversicherungsschutz der Gefahrsperson nicht bedroht und deren Interessen insoweit nicht betroffen. Nach § 207 Abs. 2 S. 1 VVG gilt das Fortsetzungsrecht nach Absatz 1 entsprechend für die Gefahrspersonen, wenn der Versicherungsnehmer den Krankenversicherungsvertrag kündigt. Anknüpfungspunkt des Fortsetzungsrechts und des diesbezüglichen Fristbeginns ist die Kündigung. Feststellungsbedürftig ist daher wie die „Kündigung", als fristauslösendes Ereignis im Wortsinn des § 207 Abs. 2 S. 1, 2 VVG, auszulegen ist. Genügt als Kündigung bereits die fristgemäße Kündigungserklärung, die bis zur Erfüllung aller Wirksamkeitsvoraussetzungen schwebend unwirksam bleibt oder kann nur eine (endgültig) wirksame Kündigung die Frist auslösen. Den Anknüpfungspunkt für den Fristbeginn kann bereits aus Rechtssicherheitserwägungen nur eine wirksame Kündigung bilden.[624] Die Gefahrsperson hat ein berechtigtes Interesse, dass die Frist erst bei Sicherheit über Bestand oder Nichtbestand des ursprünglichen Versicherungsverhältnisses zu laufen beginnt. Es würde nämlich zu erheblicher Rechtsunsicherheit führen, wenn bereits die Kündigungserklärung, insbesondere ohne Kenntnis der Gefahrsperson, die Frist auslösen würde und dies entgegen der Zielsetzung des Gesetzes zu einer faktischen Verkürzung der Ausübbarkeit des Fortsetzungsrechts führen würde. Ausgelöst wird die Frist des Fortsetzungsrechts folglich ohnehin erst im Zeitpunkt der Nachweiserbringung. Für die Gefahrsperson macht es im Hinblick auf die Ausübung des Fortsetzungsrechts somit keinen Unterschied ob die Kündigung

---

623 Vgl. *LG Aachen*, Urt. v. 04.04.2011 – 5 S 202/10, Rn. 23.

624 Ohne nähere Begründung auch *Hütt* in Langheid/Wandt, MüKo VVG, § 207, Rn. 14; *Rogler* in Rüffer/Halbach/Schimikowski, VVG, § 207, Rn. 22; *Weber*, NJW 2016, 1414, 1415.

innerhalb der Erklärungsfrist oder bis zum Zeitpunkt ihres beabsichtigten Wirksamwerdens durch Kenntniserlangung und Nachweis wirksam wird. In beiden Fällen wird die zweimonatige Frist zur Ausübung des Fortsetzungsrechts nicht verkürzt. Darüber hinaus ist fraglich, inwiefern die Interessen der Gefahrsperson überhaupt über die gesetzliche Regelung des § 207 Abs. 2 S. 2 VVG hinaus durch die Einführung einer Nachweispflicht geschützt werden. Die Nachweiserbringung erfolgt gegenüber dem Versicherer, um diesem die Nachprüfung der Wirksamkeit der Kündigung zu erleichtern. Für die Gefahrsperson selbst hat sie gerade keinen erheblich ins Gewicht fallenden Mehrwert, sondern wirkt sich eher nur reflexartig auf ihre Rechtsposition aus.

Interessen des Versicherers

Es stellt sich die Frage, inwiefern sich die Interessen des Versicherers auf die Auslegung des Nachweiserfordernisses auswirken. Die Nachweispflicht dient nicht nur mittelbar der Absicherung des Fortsetzungsrechtes nach § 207 Abs. 2 S. 1, Abs. 1 VVG, sondern vorrangig dem Interesse des Versicherers, Rechtsklarheit über die Kündigung zu erhalten.[625] Dem Versicherer ist eine Kontrolle des gesetzlichen Wirksamkeitserfordernisses der Kenntnis der Gefahrsperson nur möglich, wenn er darüber einen Nachweis erhält. Die Nachweispflicht normiert daher insbesondere ein Schutzinstrument zugunsten des Interesses des Versicherers, die Wirksamkeit oder Unwirksamkeit eines Vertragsverhältnisses beurteilen zu können.

Es ist davon auszugehen, dass in jedem Fall der Nachweis bereits im Zeitpunkt der Erklärung dem Interesse des Versicherers und wohl auch zumindest reflexartig dem der Gefahrsperson Rechnung tragen würde. Allerdings schränkt eine derartige zeitliche Limitierung den Versicherungsnehmer über den Wortlaut hinaus übermäßig ein. Für die Gefahrsperson beginnt die Frist des § 207 Abs. 1, 2 S. 1 VVG ohnehin erst mit einer wirksamen Kündigung zu laufen. Dem berechtigten Interesse des Versicherungsnehmers, schnellstmöglich die Kündigung nach Eintritt eines Kündigungsgrundes zu erklären, steht kein gleichwertiges schützenswertes Interesse des Versicherers, bereits im Erklärungszeitpunkt den Nachweis zu erhalten, gegenüber. Zumindest im Rahmen der Erklärungsfrist muss der Versicherer mit einer wirksamen Kündigung rechnen. Es ist auch grundsätzlich nicht ungewöhnlich, dass lediglich die zur Kündigung berechtigenden Umstände im Erklärungszeitpunkt vorliegen müssen, weitere gesetzliche

625 So auch das *AG Aachen*: „nachvollziehbares und im Interesse der Vertragssicherheit stehendes Informationsinteresse“, Urt. v. 07.10.2010, 120 C 310/10, Rn. 18.

oder vertragliche Wirksamkeitsvoraussetzungen aber bis zum Wirksamwerden der Kündigung erfüllt werden können.[626]

Fraglich ist aber, wie unter teleologischen Gesichtspunkten die Übergangszeit zwischen Ablauf der Erklärungsfrist und beabsichtigtem Wirksamwerden der Kündigung zu beurteilen ist. Es stehen sich einerseits der Wunsch des Versicherungsnehmers nach einem möglichst langen Nachweiszeitraum und anderseits das Interesse des Versicherers schnellstmöglich Gewissheit über die Wirksamkeit der Kündigung zu erhalten, gegenüber. Entgegen der Ansicht des vermittelnden Schrifttums[627] wird durch die Annahme der Nachweismöglichkeit bis zum beabsichtigten Wirksamwerden der Kündigung auch nicht die Kündigungsfrist unterlaufen. Die Erklärung der Kündigung muss fristgemäß durch den Versicherungsnehmer erfolgen und auch der zur Kündigung berechtigende Grund muss zu diesem Zeitpunkt bereits bestehen. Der Versicherer erhält innerhalb der Frist Kenntnis von dem begründeten und ernsthaften Beendigungswillen seines Vertragspartners. Zudem hat der Versicherungsnehmer selbst ein großes Interesse daran, die Kündigungsvoraussetzungen noch zu erfüllen. Auch der Charakter des Nachweises als Wirksamkeitserfordernis des Gestaltungsrechts steht dieser Auslegung nicht entgegen. Ein Nachweis nach der Erklärungsfrist führt nicht zur rückwirkenden Beendigung des Versicherungsverhältnisses, sondern zur ex nunc Wirksamkeit der mit der Kündigungserklärung beabsichtigten Rechtswirkungen. Es wird insofern rechtzeitig Rechtsklarheit über die Beendigung des Versicherungsvertrages geschaffen, da die Kündigung vorher ohnehin noch keine Wirkungen entfaltet hätte. Die Unklarheit über den Bestand des Versicherungsverhältnisses wäre vielmehr nur dann unerträglich, wenn eine Partei im Versicherungsfall nicht über ihre Leistungsverpflichtung Bescheid wüsste. Der Versicherer soll nicht das Risiko tragen müssen, dass er eine Leistung erbringt, welche er aufgrund einer rückwirkenden Kündigung nicht hätte erbringen müssen. Doch eine solche Rückwirkung würde eine bis zum Zeitpunkt des beabsichtigten Wirksamwerdens erfolgende Nachweiserbringung ohnehin nicht entfalten. In der Zwischenzeit zwischen Ablauf der Erklärungsfrist und dem Zeitpunkt des beabsichtigten Wirksamwerdens der Kündigung hat der Versicherungsvertrag noch Bestand und der Versicherer schuldet jedenfalls eine

---

626 Vgl. zu den rechtsgeschäftlichen Grundlagen von Kündigungen von Arbeitsverträgen: *Preis* in Ascheid/Preis/Schmidt, Kündigungsrecht, D. Rechtsgeschäftliche Grundlagen der Kündigung, Rn. 11.

627 So ausdrücklich: *Hütt* in Bach/Moser, PKV, § 13 MB/KK, Rn. 71; *Ders.* in Langheid/Wandt, MüKo VVG, § 207, Rn. 16.

Leistungserbringung im Versicherungsfall. Es ist dem Versicherer darüber hinaus unbenommen, den Versicherungsnehmer während der Zwischenzeit zur Einreichung des Nachweises aufzufordern, um vorzeitig Klarheit über die Wirksamkeit der Kündigung zu erhalten.

Diese Wertung wird auch der durchschnittliche Versicherungsnehmer aus seiner laienhaften Perspektive vornehmen. Dem *BGH* ist daher zwar insofern zuzustimmen, als der Versicherungsnehmer eine Rückwirkung oder einen Bedingungscharakter des Nachweises, insbesondere zum Schutz des Versicherers, nicht annehmen wird.[628] Doch ignoriert er, dass dieser gerade aufgrund seiner laienhaften Perspektive davon ausgehen wird, dass die Kündigung erst abschließend durch das Wirksamwerden, das heißt die Beendigung des Vertrages, erfolgt und eine Rückwirkung auf den Erklärungszeitpunkt daher ohnehin nicht erforderlich ist. Der Versicherungsnehmer wird vielmehr davon ausgehen, dass er nach fristwahrender Erklärung der Kündigung bis zum beabsichtigten Beendigungszeitpunkt die weiteren Anforderungen erfüllen kann. Aus der Sicht eines verständigen Versicherungsnehmers genügt es also, wenn der Versicherer bis zu dem Zeitpunkt, in dem die Kündigung ihre Wirkungen entfalten soll, die erforderlichen Nachweise erhalten hat.

Im Ergebnis wiegt weder das Schutzbedürfnis des Versicherers noch der Gefahrsperson im Hinblick auf § 13 Abs. 10 S. 3 MB/KK 2009 schwer. Darüber hinaus scheidet auch die Nachweiserbringung nach dem Zeitpunkt des beabsichtigten Wirksamwerdens aus. Der Versicherer müsste sonst bei Ausübung des Fortsetzungsrechts den ununterbrochenen Versicherungsschutz der Gefahrsperson für einen unter Umständen sehr langen Zeitraum in der Vergangenheit sicherstellen. Zudem spricht auch die grundsätzliche Bedingungsfeindlichkeit der Kündigung[629] gegen eine zeitlich unbeschränkte rückwirkende Wirksamkeit durch die Nachweiserbringung.

(ccc) Fristlose Kündigungen

Dementsprechend kann auch die Annahme, der Nachweis nach § 13 Abs. 10 S. 3 MB/KK 2009 sei bei außerordentlichen fristlosen Kündigungen ohne Erklärungsfrist auch nachträglich möglich, nicht uneingeschränkt überzeugen. Der Versicherungsnehmer ist zwar insofern schutzwürdig, als sein außerordentliches

---

628 Vgl. *BGH*, Urt. v. 16.01.2013, VersR 2013, 305, 307 (Rn. 19).

629 Vgl. zur Bedingungsfeindlichkeit der Kündigung: *Hütt* in Bach/Moser, PKV, § 13 MB/KK, Rn. 13; *Lorenz* in Bamberger/Roth, BeckOK BGB, § 314, Rn. 20; *Fausten* in Langheid/Wandt, MüKo VVG, § 11, Rn. 96; *Gaier* in MüKo BGB, § 314, Rn. 18; *Rogler* in Rüffer/Halbach/Schimikowski, VVG, § 205, Rn. 5.

Kündigungsrecht nicht entkräftet werden soll. Doch stehen seinen Interessen, die Schutzwürdigkeit der Gefahrsperson und Interessen des Versicherers sowie das allgemeine Interesse an Rechtssicherheit gegenüber. Die Wirksamkeitsvoraussetzung des Nachweises würde bei uneingeschränkter Nachholbarkeit des Nachweises entwertet. Das Versicherungsverhältnis wäre nämlich schon wirksam beendet, das heißt die Rechtswirkungen der Kündigung wären schon eingetreten, obwohl über einen nicht absehbaren Zeitraum noch Unsicherheit über die Erfüllung aller Kündigungsvoraussetzungen bestünde. Gerade Fälle, in denen ein nachträglicher Nachweis nicht oder nicht unverzüglich erfolgt, würden zu erheblicher Unsicherheit führen. Dies wird auch der durchschnittliche Versicherungsnehmer erkennen.

Allerdings ist auch zu berücksichtigen, dass einer fristlosen Kündigung durch den Versicherungsnehmer typischerweise eine schwere Vertragsverletzung des Versicherers vorausgegangen sein wird (vgl. § 314 BGB), sodass zumindest mit Blick auf den Versicherer von einer verminderten Schutzbedürftigkeit ausgegangen werden kann. In solchen Fällen muss dem Versicherungsnehmer grundsätzlich auch eine sofortige Loslösung vom Vertrag – ohne die Verschlechterung der Rechtsposition der Gefahrsperson – möglich sein. Der Versicherungsnehmer wird daher auch davon ausgehen, dass ihm zumindest innerhalb einer gewissen kurzen Übergangszeit eine Nachholung des Nachweises noch möglich sein muss. Vor diesem Hintergrund kann nur eine vermittelnde Lösung überzeugen.

Da sich die Gefahrsperson im Lager des Versicherungsnehmers befindet und der Versicherer zu dieser grundsätzlich keine direkte Vertragsbeziehung hat, ist es dem Versicherungsnehmer dem Grunde nach zumutbar, die Gefahrsperson schnellstmöglich von der Kündigung in Kenntnis zu setzen. Allerdings muss dem Versicherungsnehmer, unter Heranziehung des Rechtsgedankens des § 207 Abs. 1 VVG bei der sofortigen Beendigung des Vertrages durch den Tod des Versicherungsnehmers, eine Frist von zwei Monaten zur Nachholung des Nachweises eingeräumt werden, um eine vollständige Entwertung des außerordentlichen sofortigen Kündigungsrechts zu verhindern. Auch *Rogler* und *Voit* gehen davon aus, die durch die Nachweispflicht bedingte Verzögerung des Kündigungszeitpunktes führe sonst zu einer Entwertung des außerordentlichen sofortigen Kündigungsrechts.[630] Ein kategorischer Ausschluss einer Nachholung des Nachweises stellt daher keine im Interesse der Rechtssicherheit hinnehmbare unwesentliche

630 *Voit* in Prölss/Martin, VVG, § 207, Rn. 15; *Rogler* in Rüffer/Halbach/Schimikowski, VVG, § 207, Rn. 28.

Einschränkung dar, wie dies teilweise vertreten wird[631]. Der Versicherungsnehmer ist im Falle eines verspäteten Nachweises auch nicht ausreichend dadurch geschützt, dass der Nachweis nach § 140 BGB als eine erneute sofortige Kündigung unter Wahrung der Wirksamkeitserfordernisse auszulegen wäre.[632]

Durch die unverzügliche Nachholung des Nachweises, spätestens aber innerhalb von zwei Monaten – entsprechend des Rechtsgedankens des § 207 Abs. 1 VVG – entsteht im Ergebnis ein hinnehmbarer Zeitraum der Rechtsunsicherheit über den Fortbestand des Vertrages für den Versicherer. Durch die zeitliche Begrenzung kann die Gefahrsperson ihr zweimonatiges Fortsetzungsrecht nicht zeitlich unbeschränkt ausüben und die Unsicherheit über die Wirksamkeit der Kündigung ist ebenfalls zeitlich limitiert. Das Bedürfnis einer zeitnahen Klärung der Wirksamkeit wird auch der durchschnittliche Versicherungsnehmer annehmen und von einem Bedürfnis der unverzüglichen Nachholung des Nachweises ausgehen. Durch diese Lösung wird das Recht der Gefahrsperson auch nicht verkürzt, da die Kenntnis der Gefahrsperson für die Kündigung ohnehin gemäß § 207 Abs. 2 S. 2 VVG konstitutiv ist. In den Fällen fristloser außerordentlicher Kündigungen durch den Versicherungsnehmer ist dem Versicherer diese zeitlich begrenzte Unsicherheit zumutbar.

Insgesamt wird der Versicherungsnehmer im Ausnahmefall der sofortigen außerordentlichen Kündigung annehmen, dass eine Kündigung nach Benachrichtigung der Gefahrsperson sofort möglich ist, er aber unverzüglich den Nachweis der Kenntniserlangung nach § 13 Abs. 10 S. 3 MB/KK 2009 nachzuholen hat.

(b) Ergebnis

Die Klausel des § 13 Abs. 10 S. 3 MB/KK 2009 ist nicht unklar im Sinne von § 305c Abs. 2 BGB. Nach Wortlaut und Telos der Bestimmung sind im Hinblick auf den Zeitpunkt der Nachweiserbringung nach dem hier vertretenen Klauselverständnis keine abweichenden Auslegungen vertretbar.[633] Der Nachweis kann

631 Vgl. *Prölss* in Prölss/Martin, VVG, 27. Auflage 2004, § 178n, Rn. 11; *Eichelberger* in Spickhoff, Medizinrecht, § 207 VVG, Rn. 8.

632 Vgl. so *Prölss* in Prölss/Martin, VVG, 27. Auflage 2004, § 178n, Rn. 11.

633 Vor dem Hintergrund, dass der *BGH* und Teile der Literatur mit Blick auf § 13 Abs. 10 S. 3 MB/KK 2009 zu einem anderen Auslegungsergebnis kommen, ist es auch vertretbar, von einer Unklarheit der Klausel gemäß §305c Abs. 2 BGB auszugehen. In diesem Fall wäre bei einer Inhaltskontrolle zunächst die kundenfeindlichste Auslegung zugrunde zu legen. Sofern diese der Kontrolle standhielte, wäre die kundenfreundlichste Auslegung anzuwenden. Bei der Inhaltskontrolle wirkt sich aber die Frage des Zeitpunkts der Nachweiserbringung nicht aus.

beim absoluten Regelfall der fristgebundenen Kündigung grundsätzlich spätestens bis zum beabsichtigten Wirksamwerden der Kündigung erklärt werden. Bei fristlosen Kündigungen ist für den durchschnittlichen Versicherungsnehmer erkennbar, dass eine Nachholung des Nachweises als Kündigungsvoraussetzung unverzüglich nach der Kündigungserklärung erfolgen muss.

(c) Transparenz der Nachweispflicht nach § 307 Abs. 1 S. 2 BGB

Auch unter dem Gesichtspunkt des Transparenzgebots nach § 307 Abs. 1 S. 2 BGB hat der BGH die Klausel überprüft. Zur Frage der Transparenz des § 13 Abs. 10 S. 3 MB/KK 2009 führt der *BGH* aus, dass der Wortlaut der Bestimmung verständlich erkennen ließe, der Versicherungsnehmer müsse einen Nachweis von der Kenntnis der Gefahrsperson der Kündigungserklärung erbringen.[634] Der durchschnittliche Versicherungsnehmer erwarte keine näheren Erläuterungen hinsichtlich der Art oder des Zeitpunkts der Nachweiserbringung. Insofern greift der *BGH* seine Argumentation zur Unklarheitenregelung nach § 305c Abs. 2 BGB auf und trägt vor, der Versicherungsnehmer würde auch ohne Erläuterung den Ablauf der Kündigungsfrist als letztmöglichen Nachweiszeitpunkt zugrunde legen.[635]

(aa) Stellungnahme

Es stellt sich vor dem Hintergrund dieser Erwägungen des IV. Zivilsenats die Frage, ob die Bestimmung des § 13 Abs. 10 S. 3 MB/KK 2009 intransparent oder unverständlich im Sinne des § 307 Abs. 1 S. 2 BGB ist, insbesondere also die wirtschaftlichen Nachteile und Pflichten aus Sicht eines verständigen durchschnittlichen Versicherungsnehmers nicht erkennen lässt.

Dabei ist zunächst der Wortlaut auf seine Verständlichkeit zu untersuchen. Nach § 13 Abs. 10 S. 3 MB/KK 2009 ist die Kündigung *„nur wirksam, wenn der Versicherungsnehmer nachweist, dass die betroffenen versicherten Personen von der Kündigungserklärung Kenntnis erlangt haben“*. Bei AVB kann eine sprachliche Unverständlichkeit im Sinne des § 307 Abs. 1 S. 2 BGB vor allem durch die Verwendung von Fachausdrücken und Fremdwörtern hervorgerufen werden.[636] Solche enthält die Klausel aber nicht. Vielmehr ist es für einen durchschnittlichen Versicherungsnehmer ohne Weiteres erkennbar, welche Verpflichtung ihn aus der Bestimmung trifft und welche Bedeutung diese für die Wirksamkeit der Kündigung hat. So stellte der *BGH* richtigerweise fest, dass für den

---

634 *BGH*, Urt. v. 16.01.2013, VersR 2013, 305, 307 (Rn. 25 f.)

635 *BGH*, Urt. v. 16.01.2013, VersR 2013, 305, 307 (Rn. 26).

636 *Nitschke*, Transparenz Allgemeiner Versicherungsbedingungen, S. 86.

Versicherungsnehmer verständlich die Abhängigkeit der Wirksamkeit der Kündigung von der Erbringung eines Kenntnisnachweises beschrieben wird.[637] Der Versicherungsnehmer wird folglich nicht durch eine unverständliche Formulierung an der Ausübung seines Kündigungsrechts bei der Versicherung auf die Person eines Dritten gehindert.

Fraglich ist aber, ob die Klausel den Anforderungen des Bestimmtheitsgebots genügt. Bei der Beurteilung der Bestimmtheit ist darauf abzustellen, ob Tatbestandsvoraussetzungen und Rechtsfolgen der Bestimmung für den durchschnittlichen Versicherungsnehmer erkennbar sind.[638] Es ist zu überprüfen, ob aus der maßgeblichen Sicht des Durchschnittsversicherungsnehmers hinreichend klar erkennbar ist, unter welchen Voraussetzungen er sein Kündigungsrecht – als wesentliches Gestaltungsrecht – in Drittversicherungskonstellationen ausüben kann.

In Übereinstimmung mit dem *BGH*[639] ist dies im Hinblick auf die Frist- und Formanforderungen des Nachweises zu untersuchen. Insofern kommt es zunächst auf das Verhältnis von § 305c Abs. 2 BGB zu § 307 Abs. 1 S. 2 BGB an. Die Unklarheitenregelung des § 305c Abs. 2 BGB stellt lediglich eine spezielle Auslegungsregel für den Fall auf, dass mehrere vertretbare Auslegungsmöglichkeiten bestehen.[640] Eine mehrdeutige Bestimmung führt nach § 305c Abs. 2 BGB gerade nicht zur Unwirksamkeit der Klausel, sondern bestimmt, dass die Auslegungszweifel zulasten des Verwenders gehen.[641] Erst der Auslegung nachgelagert knüpft § 307 Abs. 1 S. 2 BGB an. Dieser greift für den Fall ein, dass der Inhalt der Bestimmung auch bei kundengünstigster Auslegung für den durchschnittlichen Versicherungsnehmer noch unklar und unverständlich ist und sichert so einen effektiven Schutz des Vertragspartners vor einer Benachteiligung durch Intransparenz.[642] Sollte aber – wie nach hier vertretener Ansicht angenommen – bereits gar keine nach § 305c Abs. 2 BGB mehrdeutige Bestimmung vorliegen,

637 Vgl. *BGH*, Urt. v. 16.01.2013, VersR 2013, 305, 307 (Rn. 26).

638 *BGH*, Urt. v. 25.10.2006, NJW 2007, 1198, 1202; *BGH*, Urt. v. 20.07.2005, NJW-RR 2005, 1496, 1498; *Bruns* in Langheid/Wandt, MüKo VVG, § 307 BGB, Rn. 86; *Grüneberg* in Palandt, BGB, § 307, Rn. 26; *Nitschke*, Transparenz Allgemeiner Versicherungsbedingungen, S. 110.

639 *BGH*, Urt. v. 16.01.2013, VersR 2013, 305, 307 (Rn. 26).

640 *Stadler* in Jauernig, BGB, § 305c, Rn. 7; *Basedow* in MüKo BGB, § 305c, Rn. 33; *Grüneberg* in Palandt, BGB, § 305c, Rn. 15; *Schlosser* in Staudinger, BGB, § 305c, Rn. 106.

641 Anstatt vieler: *Grüneberg* in Palandt, BGB, § 305c, Rn. 18.

642 *Wolf/Neuner*, BGB AT, § 47, Rn. 78.

ist die Transparenzkontrolle nur auf den durch Auslegung ermittelten Inhalt der Klausel zu beschränken.

Im Hinblick auf seine Argumentation zu § 305c Abs. 2 BGB[643] konsequent überprüft der *BGH* daher, ob die Klausel hinreichend deutlich zum Ausdruck bringt, dass der Nachweis spätestens bis zum Ablauf der Nachweispflicht erbracht werden muss.[644] Dies bejaht er unter Berufung auf die Formulierung *„dass die versicherte Person Kenntnis erlangt hat"*.[645] Nach der hier vertretenen abweichenden Ansicht ist bei der Überprüfung im Rahmen des § 307 Abs. 1 S. 2 BGB von der Auslegung auszugehen, dass aus Sicht eines durchschnittlichen Versicherungsnehmers nur der Zeitpunkt des beabsichtigten Wirksamwerdens der Kündigung als letztmöglicher Nachweiszeitpunkt in Betracht kommt. Dieser wird auch hinreichend deutlich durch die Formulierung der Klausel zum Ausdruck gebracht. Die ausdrückliche Beschränkung auf den Zeitpunkt des beabsichtigten Wirksamwerdens ist auch unter dem Gesichtspunkt der Bestimmtheit nicht erforderlich. Für einen durchschnittlichen Versicherungsnehmer ist bei verständiger Würdigung der Klausel erkennbar, dass die Kündigung nicht unbeschränkt durch nachträgliche Nachweiserbringung wirksam werden kann, sondern ihre logische Begrenzung in dem Zeitpunkt des beabsichtigten Wirksamwerdens findet.[646]

Darüber hinaus ist fraglich, ob es an der Verständlichkeit und Klarheit der Bestimmung in Bezug auf die Art des Nachweises fehlt. Zweifel bestehen an der Bestimmtheit der an die Erfüllung des Nachweiserfordernisses gestellten Anforderungen. Weder der *BGH*[647] noch das *LG Aachen*[648] in der Vorinstanz sahen jedoch eine Notwendigkeit einer diesbezüglichen Konkretisierung. Ausgehend vom Wortlaut sind keine ausdrücklichen Anforderungen an die Art des Nachweises gestellt. Nach dem allgemeinsprachlichen Verständnis des Nachweises als *„Darlegung durch die das Sosein eines Sachverhalts, die Richtigkeit einer Behauptung, Vermutung bestätigt wird"* und *„Beleg, Bescheinigung, Bestätigung, Testat"*[649] ist dieser üblicherweise nicht mündlich, sondern in Form eines schriftlichen

643 *BGH*, Urt. v. 16.01.2013, VersR 2013, 305, 306 f. (Rn. 19).

644 Mit der Frage des Nachweiszeitpunkts bei fristlosen Kündigungen hat sich der *BGH* nicht auseinandergesetzt.

645 *BGH*, Urt. v. 16.01.2013, VersR 2013, 305, 307 (Rn. 26).

646 Siehe dazu oben unter D. II. 3. b) bb) (6) (a) (cc).

647 *BGH*, Urt. v. 16.01.2013, VersR 2013, 305, 307 (Rn. 26). Der *BGH* stellt darauf ab, dass der Versicherungsnehmer keine näheren Ausführungen zur Art des Nachweises erwarte.

648 *LG Aachen*, Urt. v. 04.04.2011 – 5 S 202/10, Rn. 17. Das LG ging davon aus, die Klausel bedürfe keiner Erläuterungen, da diese bereits „aus sich heraus" verständlich sei.

649 http://www.duden.de/rechtschreibung/Nachweis (abgerufen am 19.09.2018).

Dokuments zu erbringen. Der Nachweis dient erkennbar der Dokumentation und Überprüfung der Kündigungsvoraussetzungen durch den Versicherer, sodass der durchschnittliche Versicherungsnehmer dem Wortlaut zumindest entnehmen kann, dass er irgendeine Art von Beleg übermitteln muss, aus dem die Kenntnis der Gefahrsperson von der Kündigungserklärung hervorgeht. Diesen Standpunkt vertritt auch der *BGH*, der zwar annimmt, dass ein Beleg erforderlich sei, dieser aber nicht den zivilprozessualen Beweisanforderungen entsprechen müsse. Als ausreichenden Nachweis nennt er exemplarisch die Mitunterzeichnung der Kündigungserklärung[650] oder die Übermittlung eines den Zugang der Kündigungserklärung bei der versicherten Person ausweisenden Einschreibbelegs.[651] Eine weitere Klarstellung der Pflichten des Versicherungsnehmers kann nicht erwartet werden. Um die Rationalisierungsfunktion der Verwendung allgemeiner Versicherungsbedingungen nicht zu entwerten, darf keine weitergehende Konkretisierung verlangt werden.

(bb) Zwischenergebnis

Die Bestimmung des § 13 Abs. 10 S. 3 MB/KK 2009 ist weder unter dem Gesichtspunkt der Auslegungsregel des § 305c Abs. 2 BGB unklar noch unverständlich und daher unwirksam unter dem Gesichtspunkt des Transparenzgebots nach § 307 Abs. 1 S. 2 BGB.

(7) Ergebnis

Die Musterbedingung des § 13 Abs. 10 S. 3 MB/KK 2009 verstößt gegen die nach § 208 S. 1 VVG halbzwingende Regelung des § 207 Abs. 2 S. 2 VVG, da sie eine für den Versicherungsnehmer nachteilige Abweichung darstellt. Dies stellt zugleich zwangsläufig eine nach § 307 Abs. 1 S. 1, Abs. 2 Nr. 1 BGB zur Unwirksamkeit der Klausel führende unangemessene Benachteiligung dar. Weitere im Rahmen einer ergänzenden Inhaltskontrolle zu berücksichtigende Verstöße liegen nicht vor.

(8) Reformbedarf

Im Hinblick auf die Regelung des § 207 Abs. 2 S. 2 VVG besteht seitens des Gesetzgebers Reformbedarf.[652] Insbesondere der letztmögliche Zeitpunkt der Kenntniserlangung von der Kündigung durch die Gefahrsperson sollte ausdrücklich

650 So auch *Reinhard* in Looschelders/Pohlmann, VVG, § 207, Rn. 9, § 205, Rn. 22.
651 *BGH*, Urt. v. 16.01.2013, VersR 2013, 305, 307 (Rn. 22).
652 Vgl. im Hinblick auf einen ggf. neu einzuführenden § 207 Abs. 3 VVG-E im Falle der Kündigung durch den Versicherungsnehmer oben unter C. III. 6. b) bb).

geregelt werden. Bereits zur Vorgängerregelung des § 178n Abs. 2 VVG a.F. bestand diesbezüglich Klärungsbedarf. Im Sinne einer transparenten gesetzlichen und versicherungsvertraglichen Regelung zur Sicherung des Fortsetzungsrechts der Gefahrsperson bei der Kündigung von auf die Person eines Dritten genommenen Krankheitskostenversicherungsverträgen wäre eine entsprechende Anpassung des Gesetzes jedenfalls zu begrüßen. Auch die Wiedereinführung einer korrespondierenden gesetzlichen Nachweispflicht ist denkbar. Insofern kommt es auf die gesetzgeberische Entscheidung an, wessen Interessen vorrangig zu berücksichtigen sind. Sofern der Gesetzgeber das Interesse des Versicherers an der schnellstmöglichen Überprüfbarkeit der Erfüllung der Kündigungsvoraussetzungen über das Interesse des Versicherungsnehmers an einer Kündigung mit möglichst geringen Anforderungen stellt, wäre die Einführung einer gesetzlichen Nachweispflicht angezeigt. Jedenfalls sollte dann auch deren zeitlicher Rahmen gesetzlich festgelegt werden.

Ein geänderter § 207 Abs. 2 VVG-E könnte beispielsweise wie folgt aussehen:

> [1]*Kündigt der Versicherungsnehmer das Versicherungsverhältnis insgesamt oder für einzelne versicherte Personen, gilt Absatz 1 entsprechend.* [2]*Die Kündigung ist nur wirksam, wenn die versicherte Person im Zeitpunkt der Kündigungserklärung Kenntnis von dieser hat.* [3]*Die Kündigung wird nur wirksam, wenn der Versicherungsnehmer innerhalb von 2 Monaten nach der Kündigungserklärung nachweist, dass die versicherte Person im Zeitpunkt der Kündigungserklärung Kenntnis von dieser hatte.*

Durch die klarstellende Formulierung „*im Zeitpunkt der Kündigungserklärung*“ in § 207 Abs. 2 S. 2 VVG-E würde klargestellt, dass die Kenntnis der Gefahrsperson Voraussetzung für die wirksame Abgabe der Kündigungserklärung ist und daher bereits in diesem Zeitpunkt vorliegen muss. Ein Nachweis der Kenntnis kann – in Anlehnung an die Formulierung und Frist der Nachweispflicht nach § 205 Abs. 6 S. 2 VVG – auch nach § 207 Abs. 2 S. 3 VVG-E noch später erfolgen, um eine schnelle Abgabe der Kündigungserklärung nicht aufgrund des Nachweiserfordernisses unnötig zu erschweren.

4. Modifizierte Kündigungsanforderungen zum Nachteil der Gefahrsperson durch § 13 Abs. 7 S. 1, 2 MB/KK 2009?

Hinsichtlich der drittschützenden Kündigungsanforderungen des § 205 Abs. 6 S. 1, 2 VVG findet sich ebenfalls eine korrespondierende Bestimmung in den MB/KK 2009. Nach § 13 Abs. 7 S. 1, 2 MB/KK 2009[653] wird im Gleichklang mit

653 § 13 Abs. 7 S. 1, 2 MB/KK 2009 lautet wörtlich: „Dient das Versicherungsverhältnis der Erfüllung der Pflicht zur Versicherung (§ 193 Abs. 3 VVG), setzt die Kündigung

der gesetzlichen Regelung festgelegt, dass im Falle der Kündigung einer auf die Person eines Dritten genommenen Pflichtkrankenversicherung für die Gefahrsperson eine Anschlussversicherung abgeschlossen und diese gegenüber dem Versicherer nachgewiesen werden muss.[654] Anders als die gesetzliche Regelung verweist § 13 Abs. 7 S. 1 MB/KK 2009 nur auf die Kündigung nach den Absätzen 1, 2, 4 und 5 des § 13 MB/KK 2009. Von den Sonderanforderungen des Absatzes 7 ausgenommen ist die Kündigung im Falle des Eintritts der gesetzlichen Krankenversicherungspflicht für die Gefahrsperson (§ 13 Abs. 3 MB/KK 2009). Insofern bleibt die Regelung – ausgehend von ihrem Wortlaut – hinter der gesetzlichen Regelung zur Anschlussversicherungspflicht zurück. Nach dem Wortlaut des § 205 Abs. 6 S. 1 VVG gelten die strengeren Anforderungen des Absatzes 6 bei jeder vom Versicherungsnehmer erklärten Kündigung einer Pflichtversicherung nach § 205 VVG. Unter diese Regelung fällt ausdrücklich auch die Kündigung nach § 205 Abs. 2 VVG, die nahezu wortgleich mit der ausgenommenen Regelung des § 13 Abs. 3 MB/KK 2009 ist. Wegen der Nichterwähnung der in § 205 Abs. 2 VVG geregelten Fallgruppe in § 13 Abs. 7 S. 1 MB/KK 2009, stellt sich die Frage nach der Wirksamkeit der Klausel in AGB-rechtlicher Hinsicht und nach § 208 S. 1 VVG. Gemäß § 208 S. 1 VVG darf die Klausel inhaltlich nicht von der gesetzlichen Regelung zum Nachteil der Gefahrsperson abweichen. AGB-rechtlich könnte die Klausel insbesondere wegen mangelnder Transparenz unwirksam sein. Das Transparenzgebot nach § 307 Abs. 1 S. 2 BGB umfasst nicht nur das Gebot zu Verständlichkeit und Bestimmtheit, sondern auch das Verbot (gesetzliche) Rechte und Pflichten des Vertragspartners durch unvollständige Wiedergabe zu verschleiern und diesen irrezuführen.[655] Der Inhalt der gesetzlichen Regelung muss daher grundsätzlich

---

nach den Absätzen 1, 2, 4, 5 und 6 voraus, dass für die versicherte Person bei einem anderen Versicherer ein neuer Vertrag abgeschlossen wird, der den Anforderungen an die Pflicht zur Versicherung genügt. Die Kündigung wird nur wirksam, wenn der Versicherungsnehmer innerhalb von zwei Monaten nach der Kündigungserklärung nachweist, dass die versicherte Person bei einem neuen Versicherer ohne Unterbrechung versichert ist; liegt der Zeitpunkt, zu dem die Kündigung ausgesprochen wurde, mehr als zwei Monate nach der Kündigungserklärung, muss der Nachweis bis zu diesem Zeitpunkt erbracht werden." Siehe nachfolgend unter Annex.

654 Zur Anschlussversicherungspflicht für die Gefahrsperson ausführlich oben unter C. III. 2. b).

655 *BGH*, Urt. v. 23.11.1994, NJW 1995, 589, 590; *Pfeiffer* in Wolf/Lindacher/Pfeiffer, AGB-Recht, § 307 BGB, Rn. 270; *Fuchs* in Ulmer/Brandner/Hensen, AGB-Recht, § 307, Rn. 342; *Stoffels*, AGB-Recht, § 17, Rn. 572 (S. 241).

durch Auslegung festgestellt werden. Wie in *Kapitel C* festgestellt,[656] ist die Regelung des § 205 Abs. 6 VVG aber hinsichtlich des Verweises auf § 205 Abs. 2 VVG teleologisch zu reduzieren. Der Verweis auf das Kündigungsrecht bei Eintritt der Versicherungspflicht in der gesetzlichen Krankenversicherung stellt einen planwidrigen, dem Sinn und Zweck der Anschlussversicherungspflicht zuwiderlaufenden, Regelungsüberschuss dar. Ausgehend von dieser Auslegung des § 205 Abs. 6 VVG fehlt es somit im Vergleich zu § 13 Abs. 7 MB/KK 2009 schon an einer Abweichung. Die Klausel entspricht inhaltlich § 205 Abs. 6 VVG und stellt keine vertragliche Modifikation der dem Schutz der Gefahrsperson dienenden gesetzlichen Kündigungsvoraussetzung dar und ist daher wirksam.

5. Zusammenfassung

Ausgehend von § 208 S. 1 VVG, als der zentralen Schutzvorschrift zugunsten des Versicherungsnehmers und der Gefahrsperson in der privaten Krankheitskostenversicherung, ist eine Modifikation der gesetzlichen Kündigungsvoraussetzungen nur in sehr eingeschränktem Maße möglich. Sobald eine für den Versicherungsnehmer oder die Gefahrsperson gegenüber der Gesetzeslage strengere und somit nachteilige Regelung getroffen wird, scheidet eine wirksame Modifizierung (durch Individualvertrag oder AVB) aus. Zulässig können nur vertragliche Regelungen sein, die im Anwendungsbereich halbzwingender Normen sowohl für den Versicherungsnehmer als auch, bei Versicherungen auf die Person eines Dritten, für die Gefahrsperson rechtlich neutral oder vorteilhaft sind. Neben der Kontrolle durch § 208 S. 1 VVG unterliegt eine Änderung der Kündigungsvoraussetzungen durch AVB, insbesondere den in der Praxis überwiegend verwendeten MB/KK 2009, zudem einer nach dem Meistbegünstigungsprinzip gebotenen ergänzenden Kontrolle durch die §§ 307 ff. BGB. Dabei kommt insbesondere dem Transparenzgebot gemäß § 307 Abs. 1 S. 2 BGB ein eigenständiger Anwendungsbereich zu. Eine Einbeziehungskontrolle nach §§ 305 ff. BGB ist der Überprüfung der Wirksamkeit der Klausel nach § 208 S. 1 VVG dem Grunde nach zudem schon logisch vorgelagert.

Im Rahmen der privaten Krankenversicherung treffen sowohl § 205 Abs. 6 S. 1, 2 VVG als auch § 207 Abs. 2 S. 2 VVG drittschützende halbzwingende Kündigungsregelungen. Die Anschlussversicherungspflicht und die Nachweispflicht des § 205 Abs. 6 S. 1, 2 VVG finden ihre Entsprechung in der inhaltsgleichen und daher wirksamen Regelung des § 13 Abs. 7 MB/KK 2009. Demgegenüber stellt die als inhaltliche Erweiterung des § 207 Abs. 2 S. 2 VVG eingeführte

656 Vgl. oben unter C. II. 2. b) bb) (1) (b).

Nachweispflicht nach § 13 Abs. 10 S. 3 MB/KK 2009 eine nach § 208 S. 1 VVG für den Versicherungsnehmer nachteilige und daher unwirksame Abweichung dar. Ein Vorrang des Schutzes der Gefahrsperson gegenüber dem Vertragsbeendigungsinteresse des Versicherungsnehmers über die gesetzliche Regelung des § 207 Abs. 2 S. 2 VVG hinaus ist nicht geboten. Dies gilt erst recht als die durch § 13 Abs. 10 S. 3 MB/KK 2009 geregelte Nachweispflicht nicht den Interessen der Gefahrsperson, sondern nur dem Wunsch des Versicherers nach Rechtssicherheit Rechnung trägt.

Kapitel E. Hinweispflicht des Versicherers bei unwirksamer Kündigung einer auf die Person eines Dritten genommenen Krankenversicherung

Die erfolgreiche Kündigung von auf die Person eines Dritten genommener Krankheitskostenversicherungsverträge ist an die in *Kapitel C* und *Kapitel D* untersuchten speziellen Wirksamkeitsvoraussetzungen geknüpft. Wegen der vielfältigen Pflichten, die den Versicherungsnehmer aufgrund der Drittabsicherung treffen, besteht ein gesteigertes Risiko unwirksamer Kündigungen. So musste auch der *BGH* wiederholt über die Wirksamkeit der Kündigung von auf die Person eines Dritten genommenen Krankenversicherungsverträgen durch den Versicherungsnehmer entscheiden.[657] In seiner Entscheidung vom 16.01.2013 bestätigte der *BGH* in diesem Zusammenhang zugleich die Pflicht des Versicherers, bei Verstoß des Versicherungsnehmers gegen eine Nachweispflicht zum Schutz der Gefahrsperson, den Versicherungsnehmer auf die daraus resultierende Unwirksamkeit der Kündigung hinzuweisen.[658] Der Entscheidung lag die in *Kapitel D* behandelte Nachweispflicht zum Schutz der Gefahrsperson gemäß § 13 Abs. 10 S. 3 MB/KK 2009 im Zusammenspiel mit § 207 Abs. 2 S. 2 VVG zugrunde. Daneben kommt insbesondere eine aus einem Verstoß gegen § 205 Abs. 6 S. 1 und S. 2 VVG folgende Unwirksamkeit der Kündigung bei auf die Person eines Dritten genommenen Verträgen in Betracht.[659] Mit Urteil vom 14.01.2015 bestätigte der *BGH* nunmehr erneut die Hinweispflicht im privaten Krankenversicherungsrecht und konkretisierte ihre Anforderungen.[660] Die Hinweispflicht des Versicherers auf (schwebend) unwirksame Kündigungen des Versicherungsnehmers und die bei unterlassenem Hinweis eintretenden Rechtsfolgen stehen daher erkennbar in einem unmittelbaren Sachzusammenhang mit der Kündigung von drittbezogenen Krankheitskostenverträgen. Die Frage des Bestehens einer Hinweispflicht stellt sich aufgrund der erhöhten Fehleranfälligkeit typischerweise bei Kündigungen von auf die Person eines Dritten

---

657 *BGH*, Urt. v. 16.01.2013, VersR 2013, 305, 307, *BGH*, Urt. v. 18.12.2013, VersR 2014, 234; vgl. die Rechtsprechungsübersicht bei *Brockmöller*, RuS 2016, 377, 387.

658 *BGH*, Urt. v. 16.01.2013, VersR 2013, 305, 307 (Rn. 29).

659 Siehe dazu ausführlich unter C. III.

660 *BGH*, Urt. v. 14.01.2015, VersR 2015, 230–232.

genommenen Krankenversicherungen. Darüber hinaus muss bei der Betrachtung der Rechtsfolgen eines Verstoßes gegen die ganz überwiegend angenommene Hinweispflicht auch der Schutz der Gefahrsperson berücksichtigt werden.

Anders als beispielweise in der Unfallversicherung (§ 186 S. 1 VVG), kennt das VVG im Bereich der privaten Krankenversicherung keine auf den Verstoß gegen kündigungsspezifische Pflichten des Versicherungsnehmers bezogene Hinweispflicht des Versicherers.[661] Vor diesem Hintergrund wird – unter Würdigung des Streitstandes in Rechtsprechung und Schrifttum – überprüft, ob den Versicherer im Krankenversicherungsrecht eine entsprechende Hinweispflicht trifft, insbesondere auf welcher Rechtsgrundlage diese beruhen könnte und welche Anforderungen an deren Erfüllung zu stellen sind. Daran anknüpfend wird die Frage behandelt, welche Rechtsfolgen ein Verstoß gegen die überwiegend befürwortete Hinweispflicht – insbesondere in Drittversicherungskonstellationen – hat und welche Beweisanforderungen an den Hinweis zu stellen sind. Dabei widmet sich die Untersuchung vorrangig den praxisrelevanten und stark drittschützenden Kündigungsvoraussetzungen des § 205 Abs. 6 S. 1 und S. 2 VVG.

I. Bestehen einer Hinweispflicht

Das VVG selbst kennt viele dem Versicherer obliegende Informationspflichten.[662] Daneben existieren auch entsprechende außergesetzliche, durch Rechtsprechung und Schrifttum konkretisierte Pflichten.[663] Eine spezielle gesetzliche Hinweispflicht,[664] aufgrund derer der Versicherer stets den Hinweis auf die beispielsweise wegen der fehlenden Nachweiserbringung unwirksame Kündigung

661 Eine vergleichbare Hinweispflicht wird auch im Bereich der Haftpflichtversicherung nach § 111 Abs. 2 S. 1 VVG diskutiert. Dazu ausführlich: *Koch* in Bruck/Möller, VVV, § 111, Rn. 24 ff.

662 Einen Überblick über die verschiedenen Arten von Informationspflichten gebend: *Ihle*, Informationsschutz des VN, S. 13 ff.

663 Aus Treu und Glauben folgenden Pflichten des VR: *Armbrüster* in Prölss/Martin, VVG, Einleitung, Rn. 251; *Ihle*, Informationsschutz des Versicherungsnehmers, S. 197 f. m.w.N. Grundlegend zur Grundlage „übergesetzlicher" Pflichten als Ausfluss eines besonderen Vertrauensverhältnisses zwischen VN und VR: *BGH*, Urt. v. 16.02.1967, NJW 1967, 1226, 1228 (BGHZ 47, 101, 107 ff.).

664 Eine versicherungsspezifische Regelung von Hinweispflichten ist dem VVG aber nicht generell fremd. So legt beispielsweise § 186 S. 1 VVG für die Unfallversicherung fest, dass den Versicherer eine Hinweispflicht bzgl. vertraglicher Anspruchs- und Fälligkeitsvoraussetzungen im Versicherungsfall trifft.

schuldet, besteht für die Krankenversicherung nicht.[665] Für die Frage des Bestehens einer Hinweispflicht kommt es daher darauf an, ob sich diese aus allgemeinen Rechtsgrundsätzen herleiten lässt.

1. Rechtsgrundlage und Voraussetzungen einer Hinweispflicht

Für die Herleitung der Hinweispflicht des Versicherers kommen verschiedene, an unterschiedliche Normen anknüpfende und aus allgemeinen Rechtsgrundsätzen folgende Ansätze in Betracht. Der vorliegende Abschnitt betrachtet zunächst die unterschiedlichen Herleitungen einer Hinweispflicht. Die Untersuchung der rechtlichen Folgen von Hinweispflichtverstößen ist Gegenstand des nächsten Abschnitts.[666]

a) Herleitung der Hinweispflicht in Rechtsprechung und Schrifttum

In weiten Teilen wird von Rechtsprechung und Schrifttum eine Hinweispflicht des Versicherers bejaht. Allerdings divergieren die vertretenen Meinungen sowohl im Hinblick auf die Rechtsgrundlage oder dogmatische Konstruktion der Hinweispflicht als auch im Hinblick auf die Rechtsfolgen im Falle eines Verstoßes.

Insgesamt bestehen zwei wesentliche Richtungen bezüglich der Herleitung der Hinweispflicht. So wird die Hinweispflicht vom *BGH* und großen Teilen des Schrifttums überwiegend als eigenständige Pflicht nach Treu und Glauben (§ 242 BGB) verstanden, wobei zum Teil auf die bekannten, auf Treu und Glauben gestützten Grundsätze der Zurückweisung unwirksamer Kündigungen zurückgegriffen wird. Teilweise wird die Hinweispflicht auch aus § 6 Abs. 4 S. 1 VVG hergeleitet.

Mittlerweile aufgegeben wurde die Annahme einer faktischen Hinweispflicht durch die Verknüpfung negativer Folgen an das Unterlassen eines eigentlich geschuldeten Hinweises. Nach dieser Ansicht sollte das Schweigen auf die unwirksame Kündigung als Annahme im Sinne des § 151 S. 1 BGB bezüglich des Abschlusses eines Aufhebungsvertrages gelten.[667] Der Hinweis war nach

665 Teilweise wird allerdings eine entsprechende Hinweispflicht für Kündigungen nach § 11 VVG unmittelbar aus § 6 Abs. 4 S. 1 VVG n.F. hergeleitet (Vgl. *Fausten* in Langheid/Wandt, MüKo VVG, § 11, Rn. 124). Zum Verhältnis des § 242 BGB zur Regelung des § 6 Abs. 4 VVG siehe nachfolgend unter E. I. 1. a) bb).

666 Siehe nachfolgend unter E. II.

667 *BGH*, Urt. v. 01.07.1987, VersR 1987, 923, 923; *OLG Köln*, Urt. v. 09.03.1973, VersR 1974, 462, 462; *Bach*, VersR 1977, 881, 887.

dieser Ansicht also konstitutiv für den Fortbestand des Vertrages im Falle der unwirksamen Kündigung. De lege lata setzte dies aber voraus, dass eine Annahmeerklärung des Versicherers nach der Verkehrssitte nicht zu erwarten ist. Eine entsprechende Verkehrssitte wird zu Recht aber inzwischen einhellig für im Versicherungsrecht unwirksam erklärte Kündigungen verneint.[668]

aa) Der Grundsatz von Treu und Glauben im Sinne des § 242 BGB

(1) Hinweispflicht als Ausprägung von Treu und Glauben im Versicherungsrecht

Der in § 242 BGB normierte Grundsatz von Treu und Glauben kommt vorrangig im Bereich des Privatrechts, insbesondere des Schuldrechts, als generelles Abwägungsgebot zur Anwendung.[669] Diesem kommt insofern insbesondere eine Konkretisierungs- und Ergänzungsfunktion zu.[670] Auch dem Versicherungsvertragsrecht als Sonderprivatrecht ist der Gedanke von Treu und Glauben immanent. Das zwischen den Parteien eines Versicherungsvertrages bestehende Verhältnis ist in besonderem Maße durch ein Bedürfnis an Vertrauen und Aufrichtigkeit geprägt.[671] Zur Begründung der besonderen Ausprägung des Grundsatzes im Versicherungsrecht wird angeführt, dass beide Parteien hinsichtlich bestimmter Umstände einen Informationsvorsprung besäßen und insofern ein gegenseitiges Informationsbedürfnis haben.[672] Im Hinblick auf die Krankenversicherung folgt das Bedürfnis nach Vertrauen und Rücksichtnahme zusätzlich

668 Siehe dazu etwa: *BGH*, Urt. v. 26.10.1988, RuS 1989, 69, 69 f.; *BGH*, Urt. v. 01.07.1987, VersR 1987, 923, 924; *OLG Hamm*, Urt. v. 23.11.1984, VersR 1985, 853, 854; *Koch* in Bruck/Möller, VVG, § 111, Rn. 34; *Fausten* in Langheid/Wandt, MüKo VVG, § 11, Rn. 163; *Muschner* in Rüffer/Halbach/Schimikowski, VVG, § 11, Rn. 34 f.; *Bach*, VersR 1977, 881, 887; *Jonczak*, VersR 2000, 305, 307; *Leverenz*, VersR 1999, 525, 526; *Wriede*, VersR 1965, 9, 11.

669 *Sutschet* in Bamberger/Roth, BeckOK BGB, § 242, Rn. 4, 18; *Pfeiffer* in jurisPK-BGB, § 242, Rn. 29; *Schubert* in MüKo BGB, § 242, Rn. 50, 99; *Schulze* in Schulze, HK-BGB, § 242, Rn 4, 14; *Olzen/Looschelders* in Staudinger, BGB, § 242, Rn. 105 ff.

670 Anstatt vieler: *Grüneberg* in Palandt, BGB, § 242, Rn. 15.

671 *Beckmann* in Bruck/Möller, VVG, Einf. A., Rn. 157; *Looschelders* in Looschelders/Pohlmann, VVG, Einleitung. A., Rn. 67; *Armbrüster* in Prölss/Martin, VVG, Einleitung, Rn. 245 ff.; *Brömmelmeyer* in Rüffer/Halbach/Schimikowski, VVG, Einleitung, Rn. 53.

672 *Beckmann* in Bruck/Möller, VVG, Einf. A, Rn. 157; *Looschelders* in Looschelders/Pohlmann, VVG, Einleitung A., Rn. 67; *Bach*, VersR 1977, 881, 883.

aus der erheblichen Bedeutung der Krankenvorsorge und der üblicherweise sehr langen Dauer von Krankenversicherungsverträgen.

Vor diesem Hintergrund folgt nach Ansicht des *BGH* eine Hinweispflicht des Versicherers unmittelbar aus dem von Treu und Glauben geprägten Versicherungsvertrag.[673] Bei der Hinweispflicht handele es sich um eine nach §§ 242, 241 Abs. 2 BGB bestehende versicherungsvertragliche Nebenpflicht des Versicherers, die nicht durch die Beratungspflicht gemäß § 6 Abs. 4 S. 1 VVG verdrängt werde.[674] Für den Bereich der Krankenversicherung stellte der *BGH* bereits das Bestehen einer Hinweispflicht bei einer wegen des Fehlens des nach § 205 Abs. 6 S. 2 VVG erforderlichen Anschlussversicherungsnachweises unwirksamen Kündigung mit der Begründung fest, dass ansonsten die Gefahr bestehe, dass der Versicherungsnehmer durch Abschluss eines neuen Krankheitskostenversicherungsvertrages einer doppelten Prämienzahlungspflicht unterläge.[675] Zudem geht der *BGH* in seinen jüngsten Entscheidungen ohne nähere Begründung davon aus, dass dem Versicherer ein derartiger Hinweis als erfahrenerem Marktteilnehmer zumutbar und ohne besonderen Aufwand und Förmlichkeiten möglich sei. Die Interessen des Versicherers würden daher nicht beeinträchtigt.[676] Ausreichend und erforderlich sei allerdings die bloße Mitteilung gegenüber dem Versicherungsnehmer, dass die Kündigung unwirksam sei. Eine darüber hinaus gehende ausdrückliche Zurückweisung sei nicht erforderlich.[677]

(2) Die Hinweispflicht nach den Grundsätzen zur Zurückweisung unwirksamer Kündigungen

Als versicherungsspezifische Ausprägung des Grundsatzes von Treu und Glauben finden im Versicherungsrecht nach ständiger Rechtsprechung,[678] der

673 *BGH*, Urt. v. 14.01.2015, VersR 2015, 230, 231 (Rn. 11a); *BGH*, Urt. v. 16.01.2013, VersR 2013, 305, 307 (Rn. 29); vgl. auch *Reinhard* in Looschelders/Pohlmann, VVG, § 205, Rn. 22, § 207, Rn. 9.

674 *Boetius*, PKV, § 205, Rn. 36, *Rogler*, RuS 2007, 140, 143.

675 *BGH*, Urt. v. 14.01.2015, VersR 2015, 230, 231 (Rn. 12).

676 *BGH*, Urt. v. 14.01.2015, VersR 2015, 230, 231 (Rn. 11 b); *BGH*, Urt. v. 16.01.2013, VersR 2013, 305, 307 (Rn. 29).

677 *BGH*, Urt. v. 16.01.2013, VersR 2013, 305, 307 (Rn. 28).

678 Siehe etwa: *BGH*, Urt. v. 01.07.1987, RuS 1987, 271, 272 (allerdings: Zurückweisungspflicht nur in bestimmten Fällen); *BSG*, Urt. v. 29.11.2006, RuS 2007, 144, 145; *OLG Hamm*, Urt. v. 13.07.2012, VersR 2013, 489, 490; *OLG Karlsruhe*, Urt. v. 18.10.2001, RuS 2002, 75, 76; *OLG Hamm*, Urt. v. 26.10.1990, VersR 1991, 663, 664; *LG Hannover*, Urt. v. 13.10.1976, VersR 1976, 351, 351; einen Überblick über den Ursprung

überwiegenden Meinung im Schrifttum[679] und der Praxis der BaFin[680] als Grundlage außergesetzlicher Hinweispflichten regelmäßig die Grundsätze der Zurückweisung unwirksamer Kündigungen Anwendung.[681] Danach ist ein Versicherer nach Treu und Glauben verpflichtet, eine vom Versicherungsnehmer erklärte Kündigung zurückzuweisen, sofern diese aufgrund eines Mangels unwirksam ist.[682] Die Hinweispflicht könnte also im Einklang mit der herrschenden Meinung aus obigen Grundsätzen folgen.[683] Dies hätte zur Folge, dass der Versicherungsnehmer nicht nur im Sinne eines bloßen Hinweises über die Unwirksamkeit der Kündigung informiert werden müsste, sondern diesem ausdrücklich die Ablehnung der Kündigung mitzuteilen wäre. Auch die Zurückweisungspflicht wird regelmäßig auf den in § 242 BGB verankerten Grundsatz gestützt, allerdings divergieren die diesbezüglichen Begründungen. Unterschiede zwischen der Hinweis- und der Zurückweisungspflicht zeigen sich jedoch nur im Hinblick auf die an die Mitteilung zu stellenden Anforderungen und die an diese anknüpfenden Rechtsfolgen[684].

bb) Hinweispflicht aus § 6 Abs. 4 S. 1 VVG als lex specialis

Während der *BGH* eine Hinweispflicht aus §§ 242, 241 Abs. 2 BGB herleitet, gehen seit der Reform des Versicherungsvertragsrechts Teile der Literatur davon aus, dass eine Hinweis-/Zurückweisungspflicht des Versicherers nicht mehr allein aus dem allgemeinen Grundsatz des § 242 BGB folge, sondern vielmehr in § 6 Abs. 4 S. 1 VVG eine vorrangige versicherungsrechtliche Rechtsgrundlage

---

der Zurückweisungspflicht in der Rechtsprechung gebend: *Brams*, VersR 1997, 1308, 1308 f.

679 *Johannsen* in Bruck/Möller, VVG, § 11, Rn. 27; *Prölss* in Prölss/Martin, VVG, 28. Auflage 2010, § 11, Rn. 30; *Rogler* in Rüffer/Halbach/Schimikowski, VVG, § 205, Rn. 8; *Ders.*, RuS 2007, 140, 141; *Ders.*, jurisPR-VersR 1/2012, Anm. 3.

680 Auslegungsentscheidung der BaFin vom 19.02.2014, Geschäftszeichen: VA 52-I 4209-2014/0001; so auch schon das BAV in GB BAV Teil A 1994, 37 f.

681 Einen Überblick über die Grundsätze zur Zurückweisung unwirksamer Kündigungen gebend: *Leverenz*, VersR 1999, 525.

682 Anstatt vieler: *OLG Karlsruhe*, Urt. v. 18.10.2001, RuS 2002, 75, 76.

683 Die Unterschiede zwischen der bloßen Hinweispflicht und der Zurückweisungspflicht zeigen sich insbesondere im Hinblick auf die Rechtsfolgen im Falle des Verstoßes (siehe dazu ausführlich unter D. IV. 2.)

684 Siehe dazu nachfolgend unter E. I. 1. c) und E. II.

gefunden habe.[685] Nach § 6 Abs. 4 S. 1 VVG treffen den Versicherer auch während der Dauer des Versicherungsverhältnisses die anlassbezogenen Beratungs- und Nachfragepflichten nach § 6 Abs. 1 S. 1 VVG.[686] Teilweise wird insofern ohne nähere Begründung angenommen, dass die Hinweispflicht als Rechtsbelehrungspflicht während des noch bestehenden Versicherungsvertrages nunmehr dem Anwendungsbereich des § 6 Abs. 4 S. 1 VVG unterfiele.[687] Nach Ansicht des *BGH* wird § 242 BGB durch § 6 Abs. 4 VVG jedoch gerade nicht verdrängt.[688] Auch im Schrifttum wird die Hinweis- bzw. Zurückweisungspflicht auch nach neuem Recht ausschließlich auf § 242 BGB gestützt.[689] Dies wird damit begründet, dass eine die Vertragsbeendigung betreffende Beratungspflicht nicht in den Anwendungsbereich des § 6 Abs. 4 S. 1 VVG fiele. Eine Beratung schulde der Versicherer nur im Hinblick auf produktbezogene Informationen, nicht aber für allgemeine versicherungsrechtliche Fragen. Weitergehende Informationen, die das Versicherungsverhältnis als solches, insbesondere dessen Bestand und dessen Abwicklung beträfen, würden von § 6 Abs. 4 S. 1 VVG nicht erfasst.[690]

Letzterer Auffassung ist insoweit zuzustimmen als das § 6 Abs. 4 S. 1 VVG keine ausreichende Rechtsgrundlage für die Annahme einer allgemeinen Hinweispflicht des Versicherers für den Fall der unwirksam erklärten Kündigung bildet. Nach § 6 Abs. 4 S. 1 VVG schuldet der Versicherer ausweislich der Gesetzesbegründung nur eine im Hinblick auf eine Vertragsänderung oder den Neuabschluss eines Versicherungsvertrags anlassbezogene Beratung.[691] Es soll eine

---

685 *Fausten* in Langheid/Wandt, MüKo VVG, § 11, Rn. 124; *Rixecker* in Langheid/Rixecker, VVG, § 11, Rn. 11; *Ebers* in Schwintowski/Brömmelmeyer, PK-Versicherungsrecht, § 6, Rn. 49, § 11, Rn. 32; *Franz*, VersR 2008, 298, 299.

686 Vgl. *Koch*, der die Beratungspflicht gerade nicht streng produktbezogen, sondern auch als Pflicht im Hinblick auf die Beratung über Fragen der Schadenregulierung und Vertragsfortsetzung versteht (in Bruck/Möller, VVG, § 111, Rn. 28).

687 *Ebers* in Schwintowski/Brömmelmeyer, PK-Versicherungsrecht, § 11, Rn. 32.

688 *BGH*, Urt. v. 14.01.2015, VersR 2015, 230, 231 (Rn. 11b).

689 *Armbrüster* in Langheid/Wandt, MüKo VVG, § 6, Rn. 219; *Schneider* in Looschelders/Pohlmann, VVG, § 11, Rn. 70; *Rudy* in Prölss/Martin, VVG, § 6, Rn. 44; *Prölss* in Prölss/Martin, VVG, 28. Auflage 2010, § 11, Rn. 30; *Münkel* in Rüffer/Halbach/Schimikowski, VVG, § 6, Rn 37.

690 *Rudy* in Prölss/Martin, VVG, § 6, Rn. 44; *Münkel* in Rüffer/Halbach/Schimikowski, VVG, § 6, Rn. 37. In diesem Sinne hat sich auch das *OLG Saarbrücken* hinsichtlich einer vermeintlichen allgemeinen Hinweispflicht aus § 6 Abs. 4 VVG für den Fall eines altersbedingten Wegfalls der Beihilfeberechtigung ausgesprochen (Urt. v. 06.04.2011, VersR 2011, 1556, 1557 f.).

691 Gesetzesbegründung zum VVG-RefomG, BT-Drucks. 16/3945 S. 58 f.

rein produktbezogene Beratung stattfinden.[692] Die Beendigung des Versicherungsverhältnisses auf Wunsch des Versicherungsnehmers stellt aber keinen entsprechenden Anlass dar. Das rechtliche Konzept der Zurückweisung unwirksamer Kündigungen wird zudem bereits seit langem von der Rechtsprechung angewandt und ist dem Gesetzgeber daher bekannt. In seiner Begründung zur Einführung der Beratungspflicht des § 6 Abs. 4 S. 1 VVG benennt er diesen praxisrelevanten Fall jedoch gerade nicht. Vor diesem Hintergrund vermag die Annahme nicht zu überzeugen, dass der Gesetzgeber zwar durch § 6 Abs. 4 S. 1 VVG die seit Jahrzehnten aus § 242 BGB hergeleitete Hinweispflicht einer Kodifizierung zuführen wollte, dies aber in seiner Gesetzesbegründung nicht hat erkennen zu lassen. Die Begründung zeigt vielmehr, dass der Gesetzgeber bei der Einführung der Beratungspflicht nicht die Zurückweisungspflicht des Versicherers vor Augen hatte. Diesem Ergebnis ist auch aus Bestimmtheitserwägungen beizutreten. Der allgemein gehaltene § 6 Abs. 4 S. 1 VVG würde zu einer generellen Hinweispflicht führen, die im Hinblick auf die Besonderheiten der einzelnen Versicherungszweige nicht zu überzeugen vermag.[693] Die Regelung des § 6 Abs. 4 S. 1 VVG schließt somit einen Rückgriff auf § 242 BGB als mögliche Rechtsgrundlage einer Hinweispflicht nicht aus.

b) Fehlen einer ausreichenden Rechtsgrundlage für die Hinweispflicht

Der Annahme einer Hinweispflicht des Versicherers treten auch kritische Stimmen entgegen.[694] Diese gehen – jedoch noch vor den maßgeblichen Entscheidungen des BGH aus den Jahren 2013 und 2015 – insbesondere davon aus, eine den Versicherer aus § 242 BGB treffende Hinweispflicht sei systemwidrig und unter Berücksichtigung der Interessenlage der Parteien auch nicht erforderlich.[695]

---

692 A.A. z.B. *Koch* in Bruck/Möller, VVG, § 111, Rn. 28 (m.w.N.).

693 So zur Haftpflichtversicherung: *Littbarski* in Langheid/Wandt, MüKo VVG, § 111, Rn. 57.

694 Der Hinweispflicht wird auch im Hinblick auf andere Versicherungsbereiche kritisch begegnet. So geht *Littbarski* etwa hinsichtlich einer unwirksamen Kündigung einer Haftpflichtversicherung nach § 111 VVG davon aus, dass eine allgemeine Zurückweisungspflicht des Versicherers ohnehin zweifelhaft sei, jedenfalls aber nicht ohne Weiteres auf sämtliche Kündigungsrechte übertragen werden könne. Der Gesetzgeber habe von der Normierung einer derart generellen Pflicht gerade abgesehen (*Littbarski* in Langheid/Wandt, MüKo VVG, § 111, Rn. 57 f.).

695 So noch *Hütt* in Langheid/Wandt, MüKo VVG, 1. Auflage 2009, § 205, Rn. 28 ff.; *Brams*, VersR 1997, 1308, 1309. An einer aus Treu und Glauben folgende Nachweispflicht zweifelnd: *AG Frankfurt a.M.*, Urt. v. 06.02.1998, VersR 1999, 1006, 1006.

Brams[696] richtet sich insofern maßgeblich gegen zwei der Hauptargumente für die Herleitung der Hinweispflicht. So lehnt er unter Verweis auf vergleichbare sozialpolitisch geprägte und durch ein Über- und Unterordnungsverhältnis gekennzeichnete Rechtsverhältnisse, wie etwa Arbeits- und Mietverträge, ein demgegenüber im Versicherungsrecht gesteigertes Bedürfnis an Rechtsklarheit ab. Sofern die gesetzlichen Voraussetzungen erfüllt seien, könne lediglich eine Umdeutung nach § 140 BGB in Betracht kommen.[697] Des Weiteren kritisiert *Brams* eingehend die Begründung der Hinweispflicht mit dem Informationsvorsprung und der Überlegenheit des Versicherers. Dabei verweist er auf die bereits in den AVB klar und verständlich getroffenen Regelungen, welche die überlegene Rechtskenntnis des Versicherers gegenüber dem Versicherungsnehmer ausglichen. Zudem falle die Kündigung als einseitige Willenserklärung ohnehin vorrangig in die Sphäre des Versicherungsnehmers. Schließlich dürften auch die schützenswerten Interessen des Versicherers bei der Interessenabwägung nicht außer Acht gelassen werden. Für den Versicherer wäre mit der Hinweispflicht in einem als Massengeschäft organisierten Bereich ein erheblicher organisatorischer Aufwand verbunden, der sich wiederum auf die Prämienhöhe und somit die Gesamtheit der Versicherungsnehmer auswirke.[698]

Auch *Hütt*[699] lehnte noch in der Vorauflage eine konkret auf das Fehlen eines Nachweises gerichtete Hinweispflicht eines Krankenversicherers strikt ab.[700] Dabei stellte er vorrangig darauf ab, dass es sich bei der Kündigung um eine einseitige Gestaltungserklärung handele und nach bürgerlich-rechtlichen Grundsätzen ausschließlich der Erklärende diesbezüglich das Risiko zu tragen habe. Wenn der Versicherungsnehmer trotz gesetzlicher und vertraglicher Regelung dann beispielsweise einen Nachweis nach § 205 Abs. 2 S. 4 VVG völlig unterließe, könne dies keine Pflicht des Versicherers begründen, da sonst die gesetzliche Gefahrtragung unterlaufen würde.[701]

---

696 *Brams*, VersR 1997, 1308–1311.

697 *Brams*, VersR 1997, 1308, 1309.

698 *Brams*, VersR 1997, 1308, 1310.

699 *Hütt* in Langheid/Wandt, MüKo VVG, 1. Auflage 2009, § 205, Rn. 28 (konkret am Beispiel des § 205 Abs. 2 S. 4 VVG).

700 Inzwischen geht *Hütt* mit der h.M. im Hinblick auf § 205 Abs. 2 S. 4 VVG von einer Hinweispflicht des Versicherers aus und versteht diese als nicht-leistungsbezogene Nebenpflicht (in MüKo VVG, § 205, Rn. 29 f.).

701 *Hütt* in Langheid/Wandt, MüKo VVG, 1. Auflage 2009, § 205, Rn. 29. Mit gleicher Begründung und unter Abwägung der Interessen zugunsten des Versicherers, verneint das *OLG Karlsruhe* die Rückwirkung einer Kündigung bei nachträglicher Nachweiserbringung nach § 205 Abs. 6 VVG, nimmt aber trotzdem ohne Übertragung

c) *Anforderungen an den Hinweis des Versicherers*

In Rechtsprechung und Schrifttum besteht neben der Bestimmung der Rechtsgrundlage der Hinweispflicht auch hinsichtlich der an den Hinweis zu stellenden Anforderungen Uneinigkeit.[702] Die Ansichten divergieren sowohl im Hinblick auf den inhaltlichen Umfang der Mitteilung als auch auf den Zeitpunkt der Nachweiserbringung. Zwar wird in zeitlicher Hinsicht ganz überwiegend eine „unverzügliche" Zurückweisung (§ 121 Abs. 1 S. 1 BGB) gefordert,[703] doch zeigen sich bei der Auslegung des Begriffes erhebliche Unterschiede. So wird teilweise gefordert, der Versicherer müsse „sofort"[704] tätig werden, wohingegen andere dem Versicherer unterschiedlich lange Bearbeitungs- und Überlegungsfristen für die Erbringung der Benachrichtigung einräumen. Insofern schwanken die Ansichten – unter Berücksichtigung der Umstände des Einzelfalls – zwischen wenigen Tagen[705] und mehreren Wochen.[706] Auch inhaltlich gehen die an den Hinweis gestellten Anforderungen auseinander. Teilweise wird schon der bloße Hinweis auf die Unwirksamkeit aufgrund eines konkreten Mangels für ausreichend gehalten.[707] Die überwiegende Ansicht geht aber von einer den Versicherer treffenden detaillierten Belehrungspflicht aus.[708] Vereinzelt wird sogar angenommen, der

---

dieser Ansätze begründungslos eine Zurückweisungspflicht des Versicherers an (Urt. v. 15.11.2011, VersR 2012, 310, 312).

702 Einen Überblick über die unterschiedlichen Ansätze gebend: *Leverenz*, VersR 1999, 525, 532 f.

703 So etwa *BSG*, Urt. v. 29.11.2006, RuS 2007, 144, 145; *LG Berlin*, Urt. v. 06.08.2002, NVersZ 2002, 552, 553; *Koch* in Bruck/Möller, VVG, § 111, Rn. 30; *Fausten* in Langheid/Wandt, MüKo VVG, § 11, Rn. 125; *Armbrüster* in Prölss/Martin, VVG, Vorbem. zu § 11, Rn. 29; *Ebnet*, NJW 2006, 1697, 1698; *Rogler*, RuS 2007, 140, 142; Anders *Johannsen* in Bruck/Möller, VVG, § 11, Rn. 27 („alsbald").

704 *LG Köln*, Urt. v. 25.10.1989, RuS 1991, 243; vgl. *LG Berlin*, dass eine Zurückweisung nach 4 Tagen bereits nicht mehr als unverzüglich anerkennt (Urt. v. 06.08.2002, NVersZ 2002, 552, 553).

705 Vgl. etwa *LG München I*, Urt. v. 14.02.1990, VersR 1990, 1378 („Wochenfrist"); *Wendt* in Staudinger/Halm/Wendt, Versicherungsrecht, § 11, Rn. 26 („wenn der Sachbearbeiter drei (Arbeits-)Tage untätig bleibt").

706 Vgl. etwa *OLG Hamm*, Urt. v. 09.09.1987, VersR 1988, 514 („17 Tage nach Eingang [...] nicht mehr unverzüglich"), *AG Hamburg*, Urt. v. 03.11.1993, VersR 1994, 665, 665 („sechs Wochen"); *AG Husum*, Urt. v. 12.04.2001, VersR 2001, 1368, 1368 („20 Tage nach Eingang beim Versicherer ist nicht mehr unverzüglich"); *Fausten* in Langheid/Wandt, MüKo VVG, § 11, Rn. 126 („gewisse Überlegungs- und Reaktionszeit").

707 *Schneider* in Looschelders/Pohlmann, VVG, § 11, Rn. 71.

708 *OLG Koblenz*, Urt. v. 14.08.1998, RuS 1998, 397, 398; *Fausten* in Langheid/Wandt, VVG, § 11, Rn. 127; *Leverenz*, VersR 1999, 525, 532 (abhängig von der Form der

Versicherer müsse den Versicherungsnehmer auch über wirksame Kündigungsalternativen informieren.[709]

Entfallen soll die Hinweispflicht nach überwiegender Meinung nur, wenn der Versicherungsnehmer positive Kenntnis von den die Unwirksamkeit begründenden Umständen hat.[710] Teilweise wird dies auch schon bei grob fahrlässiger Unkenntnis erwogen.[711]

d) Bestehen einer Hinweispflicht aus Treu und Glauben im Krankenversicherungsrecht?

Treu und Glauben ist ein das Privatversicherungsrecht prägender Grundsatz. Doch stellt sich die Frage, ob dieser auch die Einführung einer Hinweispflicht des Versicherers als Kündigungsempfänger im Krankenversicherungsrecht, insbesondere im Hinblick auf die Nachweispflicht nach § 205 Abs. 6 S. 2 VVG rechtfertigen kann.

aa) Systematischer Vergleich zu § 186 S. 1 VVG

Grundsätzlich sind vielseitige Hinweispflichten des Versicherers gegenüber dem Versicherungsnehmer dem VVG nicht fremd. So weist der *BGH* in seiner Entscheidung vom 14.01.2015[712] zur Begründung der Hinweispflicht des Versicherers besonders auf die Regelung des § 186 S. 1 VVG hin. Die Schlussfolgerung des *BGH*, die Regelung des § 186 S. 1 VVG beträfe eine der Nachweispflicht des § 205 Abs. 6 S. 2 VVG in der privaten Krankenversicherung vergleichbare Schutzrichtung und spräche daher für die Herleitung einer Hinweispflicht nach § 242 BGB, geht aber fehl. Die Tatsache, dass der Gesetzgeber trotz einer im Grundsatz vergleichbaren Situation des Versicherungsnehmers von der gesetzlichen Einführung einer Hinweispflicht zulasten des Versicherers abgesehen hat,

---

Kündigungserklärung, d.h. je konkreter die Erklärung, desto detaillierter der Hinweis).

709 *LG Saarbrücken*, Urt. v. 22.04.1965, VersR 1965, 945; a.A. *Rogler*, RuS 2007, 140, 142; *Wriede*, VersR 1965, 9, 11.

710 *OLG Karlsruhe*, Urt. v. 18.10.2001, RuS 2002, 75, 76; *Fausten* in Langheid/Wandt, MüKo VVG, § 11, Rn. 129; *Armbrüster* in Prölss/Martin, VVG, Vorbem. zu § 11, Rn. 32; *Rixecker* in Langheid/Rixecker, VVG, § 11, Rn. 11.

711 *LG Köln*, Urt. v. 25.10.1989, RuS 1991, 243; *AG Köln*, Urt. v. 28.10.1980, VersR 1981, 227. Noch weiter geht das *AG Berlin Neukölln*, dass einen Entfall der Zurückweisungspflicht schon bei einfacher Fahrlässigkeit des Versicherungsnehmers annimmt (Urt. v. 28.09.1999, VersR 2000, 877, 877).

712 *BGH*, Urt. v. 14.01.2015, VersR 2015, 230, 231.

belegt vielmehr, dass er dort kein vergleichbares Schutzbedürfnis des Versicherungsnehmers annimmt. Nach § 186 S. 1 VVG ist der Versicherer im Rahmen der Unfallversicherung bei der Anzeige des Versicherungsfalls durch den Versicherungsnehmer verpflichtet, diesen auf vertragliche Anspruchs- und Fälligkeitsvoraussetzungen sowie einzuhaltende Fristen in Textform hinzuweisen. Der Gesetzgeber schützt so den Versicherungsnehmer vor dem Verlust berechtigter Ansprüche wegen des Ablaufs einer ihm nicht bekannten Frist.[713] Die Anzeige des Versicherungsfalls ist der Kündigung eines privaten Krankenversicherungsvertrags insofern vergleichbar, als der Versicherungsnehmer in beiden Fällen gegenüber dem Versicherer eine einseitige Erklärung abgibt. Auch können in beiden Fällen gesetzliche oder durch AVB festgelegte Anforderungen an die Wirksamkeit der Erklärung oder die Durchsetzbarkeit daraus folgender Ansprüche normiert werden. Im Falle der Unfallversicherung geht der Gesetzgeber gerade davon aus, dass ein Versicherungsnehmer keine zeitlichen Beschränkungen seines Versicherungsanspruchs erwartet, wie diese durch Gesetz oder AVB für die Unfallversicherung vorgesehen sind.[714] Um insofern den Versicherungsnehmer vor dem (endgültigen) Verlust seiner berechtigten Ansprüche zu schützen, hält der Gesetzgeber die Hinweispflicht des Versicherers für geboten.

Anders liegt aber der Fall bei der Kündigung von privaten Krankenversicherungsverträgen. Der Versicherungsnehmer verliert bei Vorliegen eines Kündigungsgrundes nicht sein Recht zur Erklärung der Kündigung. Vielmehr scheitert etwa bei Unterlassen des konstitutiven Nachweises nach § 205 Abs. 6 S. 2 VVG nur die schon erklärte Kündigung. Eine erneute Kündigung des Vertrages unter Beibringung des Nachweises bleibt dem Versicherungsnehmer unbenommen. Die rechtliche Situation, dass die Ansprüche im Versicherungsfall bei der Unfallversicherung endgültig nicht entstehen oder nicht durchsetzbar sind, hat eine andere Intensität. Dies spricht dafür, dass der Gesetzgeber bei den gesetzlichen Nachweispflichten bewusst davon abgesehen hat, für Kündigungen im privaten Krankenversicherungsrecht eine vergleichbare Hinweispflicht zu normieren. Nur für den Sonderfall der Kündigung wegen des Eintritts der gesetzlichen Versicherungspflicht hat der Gesetzgeber die Nachweiserbringung gerade von einer entsprechenden Aufforderung des Versicherers abhängig gemacht (§ 205 Abs. 2 S. 2 VVG). Die Entscheidung des Gesetzgebers gegen eine Normierung der

713 Gesetzesbegründung zum VVG-RefomG, BT-Drucks. 16/3945 S. 109.

714 Gesetzesbegründung zum VVG-RefomG, BT-Drucks. 16/3945 S. 109.

Hinweispflicht im Krankenversicherungsrecht macht deutlich, dass er insofern von keiner besonderen Schutzwürdigkeit des Versicherungsnehmers ausgeht.[715]

bb) Gesteigertes Bedürfnis nach Rechtsklarheit?

Die aus dem Grundsatz von Treu und Glauben resultierenden Pflichten wirken zudem gerade für und gegen beide Parteien.[716] Die Einführung einseitiger Pflichten nach § 242 BGB über die gesetzlichen und vertraglichen Regelungen hinaus erfordert daher eine umfassende Interessenabwägung. Von den Befürwortern einer Hinweispflicht wird regelmäßig das Interesse des Versicherungsnehmers an der Klarheit über den Bestand des Versicherungsvertrages angeführt. Selbst wenn man im Versicherungsrecht ein besonderes Bedürfnis an Rechtsklarheit annimmt, vermag dies nicht die Einführung einer Hinweispflicht zu rechtfertigen.

Bei der Kündigungserklärung handelt es sich um eine einseitige empfangsbedürftige Willenserklärung, durch die der Versicherungsnehmer die Ausübung seines Gestaltungsrechts erklärt. Diese liegt ausschließlich in der Risikosphäre des Versicherungsnehmers. Vor diesem Hintergrund ist es nicht nachvollziehbar, warum dem Bedürfnis nach Rechtsklarheit gerade durch eine Einschränkung der Rechte des Versicherers begegnet werden soll. Sicherheit hinsichtlich des Bestands des Versicherungsvertragsverhältnisses besteht auch dann, wenn eine nicht wirksam erklärte Kündigung jedenfalls unwirksam ist. Das Versicherungsverhältnis hätte dann sicher Bestand. Erklärt der Versicherungsnehmer unter Missachtung der gesetzlichen oder vertraglichen Kündigungsvoraussetzungen einseitig die Kündigung und liegen die Voraussetzungen einer Umdeutung nach § 140 BGB nicht vor, ist die Kündigung unwirksam und es besteht keine Unklarheit über den Bestand des Versicherungsverhältnisses.

Nur dieses Ergebnis kann auch mit Blick auf die an den Nachweis gestellten Anforderungen gelten. So besteht große Uneinigkeit, innerhalb welcher Zeit der Versicherer einen Hinweis zu erteilen hat und welche inhaltlichen Anforderungen an diesen zu stellen sind.[717] Der Versicherer trüge daher das Risiko, nicht rechtzeitig oder inhaltlich ausreichend auf eine unwirksame Erklärung des Versicherungsnehmers zu reagieren. Die Annahme einer Hinweispflicht würde zu

---

715 Mit ähnlicher Begründung auch zur Kündigung einer Haftpflichtversicherung nach § 111 VVG: *Littbarski* in Langheid/Wandt, MüKo VVG, § 111, Rn. 58.

716 *Beckmann* in Bruck/Möller, VVG, Einf. A, Rn. 156; *Schubert* in MüKo BGB, § 242, Rn. 201; *Armbrüster* in Prölss/Martin, VVG, Einleitung, Rn. 245.

717 Siehe dazu oben unter E. I. 1. c).

zusätzlicher Rechtsunsicherheit hinsichtlich der Wirksamkeit der Hinweiserklärung führen als Rechtsklarheit zu schaffen.

Zudem ist bereits fraglich, ob im Versicherungsvertragsrecht, speziell im Krankenversicherungsrecht, ein stärkeres Bedürfnis an Rechtsklarheit als in anderen Rechtsverhältnissen besteht. Vergleichbare Über- und Unterordnungsverhältnisse sind typischerweise im Miet- und Arbeitsrecht zu finden. Zwar betreffen auch sie elementare Lebensbereiche des unterlegenen Vertragspartners, doch ist diesen Verhältnissen eine Hinweispflicht des überlegenen Vertragspartners gerade fremd. Dem mag wohl entgegengehalten werden, dass die (Kranken-)Versicherer stets eine gewisse Größe und Organisation haben, die nicht bei jedem Arbeitgeber oder Vermieter erwartet werden kann. Doch ist zumindest anzunehmen, dass Unternehmen, die eine Vielzahl von Angestellten haben, insbesondere über eine eigene Rechts- oder Personalabteilung verfügen, eine dem Versicherer vergleichbare Stellung einnehmen. Doch auch für diese haben weder der Gesetzgeber noch die Rechtsprechung ein entsprechendes Instrument aufgrund eines besonderen Interesses des Arbeitnehmers oder Mieters an Rechtsklarheit eingeführt. Vor diesem Hintergrund ist nicht ersichtlich, warum etwas anderes im (Kranken-)Versicherungsrecht gelten sollte. Dem Bedürfnis nach Rechtsklarheit über das Bestehen des Krankenversicherungsschutzes mindestens gleichwertig ist die Notwendigkeit über, den Bestand des Arbeitsverhältnisses oder die Wohnraummiete Sicherheit zu erlangen.

cc) Besondere Fachkenntnis des Versicherers

Es ist auch keine andere Betrachtung aufgrund der besonderen Fachkenntnis des Versicherers geboten. Regelmäßig wird zugunsten der Hinweispflicht angeführt, der Versicherer wäre aufgrund seines Erfahrungs- und Informationsvorsprungs als erfahrener Marktteilnehmer nach § 242 BGB dazu verpflichtet, auf den weniger informierten Versicherungsnehmer Rücksicht zu nehmen. Diese Betrachtung lässt aber außer Acht, dass der Versicherungsnehmer zwar im Bereich der privaten Krankheitskostenversicherung ganz überwiegend als Verbraucher auftritt, dies aber nicht zu einer vollkommenen Freistellung des Versicherungsnehmers von einer Selbstinformation führen kann. Die besondere Fachkompetenz wird durch die Möglichkeit ausgeglichen, dass sofern die Nachweispflicht ausreichend und verständlich in Gesetz oder AVB geregelt ist, sich der Versicherungsnehmer ohne Weiteres über die Kündigungsvoraussetzungen informieren kann. Sonst kommt man wie der *BGH* zu dem widersprüchlichen Ergebnis, dass eine Klausel in den MB/KK, durch die eine Nachweispflicht eingeführt wird, zwar nicht überraschend im Sinne des § 305c Abs. 1 BGB ist, da von einem durchschnittlichen Versicherungsnehmer zu erwarten sei, dass dieser die Klauseln betreffend die Kündigung vollständig zur Kenntnis nimmt,[718] den Versicherer aber trotzdem eine Hinweispflicht hinsichtlich des Fehlens des Nachweises trifft[719]. Es wird dem durchschnittlichen Versicherungsnehmer, dessen Maßstab bereits im Hinblick auf den konkreten Versicherungsvertragstypus zu bestimmen ist, also zugetraut, die Kündigungsanforderungen den verständlichen MB/KK[720] zu entnehmen, insbesondere diese vollständig zur Kenntnis zu nehmen. Sofern er dann aber – wie in dem Fall, den der *BGH* zu entscheiden hatte – trotz der ausreichenden Informationsmöglichkeiten den Nachweis der Kenntnis der Gefahrsperson nach § 13 Abs. 10 S. 3 MB/KK 2009, § 207 Abs. 2 S. 2 VVG bei der Kündigung unterlässt, soll sich dies dennoch zulasten des Versicherers auswirken. Dieses Ergebnis vermag nicht zu überzeugen.

Entweder man geht davon aus, dass der Versicherungsnehmer mündig ist und die Regelung des § 13 Abs. 10 S. 3 MB/KK 2009 vollständig liest. Dann weiß der Versicherungsnehmer, was für eine wirksame Kündigung erforderlich ist und eine entsprechende Hinweispflicht ist nicht erforderlich. Oder man sieht den Versicherungsnehmer als unwissenden Verbraucher an. In diesem Fall liest er die Klausel des § 13 MB/KK nur bis zu ihrem Absatz 7, wo für ihn vermeintlich die Regelungen zu den Kündigungsvoraussetzungen enden und deren Rest er für unwichtig hält. Geht man von dieser Variante aus, ist die Klausel aber gemäß § 305c Abs. 1 BGB überraschend und gilt daher nicht.

Nach hier vertretener Ansicht ist der durchschnittliche Versicherungsnehmer ein mündiger Verbraucher, der als Vertragspartner eines Krankheitskostenversicherungsvertrags sich über die Ausübung seiner Gestaltungsrechte im Rahmen der ihm zustehenden Möglichkeiten zu informieren hat und dies auch kann. Eine darüber hinaus gehende Begünstigung des Versicherungsnehmers unter Verweis auf den Gedanken des § 242 BGB würde zu einer Überspitzung des Verbraucherschutzes führen, zumal der Gesetzgeber im Zuge seiner Reformen das VVG bereits an die europäischen Verbraucherschutzgedanken und -vorgaben angepasst hat. Die gesetzlichen Nachweispflichten im Bereich des privaten Krankenversicherungsrechts haben ausreichend Ausdruck im Gesetz und in den MB/KK 2009 gefunden, sodass davon auszugehen ist, dass der durchschnittliche

718 *BGH*, Urt. v. 16.01.2013, VersR 2013, 305, 306 (Rn. 16).
719 *BGH*, Urt. v. 16.01.2013, VersR 2013, 305, 307 (Rn. 29).
720 Nach hier vertretener Ansicht ist die Nachweispflicht des § 13 Abs. 10 MB/KK 2009 jedenfalls wegen eines Verstoßes gegen § 208 S. 1 VVG unwirksam, siehe oben unter D. II. 3. b) cc) (2) (b).

Versicherungsnehmer sich ausreichend über die Kündigungsanforderungen informieren kann. Der Informationsvorsprung des Versicherers ist daher nicht geeignet, eine Hinweispflicht zugunsten des Versicherungsnehmers zu begründen.

dd) Vermeidung einer doppelten Prämienzahlungsverpflichtung

Im Rahmen der nach § 242 BGB vorzunehmenden Interessenabwägung wird zugunsten der Hinweispflicht schließlich der Schutz des Versicherungsnehmers vor einer durch unbeabsichtigte Mehrfachversicherung entstehenden doppelten Prämienzahlungspflicht angeführt. So stellte der *BGH* maßgeblich darauf ab, dass, wenn der Versicherungsnehmer fälschlicherweise davon ausgehe seine Kündigung sei wirksam und das Versicherungsverhältnis würde beendet und er daraufhin eine Anschlussversicherung abschließe, er unwissentlich gegenüber beiden Versicherern zur Prämienzahlung verpflichtet wäre. Dieser Gefahr sei durch die Hinweispflicht vorzubeugen.[721]

Entgegen der Ansicht des *BGH* besteht aber keine ernsthafte Gefahr, die so schwerwiegend die Interessen des als Verbraucher schutzwürdigen Versicherungsnehmers beeinträchtigt, dass trotz der ausschließlich in seiner Interessensphäre als Versicherungsnehmer liegenden Kündigungserklärung die Einführung einer den Versicherer belastenden Versicherungspflicht gerechtfertigt wäre. Den Schutz des Versicherungsnehmers vor den unbegrenzten wirtschaftlichen Risiken einer unbeabsichtigten Mehrfachversicherung hat der Gesetzgeber bereits hinreichend durch die §§ 77 ff. VVG sichergestellt. Die §§ 77 ff. VVG regeln für die Schadensversicherung die Voraussetzungen und Rechtsfolgen der Mehrfachversicherung. Nach §§ 194 Abs. 1 S. 1 VVG finden diese Vorschriften, soweit der Versicherungsschutz nach den Grundsätzen der Schadensversicherung betrieben wird, auch auf die Krankenversicherung Anwendung. Die Krankheitskostenversicherung unterfällt als Schadensversicherung daher grundsätzlich den §§ 77 ff. VVG. Eine Mehrfachversicherung im Sinne des § 77 Abs. 1 S. 1 VVG liegt vor, wenn der Versicherungsnehmer bei mehreren Versicherern ein Interesse gegen dieselbe Gefahr versichert. Das ist etwa der Fall, wenn der Versicherungsnehmer zwei oder mehrere inhaltsgleiche Krankheitskostenversicherungsverträge abschließt.[722] Den Versicherungsnehmer trifft dann nach § 77 Abs. 1 S. 1 VVG eine Anzeigepflicht gegenüber dem Versicherer. Dieses Risiko

---

721 *BGH*, Urt. v. 14.01.2015, VersR 2015, 230, 231 (Rn. 12).

722 *Halbach* in Langheid/Wandt, MüKo VVG, § 77, Rn. 3; *Armbrüster* in Prölss/Martin, VVG, § 77, Rn. 4 f.

einer unbewussten Mehrfachversicherung durch den Versicherungsnehmer droht, wenn dessen Kündigung mangels Nachweises unwirksam ist, der Versicherungsnehmer aber fälschlicherweise davon ausgeht, seine Kündigung sei wirksam, und daraufhin eine inhaltsgleiche Anschlussversicherung abschließt.[723] Um den Versicherungsnehmer vor der langfristigen Verpflichtung zur Zahlung doppelter Prämien zu schützen, hat der Gesetzgeber für diesen Fall mit § 79 Abs. 1 VVG die Möglichkeit einer sofortigen Aufhebung des später geschlossenen Vertrages geschaffen. Danach kann der Versicherungsnehmer, wenn er den Versicherungsvertrag, durch den die Mehrfachversicherung entstanden ist, ohne Kenntnis vom Fortbestehen der alten Versicherung geschlossen hat, verlangen, dass der später geschlossene Vertrag aufgehoben wird. Das Aufhebungsverlangen ist ein einseitiges Gestaltungsrecht des Versicherungsnehmers, welches ex nunc auf den Zeitpunkt des Zugangs der Erklärung beim Versicherer wirkt und nur im Falle positiver Kenntnis der Mehrfachversicherung ausscheidet.[724] In dem zu untersuchenden Fall der mangels der Erfüllung von Kündigungsanforderungen unwissentlich unwirksam erklärten Kündigung eines privaten Krankheitskostenversicherungsvertrags bleibt dem Versicherungsnehmer also zumindest nach § 79 Abs. 1 VVG die Möglichkeit der sofortigen Aufhebung des unerwünschten Doppelversicherungszustandes. Das wirtschaftliche Interesse des Versicherungsnehmers ist daher im Fall der unbewussten Mehrfachversicherung nicht durch eine langfristige vertragliche Bindung in erheblicher Form betroffen. Mangels Kenntnis von der Unwirksamkeit der Kündigung und somit von der Mehrfachversicherung, verstößt der Versicherungsnehmer zwar (unwissenschaftlich) gegen seine aus § 77 Abs. 1 S. 1 VVG folgende Anzeigeverpflichtung. Doch sieht das Gesetz für diesen Fall keine Sanktionen zulasten des Versicherungsnehmers vor.[725] Zudem sah der Gesetzgeber im Rahmen des Gesetzgebungsprozesses, obwohl der Bundesrat eine solche vorgeschlagen hatte,[726] gerade von der Einführung einer auf die Anzeigepflicht des § 77 Abs. 1

723 So auch hinsichtlich des Falls der erschwerten Kündigung einer Pflichtversicherung im Sinne des § 193 Abs. 3 S. 1 VVG: *Rogler* in Rüffer/Halbach/Schimikowski, VVG, § 194, Rn. 2.

724 *Von Koppenfels-Spies* in Looschelders/Pohlmann, VVG, § 79, Rn. 6, 13; *Armbrüster* in Prölss/Martin, VVG, § 79, Rn. 23, 25; *Kloth/Krause* in Schwintowski/Brömmelmeyer, PK-Versicherungsrecht, § 79, Rn. 13 f.

725 *Von Koppenfels-Spies* in Looschelders/Pohlmann, VVG, § 77, Rn. 18; *Kloth/Krause* in Schwintowski/Brömmelmeyer, PK-Versicherungsrecht, § 77, Rn. 15. In Betracht kommt u.U. eine Schadensersatzverpflichtung des VN wegen der Verletzung einer vertraglichen Nebenpflicht.

726 Stellungnahme des Bundesrats zur VVG-Reform, BR-Drucks. 707/1/06, S. 12.

S. 1 VVG bezogenen Hinweispflicht ab. Der Gesetzgeber folgte daher im Ergebnis bewusst nicht der Ansicht des Bundesrats, dass der mündige Verbraucher eines Hinweises auf die Anzeigepflicht bedürfe. Es soll aufgrund des bewussten Auslassens der gesetzlichen Einführung einer Hinweispflicht auch der Rückgriff auf § 242 BGB verwehrt sein.[727] Im Ergebnis sind die wirtschaftlichen Interessen des Versicherungsnehmers somit zwar grundsätzlich durch die Gefahr der Mehrfachversicherung berührt. Dem Versicherungsnehmer steht durch das Aufhebungsrecht des § 79 Abs. 1 VVG aber bereits ein ausreichendes Instrument zur Schadensbegrenzung zur Verfügung.

ee) Schutzwürdige Interessen des Versicherers

Schließlich stehen auch die in die Abwägung einzubeziehenden schutzwürdigen Interessen des Versicherers der Annahme einer Hinweispflicht nach § 242 BGB entgegen. Der *BGH* geht insoweit davon aus, dass dem Versicherer der Hinweis ohne weiteres zumutbar sei, da dieser die Kündigungsvoraussetzungen regelmäßig besser als der Versicherungsnehmer kenne und ihm der Hinweis ohne größeren Aufwand oder besondere Förmlichkeiten möglich sei.[728] Dem kann jedoch nicht gefolgt werden. Eine ungeschriebene Hinweispflicht kann nicht nur darauf beruhen, dass der Versicherer besondere Fachkenntnis hat, sondern der Versicherungsnehmer muss auch schutzwürdig sein. Die überlegene Fachkenntnis des Versicherers wird, wie auch vom *BGH* bereits festgestellt, durch die hinreichenden Informationsmöglichkeiten des Versicherungsnehmers ausgeglichen. Dieser kann als mündiger Verbraucher die Kündigung unter Rückgriff auf die ausreichenden Regelungen in den AVB wirksam erklären. Hier muss der gleiche Verbraucher- und Versicherungsnehmermaßstab, wie bei der Beurteilung der Wirksamkeit des § 13 MB/KK 2009 angenommen werden.

Des Weiteren wird auch der organisatorische Aufwand des Versicherers durch die Annahme einer Hinweispflicht erheblich gesteigert. Die Hinweispflicht würde bei der großen Vielzahl der Versicherungsnehmer in dem als Massengeschäft organisierten Versicherungswesen die Einrichtung zusätzlicher Kapazitäten für die ausführliche Kündigungsbearbeitung erfordern. Insbesondere die zeitlichen und inhaltlichen Anforderungen, die an den Hinweis gestellt werden, würden eine standardisierte Beantwortung unwirksamer Kündigungen ausschließen. Richtigerweise führt *Brams* zudem an, dass sich die Bezahlbarkeit

---

727 *Kloth/Krause* in Schwintowski/Brömmelmeyer, PK-Versicherungsrecht, § 77, Rn. 14.

728 *BGH*, Urt. v. 14.01.2015, VersR 2015, 230, 231 (Rn. 11); *BGH*, Urt. v. 16.01.2013, VersR 2013, 305, 307 (Rn. 29).

der Prämien aus der Organisation als Massengeschäft ergebe und dieses Ziel unterlaufen würde, wenn eine Aufstockung des Personals zur Kündigungsbearbeitung erforderlich würde und dies wiederum zu einer allgemeinen Erhöhung der Prämien führe.[729]

ff) Zwischenergebnis

Die Interessenabwägung fällt daher im Ergebnis deutlich zugunsten des Versicherers aus. Die Kündigung liegt ausschließlich im Einfluss- und Interessenbereich des Versicherungsnehmers, der als mündiger Verbraucher auch in der Lage ist, sich über die Anforderungen an eine wirksame Kündigung zu informieren. Die Abwälzung der Risiken einer unwirksam erklärten Kündigung widerspricht sowohl der Regelung des § 205 Abs. 6 S. 2 VVG als auch den berechtigten Interessen des Versicherers und schließt daher die Herleitung der Hinweispflicht als vertragliche Nebenpflicht aus den Gedanken von Treu und Glauben im Sinne des § 242 BGB i.V.m. § 241 Abs. 2 BGB aus.

2. Ergebnis

Der Versicherer ist im Falle einer aufgrund eines fehlenden Nachweises unwirksamen Kündigung eines Krankheitskostenversicherungsvertrags nicht verpflichtet den Versicherungsnehmer auf diese hinzuweisen. Eine solche Hinweispflicht kann im Ergebnis weder aus § 6 Abs. 4 S. 1 VVG noch aus dem Gedanken von Treu und Glauben gemäß §§ 242, 241 Abs. 2 BGB hergeleitet werden.

II. Rechtsfolgen des Verstoßes gegen die Hinweispflicht im Krankenversicherungsrecht

Besondere Bedeutung entfaltet die nach der bisherigen Rechtsprechung des *BGH* bestehende Hinweispflicht des Versicherers im privaten Krankenversicherungsrecht, wenn durch den zu kündigenden Vertrag eine vom Versicherungsnehmer verschiedene Gefahrsperson abgesichert wird. In diesem Fall können die Rechtsfolgen eines Verstoßes gegen die Hinweispflicht nicht ohne Beachtung der rechtlichen Stellung der Gefahrsperson beurteilt werden. Obwohl es nach hier vertretener Ansicht schon an einer Rechtsgrundlage der Hinweispflicht im Krankenversicherungsrecht fehlt, kommt der in der Praxis überwiegend bejahten Hinweispflicht – nicht zuletzt durch ihre erneute Bestätigung durch den *BGH* in

729 *Brams*, VersR 1997, 1308, 1310.

den Jahren 2013 und 2015[730] – eine erhebliche Bedeutung zu. Für die Kündigung im Rahmen von Drittversicherungskonstellationen ist daher die Untersuchung der Rechtsfolgen eines Verstoßes von besonderem aktuellem Interesse.

1. Wirksamkeit der Kündigung

Soweit die Befürworter eine Hinweispflicht nach den Grundsätzen zur Zurückweisung unwirksamer Kündigungen annehmen, wird häufig vertreten, die Kündigung sei trotz ihres Mangels als wirksam zu behandeln, sobald der Versicherer seiner Zurückweisungspflicht nicht nachkomme.[731] Rechtsfolge eines Verstoßes gegen die auf § 242 BGB gestützte Pflicht wäre folglich, trotz unwirksamer Kündigung, die Beendigung des Versicherungsverhältnisses. Dies ist in dogmatischer Hinsicht bereits fragwürdig und wird zu Recht von der neueren Rechtsprechung und Literatur abgelehnt. Das *BSG*[732] und sich anschließend der *BGH*[733] stellten klar, dass im Privatrecht – sofern nicht gesetzlich vorgegeben – ein Wirksamwerden einer von vornherein unwirksamen Kündigung nicht durch eine Pflichtverletzung des Versicherers begründet werden könne. So kritisierte das *BSG*, dass durch ein Wirksamwerden der Kündigung, entgegen des eigentlichen Schutzzwecks einer Hinweispflicht des Versicherers, der nämlich nur in der Aufklärung des Versicherungsnehmers über den Bestand des Versicherungsvertrages bestehe, neue Möglichkeiten der Vertragsbeendigung geschaffen würden. Der Versicherungsnehmer stünde bei einem Verstoß gegen die Hinweispflicht sogar besser da, als wenn er die Kündigung wirksam erklärt hätte.[734] Diese Ansicht bestätigte der *BGH* unter Verweis auf seine bereits im Jahre 1988 ergangene Rechtsprechung.[735] In Anlehnung an diese Rechtsprechung hat auch die *BaFin* ihre frühere Rechtsauffassung aufgegeben, dass eine mangels Zurückweisung erklärte Kündigung nach § 242 BGB wirksam werden könne.[736] Nur

730 *BGH*, Urt. v. 14.01.2015, VersR 2015, 230; *BGH*, Urt. v. 16.01.2013, VersR 2013, 305.

731 *OLG Düsseldorf*, Urt. v. 13.05.2003, VersR 2004, 996, 997; *OLG Karlsruhe*, Urt. v. 18.10.2001, VersR 2002, 1497; *OLG Koblenz*, Urt. v. 14.08.1998, RuS 1998, 397, 398; *OLG Hamm*, Urt. v. 29.06.1977, VersR 1977, 999; *AG Husum*, Urt. v. 12.04.2001, VersR 2001, 1368; *Ebnet*, NJW 2006, 1697, 1698 f.

732 *BSG*, Urt. v. 29.11.2006, RuS 2007, 144, 145 f.

733 *BGH*, Beschl. v. 05.06.2013, NJOZ 2015, 250. So bereits angedeutet in *BGH*, Urt. v. 01.07.1987, VersR 1987, 923, 924.

734 *BSG*, Urt. v. 29.11.2006, RuS 2007, 144, 145 f. (Rn. 20).

735 *BGH*, Beschl. v. 05.06.2013, NJOZ 2015, 250 (unter Verweis auf *BGH*, Urt. v. 01.07.1987, VersR 1987, 923–924).

736 Auslegungsentscheidung der BaFin vom 19.02.2014, Geschäftszeichen: VA 52-I 4209-2014/0001. An dem Bestehen der Hinweispflicht im Falle unwirksamer Kündigungen

dieses Ergebnis kann in dogmatischer Hinsicht auch überzeugen. Eine von vornherein unwirksame Erklärung kann nicht unter Umgehung der gesetzlichen und vertraglichen Kündigungsvoraussetzungen durch eine Nebenpflichtverletzung des Erklärungsempfängers wirksam werden. Eine solche Rechtswirkung wäre zudem nicht durch berechtigte Interessen des Versicherungsnehmers gerechtfertigt.[737]

Dies gilt im besonderen Maße für Kündigungen von Verträgen, die den Versicherungsschutz eines Dritten im Krankenversicherungsrecht absichern. Dort steht neben den Interessen des Versicherungsnehmers regelmäßig auch der Schutz der Gefahrsperson im Vordergrund. Im Rahmen dessen kommt es maßgeblich auf die in § 205 Abs. 6 S. 1, 2 VVG geregelten Kündigungsvoraussetzungen an, die im Falle der Kündigung einer Pflichtkrankenversicherung zur Sicherung des Versicherungsschutzes der Gefahrsperson bestehen.[738] Würde man davon ausgehen, dass ein Verstoß gegen die Zurückweisungspflicht zur Wirksamkeit der Kündigung führte, so hätte dies zur Folge, dass der Versicherungsnehmer unter Umgehung der Kündigungsvoraussetzungen den Pflichtversicherungsvertrag im Sinne des § 193 Abs. 3 S. 1 VVG zulasten der Absicherung der Gefahrsperson beenden könnte. Ein derartiges Verständnis birgt eine hohe Missbrauchsanfälligkeit.[739] So könnten Versicherungsnehmer gezielt unwirksame Kündigungen erklären, um bestimmte Kündigungsvoraussetzungen zu umgehen. Die Beweislast für ein die Hinweispflicht ausschließendes vorsätzliches Verhalten des Versicherungsnehmers läge dann beim Versicherer. Der Beweis wird dem Versicherer regelmäßig aber nicht möglich sein. Gegen die Annahme einer wirksamen Kündigung im Krankenversicherungsrecht bei unterlassenem Hinweis spricht zudem das in § 205 Abs. 6 S. 2 VVG normierte zusätzliche Wirksamkeitserfordernis. Der Gesetzgeber hat dabei bewusst dem Versicherungsnehmer die Nachweispflicht zum Schutz der Gefahrsperson

---

durch den Versicherungsnehmer nach § 242 BGB hält die BaFin aber ausdrücklich fest.

737 *Wriede*, VersR 1965, 9, 11. Dem unter Missachtung der Kündigungsvoraussetzungen handelnden Versicherungsnehmer würde sonst quasi ein außerordentliches Kündigungsrecht eingeräumt (so auch *Schneider* in Looschelders/Pohlmann, VVG, § 11, Rn. 73).

738 Vgl. dazu oben ausführlich unter C. III. 2.

739 So auch *Brams*, der vorbringt es gäbe Fälle in denen Versicherungsmakler und -vermittler in der Erwartung die Kündigung werde nicht rechtzeitig zurückgewiesen, empfehlen Kündigungen ohne die Beachtung von Fristen zu erklären (VersR 1997, 1308, 1310).

auferlegt, sodass eine Anwendung der zu anderen Versicherungssparten entwickelten Grundsätze zur Zurückweisung unwirksamer Kündigungen im Pflichtkrankenversicherungsrecht nicht vom Gesetzgeber intendiert scheint.

2. Verbot der Geltendmachung des Prämienanspruchs durch den Versicherer

In Abkehr von den oben genannten Grundsätzen hat der *BGH*[740] für die Krankheitskostenversicherung eine neue Richtung eingeschlagen. So nimmt der *BGH* an, dass es dem Versicherer bei Verstoß gegen die Hinweispflicht verwehrt sei, sich auf die unwirksame Kündigung zur Geltendmachung seines Prämienanspruchs zu berufen.[741] Zugleich erkennt er aber an, dass die aus § 242 BGB folgenden Rechte und Pflichten auch gegenüber dem Versicherungsnehmer bestehen. So sei der Versicherungsnehmer trotz unterbliebenen Hinweises zur Prämienzahlung verpflichtet, wenn er sich seinerseits zur Geltendmachung von Leistungsansprüchen auf die Unwirksamkeit der Kündigung und den unterlassenen Hinweis berufe.[742]

Dieses Ergebnis vermag auf den ersten Blick – auch im Hinblick auf Drittversicherungskonstellationen – zu überzeugen, da weder der ununterbrochene Bestand des Krankenversicherungsschutzes der Gefahrsperson noch die wirtschaftlichen Interessen des Versicherers im Falle der Inanspruchnahme durch den Versicherungsnehmer beeinträchtigt werden. Die Gefahrsperson bleibt mangels wirksamer Kündigung versichert, der Versicherungsnehmer muss aufgrund der Pflichtverletzung des Versicherers nur bei Inanspruchnahme der Versicherungsleistungen eine Prämie zahlen und der Versicherer erhält solange keine Prämie, wie er nicht auf Leistung in Anspruch genommen wird. Dieser Ansatz soll exemplarisch anhand der Kündigung eines Krankheitskostenversicherungsvertrags betreffend den Schutz eines Dritten unter Verstoß gegen die Voraussetzungen des dem Schutz der Gefahrsperson dienenden § 205 Abs. 6 S. 1 und 2 VVG überprüft werden.[743]

740 *BGH*, Urt. v. 14.01.2015, VersR 2015, 230.
741 *BGH*, Urt. v. 14.01.2015, VersR 2015, 230, 232 (Rn. 15).
742 *BGH*, Urt. v. 14.01.2015, VersR 2015, 230, 232 (Rn. 16).
743 Dem Urteil des *BGH* (VersR 2015, 230) lag die Kündigung unter Verstoß gegen die Nachweispflicht des § 205 Abs. 6 S. 2 VVG zugrunde.

a) *Verstoß des Versicherungsnehmers gegen die Anschlussversicherungspflicht*

Es handelt sich um den Fall, dass der Versicherungsnehmer die Kündigung eines Krankheitskostenversicherungsvertrags erklärt, ohne aber einen nach § 205 Abs. 6 S. 1 VVG erforderlichen Anschlussversicherungsvertrag für die Gefahrsperson zu schließen. Folgte man insofern einschränkungslos dem zu § 205 Abs. 6 S. 2 VVG vertretenen Ansatz des *BGH,* so dürfte sich der Versicherer unter dem Gesichtspunkt von Treu und Glauben gemäß § 242 BGB wegen des unterlassenen Hinweises hinsichtlich seines Prämienanspruchs nicht auf die unwirksame Kündigung berufen. Der Versicherungsnehmer wäre dann – sofern dieser keinen Versicherungsfall geltend macht – faktisch von der Prämienzahlungspflicht befreit, obwohl ihn auch keine andere Prämienverpflichtung durch eine Anschlussversicherung träfe. Insofern stünde der Versicherungsnehmer sogar besser, als wenn er der Anschlussversicherungspflicht genügt hätte. Die Anwendung des oben genannten Ansatzes hätte bei einem Verstoß gegen § 205 Abs. 6 S. 1 VVG nämlich zur Folge, dass der Versicherungsnehmer weiterhin für die Gefahrsperson eine Pflichtversicherung im Sinne des § 193 Abs. 3 S. 1 VVG unterhielte, aber nur im Falle eines angezeigten Versicherungsfalls zur Prämienzahlung verpflichtet wäre. Der Versicherer erhielte im Gegenzug für die Übernahme des Krankheitskostenrisikos der Gefahrsperson jedoch keine Gegenleistung. Dieses Ergebnis kann in keinem Fall überzeugen. Zwar werden die Interessen der Gefahrsperson – im Falle einer Versicherung für fremde Rechnung – durch diese Lösung nicht beeinträchtigt, da für diese in jedem Fall ein durchgängiger Krankenversicherungsschutz besteht. Doch belastet dieses Ergebnis den Versicherer in unbilliger Weise. So handelt der Versicherer zwar durch den unterlassenen Hinweis pflichtwidrig im Hinblick auf seine aus Treu und Glauben folgende nebenvertragliche Aufklärungspflicht (§ 242 BGB i.V.m. § 241 Abs. 2 BGB), doch darf auch die Tatsache nicht unberücksichtigt bleiben, dass auch der Versicherungsnehmer sich nicht gesetzeskonform verhält, indem er ohne den Abschluss einer Anschlussversicherung die Kündigung erklärt hat. Vor diesem Hintergrund ist es dem Versicherer nicht zumutbar, ohne jegliche Gegenleistung die Krankenvorsorge der Gefahrsperson sicherzustellen, sogar Alterungsrückstellungen zu bilden, und nur im Falle der tatsächlichen Inanspruchnahme seinen Prämienanspruch durchsetzen zu können. Die Erstattungsleistungen im Rahmen der privaten Krankenversicherung werden gerade durch die regelmäßige „vorsorgliche" Beitragszahlung der Versicherungsnehmer ermöglicht. Der sich nicht gesetzeskonform verhaltene Versicherungsnehmer käme nach dem in Frage stehenden Ansatz somit ohne die regelmäßige

Prämienzahlung in den Genuss der Erstattungsleistung. Im Falle eines Verstoßes gegen § 205 Abs. 6 S. 1 VVG ist dem Versicherer die Berufung auf die Unwirksamkeit der Kündigung folglich nicht aufgrund von Treu und Glauben verwehrt. Unter Umständen kann dem Versicherungsnehmer aber nach §§ 280 Abs. 1, 241 Abs. 2 BGB ein Anspruch auf Schadensersatz gegen den Versicherer zustehen.[744]

b) *Verstoß des Versicherungsnehmers gegen die Nachweispflicht*

Daran anknüpfend stellt sich die Frage, ob der vom *BGH* explizit zu § 205 Abs. 6 S. 2 VVG vertretene Ansatz in diesem Fall gerechtfertigt ist und zu einem billigen Ergebnis führen kann. Es handelt sich um die Situation, dass der Versicherungsnehmer die Kündigung eines auf die Person eines Dritten genommenen Krankenversicherungsvertrags erklärt, und zwar eine Anschlussversicherung im Vertrauen auf die Wirksamkeit der Kündigung abschließt, den nach § 205 Abs. 6 S. 2 VVG erforderlichen Nachweis aber unterlässt. In diesem Fall hat der Versicherungsnehmer das nachzuweisende Ereignis herbeigeführt und somit den Bestand des Krankenversicherungsschutzes der versicherten Person gesichert. Es fehlt lediglich am Nachweis des Vertragsabschlusses gegenüber dem Versicherer. In diesem Fall kommt es somit auch zu der Mehrfachversicherung und der doppelten Prämienbelastung des Versicherungsnehmers, die der *BGH* durch seinen Ansatz verhindern möchte.

Dogmatisch überzeugt der Ansatz aber nicht. So übersieht der *BGH* die nach § 194 Abs. 1 S. 1 VVG für die private Krankheitskostenversicherung geltenden Regelungen der §§ 77 ff. VVG, welche im Falle der Mehrfachversicherung – die in dieser Situation vorliegt – zur Anwendung kommen. Im Falle der Inanspruchnahme haften die Versicherer dem Versicherungsnehmer nach § 78 Abs. 1 VVG grundsätzlich als Gesamtschuldner. Ein Ausgleich zwischen den Versicherern findet nach § 78 Abs. 2 S. 1 VVG im Innenverhältnis anteilig nach Maßgabe der Beträge, die sie dem Versicherungsnehmer nach dem Vertrag zu zahlen haben, statt. Abgrenzungsschwierigkeiten ergeben sich grundsätzlich erst im Versicherungsfall. Es ist für die Untersuchung zu unterscheiden, gegenüber welchem Versicherer der Versicherungsnehmer im Versicherungsfall in der Person des Dritten seine Leistungsansprüche geltend macht.

---

744 Siehe dazu unter E. II. 3.

aa) Inanspruchnahme des Neu-Versicherers durch den Versicherungsnehmer

Sofern der Versicherungsnehmer gegenüber dem Neu-Versicherer seine Leistungsansprüche geltend macht, steht dem ein vollwertiger Prämienanspruch des Neu-Versicherers gegen den Versicherungsnehmer gegenüber. Faktisch besteht – mangels Beendigung der Alt-Versicherung – zugleich eine Mehrfachversicherung im Sinne des § 78 Abs. 1 VVG, sodass der Alt-Versicherer dem Neu-Versicherer zum Gesamtschuldnerausgleich nach § 78 Abs. 2 S. 1 VVG verpflichtet ist. Da sich der Versicherungsnehmer aber nicht gegenüber dem Alt-Versicherer selbst auf die Unwirksamkeit der Kündigung beruft, ist der Versicherungsnehmer – nach dem vom *BGH* auf § 242 BGB gestützten Ansatz – streng genommen dem Alt-Versicherer auch nicht zur Prämienzahlung verpflichtet. Es besteht also die Situation, dass der Versicherungsnehmer die Leistung vom Neu-Versicherer erhält und nur diesem gegenüber voll prämienzahlungspflichtig ist. Der Neu-Versicherer ist dem Versicherungsnehmer gegenüber im Außenverhältnis ebenfalls ohne Einschränkungen leistungspflichtig. Im Innenverhältnis zum Alt-Versicherer schuldet der Neu-Versicherer aber nach § 78 Abs. 1, 2 S. 1 VVG nur anteilig die Übernahme der Kosten. Der Neu-Versicherer stünde somit sogar besser als im Falle der wirksamen Kündigung des Altvertrages. Der Alt-Versicherer hingegen wäre zum anteiligen Leistungsausgleich verpflichtet, ohne aber im Außenverhältnis zum Versicherungsnehmer eine Prämie zu erhalten. Dieses Ergebnis wollte der *BGH* jedoch durch seinen Ansatz gerade verhindern.[745]

Im Sinne eines gerechten Interessenausgleichs wäre daher die Regelung des § 78 Abs. 1, 2 S. 1 VVG teleologisch zu reduzieren. Eine gesamtschuldnerische Haftung der Versicherer und daran anknüpfend die Verpflichtung zum Innenausgleich ist jedenfalls in dem Fall abzulehnen, in denen der Versicherungsnehmer im Vertrauen auf die Wirksamkeit der Kündigung lediglich den Neu-Versicherer in Anspruch nimmt. So werden die Interessen aller Beteiligten ausreichend berücksichtigt. Der Versicherungsschutz der Gefahrsperson ist – unabhängig von dem konkret versicherten Interesse – jedenfalls dauerhaft gesichert, sodass etwaige Interessen der Gefahrsperson nicht betroffen sind. Der Versicherungsnehmer ist lediglich dem Neu-Versicherer zur Prämienzahlung verpflichtet und erhält einen vollständigen Leistungsanspruch diesem gegenüber. Der Neu-Versicherer müsste im Falle der wirksamen Kündigung – es liegt gerade keine offene Mehrfachversicherung

---

745 *BGH*, Urt. v. 14.01.2015, VersR 2015, 230, 232.

vor[746] – ebenfalls die vollständige Leistung erbringen. Ihm steht zum Ausgleich gerade auch ein vollständiger Prämienanspruch gegenüber dem Versicherungsnehmer zu. Schließlich sprechen auch die Interessen des Alt-Versicherers dafür, den § 78 Abs. 1, 2 S. 1 VVG teleologisch zu reduzieren. Der Alt-Versicherer hat ein schutzwürdiges Interesse daran, nicht ohne jegliche Gegenleistung faktisch zur Leistung verpflichtet zu sein. Eine teleologische Reduktion des § 78 Abs. 1, 2 S. 1 VVG ist folglich geboten. Dieses Ergebnis erscheint auch im Hinblick auf die Behandlung von Leistungsfreistellungen im Rahmen der gesamtschuldnerischen Haftung nach § 78 Abs. 1 VVG konsequent. Eine gesamtschuldnerische Haftung scheidet nämlich aus, wenn einer der Versicherer gegenüber dem Versicherungsnehmer leistungsfrei ist.[747]

bb) Inanspruchnahme des Alt-Versicherers durch den Versicherungsnehmer

Es stellt sich weiter die Frage, welche Auswirkungen die Vorschrift des § 78 VVG auf den vom *BGH* bedachten Fall der Inanspruchnahme des Alt-Versicherers durch den Versicherungsnehmer hat. Der *BGH* löste diese Situation, ohne Berücksichtigung des § 78 Abs. 1, 2 S. 1 VVG, in dem er davon ausgeht, dass, sofern der Versicherungsnehmer vom Alt-Versicherer die Erstattung im Versicherungsfall verlangt, er seinerseits auch zur Zahlung der (vollen) Prämie sei verpflichtet.[748]

Dieses Ergebnis steht im Einklang mit den Regelungen der §§ 77 ff. VVG und macht eine doppelte Prämienbelastung des Versicherungsnehmers in diesem Fall hinnehmbar. Trotz des im Innenverhältnis zwischen den Versicherern möglichen Innenausgleichs nach § 78 Abs. 2 S. 1 VVG, ist eine Reduzierung des Anwendungsbereichs des § 78 VVG nicht erforderlich. Anders als in der oben geschilderten Konstellation, steht hier beiden Versicherern berechtigter Weise im Außenverhältnis ein vollständiger Prämienanspruch gegen den Versicherungsnehmer zu. Im Gegenzug muss der Versicherungsnehmer, der in Kenntnis der Unwirksamkeit der Kündigung den Alt-Versicherer in Anspruch nimmt, – wie der *BGH* feststellt – nicht nach § 242 BGB von der Prämienzahlungspflicht freigestellt werden. Zu diesem Zeitpunkt liegt eine dem Versicherungsnehmer

746 Mangels Kenntnis des Versicherungsnehmers von der Mehrfachversicherung wird keine Anzeige i.S.d § 77 Abs. 1 S. 1 VVG erfolgen. Die Versicherer haben daher auch keine Kenntnis.

747 *BGH*, Urt. v. 05.03.1986, VersR 1986, 380, 381; *Halbach* in Langheid/Wandt, MüKo VVG, § 78, Rn. 15; *von Koppenfels-Spieß* in Looschelders/Pohlmann, VVG, § 78, Rn. 10; *Armbrüster* in Prölss/Martin, VVG, § 78, Rn. 9.

748 Vgl. *BGH*, Urt. v. 14.01.2015, VersR 2015, 230, 232 (Rn. 16).

bekannte Mehrfachversicherung vor. Der Innenausgleich nach § 78 Abs. 2 S. 1 VVG benachteiligt auch den Neu-Versicherer nicht unbillig. Die gesamtschuldnerische Haftung ist als Ausprägung des Bereicherungsverbots auf den eingetretenen Gesamtschaden beschränkt.[749] Demgegenüber hätte er im Falle der wirksamen Kündigung sogar eine alleinige Erstattung des Gesamtschadens geschuldet.

3. Schadensersatz

Bei der überwiegend befürworteten Hinweispflicht handelt es sich um eine vertragliche Nebenpflicht gemäß §§ 242, 241 Abs. 2 BGB. Ein Verstoß des Versicherers gegen die Hinweispflicht begründet einen Schadensersatzanspruch des Versicherungsnehmers nach §§ 280 Abs. 1, 241 Abs. 2 BGB, wenn sowohl die anspruchsbegründenden Tatbestandsvoraussetzungen des § 280 Abs. 1 BGB erfüllt werden als auch ein ersatzfähiger Schaden im Sinne der §§ 249 ff. BGB vorliegt.

a) Anspruchsbegründende Voraussetzungen gemäß § 280 Abs. 1 BGB

Anspruchsbegründende Voraussetzungen eines Schadensersatzanspruches nach § 280 Abs. 1 S. 1 BGB sind, neben dem Bestehen eines Schuldverhältnisses, das Vorliegen einer (vertraglichen) Pflichtverletzung und ein diesbezügliches Verschulden des Verletzers. Das maßgebliche Schuldverhältnis ist der zwischen Versicherungsnehmer und Versicherer geschlossene Krankheitskostenversicherungsvertrag. Die Pflichtverletzung liegt in dem Ausbleiben des Hinweises des Versicherers hinsichtlich der Unwirksamkeit der vom Versicherungsnehmer erklärten Kündigung. Konkret handelt es sich bei der Hinweispflicht des Versicherers um eine Rücksichtnahmepflicht in Form einer Aufklärungspflicht nach § 241 Abs. 2 BGB. Schließlich muss den Versicherer auch ein Verschulden (§§ 276, 278 BGB) treffen, welche nach § 280 Abs. 1 S. 2 BGB vermutet wird. Eine Exkulpation wird dem Versicherer regelmäßig nicht möglich sein.

b) Schaden des Versicherungsnehmers

Der nach §§ 280 Abs. 1 S. 1, 241 Abs. 2 BGB entstandene Schadensanspruch ist auf den Ersatz des negativen Interesses gerichtet.[750] Das heißt, der Versicherungsnehmer ist so zu stellen, wie er gestanden hätte, wenn keine Pflichtverletzung des

749 Anstatt vieler: *von Koppenfels-Spieß* in Looschelders/Pohlmann, VVG, § 78, Rn. 6.
750 Anstatt vieler: *Grüneberg* in Palandt, BGB, Vorb v § 249, Rn. 17.

Versicherers vorgelegen hätte. Ersetzt werden die im Vertrauen auf die Wirksamkeit der Kündigung gemachten Aufwendungen des Versicherungsnehmers. Für die Gewährung des Ersatzes kommt es auf den konkret entstandenen Schaden an.[751] Das Vorliegen eines Schadens ist daher für die jeweilige Kündigungssituation gesondert durch einen Vergleich der tatsächlichen und hypothetischen Vermögenslage zu beurteilen.

aa) Schaden bei Verstoß gegen § 205 Abs. 6 S. 1 VVG

Im Falle der Unwirksamkeit der Kündigung einer auf die Person eines Dritten genommenen Krankenversicherung aufgrund eines Verstoßes des Versicherungsnehmers gegen § 205 Abs. 6 S. 1 VVG und des diesbezüglich fehlenden Hinweises des Versicherers, ist bereits das Vorliegen eines Schadens fraglich. Der Versicherungsnehmer hat es unterlassen, für die Gefahrsperson eine Anschlussversicherung im Sinne des § 193 Abs. 3 S. 1 VVG abzuschließen. Er hat also im Vertrauen auf die Wirksamkeit der Kündigungserklärung überhaupt keine Aufwendungen gemacht und auch kein nachteiliges Geschäft abgeschlossen.[752] Seine Vermögenslage ist daher nicht schlechter, als wenn er nicht auf die Wirksamkeit der Kündigung vertraut hätte. Darüber hinaus erschiene es auch widersprüchlich, den sich rechtswidrig verhaltenen Versicherungsnehmer dafür zu entschädigen, dass er seiner gesetzlichen Anschlussversicherungspflicht nicht nachkommt und aufgrund eines rechtswidrigen Zustandes keinem Versicherer Prämien schuldet. Bei einem Verstoß gegen die Anschlussversicherungspflicht nach § 205 Abs. 6 S. 1 VVG scheidet ein Schadensersatzanspruch trotz der Pflichtverletzung des Versicherers mangels eines ersatzfähigen Schadens folglich aus.

bb) Schaden bei Verstoß gegen § 205 Abs. 6 S. 2 VVG

(1) Vertrauensschaden

Anders liegt die Situation, wenn der Versicherungsnehmer es lediglich versäumt hat, den nach § 205 Abs. 6 S. 1 VVG erforderlichen Nachweis zu erbringen und ein diesbezüglicher Hinweis des Versicherers unterbleibt. In diesem Fall hat der Versicherungsnehmer im Vertrauen auf die Wirksamkeit seiner Kündigungserklärung nämlich eine inhaltsgleiche Anschlusskrankenversicherung für die Gefahrsperson abgeschlossen. Sein negatives Interesse ist darauf gerichtet so zu stehen, wie er gestanden hätte, wenn er nicht auf die Wirksamkeit der

---

751 Vgl. *Schneider* in Looschelders/Pohlmann, VVG, § 11, Rn. 74 f.

752 Vgl. *Oetker* in MüKo BGB, § 249, Rn. 129.

Kündigung vertraut hätte. Hätte der Versicherungsnehmer in diesem Fall einen Hinweis des Versicherers erhalten und somit nicht auf die Wirksamkeit vertraut, hätte er keine zusätzliche Versicherung abgeschlossen.[753] Bei der zusätzlichen Verpflichtung des Versicherungsnehmers handelt es sich auch um einen Schaden. Daran könnte zwar insofern zu zweifeln sein, als der Versicherungsnehmer auch eine vollwertige Gegenleistung, die Absicherung der Krankenvorsorge der versicherten Person, erhält. Im privaten Krankenversicherungsrecht ist nach § 200 VVG aber ausdrücklich ein Bereicherungsverbot normiert.[754] Der Versicherungsnehmer kann daher, sofern er oder die Gefahrsperson wegen desselben Versicherungsfalls einen Anspruch gegen mehrere Erstattungspflichtige haben, Erstattung nur begrenzt auf die Gesamtaufwendungen verlangen.[755] Davon ausgehend, dass der Versicherungsnehmer aber schon von einem der beiden Versicherer die Gesamterstattung verlangen kann, hat der zusätzliche Vertragsabschluss keinen Mehrwert für ihn.[756] Bei der Schadensberechnung ist aber das Mitverschulden des Versicherungsnehmers nach § 254 Abs. 1 BGB schadensmindernd zu berücksichtigen.[757] Die unter Missachtung der Kündigungsvoraussetzungen erklärte Kündigung stellt eine eigene, regelmäßig schuldhafte, Sorgfaltspflichtverletzung des Versicherungsnehmers dar, die auch ursächlich für die Schadensentstehung ist. In welchem Umfang der Anspruch des Versicherungsnehmers nach § 254 Abs. 1 BGB zu kürzen ist, richtet sich stets nach den Umständen des Einzelfalls unter Einbeziehung des Grads der Verursachungsbeiträge.[758] Es ist aber davon auszugehen, dass regelmäßig der unwirksam kündigende Versicherungsnehmer den größeren Verursachungsbeitrag hat, nicht zuletzt, da die Kündigung originär in seine Sphäre fällt. Denkbar ist

---

753 Das *BSG* geht, wie bei der Anwaltshaftung aufgrund von Beratungsverschulden, von einem beratungsgerechten Verhalten des Versicherungsnehmers aus (Urt. v. 29.11.2006, RuS 2007, 144, 146); *Johannsen* in Bruck/Möller, VVG, § 11, Rn. 27; *Rogler*, RuS 2007, 140, 143.

754 Eine entsprechende Ausprägung des Bereicherungsverbots findet sich auch in dem für diesen Fall der Mehrfachversicherung anwendbaren § 78 Abs. 1 VVG

755 Diese Begrenzung des Leistungsanspruchs auf den Gesamtschaden trotz doppelter Absicherung wird zwischen den Versicherern durch den Ausgleich im Innenverhältnis nach § 78 Abs. 2 S. 1 VVG gelöst.

756 *Rogler* geht zu Recht davon aus, dass der Versicherungsnehmer dann Freistellung von der neuen Prämienzahlungspflicht vom Alt-Versicherer verlangen kann (RuS 2007, 140, 143).

757 Zur vergleichbaren Hinweispflicht in der Haftpflichtversicherung: *Koch* in Bruck/Möller, VVG, § 111, Rn. 29; *Leverenz*, VersR 1999, 525, 531; *Wriede*, VersR 1965, 9, 12.

758 Anstatt vieler: *Oetker* in MüKo BGB, § 254, Rn. 105 ff.

grundsätzlich auch eine Anspruchskürzung auf Null, etwa wenn der Versicherer besonders umfangreich und wiederholt über die Kündigungsvoraussetzungen aufgeklärt hat oder beispielsweise spezielle Informationen auf seiner Internetseite bereithält.

(2) Schaden bei Nebenpflichtverletzung nach § 242 BGB

Es stellt sich die Frage, ob ein Schadensersatzanspruch auch zu bejahen ist, wenn man davon ausgeht, dass dem Alt-Versicherer unter bestimmten Umständen bereits nach § 242 BGB – als Folge seiner Pflichtverletzung – die Geltendmachung seines Prämienanspruches versagt ist.[759]

Solange der Versicherungsnehmer keinen Versicherungsfall geltend macht, darf nach herrschender Meinung der Alt-Versicherer seinen Prämienanspruch gegenüber dem Versicherungsnehmer nicht geltend machen.[760] In diesem Fall wird der Versicherungsnehmer also trotz der Pflichtverletzung nur von einem Versicherer, dem Neu-Versicherer, mit der Prämienverpflichtung belastet. Ein Schaden kommt lediglich in Gestalt einer die Altprämie übersteigenden Neuprämie in Betracht, deren Differenz dann nach §§ 280 Abs. 1 S. 1, 241 Abs. 2 BGB zu ersetzen wäre. Sofern dem Versicherungsnehmer ein Schaden durch eine höhere Prämie entstanden ist, ist die Pflichtverletzung des Versicherungsnehmers aber durch die unwirksam erklärte Kündigung als Mitverschulden nach § 254 Abs. 1 BGB in Abhängigkeit des Grads des Verschuldens schadensmindernd zu berücksichtigen.[761] Eine Ersatzpflicht würde allerdings ausscheiden, wenn der Versicherungsnehmer auch bei unterstelltem Hinweis schon eine neue Versicherung abgeschlossen hätte. In diesem Fall fehlte es an der Kausalität des unterlassenen Hinweises an der Mehrbelastung des Versicherungsnehmers durch die Neuprämie. Problematisch dürfte insofern jedoch häufig die Nachweisbarkeit sein. Vorstellbar ist es aber, dass, wenn der neue Vertragsneuabschluss vor der Kündigungserklärung oder unmittelbar nach dieser erfolgt, eine fehlende Kausalität der Mehrbelastung durch die Neuprämie ausnahmsweise nachweisbar sein kann.

Im Falle des Eintritts eines Versicherungsfalls ist danach zu unterscheiden, gegenüber wem der Versicherungsnehmer diesen geltend macht. Nach hier vertretener Ansicht trifft den Versicherungsnehmer keine doppelte

---

759 Kritisch auch der *BGH*, Urt. v. 14.01.2015, VersR 2015, 230, 232 (Rn. 17). Noch offener *BGH*, Urt. v. 16.01.2013, VersR 2013, 305, 307 (Rn. 29).

760 Siehe dazu oben ausführlich unter E. II. 2.

761 So auch *Schneider* in Looschelders/Pohlmann, VVG, § 11, Rn. 76.

Prämienzahlungspflicht, wenn er Leistungen vom Neu-Versicherer einfordert, da es dann dem Alt-Versicherer seinerseits verwehrt ist, Prämien geltend zu machen. Insofern kann hinsichtlich des Schadensersatzanspruchs auf die Lösung des Falls ohne den Eintritt eines Versicherungsfalls verwiesen werden. Anders stellt sich die Situation dar, wenn der Versicherungsnehmer trotz neuer Versicherung, den Alt-Versicherer in Anspruch nimmt. Im Einklang mit der Rechtsprechung des *BGH* ist in diesem Fall davon auszugehen, dass eine doppelte Prämienbelastung des Versicherungsnehmers hinnehmbar ist, da der Versicherer nicht zur kostenlosen Leistung verpflichtet ist.[762] Es wäre widersprüchlich, dem Versicherungsnehmer in Kenntnis der Doppelversicherung über §§ 280 Abs. 1 S. 2, 241 Abs. 2 BGB das Recht einzuräumen, den Alt-Versicherer zur Freistellung von der Neu-Verbindlichkeit zu verpflichten. So wäre der Alt-Versicherer faktisch – trotz Berufung des Versicherungsnehmers auf die Unwirksamkeit der Kündigung – zur kostenlosen Leistung verpflichtet. Um dieses unbillige Ergebnis zu vermeiden, muss dem Versicherungsnehmer nach § 242 BGB der Rückgriff auf Schadensersatzansprüche wegen der Verletzung der Hinweispflicht verwehrt bleiben.

4. Ergebnis

Ein Verstoß des Versicherers gegen seine Hinweispflicht kann bei der unwirksamen Kündigung einer Pflichtkrankenversicherung auf die Person eines Dritten unter keinen Umständen zu deren Wirksamkeit führen. Die Pflichtverletzung des Versicherers wirkt sich maßgeblich auf sein Recht zur Geltendmachung von Prämienansprüchen aus. Dabei ist nach § 242 BGB zu berücksichtigen, dass nur der im Vertrauen auf die Wirksamkeit handelnde Versicherungsnehmer schutzwürdig ist und vor einer doppelten Prämienbelastung geschützt werden soll. Dies ist nach den Umständen des Einzelfalls festzustellen. Neben der Einschränkung des Prämienanspruchs des Alt-Versicherers sind nur in eingeschränktem Maße Schadensersatzansprüche des Versicherungsnehmers aus §§ 280 Abs. 1 S. 1, 241 Abs. 2 BGB denkbar. Dabei muss stets das ursächliche Mitverschulden des Versicherungsnehmers Berücksichtigung finden. Durch diese Lösung wird stets der ununterbrochene Krankenversicherungsschutz der Gefahrsperson sichergestellt.

---

762 *BGH*, Urt. v. 14.01.2015, VersR 2015, 230, 232 (Rn. 16).

III. Zugang des Hinweises

Der Hinweis des Versicherers nach § 242 BGB ist eine einseitige Erklärung gegenüber dem Versicherungsnehmer, in der dieser über die Unwirksamkeit der erklärten Kündigung aufgeklärt wird. Ziel der Hinweispflicht ist es, den Versicherungsnehmer, ohne die Beeinträchtigung des durchgängigen Krankenversicherungsschutzes der Gefahrsperson, vor negativen Vermögensdispositionen im Vertrauen auf die Wirksamkeit seiner Kündigung zu schützen. Es stellt sich daher die Frage, ob die Wirksamkeit des Hinweises den Zugang beim Versicherungsnehmer voraussetzt, um einen effektiven Schutz zu gewährleisten, oder bereits das Absenden des Hinweises ausreichend ist. Im Streitfall kann dieser Frage unter beweisrechtlichen Gründen eine erhebliche Bedeutung zukommen.

1. Zugang als Wirksamkeitsvoraussetzung

Unter Berufung auf den Schutzzweck der Hinweispflicht ging der *BGH* davon aus, dass es sich bei der Aufklärung des Versicherungsnehmers über die Unwirksamkeit der Kündigung um empfangsbedürftige Informationen handele.[763] Würde der Versicherer nicht auch den Zugang des Hinweises schulden, könne die Möglichkeit der effektiven Vertragsabwicklung durch den Versicherungsnehmer nicht sichergestellt werden.[764] Zur Begründung verwies der *BGH* auf das für die Hinweispflicht nach § 186 S. 1 VVG nach überwiegender Meinung bestehende Zugangserfordernis.[765] Auch das *OLG Karlsruhe* ging hinsichtlich einer aus § 242 BGB folgenden Hinweispflicht davon aus, dass die erforderliche Klarstellung der Rechtsverhältnisse nur durch ein Zugangserfordernis des Hinweises erreicht werden könne.[766]

2. Stellungnahme

Diesem Ansatz kann aufgrund verschiedener Erwägungen nicht gefolgt werden.

Zunächst geht bereits der Verweis des *BGH* auf die überwiegend zu § 186 S. 1 VVG vertretene Ansicht, die Hinweispflicht des Versicherers setze auch den Zugang der Erklärung beim Versicherungsnehmer voraus, fehl. Es fehlt an einer hinreichenden Vergleichbarkeit der in Bezug genommenen Hinweispflicht.[767]

763 *BGH*, Urt. v. 14.01.2015, VersR 2015, 230, 231 (Rn. 13).

764 *BGH*, Urt. v. 14.01.2015, VersR 2015, 230, 231 (Rn. 13).

765 *BGH*, Urt. v. 14.01.2015, VersR 2015, 230, 231 (Rn. 13) m.w.N.

766 *OLG* Karlsruhe, Urt. v. 18.10.2001, RuS 2002, 75, 76.

767 Der *BGH* verweist auf die in § 186 S. 1 VVG geregelte Hinweispflicht und gerade nicht auf die dieser vorausgehende Pflicht, die ebenfalls aus § 242 BGB hergeleitet wurde.

Der Gesetzgeber entschied sich im Zuge der Reform des Versicherungsvertragsrechts bewusst dazu, eine gesetzliche Hinweispflicht für die Unfallversicherung in § 186 S. 1 VVG einzuführen.[768] Von der Normierung einer entsprechenden allgemeinen oder krankenversicherungsspezifischen Hinweispflicht hat er, trotz der umfassenden Reformierung, jedoch abgesehen. Mangels ausdrücklicher Regelung der Hinweispflicht kann diese ihre Rechtsgrundlage nur in dem von Treu und Glauben geprägten Versicherungsvertrag haben. Auch die Hinweispflicht im Rahmen der Unfallversicherung wurde vor ihrer Normierung aus § 242 BGB hergeleitet.[769] Soweit in der Kommentierung des § 186 VVG inzwischen der Zugang des Hinweises gefordert wird,[770] betrifft dies nur die seit der Gesetzesänderung bestehende Rechtslage.

Seitdem wird unter Berufung auf das durch die Vorschrift neu eingeführte Textformerfordernis ein Zugangserfordernis begründet.[771] Demgegenüber war vor der Einführung des § 186 S. 1 VVG nach überwiegender Meinung bereits ein bloßes Absenden des Hinweises zur Erfüllung der Hinweispflicht ausreichend.[772] Der Gedanke dahinter war, dass der Versicherer bei einer aus Treu und Glauben folgenden Hinweispflicht sein Verhalten auch nur an diesem Maßstab messen lassen muss. Die gesetzliche Normierung der Hinweispflicht unter Einführung des Textformerfordernisses hat demgegenüber eine völlig andere Intensität. Für die aus § 242 BGB folgende Hinweispflicht muss es ausreichen, dass sich der Versicherer bei seiner Pflichterfüllung nicht treuwidrig verhält. Dies ist – wie zutreffend auch zur alten Rechtslage in der Unfallversicherung angenommen

768 Vgl. Gesetzesbegründung zum VVG-RefomG, BT-Drucks. 16/3945 S. 109.

769 Anstatt vieler: *Rüffer* in Rüffer/Halbach/Schimikowski, VVG, § 186, Rn. 2.

770 *Götz* in Looschelders/Pohlmann, VVG, § 186, Rn. 17; *Brömmelmeyer* in Schwintowski/Brömmelmeyer, PK-Versicherungsrecht, § 186, Rn. 17; *Hugemann* in Staudinger/Halm/Wendt, Versicherungsrecht, § 186, Rn. 14; *Kloth*, Private Unfallversicherung, Teil G., Rn. 105. A.A., die das Absenden nach § 186 S. 1 VVG bereits ausreichen lässt: *Mangen* in Beckmann/Matusche-Beckmann, Versicherungsrecht-Handbuch, § 47, Rn. 173; *Leverenz* in Bruck/Möller, VVG, § 186, Rn. 53.

771 *Götz* in Looschelders/Pohlmann, VVG, § 186, Rn. 17; *Hugemann* in Staudinger/Halm/Wendt, Versicherungsrecht, § 186, Rn. 14; *Marlow* in Marlow/Spuhl, Das neue VVG, S. 557, Rn. 1267.

772 *OLG Düsseldorf*, Urt. v. 29.02.2000, VersR 2001, 449, 451; *OLG Hamm*, Urt. v. 25.10.1997, RuS 1998, 260, 260; *Götz* in Looschelders/Pohlmann, VVG, § 186, Rn. 17; *Marlow* in Marlow/Spuhl, Das neue VVG, S. 557, Rn. 1267; a.A. *OLG Stuttgart*, Urt. v. 14.05.2009, VersR 2009, 1065, 1066; *Kloth*, Private Unfallversicherung, Teil G., Rn. 84.

wurde[773] – bereits dann der Fall, wenn der Versicherer durch das Absenden alle seinerseits erforderlichen Handlungen vorgenommen hat, um den Versicherungsnehmer über die betreffenden Tatsachen zu informieren.[774] Bei einer Hinweispflicht bezüglich der unwirksamen Kündigung durch den Versicherungsnehmer muss dieser Ansatz in besonderem Maße gelten. Während bei der Unfallversicherung der Versicherungsnehmer präventiv insbesondere vor unbewussten Fristversäumnissen geschützt werden soll, wird die Hinweispflicht im Falle der unwirksamen Kündigung durch ein Fehlverhalten des Versicherungsnehmers ausgelöst. Es wäre im Hinblick auf den Grundgedanken des § 242 BGB wertungswidersprüchlich, bei dem Versicherer trotz vorausgehender Pflichtverletzung des Versicherungsnehmers einen strengeren Maßstab anzulegen und die Wirksamkeit des Hinweises von dessen Zugang abhängig zu machen. Dies gilt insbesondere, da der einfache Postversand auch den Gepflogenheiten des geschäftlichen Verkehrs entspricht.[775]

Auch weitere Erwägungen sprechen dafür, das bloße Absenden des Hinweises ausreichen zu lassen. Ein Zugangserfordernis würde ein erhebliches Missbrauchsrisiko für den Versicherer darstellen. Dem vertragswidrig handelnden Versicherungsnehmer würde die Möglichkeit eröffnet, die Nichtnachweisbarkeit des Zugangs auszunutzen.[776] Zwar könnte der Versicherer durch das Versenden des Hinweises mittels Einschreibens mit Rückschein das Risiko des Zugangsnachweises und des missbräuchlich handelnden Versicherungsnehmers ausschalten. Doch wird richtigerweise die Zumutbarkeit einer derartigen Zustellung unter Berufung auf die ökonomische Analyse des Rechts abgelehnt.[777] Die Versicherung ist als Massengeschäft organisiert und kann nur so eine gewisse Beitragshöhe und -stabilität garantieren. Zusätzlich müsste der Versicherer neben der zeitintensiven Hinweiserteilung auch noch den Rücklauf der Rückscheine organisieren.

Des Weiteren würde die Annahme eines Zugangserfordernisses regelmäßig zu einer ungerechtfertigten Schlechterstellung des Versicherers gegenüber dem Versicherungsnehmer führen.[778] So geht der *BGH* beispielsweise hinsichtlich

---

773 So etwa *OLG Düsseldorf*, Urt. v. 29.02.2000, VersR 2001, 449, 451; *OLG Hamm*, Urt. v. 25.10.1997, RuS 1998, 260, 260; *Leverenz* in Bruck/Möller, VVG, § 186, Rn. 53.

774 *AG Frankfurt a.M.*, Urt. v. 06.02.1998, VersR 1999, 1006, 1006 f.

775 *Leverenz*, VersR 1999, 525, 534; *Ders.* in Bruck/Möller, VVG, § 186, Rn. 53 (Der Postversand entspreche auch dem Handeln eines ordentlichen Versicherungskaufmanns).

776 *Jonczak*, VersR 2000, 305, 307; *Leverenz*, VersR 1999, 525, 534.

777 So ausführlich *LG München II*, Urt. v. 21.01.2014, RuS 2014, 185, 186; *Jonczak*, VersR 2000, 305, 307.

778 *Leverenz* in Bruck/Möller, VVG, § 186, Rn. 53; *Ders.*, VersR 1999, 525, 534.

des nach § 13 Abs. 10 S. 3 MB/KK 2009 zu erbringenden Nachweises davon aus, dass der Versicherungsnehmer die Kündigungsvoraussetzung bereits durch einen einfachen Nachweis, der nicht den zivilprozessualen Beweisanforderungen genüge, erbringen kann.[779]

Schließlich ist diese Lösung auch aus beweisrechtlicher Sicht zu befürworten. Auf die Frage nach einem Zugangserfordernis kommt es zunächst im Rahmen von Schadensersatzansprüchen des Versicherungsnehmers bereits bedingt an, da zwar in diesem Fall den Versicherungsnehmer selbst die Beweislast für den Nichtzugang des Hinweises träfe.[780] Allerdings handelt es sich bei dem fehlenden Zugang für den Versicherungsnehmer um eine negative Tatsache, hinsichtlich welcher den Versicherer eine sekundäre Darlegungslast trifft. Selbst beweisbelastet ist der Versicherer zudem, wenn er seine Prämienansprüche geltend machen will. Dann muss er im Streitfall seinerseits einen wirksamen Hinweis nachweisen. Dies ist ihm regelmäßig nur möglich, wenn nur das Absenden, nicht aber der Zugang zu beweisen sind. Unter Würdigung seiner betroffenen Interessen und des eingeschränkten Maßstabs des § 242 BGB muss es daher ausreichen, die einfache Absendung nachzuweisen.

IV. Ergebnis

Der Versicherer schuldet im Falle der aufgrund der Missachtung gesetzlicher oder vertraglicher Kündigungsvoraussetzungen unwirksamen drittbezogenen Kündigung des Versicherungsnehmers keinen Hinweis auf die Unwirksamkeit. Für eine solche Hinweispflicht fehlt es an einer ausreichenden Rechtsgrundlage. Insbesondere der Gedanke von Treu und Glauben gebietet aufgrund der überwiegenden schutzwürdigen Interessen des Versicherers die Ablehnung einer Hinweispflicht. Das gilt sogar insbesondere bei auf die Person eines Dritten genommenen Versicherungsverträgen, wo Verstöße gegen die drittbezogenen Kündigungsvorschriften der § 207 Abs. 2 S. 2 VVG und § 205 Abs. 6 S. 2, S. 1 VVG in Betracht kommen.

Wenn man – entgegen der hier vertretenen Ansicht – mit dem *BGH* und der herrschenden Meinung in der Literatur von einer Hinweispflicht als vertraglicher Nebenpflicht gemäß §§ 242, 241 Abs. 2 BGB ausginge, kann ein Verstoß gegen die Hinweispflicht keinesfalls die Wirksamkeit der von vornherein unwirksamen Kündigung zur Folge haben. Der Schutz des dauerhaften Bestands

---

779 *BGH*, Urt. v. 16.01.2013, VersR 2013, 305, 307 (Rn. 22).

780 Vgl. so auch *LG München II*, Urt. v. 21.01.2014, RuS 2014, 185, 186; der BGH hat diesen Punkt in seinem Urteil vom 14.01.2015 offengelassen.

des Krankenversicherungsschutzes der Gefahrsperson überwiegt jedenfalls die Interessen des Versicherungsnehmers an der Vertragsaufhebung. Der Verstoß gegen die Hinweispflicht wirkt sich hauptsächlich auf den Prämienanspruch des Versicherers aus. Dessen Durchsetzbarkeit kann entfallen, wenn der Versicherungsnehmer nach § 242 BGB schutzwürdig ist. In engen Grenzen ist daneben ein Schadensersatzanspruch des Versicherungsnehmers aus §§ 280 Abs. 1 S. 1, 241 Abs. 2 BGB denkbar. Dabei ist regelmäßig in hohem Maße das Mitverschulden des Versicherungsnehmers nach § 254 BGB zu berücksichtigen.

Der Erfüllung seiner Hinweispflicht genügt der Versicherer durch das ordnungsgemäße Absenden des Hinweises. Ein Zugangserfordernis besteht nicht. Im Streitfall muss der Versicherer daher, sofern er beweisbelastet ist, nur die ordnungsgemäße Abgabe des Hinweises nachweisen.

Kapitel F. Die Kündigung durch den Versicherer oder die Gefahrsperson

I. Einführung

Die Gesundheitsreform 2007 brachte nicht nur für die Versicherungsnehmer, sondern auch für die Versicherer weitreichende Beschränkungen ihrer Dispositionsfreiheit mit sich. Für die Versicherer spiegelt sich dies unter anderem in dem Ausschluss ihrer Kündigungsrechte im Hinblick auf Krankheitskostenpflichtversicherungen wieder. Nach § 206 Abs. 1 S. 1 VVG ist „jede Kündigung" einer Versicherung im Sinne des § 193 Abs. 3 S. 1 VVG ausgeschlossen.

Hinsichtlich dieser Regelung stellt sich die bereits heftig diskutierte[781] und im Jahr 2011 vom *BGH*[782] beantwortete Frage, ob und wenn ja in welchem Umfang durch das Kündigungsverbot auch die außerordentliche Kündigung nach § 314 BGB ausgeschlossen werden soll. Daran anknüpfend bedarf es der Begutachtung der Auswirkungen des Kündigungsverbots auf den Versicherungsschutz der Gefahrsperson, die je nach Auslegung des Kündigungsausschlusses variieren können. Insofern ist insbesondere danach zu differenzieren, wessen Interesse durch die Versicherung auf die Person des Dritten abgedeckt wird und wer die zur Kündigung berechtigende Pflichtverletzung begangen hat.

Schließlich haben die erheblichen Beschränkungen der Vertragsfreiheit der Parteien auch mittelbare Auswirkungen auf die Rechtsstellung der Gefahrsperson. Die Gefahrsperson unterfällt im Regelfall mit Eintritt der Volljährigkeit selbst der Versicherungspflicht des § 193 Abs. 3 S. 1 VVG. Dies hat aber nicht automatisch die Beendigung der Mitversicherung zur Folge. Es stellt sich insofern die zentrale Frage, ob sich die Gefahrsperson nicht in bestimmten Konstellationen von der ihren Versicherungsschutz abdeckenden Versicherung „befreien" können sollte, wenn sie eine selbständige Krankheitskostenversicherung anstrebt, und in welcher Form dies sichergestellt werden könnte.

---

781 Einen Überblick über den Streitstand gebend: *Voit* in Prölss/Martin, VVG, § 206, Rn. 7.

782 *BGH*, Urt. v. 07.12.2011, VersR 2012, 219–222; *BGH*, Urt. v. 07.12.2011, BGHZ 192, 67–84.

II. Die Kündigung durch den Versicherer

1. Das Kündigungsverbot des § 206 Abs. 1 S. 1 VVG

a) Regelungsgehalt des § 206 Abs. 1 S. 1 VVG

Den privaten Krankenversicherern ist gemäß § 206 Abs. 1 S. 1 VVG die Kündigung privater Krankheitskostenverträge im Sinne des § 193 Abs. 3 S. 1 VVG untersagt. Das Verbot in Satz 1 bezieht sich nur auf Krankheitskostenversicherungsverträge, welche die allgemeine Versicherungspflicht erfüllen. Für andere substitutive Krankenversicherungsverträge schließt § 206 Abs. 1 S. 2 VVG ausdrücklich nur die ordentliche Kündigung durch den Versicherer aus.

Während dem Versicherungsnehmer nach § 205 Abs. 6 S. 1 VVG ausdrücklich die Kündigung von Pflichtkrankenversicherungsverträgen unter bestimmten Voraussetzungen möglich bleibt, soll für den Krankenversicherer „*jede Kündigung*" der Pflichtversicherung ausgeschlossen sein. Eine entsprechende Parallelregelung findet sich in § 110 Abs. 4 SGB XI für die private Pflegeversicherung, nach der die Rücktritts- und Kündigungsrechte des Versicherers solange ausgeschlossen sind, wie für diesen ein Kontrahierungszwang besteht.[783]

b) Entstehungsgeschichte und Hintergrund der Regelung

Das Kündigungsverbot in seiner heutigen Form hielt mit § 178 i VVG a.F. erstmals im Zuge des GKV-WSG Einzug ins Versicherungsvertragsrecht.[784] Inzwischen findet sich das Verbot in § 206 Abs. 1 S. 1 VVG.[785] Hintergrund der Regelung war die grundlegende Reform des privaten und gesetzlichen Krankenversicherungsrechts, mit der die Stärkung der Unabhängigkeit der beiden Krankenversicherungssysteme einherging.[786] Die gesetzgeberische Entscheidung zugunsten eines dualen Krankenversicherungssystems fand im Bereich der privaten Krankenversicherung vor allem in der neu eingeführten Versicherungspflicht sowie – auf Seiten der privaten Versicherer – in der Einführung

783 Für die private Pflegepflichtversicherung bestätigte der *BGH* (BGHZ 192, 67–84) den absoluten Ausschluss der Kündigungsmöglichkeit. Im Hinblick auf den Ausschluss von § 314 BGB kritisch: *Bruns*, JZ 2012, 630, 632.

784 Beschlussempfehlung des Gesundheitsausschusses v. 31.01.2007, BT-Drucks. 16/4200, S. 206.

785 Geändert durch VVG-ReformG v. 23.11.2007 (BGBl. 2007 I S. 2631) m.W.z. 01.01.2009.

786 *Brömmelmeyer* in Schwintowski/Brömmelmeyer, PK-Versicherungsrecht, § 206, Rn. 4.

eines Kontrahierungszwangs im Basistarif Ausdruck.[787] Es sollte für Personen, die nicht der gesetzlichen Krankenversicherungspflicht unterliegen, ein gleichwertiger flächendeckender Krankenversicherungsschutz sichergestellt werden. Daran knüpfte auch die Neuregelung des Kündigungsrechts des Versicherers an.[788] Dabei stellte der Gesundheitsausschuss in seiner Begründung des Gesetzesentwurfs darauf ab, dass die Versicherten vor dem Verlust ihrer Alterungsrückstellungen geschützt werden müssten, was bisher häufig bei Kündigungen durch den Versicherer wegen Prämienverzugs der Fall gewesen sei.[789]

Bis zur Neuregelung des Kündigungsrechts des Versicherers sah § 178 i Abs. 1 S. 1 VVG a.F. lediglich den Ausschluss des ordentlichen Kündigungsrechts des Versicherers für substitutive Krankenversicherungsverträge vor.[790] Ein pauschales, auch die außerordentliche Kündigung erfassendes Verbot bestand nicht. Schon nach alter Rechtslage wurde aber bezüglich des außerordentlichen Kündigungsrechts des Versicherers, wegen der einschneidenden Auswirkungen für den Versicherungsnehmer, ein restriktiver Maßstab angelegt.[791]

2. Verhältnis des § 206 Abs. 1 S. 1 VVG zu § 314 BGB

a) *Die Regelung des § 314 BGB im privatrechtlichen Normengefüge*

Die Vorschrift des § 314 BGB regelt die sofortige Beendigung von Dauerschuldverhältnissen durch eine außerordentliche Kündigung aus wichtigem Grund. Häufig wird § 314 BGB durch speziellere Kündigungsregelungen verdrängt, sodass sein Hauptanwendungsbereich eher im Bereich der gesetzlich ungeregelten, verkehrstypischen Dauerschuldverhältnisse liegt.[792] Die Regelung findet jedoch auch im Bereich einiger gesetzlich normierter Vertragstypen Anwendung.

---

787 *BVerfG*, Urt. v. 10.06.2009, BVerfGE 123, 186, 249 ff.; *Boetius* in Bach/Moser, PKV, Teil A, Rn. 383.

788 Begr. d. Gesundheitsausschusses, BT-Drucks. 16/4247, S. 68.

789 Begr. d. Gesundheitsausschusses, BT-Drucks. 16/4247, S. 68.

790 Den Ausschluss hielt der Gesetzgeber im Hinblick auf substitutiven Krankenversicherungsschutz für unverzichtbar (Entwurf d. BReg. zum 3. DurchführungsG, BT-Drucks. 12/6965, S. 106).

791 *Hohlfeld* in BK-VVG, § 178 i, Rn. 12 (m.w.N).

792 *Böttcher* in Erman, BGB, § 314, Rn. 3b; *Gaier* in MüKo BGB, § 314, Rn. 9.

aa) Kündigung aus wichtigem Grund i.S.d. § 314 Abs. 1 BGB

Die Kündigungsregelung des § 314 BGB ist Ausfluss des allgemeinen Grundsatzes von Treu und Glauben und normiert das Recht des Vertragspartners, sich im Falle schwerwiegender Vertragsverletzungen von einem Dauerschuldverhältnis lösen zu können.[793] Der Störung der Geschäftsgrundlage vergleichbar betrifft § 314 BGB das Spannungsverhältnis zwischen der Dauer der geschlossenen Verträge und dem Parteibedürfnis nach Vertragstreue.[794] Nach § 314 Abs. 1 S. 1 BGB soll dem Vertragspartner das Recht zur sofortigen Kündigung aber nur zustehen, wenn ein wichtiger Grund vorliegt. Ein solcher liegt per Legaldefinition des § 314 Abs. 1 S. 2 BGB dann vor, wenn dem kündigenden Teil unter Berücksichtigung aller Umstände des Einzelfalls und unter Abwägung der beiderseitigen Interessen die Fortsetzung des Vertragsverhältnisses nicht mehr zumutbar ist.

bb) § 314 BGB im Versicherungsvertragsrecht

Im Rahmen des gesamten privaten Versicherungsvertragsrechts als Sonderprivatrecht finden die allgemeinen zivilrechtlichen Regelungen und Grundsätze Anwendung. Soweit keine Spezialregelungen im VVG bestehen, sind insbesondere die allgemeinen Vorschriften des BGB zu beachten.[795] Die außerordentliche Kündigung aus wichtigem Grund nach § 314 Abs. 1 BGB ist im Rahmen von Versicherungsverträgen grundsätzlich möglich und wird nicht durch die spezialgesetzlichen Kündigungsrechte des VVG verdrängt.[796] Allerdings muss bei der Feststellung eines wichtigen Grundes im Sinne des § 314 BGB den Besonderheiten des betroffenen Vertragstypus Beachtung geschenkt werden.[797] Im Hinblick auf Versicherungsverträge bringt dies gesteigerte Anforderungen mit sich, die zudem, je nach wirtschaftlicher, existenzieller und sozialer Bedeutung des einzelnen Versicherungsvertragstyps, variieren können.[798] Dies folgt auch aus

---

793 *Lorenz* in Bamberger/Roth, BeckOK BGB, § 314, Rn. 1; *Böttcher* in Erman, BGB, § 314, Rn. 1; *Schulze* in Schulze, BGB, § 314, Rn. 1.

794 *Meyer-Pritzl* in Schmoeckel/Rückert/Zimmermann, HKK-BGB, §§ 313–314, Rn. 74.

795 Anstatt vieler: *Looschelders* in Looschelders/Pohlmann, VVG, Einleitung. A., Rn. 36.

796 *BGH*, Urt. v. 27.03.1991, NJW 1991, 1828, 1829; *Krebs/Jung* in Dauner-Lieb/Langen, NK-BGB, § 314, Rn. 9; *Böttcher* in Erman, BGB, § 314, Rn. 3a; *Gaier* in MüKo BGB, § 314 BGB, Rn. 6; *Fausten* in Langheid/Wandt, MüKo VVG, § 11, Rn. 33; *Schneider* in Looschelders/Pohlmann, VVG, § 11, Rn. 19; *Muschner* in Rüffer/Halbach/Schimikowski, VVG, § 11, Rn. 46.

797 *Böttcher* in Erman, BGB, § 314, Rn. 4b.

798 Bei Krankheitskostenversicherungsverträgen besteht wegen der erheblichen sozialen Bedeutung ein strenger Maßstab (*Boetius*, PKV, § 206, Rn. 47 m.w.N.).

der engen Verbindung des Versicherungsvertragsrechts mit dem Grundsatz von Treu und Glauben.

b) Einschränkung des § 206 Abs. 1 S. 1 VVG durch § 314 BGB?

Mit zwei Urteilen vom 07.12.2011 beantwortet der *BGH*[799] die seit längerem diskutierte Frage, ob durch die Regelung des § 206 Abs. 1 S. 1 VVG jegliche Form der Kündigung durch den Versicherer ausgeschlossen werden kann und soll oder zugunsten des Versicherers ein gewisser Anwendungsbereich des außerordentlichen Kündigungsrechts aus § 314 BGB verbleiben muss, deutlich zugunsten der Versicherer. So müsse § 206 Abs. 1 S. 1 dahingehend teleologisch reduziert werden, dass nur für die außerordentliche Kündigung wegen Prämienverzugs ein absolutes Kündigungsverbot bestehe, wohingegen eine Kündigung aus wichtigem Grund nach § 314 BGB durch den Versicherer uneingeschränkt möglich bliebe. Bei der Begründung der Notwendigkeit einer teleologischen Reduktion des Kündigungsverbots stützt er sich maßgeblich auf die Entstehungsgeschichte sowie Sinn und Zweck des Kündigungsausschlusses.[800]

aa) Teleologische Reduktion des Kündigungsverbots des § 206 Abs. 1 S. 1 VVG

Mit seiner Grundsatzentscheidung vom 10.06.2009 hat das Bundesverfassungsgericht zwar das Verbot des § 206 Abs. 1 S. 1 VVG als „*absolutes Kündigungsverbot*" für verfassungsgemäß erklärt und im Hinblick auf den Ausschluss anderer Kündigungsgründe als den Prämienverzug festgestellt, „*dass angesichts der Tatsache, dass es sich bei der Krankenversicherung um ein nicht personifiziertes Massengeschäft handelt, […] es nicht sachwidrig und zumutbar [ist], dass der Gesetzgeber auf eine Kündigungsregelung wegen anderer Vertragsverletzungen, die nur relativ selten vorkommen, verzichtet hat.*"[801][802] Von der Feststellung des Bundesverfassungsgerichts grundsätzlich unberührt bleibt aber die Möglichkeit der einfachgesetzlichen Auslegung des § 206 Abs. 1 S. 1 VVG. Die hinsichtlich

---

799 *BGH*, Urt. v. 07.12.2011, VersR 2012, 219–222; *BGH*, Urt. v. 07.12.2011, BGHZ 192, 67–84.

800 *BGH*, Urt. v. 07.12.2011, BGHZ 192, 67, 73 (Rn. 17 f.); *BGH*, Urt. v. 07.12.2011, VersR 2012, 219, 220.

801 *BVerfG*, Urt. v. 10.06.2009, BVerfGE 123, 186, 250.

802 *Boetius* meint, das BVerfG habe in seinem Urteil nur die Verfassungsmäßigkeit des vollständigen Ausschlusses von Sonderkündigungsrechten des VVG festgestellt (PKV, § 206, Rn. 95 f.).

§ 206 Abs. 1 S. 1 VVG ergangenen Entscheidungen des *BVerfG*[803] und des *BGH*[804] haben diesbezüglich aber nur vermeintlich Klarheit über die Rechtslage bringen können.

(1) Lösungsansätze und Meinungsstand

(a) Außerordentliche Kündigung wegen Prämienverzugs ausgeschlossen

Der *BGH* sowie Teile der instanzgerichtlichen Rechtsprechung und des Schrifttums halten eine teleologische Reduktion des § 206 Abs. 1 S. 1 VVG insoweit für zwingend geboten, als neben der ordentlichen Kündigung nur die außerordentliche Kündigung wegen Prämienverzugs durch den Versicherer ausgeschlossen sein solle. Hinsichtlich der Kündigung nach § 314 BGB wegen schwerwiegender Vertragsverletzungen bestehe ein planwidriger Regelungsüberschuss.[805]

Das Ziel der Regelung sei nur gewesen, den Versicherungsnehmer im praktisch bedeutsamsten Fall außerordentlicher Kündigungen – der Kündigung wegen Prämienverzugs – vor dem Verlust seiner Alterungsrückstellungen zu schützen.[806] In diesem Falle stünde dem Versicherer aber zumindest mit der in § 193 Abs. 6 VVG verankerten Möglichkeit des „Ruhens" des Versicherungsschutzes ein äquivalenter Sanktionsmechanismus zur Verfügung.[807] Bei schwerwiegenderen Verstößen müsse daher „erst recht" eine Loslösung möglich sein.[808] Dies folge zudem aus dem Grundsatz von Treu und Glauben.[809] Anderenfalls würde für den Versicherungsnehmer keinerlei Anreiz zur Vertragstreue mehr

---

803 *BVerfG*, Urt. v. 10.06.2009, BVerfGE 123, 186–267.

804 *BGH*, Urt. v. 07.12.2011, VersR 2012, 219–222; *BGH*, Urt. v. 07.12.2011, BGHZ 192, 67–84.

805 *BGH*, Urt. v. 07.12.2011, BGHZ 192, 67, 73 (Rn. 17 f.); *BGH*, Urt. v. 07.12.2011, VersR 2012, 219, 220; *OLG Oldenburg*, Urt. v. 23.11.2011 – 5 U 141/11 (Rn. 78); *OLG Brandenburg*, Urt. v. 05.05.2011, VersR 2011, 1429, 1430; *Marko*, PKV, Teil B, Rn. 127 f.; *Brand*, VersR 2011, 1337, 1345.

806 So etwa *BGH*, Urt. v. 07.12.2011, BGHZ 192, 67, 73 (Rn. 18); *OLG Oldenburg*, Urt. v. 23.11.2011 – 5 U 141/11 (Rn. 79); *Boetius*, PKV, § 206, Rn. 83.

807 *OLG Brandenburg*, Urt. v. 05.05.2011, VersR 2011, 1429, 1430; *OLG Celle*, Urt. v. 24.02.2011, VersR 2011, 738, 739; *Brand*, VersR 2011, 1337, 135.

808 *BGH*, Urt. v. 07.12.2011, BGHZ 192, 67, 74 f. (Rn. 20); *BGH*, Urt. v. 07.12.2011, VersR 2012, 219, 221; so schon *OLG Celle*, Urt. v. 24.02.2011, VersR 2011, 738, 739.

809 *OLG Brandenburg*, Urt. v. 05.05.2011, VersR 2011, 1429, 1430; *Boetius*, PKV, § 206, Rn. 90, 96.

bestehen.[810] Der gesetzgeberische Wille sei zudem lediglich darauf gerichtet gewesen, jedermann Zugang zu einem bezahlbaren Krankenversicherungsschutz zu gewährleisten. Dieses Ziel erzwinge aber nicht die Annahme eines absoluten Kündigungsausschlusses.[811]

Die Beendigung einer Pflichtkrankenversicherung im Sinne des § 193 Abs. 3 S. 1 VVG sei zudem nicht per se ausgeschlossen. Die Loslösung durch Rücktritt oder Anfechtung aufgrund schuldhafter vorvertraglicher Pflichtverletzungen bleibe möglich.[812] Dies zeige, dass der Gesetzgeber keineswegs den Versicherungsnehmer in jedem Fall an den Versicherer binden wollte.[813]

Schließlich wird angeführt, dass der Versicherungsnehmer durch den Kontrahierungszwang der anderen Versicherer im Basistarif hinreichend geschützt sei.[814] Den Verlust seiner Alterungsrückstellungen müsse der Versicherungsnehmer als grob vertragsuntreuer Vertragspartner hinnehmen.[815] Immerhin könne der Versicherungsnehmer bei einem anderen Versicherer „bei Null" anfangen.[816]

Unter Verweis auf das gestörte Vertrauensverhältnis zwischen den Parteien lehnt der *BGH* schließlich auch die Möglichkeit einer Änderungskündigung nur der über den Basistarif hinausgehenden Tarife ab.[817]

Anders beurteilt der *BGH* jedoch die Rechtslage im Hinblick auf das in § 110 Abs. 4 SGB XI normierte Kündigungs- und Rücktrittsverbot in der privaten Pflegepflichtversicherung.[818] Aus der Gesetzesbegründung folge, dass im Sinne einer Gleichwertigkeit der privaten Pflegepflichtversicherung es dem

---

810 *Hütt* in Langheid/Wandt, MüKo VVG, § 206, Rn. 10; *Staab* in Staudinger/Halm/Wendt, Versicherungsrecht, § 206, Rn. 4; *Brand*, VersR 2011, 1337, 1345; *Gal*, LMK 2012, 330938.

811 *OLG Celle*, Urt. v. 24.02.2011, VersR 2011, 738, 739.

812 *BGH*, Urt. v. 07.12.2011, BGHZ 192, 67, 75 (Rn. 21); *BGH*, Urt. v. 07.12.2011, VersR 2012, 219, 221; *Brand*, VersR 2011, 1337, 1345.

813 *Brand*, VersR 2011, 1337, 1345.

814 Vgl. etwa *Hütt* in Langheid/Wandt, MüKo VVG, § 206, Rn. 52; *Reinhard* in Looschelders/Pohlmann, VVG, § 206, Rn. 4; *Brand*, VersR 2011, 1337, 1345; *Bruns*, JZ 2012, 630, 631.

815 *BGH*, Urt. v. 07.12.2011, BGHZ 192, 67, 76 (Rn. 23, 24); *BGH*, Urt. v. 07.12.2011, VersR 2012, 219, 221; *Schüffner/Franck* in Sodan, Krankenversicherungsrecht, § 43, Rn. 94; *Bruns*, JZ 2012, 630, 631.

816 *Schüffner/Franck* in Sodan, Krankenversicherungsrecht, § 43, Rn. 94.

817 *BGH*, Urt. v. 07.12.2011, BGHZ 192, 67, 82 (Rn. 39); so auch *Reinhard* in Looschelders/Pohlmann, VVG, § 206, Rn. 4; *Rogler* in Rüffer/Halbach/Schimikowski, VVG, § 206, Rn. 3; *Schüffner/Franck* in Sodan, Krankenversicherungsrecht, § 43, Rn. 94.

818 *BGH*, Urt. v. 07.12.2011, BGHZ 192, 67, 78 (Rn. 28 ff.).

Versicherungsnehmer nicht ermöglicht werden dürfe, sich durch vertragswidriges Verhalten der Versicherungspflicht zu entziehen. Zudem bestehe in der privaten Pflegeversicherung ein weitergehender Kontrahierungszwang.[819] Schließlich käme der Gedanke eines solidarischen Ausgleichs durch die Regelung zum Risikoausgleich in § 111 SGB XI zum Ausdruck.[820]

(b) Außerordentliche Kündigung vollständig ausgeschlossen

Von einem beachtlichen Teil des Schrifttums und auch vereinzelt in der Rechtsprechung wird eine teleologische Reduktion des § 206 Abs. 1 S. 1 VVG gänzlich abgelehnt.[821] Die Regelung des § 206 Abs. 1 S. 1 VVG solle als lex specialis zu § 314 BGB zu einem völligen Ausschluss des außerordentlichen Kündigungsrechts des Versicherers im Rahmen der Krankheitskostenversicherung führen. Die Begründung dieses Ansatzes stützt sich auf verschiedene Erwägungen.

Überwiegend werden die Voraussetzungen für die Vornahme einer teleologischen Reduktion verneint.[822] Die Gesetzesbegründung lasse lediglich erkennen, dass der Schutz des Versicherungsnehmers vor dem Verlust von Alterungsrückstellungen, im häufigsten Fall der Kündigung wegen Prämienverzugs, eines der Ziele gewesen sei. Der Ausschluss aller Kündigungen folge aber aus dem erklärten übergeordneten Reformziel, einen dauerhaften Krankenversicherungsbestand zu gewährleisten.[823] Dieses werde durch den Kontrahierungszwang allein nicht sichergestellt. *Marlow* und *Spuhl* sehen die ernsthafte Gefahr, dass sich die einmal gekündigten Versicherungsnehmer nicht rechtskonform unmittelbar neu versichern und die Wiederversicherung lange hinauszögern könnten.[824] Außerdem könnten vertragsschädliche Versicherungsnehmer unter Umgehung des § 205 Abs. 6 S. 1 VVG so eine Vertragsbeendigung herbeiführen.[825]

---

819 *BGH*, Urt. v. 07.12.2011, BGHZ 192, 67, 78 f. (Rn. 31, 32).

820 *BGH*, Urt. v. 07.12.2011, BGHZ 192, 67, 78 f. (Rn. 32).

821 *OLG Hamm*, Urt. v. 06.05.2011, VersR 2011, 1555–1556; *Brömmelmeyer* in Schwintowski/Brömmelmeyer, PK-Versicherungsrecht, § 206, Rn. 7 f.; *Effer-Uhe*, VersR 2012, 684, 685 f.; *Eichelberger*, VersR 2012, 304–310; *Grote/Bronkars*, VersR 2008, 580, 583 f.; *Langheid*, NJW 2007, 3745, 3749; *Marlow/Spuhl*, VersR 2012, 219–228; *Melzer/Penteridis*, VuR 2012, 198–202.

822 *Effer-Uhe*, VersR 2012, 684, 685 f.; *Eichelberger*, VersR 2012, 304, 309 f.; *Marlow/Spuhl*, VersR 2012, 219, 223 ff.

823 *Brömmelmeyer* in Schwintowski/Brömmelmeyer, PK-Versicherungsrecht, § 206, Rn. 7; *Marlow/Spuhl*, VersR 2012, 219, 224.

824 *Marlow/Spuhl*, VersR 2012, 219, 225.

825 *Marlow/Spuhl*, VersR 2012, 219, 225.

Die Begründung des absoluten Kündigungsverbots wird auch auf systematische Erwägungen gestützt. § 193 Abs. 6 VVG regele bereits abschließend die Rechtsfolgen des Prämienverzugs, sodass es der Regelung des § 206 Abs. 1 VVG gar nicht mehr bedurft hätte oder es naheliegender gewesen wäre, einen klarstellenden Kündigungsausschluss direkt in § 193 VVG zu regeln.[826] Auch die Möglichkeit der Vertragsbeendigung aufgrund vorvertraglicher Pflichtverletzungen stehe der Absolutheit des Kündigungsausschlusses nicht entgegen, da in diesen Fällen häufig noch keine erheblichen Alterungsrückstellungen gebildet wurden.[827]

Der Ausschluss sämtlicher Kündigungsrechte des Versicherers sei diesem auch zumutbar, da bei der Interessenabwägung, neben den Interessen der Vertragsparteien, das Interesse der Allgemeinheit zu berücksichtigen sei.[828] Der Versicherer sei auch im Falle schwerster Vertragsbrüche nicht schutzlos gestellt, da dem Versicherungsnehmer regelmäßig straf- und sonstige zivilrechtliche Konsequenzen drohen würden.[829]

Die Konsequenz einer teleologischen Reduktion auf den Fall des Prämienverzugs wäre lediglich, dass die vertragsschädlichen Versicherungsnehmer an andere Versicherer weitergereicht würden.[830] Schlimmstenfalls würden sich diese Personen – die bereits ihre fehlende Bereitschaft zur Rechtskonformität gezeigt hätten – gar nicht oder erst bei Drohen hoher Behandlungskosten wieder versichern.[831]

Schließlich gehe auch ein abgrenzender Vergleich zur privaten Pflegepflichtversicherung fehl, da beide Versicherungen die gleiche soziale Zielsetzung verfolgten.[832] Die private Krankenversicherung werde ähnlich wie die private Pflegepflichtversicherung von dem sozialpolitischen Schutzzweck überlagert.[833] Der Gesetzgeber habe zudem verhindern wollen, dass die private Kranken- und Pflegepflichtversicherung bei unterschiedlichen Versicherern erfolge.[834]

---

826 *Voit* in Prölss/Martin, VVG, § 206, Rn. 7; *Effer-Uhe*, VersR 2012, 684, 685; *Marlow/Spuhl*, VersR 2012, 219, 225 f.

827 *Marlow/Spuhl*, VersR 2012, 219, 227.

828 *OLG Hamm*, Urt. v. 06.05.2011, VersR 2011, 1555, 1556; *Melzer/Penteridis*, VuR 2012, 198, 200.

829 *Eichelberger*, VersR 2012, 304, 310; *Marlow/Spuhl*, VersR 2012, 219, 226.

830 *Marlow/Spuhl* VersR 2012, 219, 226.

831 *Marlow/Spuhl*, VersR 2012, 219, 225.

832 *Effer-Uhe*, VersR 2012, 684, 687.

833 *Melzer/Peteridis*, VuR 2012, 198, 200.

834 *Effer-Uhe*, VersR 2012, 684, 687.

(c) Teilweise Reduktion des § 206 Abs. 1 S. 1 VVG geboten

Schließlich wird im Schrifttum von Einzelnen eine vermittelnde Position dahingehend eingenommen, dass eine teleologische Reduktion des § 206 Abs. 1 S. 1 VVG insoweit geboten sei, als eine Kündigung nach § 314 BGB auch für über den Basistarif hinausgehende Tarife ausgeschlossen werde. Dem Versicherer müsse nach § 314 BGB ein Teilkündigungsrecht zustehen, soweit die Krankheitskostenversicherung qualitativ oder quantitativ über den Basistarif hinausgehe.[835]

Eichelberger stützt die Annahme einer Änderungskündigungsmöglichkeit nach § 314 BGB auf eine umfassende Interessenabwägung. Neben den Interessen der Vertragsparteien sei maßgeblich auch das primäre Interesse der Allgemeinheit, nicht für die Versorgungskosten Nichtversicherter aufkommen zu müssen, zu berücksichtigen.[836] Dazu soll der Versicherungsschutz dauerhaft aufrechterhalten werden. Es sei aber kein Grund ersichtlich, warum dem sich grob vertragswidrig verhaltenden Versicherungsnehmer die Vorteile eines Normaltarifs dauerhaft erhalten bleiben sollten.[837] Nur im Basistarif sei daher von einer absoluten Unkündbarkeit des Versicherungsvertrags auszugehen.[838] Das wirtschaftliche Risiko der Weiterversicherung im Basistarif bleibe zudem durch den Risikoausgleich nach § 154 VAG weitgehend gleich.[839]

Nach *Rolfs* und *Wiemer* muss im Bereich der Krankheitskostenversicherung nach § 193 Abs. 3 S. 1 VVG zudem stärker die sozialpolitische Überlagerung des Privatrechts beachtet werden.[840] Diese führe dazu, dass die notwendige Übertragung des sozialen Schutzmechanismus des gesetzlichen Krankenversicherungssystems auf die private Pflichtkrankenversicherung zumindest eine Änderungskündigung auf den Basistarif rechtfertige. Diese sei als mildestes, geeignetes Mittel verhältnismäßig.[841] Schließlich sehe auch die korrespondierende gesetzliche Krankenversicherung, selbst bei schwersten Vertragsverletzungen, keine Möglichkeit vor, sich des Versicherungsnehmers vollständig zu entledigen.[842]

---

835 *Eichelberger*, VersR 2010, 886–888; *Marlow/Spuhl*, VersR 2009, 593–606. *Rogler* hebt eine Teilkündigung als begrüßenswert hervor, hält dafür aber eine Korrektur des Gesetzes für erforderlich (jurisPR-VersR 10/2010, Anm. 1).

836 *Eichelberger*, VersR 2010, 886, 887.

837 *Eichelberger* in Spickhoff, Medizinrecht, § 206, Rn. 7; *Ders.*, VersR 2010, 886, 887.

838 *Eichelberger* in Spickhoff, Medizinrecht, § 206, Rn. 6.

839 *Eichelberger*, VersR 2010, 886, 887 f.

840 *Rolfs/Wiemer*, NJW 2012, 1365, 1370.

841 *Rolfs/Wiemer*, NJW 2012, 1365, 1370.

842 *Rolfs/Wiemer*, NJW 2012, 1365, 1370.

(2) Rechtliche Würdigung der Lösungsansätze und Stellungnahme

Dem Ansatz des *BGH* und der herrschenden Meinung im Schrifttum kann nicht gefolgt werden. Eine teleologische Reduktion des Ausschlusses des § 206 Abs. 1 S. 1 VVG auf die Kündigung wegen Prämienverzugs ist weder geboten noch rechtsdogmatisch überzeugend. Ebenso entspricht eine uneingeschränkte Anwendung des § 206 Abs. 1 VVG nicht dem gesetzgeberischen Willen. Im Ergebnis überzeugen kann nur die Annahme einer teleologischen Reduktion des § 206 Abs. 1 S. 1 VVG dahingehend, dass die Kündigung nach § 314 BGB hinsichtlich der über den Basistarif hinausgehenden Tarife möglich sein muss. Dem Versicherer muss bei schwersten Vertragsverletzungen eine Änderungskündigung auf den Basistarif möglich sein. Dieses Ergebnis zeigt die Auslegung des § 206 Abs. 1 S. 1 VVG.

(a) Wortlaut und Systematik

Der Wortlaut des § 206 Abs. 1 S. 1 VVG – „jede Kündigung" – erfasst unmissverständlich sämtliche Kündigungsrechte des Versicherers. Aufgrund der absoluten Formulierung ist auch nicht ersichtlich, dass der Gesetzgeber nur Sonderkündigungsrechte des VVG ausschließen wollte.[843] Es musste den Verfassern klar sein, dass eine im Vergleich zur Vorgängerregelung derart weitgehende Formulierung auch die außerordentliche Kündigung erfassen und nicht bloß die Kündigung wegen Prämienverzugs ausschließen würde.[844]

Dieses Verständnis wird auch durch die Systematik des § 206 Abs. 1 VVG gestützt, der für andere Krankenversicherungsverträge, als solche im Sinne des § 193 Abs. 3 S. 1 VVG, differenzierend nur „die ordentliche Kündigung" ausschließt.[845] Auch in § 206 Abs. 3 VVG nimmt der Gesetzgeber eine Differenzierung vor. Hier regelt er speziell den Fall der Kündigung wegen Prämienverzugs.[846]

Ohne Bedeutung für die Auslegung des § 206 Abs. 1 S. 1 VVG bleibt dabei die korrespondierende Regelung in den Musterbedingungen für die Krankheitskostenversicherung. Nach § 14 Abs. 1 S. 1 MB/KK 2009 soll im Rahmen einer Pflichtversicherung nach § 193 Abs. 3 S. 1 VVG nur das ordentliche Kündigungsrecht des Versicherers ausgeschlossen sein. Daneben sollen gemäß § 14 Abs. 3 die gesetzlichen Bestimmungen über das außerordentliche Kündigungsrecht des Versicherers unberührt bleiben. Ausgehend von den Musterbedingungen liegt

843 A.A. *Boetius*, PKV, § 206, Rn. 85.
844 Ähnlich auch: *Effer-Uhe*, VersR 2012, 684, 685.
845 Insoweit noch übereinstimmend mit *BGH*, Urt. v. 07.12.2011, BGHZ 192, 67, 78 ff.
846 *Lehmann*, RuS 2011, 300, 301.

somit kein vollständiger Ausschluss des Kündigungsrechts vor. Diese Fassung der MB/KK billigte die BaFin ausdrücklich in einem Schreiben an den Verband der Privaten Krankenversicherung.[847] Die Billigung der Bedingungen durch die BaFin zeigt lediglich, dass diese von einer einschränkenden Auslegung des § 206 Abs. 1 S. 1 VVG ausging. Für die Normenkontrolle und die Auslegung der Norm ist aber die Wirksamkeitseinschätzung der Behörde bezüglich einer Geschäftsbedingung – insbesondere im Hinblick auf § 208 Abs. 1 VVG – ohne Bedeutung. Vielmehr hängt die Wirksamkeit der Klausel von dem durch Auslegung ermittelten Regelungsgehalt des Kündigungsverbots als halbzwingendem Recht ab.

(b) Historie und Telos

Entgegen der vom *BGH* getroffenen Feststellungen gebieten weder Telos noch historische Gründe eine Reduzierung des § 206 Abs. 1 S. 1 VVG auf den Fall des Prämienverzugs. Der *BGH* folgt anscheinend eher eigenen Gerechtigkeitserwägungen, die jedoch dem Gesetzgeber vorbehalten bleiben müssen.[848]

Aus der Gesetzesbegründung des § 178 i a.F. VVG folgt zwar, dass der Gesetzgeber den praxisrelevantesten Kündigungsgrund Prämienverzug einer Regelung unterziehen wollte, doch muss zur Ermittlung des historischen Willens die konkrete Normbegründung im Kontext der gesamten Begründung betrachtet werden.[849] So stellte der Gesundheitsausschuss schon einleitend fest, dass die Kündigung durch den Versicherer nicht möglich ist, und betonte mehrfach die Aufrechterhaltung des dauerhaften Krankenversicherungsschutzes als Reformziel.[850] Die Stärkung der Unabhängigkeit der beiden Krankenversicherungssysteme hat daher zwangsläufig eine Überlagerung des privatrechtlichen Versicherungsverhältnisses durch die soziale Zwecksetzung der Krankenvorsorge zur Folge.[851] Entsprechend können auch nicht in gleicher Weise privatrechtliche Grundsätze auf das Vertragsverhältnis übertragen werden. Dies äußert sich unter anderem dadurch, dass sowohl die Versicherungsnehmer als auch der Versicherer Einschränkungen ihrer Dispositionsfreiheit hinnehmen müssen. Anders als beim Versicherungsnehmer, der sogar trotz der aus seiner – regelmäßig vorliegenden – Verbrauchereigenschaft folgenden besonderen Schutzwürdigkeit in seiner Dispositionsfreiheit beschränkt wird, stellt das Krankenversicherungsgeschäft für die Versicherer nur ein unpersönliches

---

847 Schreiben der BaFin an den PKV-Verband vom 11.01.2010.

848 Vgl. auch *Marlow/Spuhl*, VersR 2012, 219, 224.

849 *Larenz/Canaris*, Methodenlehre, S. 150 ff.

850 BT-Drucks 16/4247, S. 10, 68.

851 So schwerpunktmäßig zur privaten Pflegeversicherung: *Isensee*, FS Gitter, S. 401, 406.

Massengeschäft dar. Der Vertrauensschutz des Versicherers ist daher ohnehin erheblich einzuschränken.

Auch der teilweise erwogene Erst-Recht-Schluss im Hinblick auf § 193 Abs. 6 verfängt nicht.[852] Das „Ruhen" der Versicherung im Falle des Prämienverzugs ist gerade kein Sanktionsinstrument des Versicherers, sondern Ausdruck des Grundgedankens des Äquivalenzprinzips.[853] Der Versicherer soll nicht ohne Gegenleistung zur umfangreichen Leistung verpflichtet bleiben. Warum dann „erst recht" eine Kündigung möglich sein soll, erschließt sich nicht. Denn selbst bei Verletzung der Hauptleistungspflicht kann der Vertrag nicht beendet werden. Es müsste richtigerweise also heißen, dass dann „erst recht" nicht bei einer anderen Vertragspflichtverletzung eine vollständige Loslösung zulässig sein darf.

Darüber hinaus würde das gesetzgeberische Ziel bei der vom *BGH* befürworteten teleologischen Reduktion tatsächlich gleich in mehrfacher Hinsicht konterkariert. Zunächst würde der dauerhafte Bestand des Krankenversicherungsschutzes durch die Entlassung der Versicherungsnehmer zulasten der Allgemeinheit erheblich gefährdet. Zusätzlich träte auch der Fall ein, den der Gesetzgeber zu verhindern suchte, nämlich, dass es zu einem Verlust der Alterungsrückstellungen kommt. Eine Neuversicherung in einem über den Basistarif hinausgehenden Tarif würde aufgrund der enormen Prämienerhöhung für den Versicherungsnehmer wirtschaftlich unattraktiv und führte praktisch dazu, dass der Versicherungsnehmer von da an im Basistarif irgendeines Versicherers verweilt und im Falle erneuter Kündigung lediglich bei einem neuen Versicherer Schutz im Basistarif suchen müsste. Dieser Zustand kann vom Gesetzgeber nicht bezweckt worden sein.

(c) Abgrenzung zur Vertragsbeendigung bei vorvertraglichen Pflichtverletzungen

Für die Vornahme einer teleologischen Reduktion auf den Fall des Prämienverzugs spricht auch nicht, dass der Gesetzgeber die Beendigung des Versicherungsverhältnisses in bestimmten Fällen vorvertraglicher Pflichtverletzungen durch Rücktritt oder Anfechtung zulässt. Die Regelung des § 193 Abs. 5 S. 4 VVG statuiert eine Ausnahme von dem umfassenden Kontrahierungszwang, der die Krankenversicherer grundsätzlich trifft. Die Versicherer müssen einen

852 Ähnlich auch *Marlow/Spuhl*, VersR 2012, 219, 225.

853 *Lehmann*, RuS 2011, 300, 301; *Marlow/Spuhl*, VersR 2012, 219, 227. Das Äquivalenzprinzip wird jedoch im Rahmen von § 19 Abs. 6, 7 VVG dahingehend eingeschränkt, als der Versicherer auch bei Ruhen noch Leistungen im Rahmen des Notlagentarifs i.S.v. § 153 VAG zu erbringen hat.

Antrag auf Vertragsschluss nicht annehmen, wenn der Antragssteller bereits bei dem Versicherer versichert war und der Versicherer den Vertrag wegen Drohung oder arglistiger Täuschung angefochten hatte oder von dem Versicherungsvertrag wegen einer vorsätzlichen Verletzung der vorvertraglichen Anzeigepflicht zurückgetreten ist. Aus dieser Begrenzung des Kontrahierungszwangs lässt sich im Umkehrschluss zwar entnehmen, dass eine Vertragsbeendigung in den genannten Fällen während eines laufenden Versicherungsverhältnisses grundsätzlich möglich ist.[854] Eine Ungleichbehandlung von Anfechtung und Rücktritt auf der einen und der Kündigung auf der anderen Seite, ist dennoch gerechtfertigt.

Die Rücktrittsregelung dient schon einem anderen Zweck als § 314 BGB. Die zum Rücktritt nach § 19 Abs. 2 VVG berechtigende Verletzung der vorvertraglichen Anzeigepflichten führt zu einer korrekturbedürftigen versicherungsmathematischen Risikobeurteilung,[855] die Auswirkungen auf das gesamte Versicherungsverhältnis – insbesondere die Ermittlung der Prämienhöhe – hat. Diese schwerwiegenden kalkulatorischen und wirtschaftlichen Folgen muss der Versicherer nicht hinnehmen, wenn der Versicherungsnehmer bereits vor Vertragsschluss vorsätzlich seine Pflichten verletzt. Demgegenüber steht bei der Loslösung nach § 314 BGB wegen nachträglicher Vertragsverletzungen vielmehr der Billigkeitsgedanke des § 242 BGB hinsichtlich des gestörten Vertrauensverhältnisses im Vordergrund.

Daneben spricht im Wesentlichen die zeitliche Komponente gegen eine Gleichbehandlung der Kündigung und der Vertragsbeendigung durch Anfechtung und Rücktritt. Das allgemeine Rücktrittsrecht nach § 19 Abs. 2 VVG kann aufgrund der Verkürzung der Rücktrittsfrist des § 21 Abs. 3 S. 1 VVG durch § 194 Abs. 1 S. 4 VVG nur innerhalb von drei Jahren geltend gemacht werden. Durch die Stärkung der Position des Versicherungsnehmers trägt der Gesetzgeber bewusst der sozialen Bedeutung der Krankenversicherung Rechnung.[856] Im Falle vorsätzlicher oder arglistiger Anzeigepflichtverletzungen ist die Beendigung des Vertragsverhältnisses durch Rücktritt auf zehn Jahre nach Vertragsschluss beschränkt. Eine zehnjährige Ausschlussfrist gilt gemäß § 124 Abs. 3 BGB auch für die Anfechtung wegen arglistiger Täuschung oder widerrechtlicher Drohung nach § 123 Abs. 1

---

854 So auch klarstellend der *BGH* im Hinblick auf die Wirksamkeit eines Rücktritts gemäß § 19 Abs. 4 VVG: Urt. v. 27.04.2016, VersR 2016, 780, 782.

855 *Melzer/Peteridis*, VuR 2012, 198, 201.

856 Begr. d. Gesundheitsausschusses, BT-Drucks. 16/3945, S. 111; *Rogler* in Rüffer/Halbach/Schimikowski, VVG, § 194, Rn. 5.

BGB. Diese Ausschlussfristen gelten zudem nur für den Fall, dass der Versicherer vorher keine Kenntnis der Verletzung erhält. Sonst muss er nach § 21 Abs. 1 S. 1 VVG bis einen Monat nach Kenntniserlangung den Rücktritt beziehungsweise nach § 124 Abs. 1 BGB innerhalb einer Jahresfrist die Anfechtung erklären. Somit ist die einseitige Vertragsbeendigung durch den Versicherer spätestens nach dem Ablauf von zehn Jahren nach dem Vertragsschluss, regelmäßig aber schon vorher durch frühere Kenntniserlangung ausgeschlossen. Damit geht einher, dass auch die Gefahr des Verlusts von Alterungsrückstellungen für den Versicherungsnehmer auf diesen Zeitraum beschränkt wird. Für die Kündigung aus wichtigem Grund existieren jedoch keine äquivalenten Ausschlussfristen. Zwar wird das Kündigungsrecht des § 314 Abs. 1 BGB in zeitlicher Hinsicht durch die Erklärungsfrist des § 314 Abs. 3 BGB insoweit eingeschränkt, als der Vertragspartner das Kündigungsrecht nur innerhalb einer angemessenen Frist nach Kenntniserlangung von dem Kündigungsgrund ausüben kann. An einer Ausschlussfrist bei einer späten Kenntniserlangung fehlt es aber gerade. Die Kündigung bliebe bei verspäteter Kenntniserlangung unbegrenzt möglich, sodass dem Versicherungsnehmer unter Umständen der Verlust von über Jahrzehnte aufgebauten Alterungsrückstellungen drohte, selbst wenn er sich bereits seit längerer Zeit vertragskonform verhält. Das unbegrenzte Risiko des Verlusts von Alterungsrückstellungen bei der Kündigung spricht daher ebenfalls für die Differenzierung zwischen den Beendigungsgründen.

Schließlich haben die Verletzung vorvertraglicher Pflichten sowie die Verletzung von Pflichten beim Vertragsschluss zur Folge, dass von vornherein nie ein „mangelfreier" Vertrag bestand.[857]

(d) Vergleich zur Privaten Pflegeversicherung

Schließlich geht auch die vom *BGH* zur privaten Pflegeversicherung vorgenommene Abgrenzung fehl. Diese widerspricht dem erklärten gesetzgeberischen Ziel, ein Auseinanderfallen von privater Pflegepflichtversicherung und privater Krankheitskostenversicherung zu verhindern.[858] Der Gleichklang der Schutzsysteme beruht auf ihrer parallelen sozialen Schutzrichtung und dient der Verhinderung von Abgrenzungsschwierigkeiten der Regelungsbereiche der Versicherungen.[859] Selbst wenn man mit dem *BGH* einen stärkeren Kontrahierungszwang in der Pflegeversicherung annähme und davon ausginge, dass der

857 *Schubach* in Höra, MAH Versicherungsrecht, § 23, Rn. 100.

858 Bericht des 11. Ausschusses, BT-Drucks. 12/5262, S. 101 ff; vgl. *Effer-Uhe*, VersR 2012, 684, 687.

859 BT-Drucks. 12/5262, S. 102; *Voit* in Prölss/Martin, VVG, § 192, Rn. 210.

Pflegeversicherungsvertrag in seiner Grundstruktur dem Basistarif in der Krankenversicherung vergleichbar sei,[860] hätte dies im Umkehrschluss nicht die Auflockerung des Kündigungsverbots zur Folge. Denn zumindest im Basistarif wäre die Krankenversicherung der Pflegeversicherung nach wie vor gleichzustellen, sodass eine den Basistarif erfassende Kündigung zu einer nicht beabsichtigten Ungleichbehandlung der beiden Versicherungen und erheblichen praktischen Problemen führen würde. Die Lösung des *BGH* wirkt insbesondere im Hinblick auf die unterschiedliche Behandlung der Kündigungsrechte in der privaten Pflege- und Krankenversicherung gekünstelt. Denn es soll sich der Versicherer zwar unter Berufung auf das gestörte Vertrauensverhältnis des Versicherungsnehmers hinsichtlich dessen Krankenversicherungsschutzes entledigen können, aber im Hinblick auf den identischen Versicherungsnehmer an den Pflegeversicherungsvertrag ohne Rücksicht auf das Vertrauensverhältnis gebunden bleiben. Die faktischen Auswirkungen eines außerordentlichen Kündigungsrechts aus § 314 BGB in der Krankenversicherung wären für den Versicherer also denkbar gering. Die Berufung auf den Billigkeitsgedanken des § 242 BGB hat schon vor diesem Hintergrund ein erheblich geringeres Gewicht.

Schließlich rechtfertigt auch ein Vergleich der wirtschaftlichen Konsequenzen des Kündigungsausschlusses im Rahmen der beiden Versicherungssparten keine Ungleichbehandlung. Die finanziellen Auswirkungen der uneingeschränkten Pflicht zur dauerhaften Aufrechterhaltung des Versicherungsvertrages werden in der privaten Pflegeversicherung durch den solidarischen Risikoausgleich gemäß § 111 SGB XI abgemildert.[861] Die privaten Pflegeversicherungsunternehmen sind zur Schaffung eines Ausgleichssystems hinsichtlich der unterschiedlichen Belastungen untereinander verpflichtet.[862] Nach dem Vorbild des § 111 SGB XI hat der Gesetzgeber aber auch für die Krankenversicherungsunternehmen eine Regelung zum Risikoausgleich getroffen. Gemäß § 154 Abs. 1 VAG (früher in § 12 g VAG geregelt) gilt die Verpflichtung zum Risikoausgleich zwischen den Krankenversicherungsunternehmen im Rahmen der private Krankenversicherung für den Basistarif, denn nur soweit trifft die Versicherer ein

860 *BGH*, Urt. v. 07.12.2011, BGHZ 192, 67, 78 ff.

861 *Koch* in KassKomm Sozialversicherungsrecht, § 111 SGB XI, Rn. 3, 4; *Vieweg* in Udsching, SGB XI, § 111, Rn. 3.

862 Auf das Ausgleichssystem des § 111 SGB XI verweist auch der *BGH* in seiner Entscheidung vom 07.12.2011 (IV ZR 105/11), welches gerade den Gleichbehandlungs- und Solidaritätsgedanken innerhalb der privaten Pflegeversicherung zum Ausdruck bringe. Die Regelung des § 12 g VAG a.F. lässt er dabei außer Acht.

Kontrahierungszwang.[863] Die wirtschaftlichen Auswirkungen des trotz schwerer Pflichtverletzung fortbestehenden Kontrahierungszwangs im Basistarif werden daher in der privaten Krankenversicherung durch eine solidarische Umverteilung ebenfalls erheblich reduziert.

(e) Schlussfolgerung

Im Ergebnis ist aufgrund der dargelegten Gründe die Beschränkung des Kündigungsverbots auf den Basistarif sowohl in dogmatischer als auch in praktischer Hinsicht begrüßenswert. Das Kündigungsverbot muss im Anwendungsbereich des § 314 BGB dahingehend eingeschränkt werden, als für den Versicherer eine Änderungskündigungsmöglichkeit der über den Basistarif hinausgehenden Tarife bestehen muss. Dies beruht vorrangig auf der Erwägung, dass nur in diesem Umfang auch ein korrespondierender Kontrahierungszwang des Versicherers besteht. Bloß dieser Schutz muss zwingend im Sinne einer Vollfunktionalität der privaten Krankenversicherung sichergestellt werden. Diese interessengerechte Einschränkung trägt auch dem Kerngehalt des § 314 BGB Rechnung, dass ein Vertragspartner nicht schwerste Verletzungen hinnehmen muss, ohne sich wehren zu können. Es entspricht dem Grundsatz von Treu und Glauben, dass der Versicherer seine Vertrags(-abschluss-)freiheit nur insoweit aufgeben muss, wie er es auch bei einem Neuabschluss der Krankheitskostenversicherung nach § 193 Abs. 5 müsste.

Es besteht dadurch ein ausreichender Anreiz zur Vertragstreue für den Versicherungsnehmer. Bei den zur Kündigung nach § 314 BGB im Rahmen von Krankenversicherungsverträgen berechtigenden Verhaltensweisen handelt es sich zudem regelmäßig um strafbare Handlungen,[864] die zugleich auch zivilrechtliche Entschädigungsansprüche mit sich bringen. Die Durchsetzbarkeit der Ansprüche würde durch eine Kündigung ohnehin nicht verbessert.[865] Man könnte vielmehr umgekehrt argumentieren, dass dem Versicherungsnehmer, der sich von einem Krankenversicherungsvertrag dauerhaft lösen möchte, kein Anreiz zu vertragstreuem Verhalten mehr gegeben wird, da er so unter Umgehung der Voraussetzungen des § 205 Abs. 6 S. 1 VVG die vollständige Beendigung ohne Neuversicherung herbeiführen könnte.[866] Außerdem ist, selbst wenn man die uneingeschränkte Kündigungsmöglichkeit nach § 314 BGB mit dem

863 *Laars/Both*, VAG, § 154, Rn. 1.

864 Der Maßstab des § 314 BGB muss auch bei der Änderungskündigung sehr streng bleiben.

865 *Marlow/Spuhl*, VersR 2012, 219, 226.

866 Mit ähnlichem Ansatz: *Marlow/Spuhl*, VersR 2012, 219, 225.

BGH annähme, aufgrund des Kontrahierungszwangs der anderen Versicherer die Abschreckungswirkung eher gering.[867]

bb) Neuregelungsvorschlag

Die Regelung des § 206 Abs. 1 S. 1 VVG bedarf einer konkretisierenden Neufassung, um zukünftige Auslegungsschwierigkeiten zu vermeiden. Die gesetzgeberische Entscheidung zugunsten eines gleichwertigen privaten Krankenversicherungsschutzes und der dauerhaften Sicherung eines flächendeckenden Versicherungsbestands sollte deutlicher im Wortlaut der Kündigungsregelung Ausdruck finden. Es bedarf konkret der Klarstellung, dass eine außerordentliche Kündigung durch den Versicherer nur im Hinblick auf über den Basistarif hinausgehende Tarife – faktisch also nur eine Änderungskündigung – möglich ist. Nach dem Vorbild der Regelung des Kündigungsverbots in der privaten Pflegeversicherung in § 110 Abs. 4 SGB XI sollte dabei ausdrücklich auf den bestehenden Kontrahierungszwang Bezug genommen werden. Diese Bezugnahme dient der Klarstellung, dass gerade der korrespondierende Kontrahierungszwang den Ausschluss des Kündigungsrechts rechtfertigt. Im Hinblick auf die eindeutigen Ausnahmetatbestände des § 193 Abs. 5 S. 4 VVG wird der Ausschluss aber nicht, wie in der privaten Pflegeversicherung, auf den Rücktritt ausgeweitet. Einer ausdrücklichen sprachlichen Differenzierung im Hinblick auf die konkreten Kündigungsrechte bedarf es nicht. Der Wortlaut „jede Kündigung" ist – wie bisher auch – eindeutig.[868] Der vollständige Ausschluss des ordentlichen Kündigungsrechts, das heißt auch für über den Basistarif hinausgehende Tarife, wird ausreichend durch § 206 Abs. 1 S. 2 VVG deutlich. Dieser nimmt auf Satz 1 Bezug und schließt „darüber hinaus" bei der substitutiven Krankheitskostenversicherung die ordentliche Kündigung aus.

Das Kündigungsverbot des § 206 Abs. 1 S. 1 VVG sollte wie folgt neu gefasst werden:

> „[1]*Jede Kündigung einer Krankheitskostenversicherung, die eine Pflicht aus § 193 Absatz 3 Satz 1 VVG erfüllt, ist* durch *den Versicherer ausgeschlossen, soweit für den Versicherer in gleichem Umfang der Kontrahierungszwang nach § 193 Abs. 5 S. 1 VVG besteht.*"

867 Dem Versicherungsnehmer ist ein „Basistarif-Nomadentum" möglich (vgl. *Brandt*, VersR 2011, 1337, 1345).

868 Es wäre durchaus sinnvoll – im Hinblick auf die aktuelle Diskussion – im Rahmen der Gesetzesbegründung auf § 314 BGB direkt Bezug zu nehmen oder klarzustellen, dass sämtliche Kündigungsrechte, also auch solche außerhalb des VVG, durch § 206 Abs. 1 S. 1 VVG ausgeschlossen werden.

cc) Zwischenergebnis

Entgegen der Rechtsprechung des *BGH* ist § 206 Abs. 1 S. 1 VVG so zu verstehen, dass er die Kündigung einer Krankheitskostenversicherung im Basistarif ausschließt. Eine Änderungskündigung auf die Fortführung im Basistarif muss innerhalb der engen Grenzen des § 314 Abs. 1 BGB aber möglich bleiben. Eine entsprechende Klarstellung des Gesetzgebers wäre zu begrüßen.

c) Auswirkungen des Kündigungsverbots auf die Gefahrsperson

Der Umfang des Kündigungsverbots des § 206 Abs. 1 S. 1 VVG bedingt in einem Mehrpersonenverhältnis unmittelbar auch den Kündigungsschutz der Gefahrsperson. Nur wenn man einen vollständigen Ausschluss des Kündigungsrechts des Versicherers nach § 206 Abs. 1 S. 1 VVG annimmt, wirkt sich eine schwerwiegende Vertragsverletzung des Versicherungsnehmers oder der Gefahrsperson selbst nicht auf die Deckung des Versicherungsschutzes der Gefahrsperson aus. Sobald aber eine Reduktion des Kündigungsausschlusses angenommen wird, stellen sich vielfältige Fragen hinsichtlich der Rechtsfolgen für die Gefahrsperson. Bei der Beurteilung der rechtlichen Konsequenzen einer Kündigung nach § 206 Abs. 1 S. 1 VVG für die Gefahrsperson ist daher nach dem Umfang der teleologischen Reduktion zu differenzieren. Zunächst ist die Rechtslage unter Zugrundelegung der Rechtsprechung des *BGH* zu beurteilen, der eine teleologische Reduktion des Kündigungsverbots des § 206 Abs. 1 S. 1 VVG für den Fall einer Kündigung nach § 314 BGB annimmt (siehe nachfolgend unter F. II. 2. c) aa)).[869] Diese Rechtsprechung betraf jedoch nur die Auslegung des Kündigungsverbots im Zweipersonenverhältnis zwischen Versicherer und Versicherungsnehmer, der zugleich Gefahrsperson des gekündigten Vertrages war. Zu überprüfen ist daher, wie sich die Übertragung der Rechtsprechung auf die Kündigung einer Versicherung auf die Person eines Dritten durch den Versicherer auswirkt.[870] Im Anschluss ist auch der nach hier vertretener Ansicht zu befürwortende Ansatz einer zulässigen Änderungskündigung des Versicherers nach § 314 BGB auf den Basistarif hinsichtlich seiner Auswirkungen auf die Gefahrsperson zu beurteilen (siehe nachfolgend unter F. II. 2. c) bb).

869 *BGH*, Urt. v. 07.12.2011, VersR 2012, 219–222; *BGH*, Urt. v. 07.12.2011, BGHZ 192, 67–84.

870 Auf das Schicksal der Deckung Dritter ist der *BGH* bisher noch nicht eingegangen.

aa) Schutz der Gefahrsperson bei teleologischer Reduktion des § 206 Abs. 1 S. 1 VVG im Hinblick auf § 314 Abs. 1 BGB

Ausgehend von den letzten höchstrichterlichen Entscheidungen[871] hinsichtlich des Anwendungsumfangs des Kündigungsverbots gemäß § 206 Abs. 1 S. 1 VVG im Zweipersonenverhältnis ist damit zu rechnen, dass die Gerichte nunmehr generell eine Anwendung des § 206 Abs. 1 S. 1 VVG im Falle der Kündigung aus wichtigem Grund nach § 314 BGB ablehnen werden.[872] Vor diesem Hintergrund ist die praktische Relevanz der Überprüfung der Auswirkungen der teleologischen Reduktion im Mehrpersonenverhältnis nicht zu unterschätzen. Es ist dabei zwischen den Rechtsfolgen bei Pflichtverletzungen im Sinne des § 314 BGB seitens des Versicherungsnehmers oder der Gefahrsperson zu unterscheiden.

(1) Rechtsfolgen bei Pflichtverletzungen des Versicherungsnehmers

Eine zur Kündigung nach § 314 BGB berechtigende Pflichtverletzung des Versicherungsnehmers betrifft grundsätzlich den gesamten Versicherungsvertrag einschließlich des Versicherungsschutzes der Gefahrsperson.[873] Einer Zurechnung des Verhaltens oder der Kenntnis des Versicherungsnehmers hinsichtlich der Gefahrsperson bedarf es nicht, da der Versicherungsnehmer als Vertragspartner selbst der maßgebliche Bezugspunkt bei Vertragsverletzungen ist. Eine zur Kündigung berechtigende Pflichtverletzung berührt als originäre Vertragsverletzung daher den Bestand des Vertrages und beeinflusst auch das Schicksal der Deckung für die Gefahrsperson.[874] Zwar hat dies zur Folge, dass die Gefahrsperson – selbst bei eigener Redlichkeit und Unkenntnis von der Pflichtverletzung des Versicherungsnehmers – weitgehend schutzlos gestellt ist, doch ist dies im Grundsatz zur Vermeidung einer Schlechterstellung des Versicherers im Mehrpersonenverhältnis grundsätzlich erforderlich und hinnehmbar.[875]

---

871 *BGH*, Urt. v. 07.12.2011, VersR 2012, 219–222; *BGH*, Urt. v. 07.12.2011, BGHZ 192, 67–84.

872 So etwa das *OLG Frankfurt* hinsichtlich eines mitversicherten Dritten, Urt. v. 25.03.2015, VersR 2016, 317–218.

873 *Hübsch* in BK-VVG, § 79, Rn. 8; *Klimke* in Prölss/Martin, VVG, § 45, Rn. 2; *Rixecker* in Römer, VVG, § 47, Rn. 3; *Muschner* in Rüffer/Halbach/Schimikowski, VVG, § 47, Rn. 4.

874 *Brand* in Bruck/Möller, VVG, § 47, Rn. 29; *Dageförde* in Langheid/Wandt, MüKo VVG, § 47, Rn. 9; *Muschner* in Rüffer/Halbach/Schimikowski, VVG, § 47, Rn. 4.

875 Vgl. *Dageförde* in Langheid/Wandt, MüKo VVG, § 47, Rn. 9; *Klimke* in Prölss/Martin, VVG, § 45, Rn. 3.

Bedenken bestehen hinsichtlich einer uneingeschränkten Übertragung dieser Wertentscheidung jedoch, soweit es sich bei dem betroffenen Vertrag (auch) um einen Pflichtversicherungsvertrag im Sinne des § 193 Abs. 3 S. 1 VVG zugunsten der Gefahrsperson handelt. Den schutzwürdigen Interessen des Versicherers steht insofern das Interesse der Allgemeinheit gegenüber, einen nahtlosen Fortbestand des Krankenversicherungsschutzes in der Versichertengemeinschaft unter Erhaltung von Alterungsrückstellungen zu gewährleisten, zu ermöglichen und zu erleichtern. Spiegelbildlich zur Regelung des § 207 Abs. 2 S. 1 VVG, welcher der Gefahrsperson im Falle der Kündigung durch den Versicherungsnehmer ein Fortsetzungsrecht einräumt, könnte ein solches auch bei der Kündigung durch den Versicherer eingreifen. Eine entsprechende Regelung trifft § 206 Abs. 3 S. 1 VVG, der nach seinem Wortlaut jedoch nicht auf die Kündigung aus wichtigem Grund anwendbar ist. Deshalb stellt sich die Frage einer analogen Anwendung.

(a) Analoge Anwendung des § 206 Abs. 3 S. 1 VVG

§ 205 Abs. 3 S. 1 VVG normiert für einen Fall der Kündigung durch den Versicherer ein Fortsetzungsrecht zugunsten der vom Versicherungsnehmer verschiedenen Gefahrsperson. Nach § 206 Abs. 3 S. 1 VVG kann die Gefahrsperson die Fortsetzung des Versicherungsverhältnisses unter Benennung des zukünftigen Versicherungsnehmers unter der Voraussetzung erklären, dass der Versicherer eine Krankheitskosten- oder Pflegekrankenversicherung auf die Person des Dritten wegen Zahlungsverzugs des Versicherungsnehmers wirksam gekündigt hat. Im Hinblick auf die nach § 206 Abs. 1 S. 1 VVG bei Pflichtversicherungsverträgen unstreitig ausgeschlossene Kündigung wegen Prämienverzugs ist der originäre Anwendungsbereich des Fortsetzungsrechts jedoch gering.[876]

Denkbar und sinnvoll ist aber – vorbehaltlich des Bestehens einer planwidrigen Regelungslücke bei vergleichbarer Interessenlage – eine analoge Anwendung des § 206 Abs. 3 S. 1 VVG auf den Fall der außerordentlichen Kündigung eines auf die Person eines Dritten genommenen Pflichtversicherungsvertrages durch den Versicherer gem. § 314 BGB wegen einer Pflichtverletzung des Versicherungsnehmers.[877]

---

876 *Voit* in Prölss/Martin, VVG, § 206, Rn. 18; *Reinhard* in Looschelders/Pohlmann, VVG, § 206, Rn. 13.

877 So entschied auch *OLG Frankfurt*, Urt. v. 25.03.2015, VersR 2016, 317.

(aa) Planwidrige Regelungslücke

Im Falle der außerordentlichen Kündigung eines Pflichtkrankenversicherungsvertrages durch den Versicherer gemäß § 314 BGB, von der die Absicherung der Gefahrsperson betroffen ist, kommt es zu Schutzlücken im Hinblick auf die Fortsetzung des Vertragsverhältnisses durch diese. Das in § 206 Abs. 3 S. 1 VVG geregelte Fortsetzungsrecht erfasst ausdrücklich lediglich den Fall der Kündigung wegen Prämienverzugs des Versicherungsnehmers gemäß § 38 VVG. Dieses Kündigungsrecht steht dem Versicherer nur bei Krankheitskostenversicherungsverträgen zu, die keine Pflicht aus § 193 Abs. 3 S. 1 VVG erfüllen. Eine Regelungslücke besteht daher in doppelter Hinsicht. Zum einen besteht eine Lücke, soweit ein Pflichtkrankheitskostenversicherungsvertrag im Sinne des § 193 Abs. 3 S. 1 VVG betroffen ist, zum anderen, soweit die Kündigung des Versicherers auf einer anderen Pflichtverletzung des Versicherungsnehmers als der des Prämienverzugs beruht.

Folgt man – entgegen der hier vertretenen Ansicht – dem Standpunkt des *BGH*[878] und geht davon aus, dass eine Kündigung nach § 314 BGB nicht durch § 206 Abs. 1 S. 1 VVG ausgeschlossen wird, zeigt sich, dass die Schutz- und Regelungslücke vor dem Hintergrund der gesetzgeberischen Ziele nicht bewusst in Kauf genommen worden oder gewollt gewesen sein kann. Die Planwidrigkeit folgt aus einem Umkehrschluss zu der historischen Auslegung des § 206 Abs. 1 S. 1 VVG durch den *BGH*. Wenn nämlich das absolute Kündigungsverbot einen planwidrigen Regelungsüberschuss darstellen soll, muss die Beschränkung des § 206 Abs. 3 S. 1 VVG auf Kündigungen von Krankheitskostenversicherungen außerhalb von § 193 Abs. 3 S. 1 VVG konsequenterweise ebenfalls eine planwidrige Lücke sein. Hat – wie der *BGH* annimmt[879] – der Gesetzgeber bei der Neufassung des Verbots die Kündigungsregelung des § 314 BGB übersehen, so läge es nahe, auch hinsichtlich des Fortsetzungsrechts davon auszugehen, dass der Gesetzgeber diese zusätzliche Kündigungsmöglichkeit übersehen hat. Dafür spricht schließlich auch das übergeordnete Reformziel, einen nahtlosen und flächendeckenden Versicherungsbestand zu gewährleisten und zu erhalten.[880]

---

878 Siehe ausführlich unter Kapitel F. II. 2. b) aa) (1).

879 *BGH*, Urt. v. 07.12.2011, VersR 2012, 219, 220; *BGH*, Urt. v. 07.12.2011, BGHZ 192, 67, 73.

880 Auch in der Begründung zu § 206 Abs. 4 RegE-VVG stellte die Bundesregierung klar, dass wie im Fall der Kündigung durch den Versicherungsnehmer, die Gefahrsperson das Recht haben muss, die für sie bestehende Krankheitskostenversicherung fortzusetzen und sich damit „den existentiell wichtigen Krankenversicherungsschutz zu erhalten", Reg.-Begr., BT-Drucks. 16/3945, S. 114.

Dieses Ziel würde gefährdet, wenn für die gutgläubige redliche Gefahrsperson keine Möglichkeit bestünde, die Erhaltung ihrer Alterungsrückstellungen durch die Erklärung der Vertragsfortsetzung zu erhalten.

(bb) Vergleichbare Interessenlage

Die Vergleichbarkeit der Interessenlagen hängt davon ab, ob eine Anwendung des Fortsetzungsrechts auf die Kündigung von Pflichtkrankenversicherungsverträgen nach § 314 BGB zweckgerecht ist und dem Sinn des Gesetzes entspricht. Dabei sind die Interessen der Betroffenen – namentlich des Versicherers und der Gefahrsperson – zu berücksichtigen.

Wenig Bedenken bestehen hinsichtlich des Vergleichs der Interessenlagen bei den Krankheitskostenversicherungen im Sinne des § 193 Abs. 3 S. 1 VVG und des § 206 Abs. 3 S. 1 VVG. Diese unterscheiden sich hauptsächlich hinsichtlich ihres Umfangs, nicht aber hinsichtlich ihres grundsätzlichen Regelungsgehalts. Der Pflichtkrankheitskostenversicherung kommt aufgrund ihrer erheblichen rechtlichen und sozialpolitischen Bedeutung gegenüber der sonstigen Krankheitskostenversicherung ein gesteigertes Gewicht zu. Dieses spricht auch dafür, im Wege eines „Erst-Recht-Schlusses" eine Anwendung des Fortsetzungsrechts auf die Pflichtkrankheitskostenversicherung zu bejahen, da gerade bei dieser ein besonderes Interesse daran besteht, die Aufrechterhaltung eines nahtlosen Krankenversicherungsschutzes unter Erhaltung der Alterungsrückstellungen zu gewährleisten und zu erleichtern. Dies entspricht einerseits den schutzwürdigen Interessen der redlichen Gefahrsperson und erfüllt andererseits das gesetzgeberische Ziel zugunsten der Allgemeinheit.

Weniger eindeutig stellt sich die Situation hinsichtlich der Vergleichbarkeit der Kündigungsgründe dar. Auf den ersten Blick scheint die ausdrückliche Beschränkung des Fortsetzungsrechts auf die Kündigung wegen Prämienverzugs dafür zu sprechen, dass eine Kündigung nach § 314 BGB dieser als anderer Kündigungsregelung nicht unmittelbar vergleichbar ist.[881] Etwas Anderes zeigt sich aber bei einem genauen Vergleich der Interessenlagen. Zunächst handelt es sich in beiden Fällen um außerordentliche Kündigungsrechte, welche auf eine schwerwiegende Pflichtverletzung seitens des Versicherungsnehmers zurückgehen. Sowohl der Prämienfolgeverzug als auch Vertragsverletzungen im Sinne des § 314 Abs. 1 S. 2 BGB haben erhebliche negative Auswirkungen auf den

881 Regelmäßig stellen die Versicherer schon durch die Einbeziehung der MB/KK 2009 – konkret des § 14 Abs. 5 MB/KK 2009 – die anderen Kündigungsgründe dem Folgeprämienverzug im Hinblick auf das Fortsetzungsrecht des § 206 Abs. 3 S. 1 VVG gleich.

Versicherer, sodass diese dem Grunde nach vergleichbar sind. Dieses Ergebnis stützt auch die Betrachtung der Interessen der Betroffenen. Die schutzwürdigen Interessen der Gefahrsperson sind stets auf eine erleichterte Aufrechterhaltung des Versicherungsschutzes unter Erhaltung der Alterungsrückstellungen gerichtet. Dabei macht es für die Gefahrsperson keinen Unterschied, ob die Kündigung auf eine wiederholte Prämiensäumnis oder ein anderes erhebliches Fehlverhalten des Versicherungsnehmers zurückgeht, sodass beide Kündigungen vergleichbare Auswirkungen auf die Deckung des Versicherungsschutzes der Gefahrsperson entfalten. Auch für den Versicherer stellt die Erweiterung der Fortsetzungsmöglichkeit für den Fall der Kündigung eines Pflichtversicherungsvertrages aus wichtigem Grund keine relevante Interessenbeeinträchtigung dar. Zwar liegt der Kündigung nach § 314 BGB eine irreversible Störung des Vertrauensverhältnisses zugrunde, doch besteht diese lediglich im Verhältnis zwischen Versicherer und Versicherungsnehmer. Durch die Abgabe der Fortsetzungserklärung setzt sich das Versicherungsverhältnis aber mit einem neuen Versicherungsnehmer fort. Die geringe Belastung des Versicherers durch die Erweiterung des Anwendungsbereichs des § 206 Abs. 3 S. 1 VVG wird zudem durch die branchenüblich verwendeten MB/KK 2009 deutlich, welche in § 14 Abs. 5 MB/KK 2009 ein Fortsetzungsrecht unabhängig vom Kündigungsgrund vorsehen[882].

(b) Zwischenergebnis

Im Ergebnis ist, wenn man mit dem *BGH* von einer teleologischen Reduktion des § 206 Abs. 1 S. 1 BGB für den Fall der Kündigung aus wichtigem Grund nach § 314 BGB ausgeht, zum Schutz der betroffenen Gefahrsperson eine analoge Anwendung des Fortsetzungsrechtes des § 206 Abs. 3 S. 1 VVG geboten. Konsequenterweise ist über das Fortsetzungsrecht hinaus auch die Hinweispflicht des Versicherers gegenüber der Gefahrsperson analog nach § 206 Abs. 3 S. 2 VVG anzuwenden, da die Gefahrsperson bei einer Pflichtkrankenversicherung in gleichem Maße schutzbedürftig ist.

(2) Rechtsfolgen der Pflichtverletzung der Gefahrperson

Verhalten und Kenntnis der Gefahrsperson entfalten, ebenso wie seitens des Versicherungsnehmers, Auswirkungen auf den Versicherungsschutz. Die Pflichtverletzung der Gefahrsperson wirkt sich dabei jedoch unterschiedlich auf die Absicherung ihrer Person und den Versicherungsschutz des

882 *Hütt* in Bach/Moser, PKV, § 14 MB/KK, Rn. 26.

Versicherungsnehmers aus. Es stellt sich daher die Frage, welche Rechtsfolgen eine von der Gefahrsperson begangene Pflichtverletzung im Sinne von § 314 BGB hätte, wenn man mit dem *BGH* eine teleologische Reduktion des § 206 Abs. 1 S. 1 VVG bei der Kündigung aus wichtigem Grund annähme.

(a) Auswirkungen auf den Versicherungsschutz der Gefahrsperson

(aa) Zurechnung von Verhalten und Kenntnis der Gefahrsperson gemäß § 47 Abs. 1 oder § 193 Abs. 2 VVG

Das Verhalten und die Kenntnis einer Gefahrsperson sind nach den Regeln der Versicherung für fremde Rechnung dann zu berücksichtigen, wenn es sich bei der Versicherung auf die Person des Dritten zumindest auch um eine Fremdversicherung für den Versicherungsnehmer handelt.[883] Nach § 47 Abs. 1 VVG, der – wie § 194 Abs. 3 S. 1 VVG klarstellt – auch im Bereich der Krankenversicherung Anwendung findet, kommt es auf die Kenntnis und das Verhalten der Gefahrsperson an, soweit diese auch in der Person des Versicherungsnehmers von rechtlicher Bedeutung sind. Im Rahmen einer Kündigung nach § 314 Abs. 1 BGB begegnen der Zurechnung eines Pflichtverstoßes der Gefahrsperson daher grundsätzlich keine Bedenken. Eine Fremdversicherung liegt – nach hier vertretener Ansicht – regelmäßig bei der Versicherung auf die Person von Ehegatten und sonstigen Dritten vor.[884] Sofern also die Gefahrsperson die Voraussetzungen für die Ausübung des Kündigungsrechts nach § 314 Abs. 1 BGB seitens des Versicherers schafft, muss sie sich die Auswirkungen des Gestaltungsrechts entgegenhalten lassen.[885] Die Kündigung betrifft daher mindestens den auf das Fremdinteresse entfallenden Teil des Versicherungsvertrages.[886]

Etwas Anderes gilt aber, wenn es sich bei der Versicherung auf die Person des Dritten um eine reine Eigenversicherung des Versicherungsnehmers handelt. Nach hier vertretener Ansicht liegt sowohl bei der Versicherung minderjähriger Kinder als auch häufig bei der Versicherung volljähriger unterhaltsberechtigter Kinder eine Versicherung eines eigenen Interesses des (unterhaltspflichtigen)

883 *Dageförde* in Langheid/Wandt, MüKo VVG, § 47, Rn. 3; *Klimke* in Prölss/Martin, VVG, § 47, Rn. 1, 3; *Steinbeck* in Höra, MAH Versicherungsrecht, § 2, Rn. 389. Es kann insofern dahinstehen in welchem Verhältnis § 47 Abs. 1 VVG zu § 193 Abs. 2 VVG steht, da im Falle der Versicherung für fremde Rechnung jedenfalls eine Zurechnung von Verhalten und Kenntnis des Dritten erfolgt.

884 Vgl. dazu oben ausführlich unter B. II. 4. c), d).

885 *Klimke* in Prölss/Martin, VVG, § 47, Rn. 6.

886 *Muschner* in Rüffer/Halbach/Schimikowski, VVG, § 47, Rn. 7; *Rixecker* in Langheid/Rixecker, VVG, § 47, Rn. 8.

Versicherungsnehmers vor.[887] Eine Zurechnung der Pflichtverletzung der versicherten Person über § 47 Abs. 1 VVG scheitert in diesen Fällen an dem Erfordernis einer Versicherung für fremde Rechnung. Für diesen Fall trifft § 193 Abs. 2 VVG aber eine Spezialregelung.[888] § 193 Abs. 2 VVG stellt losgelöst von den §§ 43 ff. VVG klar, dass soweit nach dem VVG Kenntnis und Verhalten des Versicherungsnehmers von rechtlicher Bedeutung sind, dies auch für die Gefahrsperson gilt. Dabei ist zu beachten, dass als Gefahrsperson im Sinne des § 193 VVG sämtliche abgesicherte Dritte unabhängig davon gemeint sind, wessen Interesse durch die Versicherung abgedeckt wird. Die Intention des Gesetzgebers war es mit der Regelung die Lücken zu schließen, die dadurch entstehen, dass im Bereich der Krankenversicherung typischerweise Versicherungen auf die Person von Dritten auch als Eigenversicherungen geschlossen werden.[889] Durch die Sonderregelung wird sichergestellt, dass losgelöst von der Zuordnung des versicherten Interesses, eine Zurechnung des Verhaltens und der Kenntnis der Gefahrsperson erfolgt.[890]

(bb) Verhaltenszurechnung im Hinblick auf § 314 BGB?

Nicht ohne Weiteres möglich erscheint die Anwendung des § 193 Abs. 2 VVG im Falle der Kündigung aus wichtigem Grund gemäß § 314 Abs. 1 BGB. Die Berücksichtigung des Verhaltens und der Kenntnis der Gefahrsperson erfolgt nach § 193 Abs. 2 VVG ausweislich des Wortlauts nur, soweit es „nach diesem Gesetz“, also dem VVG, auf diese ankommt. Bei der Kündigung aus wichtigem Grund handelt es sich jedoch um einen außerhalb des VVG liegenden Tatbestand, sodass eine unmittelbare Anwendung des § 193 Abs. 2 VVG ausscheiden muss.[891]

Über den Wortlaut hinaus ist aber eine analoge Anwendung des § 193 Abs. 2 VVG im Fall der Kündigung nach § 314 BGB geboten. Deutlich wird die planwidrige Regelungslücke sowohl im Hinblick auf das mit § 193 Abs. 2 VVG verfolgte gesetzgeberische Ziel als auch aus einem systematischen Vergleich zu

887 Vgl. dazu oben ausführlich unter B. II. 4. a), b).

888 *Muschner* will § 193 Abs. 2 VVG nur analog auf den Fall der Mitversicherung des Dritten als Gefahrsperson zulassen (Rüffer/Halbach/Schimikowski, VVG, § 47, Rn. 8).

889 Gesetzesbegründung der Bundesregierung zum Gesetzesentwurf zur Reform des Versicherungsvertragsrechts, BT-Drucks. 16/3945 S. 98, 111.

890 *Kalis* in Langheid/Wandt, MüKo VVG, § 193, Rn. 15; *Voit* in Prölss/Martin, VVG, § 193, Rn. 7; *Eichelberger* in Spickhoff, Medizinrecht, § 193, Rn. 5.

891 Hinsichtlich der Parallelregelung in § 156 VVG wurde z.T. eine unmittelbare Anwendung auf den Fall der Arglistanfechtung nach § 123 BGB angenommen. Einen Überblick über Meinungsstand gebend: *Winter* in Bruck/Möller, VVG, § 156, Rn. 22 f.

§ 74 VVG a.F. (§ 47 VVG n.F.). Die spezielle Zurechnungsnorm soll – entsprechend ihrer Parallelvorschrift in § 156 VVG – im Hinblick auf § 47 Abs. 1 VVG entstehende Lücken schließen, die dadurch bedingt sind, dass es sich bei der Versicherung auf die Person eines Dritten um eine Eigenversicherung des Versicherungsnehmers handelt und der Anwendungsbereich der §§ 43 ff. VVG nicht eröffnet ist.[892] Dabei verweist der Gesetzgeber ausdrücklich auf das im Hinblick auf § 47 Abs. 1 VVG bestehende Ergänzungsbedürfnis. Ein Vergleich zeigt, dass die Regelung des § 47 Abs. 1 VVG selbst eine Beschränkung auf Tatbestände innerhalb des VVG gerade nicht kennt. Eine solche Beschränkung ist auch nicht zweckdienlich, um eine Schlechterstellung des Versicherers im Mehrpersonenverhältnis zu verhindern. Sonst trüge der Versicherer im Falle der Versicherung auf die Person von minderjährigen und volljährigen unterhaltsberechtigten Kindern in der Krankheitskostenpflichtversicherung regelmäßig das Risiko, im Falle des erheblichen Fehlverhaltens der Gefahrsperson dem Versicherungsnehmer gegenüber schutzlos zu sein.[893] Um eine vollständige und lückenlose Ergänzung des § 47 Abs. 1 VVG gewährleisten zu können, ist daher die Erweiterung des § 193 Abs. 2 VVG auf die Kündigung nach § 314 BGB geboten. Dieses Ergebnis stützt auch ein Vergleich zu § 74 VVG a.F., der ebenfalls noch die Einschränkung „nach den Vorschriften dieses Gesetzes" enthielt. Vor diesem Hintergrund liegt es vielmehr nahe, dass es sich bei der Beschränkung des § 193 Abs. 2 VVG um ein gesetzgeberisches Redaktionsversehen handelt.

Im Ergebnis wirkt sich daher ein grob fehlerhaftes Verhalten der Gefahrsperson, unabhängig von der Art des versicherten Interesses, nach §§ 47 Abs. 1, 193 Abs. 2 VVG auf ihren Versicherungsschutz aus. Bei Vorliegen der Voraussetzungen des § 314 BGB aufgrund des Verhaltens der Gefahrsperson kann der Versicherer daher – bei Annahme der vom *BGH* befürworteten teleologischen Reduktion des § 206 Abs. 1 S. 1 VVG – den die Gefahrsperson betreffenden Versicherungsvertrag kündigen. Eine analoge Anwendung des § 206 Abs. 3 S. 1 VVG, wie im Falle der Kündigung wegen einer Vertragsverletzung des Versicherungsnehmers im Sinne von § 314 BGB, muss mangels vergleichbarer Interessenlage ausscheiden. Es ist dem Versicherer nicht zumutbar den Vertrag mit der Person fortzusetzen, die zu der Störung des Vertrauensverhältnisses geführt hat. Sonst stünde der Versicherer im Falle der Versicherung auf die Person eines

892 Gesetzesbegründung der Bundesregierung zum Gesetzesentwurf zur Reform des Versicherungsvertragsrechts, BT-Drucks. 16/3945, S. 98, 111.

893 Vgl. ähnlich zur analogen Anwendung der Parallelregelung des § 156 VVG auf die Arglistanfechtung nach § 123 BGB: *Winter* in Bruck/Möller, VVG, § 156, Rn. 21.

Dritten schlechter als bei einem Versicherungsvertrag in einem Zwei-Personenverhältnis. Dieses Ergebnis soll durch die mit § 47 Abs. 1 VVG korrespondierende Regelung des § 193 Abs. 2 VVG aber gerade verhindert werden.[894]

(cc) Zwischenergebnis

Geht man von der vom *BGH* befürworteten teleologischen Reduktion des § 206 Abs. 1 S. 1 VVG für die Kündigung nach § 314 BGB aus, berechtigt sowohl ein Verhalten des Versicherungsnehmers als auch der Gefahrsperson im Sinne von § 314 BGB den Versicherer zur Beendigung des Versicherungsvertrags hinsichtlich des Versicherungsschutzes der Gefahrsperson. Nur im Falle der Kündigung wegen einer Vertragsverletzung des Versicherungsnehmers steht der Gefahrsperson analog § 206 Abs. 3 S. 1 VVG ein Fortsetzungsrecht zu. Bei eigener Vertragsverletzung der Gefahrsperson, die zur Kündigung durch den Versicherer führt, endet die Deckung für die Gefahrsperson ohne Fortsetzungsmöglichkeit.

(b) Auswirkungen auf den Versicherungsschutz des Versicherungsnehmers

Die erhebliche Pflichtverletzung der Gefahrsperson betrifft wegen der Zurechnung nach §§ 193 Abs. 2, 47 Abs. 1 VVG auch den redlichen und gutgläubigen Versicherungsnehmer in seiner vertraglichen Rechtsposition. Allerdings gilt insofern etwas anderes, als der eigene Versicherungsschutz des Versicherungsnehmers betroffen ist. Für den Fall, dass der Versicherungsnehmer neben dem Versicherungsschutz der Gefahrsperson seinen eigenen Versicherungsschutz im Rahmen eines einheitlichen Vertrags absichert, treffen den Versicherungsnehmer insoweit grundsätzlich nicht die Folgen des pflichtwidrigen Handelns der Gefahrsperson.[895] Das Eigeninteresse des Versicherungsnehmers wird durch die Regelung des § 47 Abs. 1 VVG nicht berührt, die lediglich eine Zurechnung vorsieht, soweit es sich um die Versicherung fremder Interessen handelt. Auswirkungen auf den eigenen Versicherungsschutz des Versicherungsnehmers entfaltet das Verhalten der Gefahrsperson nach den allgemeinen Grundsätzen nur dann, wenn es sich bei dieser um dessen Repräsentanten oder Wissenserklärungsvertreter handelt.[896]

---

894 *Klimke* in Prölss/Martin, VVG, § 47, Rn. 1; *Rixecker* in Langheid/Rixecker, VVG, § 47, Rn. 1.

895 *Dageförde* in MüKo VVG, § 47, Rn. 5; *Klimke* in Prölss/Martin, VVG, § 47, Rn. 10; *Muschner* in Rüffer/Halbach/Schimikowski, VVG, § 47, Rn. 7.

896 *Klimke* in Prölss/Martin, VVG, § 47, Rn. 10; *Rixecker* in Langheid/Rixecker, VVG, § 47, Rn. 1; *Muschner* in Rüffer/Halbach/Schimikowski, VVG, § 47, Rn. 7.

bb) Schutz der Gefahrsperson bei einer Änderungskündigung auf den Basistarif

Ausgehend von der hier vertretenen Auffassung, dass eine vollständige Kündigung des Versicherungsvertrages durch den Versicherer auch im Falle des § 314 BGB ausgeschlossen ist und § 206 Abs. 1 S. 1 VVG lediglich eine Änderungskündigung der über den Basistarif hinausgehenden Tarife zulässt, ist auch für diesen Fall eine Betrachtung der Auswirkungen auf den Versicherungsschutz der Gefahrsperson geboten.

Soweit das kündigungsrelevante Verhalten oder die Kenntnis in der Sphäre der Gefahrsperson liegen, ergeben sich keine Schwierigkeiten, die Auswirkungen der Änderungskündigung auf den Drittversicherungsschutz zu ermitteln. Das nach §§ 193 Abs. 2, 47 Abs. 1 VVG dem Versicherungsnehmer zuzurechnende Fehlverhalten berechtigt unabhängig von der Art des versicherten Interesses den Versicherer zur Änderungskündigung des Versicherungsschutzes bis auf den Basistarif. Genauso, wie dem Versicherer das Festhalten an dem vollumfänglichen Vertrag trotz schwerster Vertragsverletzung des Versicherungsnehmers nicht zugemutet werden kann, ist ihm hinsichtlich des Krankenversicherungsschutzes der vertragsfeindlichen Gefahrsperson eine beschränkte Loslösung im Hinblick auf das gestörte Vertrauen zu gewähren.

Einer näheren Betrachtung bedarf demgegenüber die rechtliche Situation der Gefahrsperson, wenn nur der Versicherungsnehmer selbst einen Grund im Sinne des § 314 Abs. 1 BGB schafft und der Versicherer daraufhin die (Teil)-Kündigung erklärt. Im Grundsatz ist die Verletzung als originäre Vertragspflichtverletzung für den gesamten Vertrag von Relevanz.[897] Das hieße für die Gefahrsperson, dass sie die Kündigung bezüglich der über den Basistarif hinausgehenden Tarife und den diesbezüglichen Verlust der Alterungsrückstellungen hinnehmen müsste. Eine Vertragsübernahme durch die Erklärung der Fortsetzung des gesamten Versicherungsverhältnisses nach § 206 Abs. 3 S. 1 VVG analog wäre mangels Erlöschens des Vertragsverhältnisses mit dem Versicherungsnehmer nicht möglich.

Zu erwägen ist aber ein Fortsetzungsrecht der Gefahrsperson in analoger Anwendung des § 206 Abs. 3 S. 1 VVG, welches sich auf den gekündigten Teil des Vertrags bezieht.[898] Dafür sprechen gleich mehrere Gründe. Zunächst ist es dem privaten Krankenversicherungsrecht nicht fremd, dem Versicherer

897 Siehe dazu oben ausführlich unter F. II. 2. a) bb).

898 So zur Parallelvorschrift bei der Kündigung durch den Versicherungsnehmer: *Boetius*, PKV, § 207 VVG, Rn. 38.

Teilkündigungen hinsichtlich einzelner Tarife zuzumuten. Nach § 205 Abs. 1 S. 2 VVG kann der Versicherungsnehmer seine Kündigung grundsätzlich auf einzelne Tarife und Personen beschränken. Dies kann zur Folge haben, dass der Versicherer Tarifkonstellationen hinnehmen muss, die er im Rahmen eines selbständigen Vertrages so nicht abgeschlossen hätte.[899] Dem Versicherer steht im Fall der tarifbezogenen Teilkündigung nicht wie im spiegelbildlichen Fall dem Versicherungsnehmer nach § 205 Abs. 5 S. 1 VVG ein korrespondierendes Gesamt- oder Restkündigungsrecht zu. Es ist daher nicht einzusehen, warum der Versicherer im Falle der Teilkündigung durch den Versicherungsnehmer an einen Vertrag mit atypischem Tarif gebunden sein soll, er eine Fortsetzung des Vertrages mit der Gefahrsperson hinsichtlich des über den Basistarif hinausgehenden Teils aber ablehnen können soll, wenn er selbst eine Teilkündigung ausspricht. Darüber hinaus wird bei vergleichender wertender Betrachtung auch deutlich, dass die redliche Gefahrsperson hinsichtlich des Erhalts der Alterungsrückstellungen und der Absicherung des Krankheitskostenrisikos im Falle der Änderungskündigung des Versicherers nach § 314 BGB nicht schlechter stehen darf als im Falle der vollständigen Beendigung des Pflichtkrankenversicherungsvertrages. Eine vollständige Kündigung soll vor dem übergeordneten gesetzgeberischen Ziel, der Sicherung eines ununterbrochenen Krankenversicherungsfortbestands, gerade unbedingt vermieden werden.

Im Ergebnis ist daher in analoger Anwendung des § 206 Abs. 3 S. 1 VVG von einem Fortsetzungsrecht der Gefahrsperson, unter Benennung eines neuen Versicherungsnehmers, hinsichtlich der über den Basistarif hinausgehenden Tarife auszugehen.

cc) Reformbedarf und -vorschlag

Die Analyse der Auswirkungen der jeweiligen Auslegung des Kündigungsverbots des § 206 Abs. 1 S. 1 VVG auf die Rechtsposition und das Schicksal der Deckung für die Gefahrsperson zeigt weiteren Reformbedarf auf. In Ergänzung zur erforderlichen Überarbeitung des § 206 Abs. 1 S. 1 VVG[900] sollte – vor dem Hintergrund eines ansonsten drohenden Rechtsverlustes der Gefahrsperson – bei jeder Kündigung einer Pflichtversicherung nach § 314 BGB wegen einer Pflichtverletzung des Versicherungsnehmers der Gefahrsperson ein Fortsetzungsrecht im

899 *Hütt* in Langheid/Wandt, MüKo VVG, § 205, Rn. 13; *Reinhard* in Looschelders/Pohlmann, VVG, § 205, Rn. 6; *Brömmelmeyer* in Schwintowski/Brömmelmeyer, PK-Versicherungsrecht, § 205, Rn. 8; *Eichelberger* in Spickhoff, Medizinrecht, § 205 VVG, Rn. 5.

900 Siehe dazu unter F. II. 2. b) bb).

Umfang der Kündigung eingeräumt werden. Bisher besteht ein solches nur aufgrund der analogen Anwendung des § 206 Abs. 3 VVG. Da nach hier vertretener Ansicht im Ergebnis nur eine Änderungskündigung der über den Basistarif hinausgehenden Tarife durch den Versicherer nach § 206 Abs. 1 S. 1 VVG möglich ist und auch in Zukunft möglich bleiben soll (vgl. § 206 Abs. 1 S. 1 VVG-E),[901] bedarf es in Ergänzung zu § 206 Abs. 3 S. 1 VVG nur insoweit der Normierung eines Fortsetzungsrechts zugunsten der Gefahrsperson. Dies könnte etwa in Form eines § 206 Abs. 4 VVG-E wie folgt lauten:

> „[1]*Wird eine Krankheitskostenversicherung, die eine Pflicht aus § 193 Abs. 3 S. 1 VVG erfüllt, durch den Versicherer im Umfang des § 206 Abs. 1 S. 1 VVG-E gekündigt, ist die versicherte Person berechtigt, die Fortsetzung der gekündigten Tarife im Rahmen eines neuen Versicherungsverhältnisses unter Benennung des künftigen Versicherungsnehmers zu erklären; die Prämie ist ab Beginn des neuen Versicherungsverhältnisses zu leisten.* [2]*Satz 1 gilt nicht, wenn die Kündigung auf einer Pflichtverletzung der versicherten Person beruht.* [3]*[Satz 3 und 4 entsprechen § 206 Abs. 3 S. 2, 3 VVG].*“[902]

Durch diese Regelung würde sichergestellt, dass die Gefahrsperson bei einer Änderungskündigung des Versicherers auf den Basistarif wegen einer gravierenden Pflichtverletzung des Versicherungsnehmers keinen schlechteren Versicherungsschutz sowie den Verlust von Alterungsrückstellungen hinnehmen müsste. Wenn ihr eigenes Verhalten aber zu der Teil-/Änderungskündigung durch den Versicherer führt, fehlt es an der Schutzwürdigkeit der Gefahrsperson. Wie zuvor festgestellt ist es dem VVG auch nicht fremd, dass der Versicherer Tarifkonstellationen hinnehmen muss, die er im Rahmen eines selbstständigen Vertrages so nicht anbieten würde.[903] Im Ergebnis ist diese Regelung daher geboten, um die Einschränkungen der Dispositionsfreiheit des Versicherers so gering wie möglich zu halten und gleichzeitig die redliche Gefahrsperson vor dem Verlust der Alterungsrückstellungen und ihres umfangreichen Krankenversicherungsschutzes zu bewahren.

3. Ergebnis

Trotz des in § 206 Abs. 1 S. 1 VVG geregelten Kündigungsverbots muss dem Versicherer im Falle schwersten vertragsbezogenen Fehlverhaltens des Versicherungsnehmers oder der Gefahrsperson eine Loslösung von dem Vertrag

901 Siehe § 206 Abs. 1 S. 1 VVG-E unter F. II. 2. b) bb).
902 §206 Abs. 4 VVG würde § 206 Abs. 5 VVG-E.
903 Siehe oben unter F. II. 2. c) bb).

in einem gewissen Rahmen möglich sein. In Abwägung mit dem besonderen gesetzgeberischen Interesse an einem gesicherten Fortbestand eines ununterbrochenen Krankenversicherungsschutzes ist dem Versicherer daher eine Änderungskündigungsmöglichkeit auf den Basistarif zuzugestehen. Geht man abweichend mit dem *BGH* davon aus, dass im Fall des § 314 BGB der Anwendungsbereich des § 206 Abs. 1 S. 1 VVG vollständig teleologisch zu reduzieren ist, kann der Versicherer den Pflichtversicherungsvertrag sogar vollständig kündigen. Entsprechend der jeweiligen Auslegung des § 206 Abs. 1 S. 1 VVG entfaltet die Kündigung des Versicherers unterschiedliche Auswirkungen auf den Versicherungsschutz der Gefahrsperson. Soweit der Kündigung kein zurechenbares Fehlverhalten der Gefahrsperson zugrunde liegt, ist dieser in unterschiedlichem Umfang nach § 206 Abs. 3 S. 1 VVG analog ein Fortsetzungsrecht unter Benennung eines neuen Versicherungsnehmers zuzugestehen. Vor dem Hintergrund der aufgrund der aktuellen Gesetzesfassung bestehenden Auslegungsschwierigkeiten und Regelungslücken ist eine Reform des § 206 VVG zu befürworten.

III. Kündigung durch die Gefahrsperson

Bei der Versicherung auf die Person eines Dritten in der Krankheitskostenversicherung kann sich die Frage ergeben, ob nicht der Gefahrsperson in bestimmten Konstellationen ein Loslösungsrecht von dem Versicherungsvertrag, der ihre Krankheitskostenabsicherung betrifft, zustehen muss. Bei der Absicherung des Pflichtkrankenversicherungsschutzes handelt es sich dem Grunde nach – zumindest wenn das eigenen Interesse der Gefahrsperson versichert wird – um einen persönlichen Belang des Einzelnen. Daher liegt es nahe zu erwägen, ob die Auswahl von Versicherer und Versicherungsumfang ohne das Risiko von Zuständigkeitsstreitigkeiten, bei ansonsten drohender Mehrfachversicherung im Sinne von § 77 Abs. 1 S. 1 VVG, unter bestimmten Voraussetzungen nicht in der Hand der Gefahrsperson selbst liegen sollte. Im Rahmen der Beurteilung dieser Frage sind neben den Interessen der Gefahrsperson auch die im Innenverhältnis zwischen Gefahrsperson und Versicherungsnehmer bestehenden Bindungen zu berücksichtigen.[904]

904 Zu den rechtlichen Beziehungen im Innenverhältnis oben ausführlich unter B. II. 3., 4.

1. Sonderfall der Versicherung auf die Person eines Ehegatten?

Bei der Versicherung auf die Person eines Ehegatten sind neben den versicherungsrechtlichen auch die familienrechtlichen Besonderheiten zu beachten, die hinsichtlich einer Ausübungsbefugnis von Gestaltungsrechten von Bedeutung sein könnten. Als rechtliche Grundlage für ein Kündigungsrecht des als Gefahrsperson versicherten Ehegatten kommt insofern die Regelung des § 1357 BGB in Betracht, welche vom Güterstand unabhängig die Mitverpflichtung und -berechtigung des nicht kontrahierenden Ehegatten regelt. Diese soll nach zutreffender ganz überwiegender Meinung auch die Befugnis einschließen, die in Bezug auf den Vertrag zur Verfügung stehenden Gestaltungsrechte auszuüben und selbstständig die entsprechenden Erklärungen abzugeben.[905] Dies hat der *BGH* zuletzt auch ausdrücklich für Versicherungsverträge bestätigt.[906] Die Voraussetzungen einer Anwendung des § 1357 BGB sind im Falle des Abschlusses einer Krankheitskostenversicherung jedoch generell nicht erfüllt. Die Regelung des § 1357 BGB setzt voraus, dass es sich bei dem abgeschlossenen Vertrag um ein Geschäft zur angemessenen Deckung des Lebensbedarfs handelt. Hinsichtlich des Abschlusses von Krankheitskostenpflichtversicherungen fehlt es jedoch generell an der Angemessenheit des Geschäfts im Sinne des § 1357 BGB. Es ist aufgrund der Länge der regelmäßigen Vertragslaufzeit, des großen Leistungsspektrums sowie der erheblichen Bedeutung der persönlichen Krankenvorsorge für den Einzelnen nicht davon auszugehen, dass solche Vertragsabschlüsse ohne vorherige Verständigung zwischen den Ehegatten erfolgen, sodass eine Anwendung des § 1357 BGB in diesem Vertragsbereich generell unterbleiben muss.[907]

2. Kündigungsrecht bei Fremdversicherungen aus dem Vertrag zugunsten Dritter und den §§ 43 ff. VVG?

Bei der Mitversicherung von Ehegatten und sonstigen Dritten handelt es sich nach hier vertretener Ansicht regelmäßig um Fremdversicherungen im Sinne der §§ 43 ff. VVG und somit um echte Verträge zugunsten Dritter im Sinne von § 328 BGB.[908] Es gilt daher zu klären, ob im Falle der Versicherung des Krankenversicherungsschutzes für fremde Rechnung ein etwaiges Kündigungsrecht der

905 *Hahn* in Bamberger/Roth, BeckOK BGB, § 1357, Rn. 30; *Kroll-Ludwigs* in Erman, BGB, § 1357, Rn. 18; *Roth* in MüKo BGB, § 1357, Rn. 41; *Voppel* in Staudinger, BGB, § 1357, Rn. 80; *Wellenhofer*, Familienrecht, § 10, Rn. 21.

906 *BGH*, Urt. v. 28.02.2018, NZFam 2018, 327, 329 f. (zur Vollkaskoversicherung).

907 Siehe dazu ausführlich unter C. III. 2. b) cc) (3) (c) (cc) (aaa).

908 Siehe dazu ausführlich unter B. II. 4. c) und d).

Gefahrsperson aus den – durch §§ 44, 45 VVG modifizierten – Regelungen zum Vertrag zugunsten Dritter folgt.

a) Grundsatz

Der Vertrag zugunsten Dritter wird zwischen Versicherungsnehmer und Versicherer geschlossen. Dabei wird der Dritte zwar Beteiligter des Vertrages, nicht aber Vertragspartei.[909] Folge des Vertrags zugunsten Dritter ist grundsätzlich nach § 328 Abs. 1 BGB, dass der Dritte unmittelbar das Recht erwirbt, die Leistung zu fordern. Diese Grundregel wird sowohl durch die §§ 44, 45 VVG als auch durch § 194 Abs. 3 S. 2 VVG grundlegend abgeändert. Nach den §§ 44, 45 VVG erwirbt der Dritte grundsätzlich nur die materielle Anspruchsberechtigung, nicht aber die formelle Verfügungsbefugnis über den Anspruch. Etwas anderes gilt in der privaten Krankheitskostenversicherung nach § 194 Abs. 3 S. 2 VVG nur dann, wenn die Gefahrsperson durch den Versicherungsnehmer als Empfangsberechtigte der Versicherungsleistung benannt wird. In diesem Fall erlangt die Gefahrsperson, deren Interesse versichert ist, auch die Verfügungsbefugnis. Grundsätzlich nicht in die Sphäre des Dritten im Sinne von § 328 Abs. 1 BGB fallen aber – losgelöst von der versicherungsrechtlichen Empfangsberechtigung – die Gestaltungsrechte, welche sich auf den Vertrag als solchen auswirken.[910] Dazu zählt insbesondere auch die Kündigung, die den Bestand des Vertrages als Ganzes betrifft. Die Kündigungsbefugnis verbleibt im Regelfall beim Versicherungsnehmer als Vertragspartei.[911] Nichts anderes folgt aus den §§ 44 ff. VVG.[912] Ohne dass besondere Umstände hinzutreten, folgt aus der Rechtsstellung der Gefahrsperson im Rahmen der §§ 43 ff. und den Regeln des Vertrags zugunsten Dritter kein eigenes Kündigungsrecht des Dritten.

b) Ausnahmen

Unter bestimmten Umständen könnte der im Sinne der §§ 43 ff., 194 Abs. 3 VVG abgesicherten Gefahrsperson aber ausnahmsweise eine eigene Kündigungsbefugnis aus abgetretenem Recht gegenüber dem Versicherer zustehen.

---

909 *Hadding* in Soergel, BGB, § 328, Rn. 14.

910 *Janoschek* in Bamberger/Roth, BeckOK BGB, § 328, Rn. 20; *Schulze* in Schulze, HK-BGB, § 328, Rn. 11; *Hadding* in Soergel, BGB, § 328, Rn. 35b; *Klumpp* in Staudinger, BGB, § 328, Rn. 79.

911 Anstatt vieler: *Gottwald* in MüKo BGB, § 335, Rn. 7.

912 Siehe ausführlich oben unter B. II. 2. d) aa).

aa) Abtretung des Kündigungsrechts an Gefahrsperson

Das Kündigungsrecht ist nach allgemeiner Meinung als vertrags- und nicht forderungsbezogenes Gestaltungsrecht selbstständig abtretbar.[913] Dem Grunde nach besteht somit die Möglichkeit einer Übertragung des Kündigungsrechts auf die Gefahrsperson. Insofern gelten für die private Krankenversicherung keine Besonderheiten, insbesondere ist das Kündigungsrecht nicht mit Rücksicht auf die besondere Natur des Rechtsverhältnisses unübertragbar.[914] Für die Auflösung des Spannungsverhältnisses zwischen diesem allgemeinen zivilrechtlichen Grundsatz und dem möglicherweise berechtigten Interesse der Gefahrsperson, selbst über den Bestand des konkreten Versicherungsvertrags zu entscheiden, sind verschiedene rechtliche Lösungsansätze denkbar. Neben einer Übertragung durch ausdrückliche Abtretung sind auch eine konkludente Abtretung des Kündigungsrechts an den empfangsberechtigten Dritten sowie ein Anspruch auf Übertragung in Betracht zu ziehen.

(1) Übertragung durch Abtretungsvertrag

Es steht dem Versicherungsnehmer und der Gefahrsperson aufgrund der grundsätzlichen Abtretbarkeit von Kündigungsrechten frei, sich im Rahmen eines (ausdrücklichen) Abtretungsvertrags über den Übergang des Kündigungsrechts nach §§ 398, 413 BGB zu einigen. Dessen Wirksamkeit bestimmt sich nach den allgemeinen bürgerlich-rechtlichen Vorschriften und unterliegt keiner besonderen Form.[915] Auf eine Mitteilung der Abtretung gegenüber dem Versicherer kommt es zur Wirksamkeit der Abtretung nicht an, da dieser ausreichend durch die Schuldnerschutzvorschriften der §§ 404 ff. BGB geschützt ist. In der Praxis wird eine ausdrückliche Übertragung jedoch regelmäßig nicht stattfinden.

(2) Konkludente Abtretung an die empfangsberechtigte Gefahrsperson als Regelfall?

Die Kündigungsbefugnis der Gefahrsperson könnte auch aus einem konkludent geschlossenen Abtretungsvertrag mit dem Versicherungsnehmer folgen. Der

913 In einem obiter dictum anerkannt: *BGH*, Urt. v. 26.01.2012, NJW 2012, 1510, 1512 (Rn. 13); *OLG Karlsruhe*, Urt. v. 01.08.1991, RuS 1992, 325, 325; *Roth/Kieninger* in MüKo BGB, § 413, Rn. 11 f.; *Schreiber* in Soergel, BGB, § 413, Rn. 3; *Busche* in Staudinger, BGB, § 413, Rn. 13.

914 So beispielsweise für das Widerrufsrecht bei Schenkungsverträgen nach § 530 BGB angenommen: *Busche* in Staudinger, BGB, § 413, Rn. 12.

915 Anstatt vieler: *Schreiber* in Soergel, BGB, § 398, Rn. 1 f.

stillschweigende Abschluss eines Abtretungsvertrages setzt für seine Wirksamkeit voraus, dass seitens der Beteiligten zumindest ein Bewusstsein dahingehend vorliegt, dass eine Übertragung stattfinden soll und für die Übertragung möglicherweise eine Willenserklärung erforderlich ist.[916]

Für das Vorliegen eines konkludenten Abtretungsangebots bedarf es eines tatsächlichen Anknüpfungspunkts, aus welchem der Wille des Versicherungsnehmers zur Übertragung des Kündigungsrechts auf die Gefahrsperson folgt.[917] Auf den ersten Blick mag insofern die objektive Anknüpfung an die unwiderrufliche Benennung der Gefahrsperson als Empfangsberechtigte als denkbar erscheinen. Diese hat nach § 194 Abs. 3 S. 1 VVG zur Folge, dass ausschließlich die Gefahrsperson das formelle Recht erlangt, die Versicherungsleistung zu fordern. Es könnte also erwogen werden, dass, wenn die Gefahrsperson schon alleinig über die Forderung der Versicherungsleistung entscheiden und verfügen können soll, sie aus Sicht des Versicherungsnehmers auch den weiteren Fortbestand des Vertrags in der Hand haben soll. Die Annahme der konkludenten Abtretung des Kündigungsrechts an die unwiderruflich als bezugsberechtigt benannte Gefahrsperson als Regelfall ist aber aus verschiedenen Gründen abzulehnen.

Gegen diesen Ansatz sprechen vorrangig systematische Erwägungen. Bei der Versicherung für fremde Rechnung wird allgemein kein standardmäßig konkludent abgetretenes Kündigungsrecht des Versicherten im Sinne von § 43 Abs. 1 VVG angenommen. Die Versicherung für fremde Rechnung stellt einen Standardfall des Vertrags zugunsten Dritter gemäß § 328 Abs. 1 BGB dar, der ebenfalls nur den Übergang des Leistungsforderungsrechts, nicht aber der vertragsbezogenen Gestaltungsrechte auf die Gefahrsperson kennt.[918] Es liefe also dem Regelungsgefüge der §§ 328 ff. BGB sowie der §§ 43 ff. VVG zuwider, wenn allein von einer Übertragung der Verfügungsbefugnis über den Leistungsanspruch die Ausübungsbefugnis im Hinblick auf die den Grundbestand des Vertrages betreffenden Gestaltungsrechte abhinge. Der Gesetzgeber wollte durch die Möglichkeit der Bestimmung der Empfangsberechtigung lediglich die Durchsetzung des Leistungsanspruchs zugunsten der Gefahrsperson verbessern, ihr aber nicht die Gesamtherrschaft über den Vertrag einräumen. Zudem dürfte es zumeist auch an dem Zugang des gemäß § 130 Abs. 1 S. 1 BGB empfangsbedürftigen Abtretungsangebots des Versicherungsnehmers bei der Gefahrsperson fehlen, da die Benennung der Gefahrsperson als Empfangsberechtigte im Sinne

916 *Roth/Kieninger* in MüKo BGB, § 398, Rn. 14.
917 *Armbrüster* in MüKo BGB, Vor § 116, Rn. 8.
918 Siehe dazu oben ausführlich unter F. III. 2. a).

des § 194 Abs. 3 S. 1 VVG nur gegenüber dem Versicherer als Versprechendem erfolgt. Eine konkludente Abtretung ist darüber hinaus erst recht dann abzulehnen, wenn der Versicherungsnehmer zumindest auch eigene Interessen an der Krankheitskostenabsicherung der Gefahrsperson mitversichert, es sich also bei der Versicherung auf die Person des Dritten nicht um eine reine Fremdversicherung handelt. In diesem Fall stehen schon die eigenen Interessen des Versicherungsnehmers der Annahme eines vermeintlichen Abtretungswillens entgegen.

bb) Anspruch auf Übertragung des Kündigungsrechts

Im Hinblick auf die besondere Rechtsstellung der Gefahrsperson im Bereich der Krankheitskostenpflichtversicherung gemäß § 193 Abs. 3 S. 1 VVG stellt sich aber die Frage, ob unter bestimmten Umständen der Gefahrsperson zumindest die Möglichkeit eingeräumt werden muss, die Beendigung des Versicherungsvertrages auch ohne ausdrückliche oder konkludente Abtretung des Kündigungsrechts herbeizuführen und durchzusetzen. Dazu bedarf es neben schutzwürdiger Interessen der Gefahrsperson, denen keine hinreichenden Eigeninteressen des Versicherungsnehmers entgegenstehen, einer entsprechenden Anspruchsgrundlage.

(1) Schutzwürdiges Interesse der Gefahrsperson an Kündigungsrecht

Ein ausreichendes schutzwürdiges Interesse der Gefahrsperson an der Beendigung des Krankenversicherungsvertrags kommt in zwei Konstellationen in Betracht. Dies ist einerseits bei reinen Fremdversicherungen der Fall, die also ausschließlich das Interesse der Gefahrsperson versichern.[919] Andererseits ist eine solche Möglichkeit zu erwägen, wenn aufgrund eines erheblichen Fehlverhaltens des Versicherungsnehmers der Versicherer eine (Änderungs-)Kündigung gemäß § 314 BGB[920] im Hinblick auf den Versicherungsschutz der Gefahrsperson ausspricht. In beiden Fällen besteht ein besonderes schutzwürdiges Interesse der Gefahrsperson daran, selbst über die Beendigung des Vertrages, welcher den eigenen Krankenversicherungsschutz betrifft, zu entscheiden. Der Gefahrsperson stünde es zwar grundsätzlich offen, einen eigenen parallelen

919 Nach hier vertretener Ansicht ist das regelmäßig bei Ehegatten und sonstigen Dritten der Fall, siehe dazu oben ausführlich unter B. II. 4. c), d).

920 Der Umfang der Kündigung hängt davon ab, ob mit der hier vertretenen Ansicht nur eine Änderungskündigung für möglich gehalten wird, oder im Einklang mit der höchstrichterlichen Rechtsprechung, die Möglichkeit einer vollständigen Vertragsbeendigung gem. § 314 BGB angenommen wird. Siehe dazu oben ausführlich unter F II. 2. b) aa) (1).

Krankheitskostenversicherungsvertrag abschließen, was aber in der Regel im Hinblick auf etwaige Zuständigkeitsprobleme im Leistungsfall sowie potentielle Haftungsrisiken bei fehlerhafter Anzeige der Mehrfachversicherung nicht dem dauerhaften Interesse der Gefahrsperson entsprechen wird.

(a) Interesse bei reinen Fremdversicherungen

Bei reinen Fremdversicherungen folgt das Vertragsgestaltungsinteresse der Gefahrsperson schon aus der Natur der Fremdversicherung selbst. Diese sichert ausschließlich das eigene Interesse der Gefahrsperson an der Abdeckung ihrer Krankheitskosten ab. Da es sich zudem bei der Regelung und der Ausgestaltung des Krankenversicherungsschutzes um einen persönlichen Belang des Einzelnen handelt und einer Verlagerung des Kündigungsrechts keine eigenen berechtigten Interessen des Versicherungsnehmers an der Aufrechterhaltung des Drittschutzes entgegenstehen, muss es für die Gefahrsperson möglich sein, ohne das Risiko einer Mehrfachversicherung selbstbestimmt ihren Krankheitskostenversicherungsschutz regeln zu können. In dieser Situation wird rein praktisch auch der Versicherungsnehmer selbst an einem Aufrechterhalten des Drittversicherungsschutzes kein Interesse haben, sodass diese Fallgruppe eher theoretischer Natur sein dürfte.

(b) Interesse bei Änderungskündigung des Versicherers gemäß § 314 BGB

Eine im Hinblick auf die oben dargestellte Interessenslage vergleichbare Situation entsteht, wenn der Versicherer den Krankenversicherungsschutz der Gefahrsperson wegen einer schwerwiegenden Pflichtverletzung des Versicherungsnehmers gemäß § 314 Abs. 1 BGB hinsichtlich aller über den Basistarif hinausgehender Tarife kündigt.[921] Ein über den Basistarif hinausgehender Schutz kann dann nur durch einen Vertragsabschluss der Gefahrsperson selbst beziehungsweise der teilweisen Vertragsfortsetzung gemäß § 206 Abs. 3 S. 1 VVG analog gesichert werden.[922] Die Gefahrsperson hat aber regelmäßig ein Interesse daran, ihre private Krankheitskostenvorsorge einheitlich zu regeln. Würde man der Gefahrsperson, die ursprünglich über eine gemischte Fremd- und Eigenversicherung des Versicherungsnehmers voll abgesichert war, keine Möglichkeit zugestehen, sich wegen des parallel bestehenden Eigeninteresses des Versicherungsnehmers von der Versicherung im Basistarif zu befreien, führte dies daher zu unbilligen Ergebnissen. Auch steht das grundsätzlich schutzwürdige Eigeninteresse des Versicherungsnehmers wegen der in seiner Sphäre liegenden schwerwiegenden

921 Siehe dazu oben ausführlich unter F. II. 2. b) aa) (1) (e).

922 Siehe dazu oben unter F. II. 2. c) bb).

Pflichtverletzung im Sinne von § 314 Abs. 1 BGB der grundsätzlichen Verlagerung des Gestaltungsinteresses auf die Gefahrsperson nicht entgegen. In diesen Fällen ist es praktisch auch durchaus denkbar, dass der Versicherungsnehmer wegen der Absicherung seines zugleich bestehenden eigenen Interesses durch die Versicherung auf die Person des Dritten im Basistarif, einer Kündigung nicht zustimmen würde. Würde er die Kündigung erklären und die Gefahrsperson selbst den Versicherungsschutz bestimmen, so würde den Versicherungsnehmer wohlmöglich eine höhere Ausgleichsverpflichtung aufgrund unterhaltsrechtlicher Verpflichtungen im Innenverhältnis zu der Gefahrsperson treffen. Gerade in diesen Konstellationen könnte ein Anspruch der Gefahrsperson daher relevant werden.

(2) Anspruchsgrund und Anspruchsinhalt

Der auf eine Vertragsbeendigung durch den Versicherungsnehmer gerichtete Anspruch der Gefahrsperson findet seinen Grund im Gedanken von Treu und Glauben im Sinne von § 242 BGB. Dieser von Billigkeitserwägungen getragene Grundsatz kann in Fällen, in denen -wie vorliegend in den beiden Konstellationen – eine Interessenabwägung einen Billigkeitsausgleich gebietet, auch als Grundlage für die Gewährung von Rechten dienen.[923] In dem Fall einer gemischten Fremd- und Eigenversicherung, die gemäß § 314 Abs. 1 S. 1 BGB durch eine Änderungskündigung des Versicherers auf den Basistarif beschränkt wurde, folgt der Anspruch auf Herbeiführung der (vollständigen) Vertragsbeendigung aus einer durch § 242 BGB konkretisierten Nebenpflicht aus dem Unterhaltsverhältnis zwischen Versicherungsnehmer und Gefahrsperson.[924] Demgegenüber folgt bei sonstigen Personen im Sinne dieser Arbeit, d.h. bei reinen Fremdversicherungen, der Anspruch der Gefahrsperson unmittelbar aus § 242 BGB.

Inhaltlich ist der Anspruch auf die Verpflichtung zur Erklärung der Kündigung durch den Versicherungsnehmer gerichtet. Diesen Erfolg könnte die erfolgreich klagende Gefahrsperson über § 894 ZPO (analog) somit auch gerichtlich herbeiführen.[925]

923 *Schubert* in MüKo BGB, § 242, Rn. 85.

924 Das Bestehen von auf § 242 BGB gestützten Nebenpflichten aus dem Unterhaltsverhältnis ist grundsätzlich anerkannt: *BGH*, Urt. v. 13.04.1988, NJW 1988, 2886; *Graba/ Maier* in Johannsen/Henrich, Familienrecht, Vorbem zu §§ 1601–1615n, Rn. 42.

925 Die Abgabe von Gestaltungserklärungen als rechtsgeschäftliche Rechtshandlungen wird in analoger Anwendung des § 894 ZPO ebenfalls fingiert: *Lackmann* in Musielak/ Voit, ZPO, § 894, Rn. 3 ff.

cc) Voraussetzungen der Ausübung des übertragenen Kündigungsrechts

Es besteht die grundsätzliche Möglichkeit eines Übergangs des Kündigungsrechts des Versicherungsnehmers auf die Gefahrsperson durch Abtretung gemäß § 398 BGB oder – unter bestimmten Voraussetzungen – der Durchsetzung der Verpflichtung des Versicherungsnehmers zur Abgabe der Kündigungserklärung. Das Kündigungsrecht unterliegt dabei den gleichen Wirksamkeitsvoraussetzungen, wie bei Ausübung durch den Versicherungsnehmer selbst. Das bedeutet insbesondere, dass auch im Falle der Ausübung des Kündigungsrechts durch die Gefahrsperson, die Pflicht zur Anschlussversicherung gemäß § 205 Abs. 6 S. 1 VVG einschließlich deren Nachweises besteht. Konsequenterweise muss in dieser Konstellation erst recht der Gefahrsperson selbst die Möglichkeit des Abschlusses der Anschlussversicherung zugestanden werden.[926]

3. Kündigungsrecht von Gefahrspersonen bei reiner Eigenversicherung

Ein Kündigungsrecht der im Rahmen einer reinen Eigenversicherung des Versicherungsnehmers auf die Person des Dritten abgesicherten Gefahrsperson muss demgegenüber grundsätzlich ausscheiden. Das gilt für die in dieser Arbeit untersuchten Konstellationen jedenfalls für die Versicherung auf die Person von minderjährigen unterhaltsberechtigten Kindern und häufig auch für volljährige unterhaltsberechtigte Kinder.[927] Es fehlt in diesen Konstellationen schon an einem hinreichenden Interesse der Gefahrsperson hinsichtlich der Gestaltung des Grundbestands des Versicherungsverhältnisses. Ebenfalls verneint werden muss aus diesem Grund auch ein Anspruch der Gefahrsperson auf Übertragung des Kündigungsrechts oder Abgabe der Erklärung gegen den Versicherungsnehmer. Mit der Versicherung auf die Person des Dritten als bloße Gefahrsperson erfüllt dieser gerade sein eigenes Interesse, sodass einer etwaigen Pflicht aus § 242 BGB jedenfalls eigene gewichtige berechtigte Interessen des Versicherungsnehmers gegenüberstünden.

4. Ergebnis

Die Gefahrsperson hat mangels Parteistellung kein eigenständiges Kündigungsrecht, wenn ihr ein solches nicht gemäß § 398 BGB durch Abtretung durch

926 Siehe dazu ausführlich für den Fall der Kündigung durch den Versicherungsnehmer oben unter C. III. 2. b) cc) (1) (b).

927 Vgl. hinsichtlich der Einordnung oben unter B. II. 4. a), b).

den Versicherungsnehmer übertragen worden ist. Trotz der grundsätzlichen Relativität des versicherungsrechtlichen Schuldverhältnisses auch in Drittversicherungsfällen, ist aber in manchen Konstellationen der Versicherung auf die Person eines Dritten ein Billigkeitsausgleich im Hinblick auf das Recht zur Vertragsbeendigung geboten. Insbesondere in Fällen, in denen der Versicherer den Krankheitskostenversicherungsvertrag gemäß § 314 BGB im Hinblick auf die den Basistarif übersteigenden Tarife wegen einer Verfehlung des Versicherungsnehmers kündigt, muss der Gefahrsperson trotz teilweisem Eigeninteresse des Versicherungsnehmers die Herbeiführung der Vertragsbeendigung möglich sein.

Kapitel G. Schlussthesen

Die wesentlichen Ergebnisse dieser Arbeit lassen sich in folgenden Schlussthesen zusammenfassen:

1. Bei der Versicherung auf die Person minderjähriger und volljähriger unterhaltsberechtigter Kinder handelt es sich in der privaten Krankheitskostenversicherung in der Regel um reine Eigenversicherungen des Versicherungsnehmers. Die Kinder sind daher bloße Gefahrspersonen. Bei Ehegatten und sonstigen (nicht unterhaltsberechtigten) Dritten schließt der Versicherungsnehmer den Krankheitskostenversicherungsvertrag regelmäßig zumindest auch im fremden Interesse. Es handelt sich insofern um eine Versicherung für fremde Rechnung. Die Gefahrspersonen sind dann zugleich Versicherte im Sinne von § 43 Abs. 1 VVG.
2. Die Versicherungspflicht des § 193 Abs. 3 S. 1 VVG kann durch den Abschluss eines Krankheitskostenversicherungsvertrags durch einen anderen als den Pflichtigen selbst – also durch eine Versicherung auf die Person des Dritten – erfüllt werden. Der Pflichtige ist als Gefahrsperson dann *versicherte Person* im Sinne von § 193 Abs. 1 S. 2 VVG.
3. Die Pflicht des Versicherungsnehmers zum Abschluss einer Anschlussversicherung nach § 205 Abs. 6 S. 1 VVG als konstitutive Kündigungsvoraussetzung besteht auch dann, wenn er eine Versicherung kündigt, welche die Pflicht eines Dritten aus § 193 Abs. 3 S. 1 VVG erfüllt. Eine Anschlussversicherung ist dem Versicherungsnehmer durch den Abschluss eines neuen Vertrages im eigenen Namen auf die Person des Dritten rechtlich möglich. Die Pflicht des § 205 Abs. 6 S. 1 VVG kann ebenso durch einen eigenständigen Vertragsabschluss der Gefahrsperson selbst oder durch einen unbeteiligten Dritten erfüllt werden.
4. Weder der drohende Prämienzuschlag nach § 194 Abs. 4 S. 1 VVG noch das Fortsetzungsrecht der Gefahrsperson nach § 207 Abs. 2 S. 1, Abs. 1 VVG sind gleich geeignet, das gesetzgeberische Ziel eines ununterbrochenen Krankenversicherungsschutzes der Gesamtheit der Versicherten wie § 205 Abs. 6 VVG sicherzustellen.
5. Dem Versicherungsnehmer ist der Abschluss einer Anschlussversicherung für die Gefahrsperson zumutbar, wenn dieser ein die Krankenvorsorge abdeckender Unterhaltsanspruch gegen den Versicherungsnehmer zusteht. Es besteht insbesondere nicht die Gefahr einer permanenten Verpflichtung, da dem Versicherungsnehmer aus dem familienrechtlichen Fürsorgeverhältnis

nach § 1618a BGB oder dem ehelichen Rücksichtnahmegebot des § 1353 BGB ein Anspruch auf den eigenständigen Abschluss einer Versicherungsvertrags gegen die Gefahrsperson zustehen kann.

6. Eine einschränkende Auslegung des § 205 Abs. 6 S. 1 VVG ist unter Verhältnismäßigkeitsgesichtspunkten geboten, wenn zwischen Versicherungsnehmer und Gefahrsperson keine Bindungen im Innenverhältnis bestehen. Der Versicherungsnehmer kann in diesen Fällen, nach erfolgloser Aufforderung zum Abschluss einer Anschlussversicherung gegenüber der Gefahrsperson, den Pflichtversicherungsvertrag ohne Anschlussversicherungsnachweis wirksam kündigen. Diesen Fall hat der Gesetzgeber bei der Einführung der Vorschrift übersehen.
7. Eine analoge Anwendung des Anschlussversicherungserfordernisses aus § 205 Abs. 6 S. 1 VVG auf die Kündigung des Versicherungsnehmers gemäß § 19 Abs. 6 S. 1 VVG und § 314 BGB ist billig und zur Vermeidung von Versicherungslücken geboten.
8. Eine Reform der Kündigungsregelungen in § 205 Abs. 6 S. 1, 3 VVG und § 207 Abs. 2 VVG ist wegen der nach der derzeitigen Rechtslage bestehenden Belastung des Versicherungsnehmers durch das Anschlussversicherungserfordernis wünschenswert und sinnvoll. Die Neuregelungen beziehungsweise Ergänzungen könnten wie folgt lauten:

   <u>§ 205 Abs. 6 S. 1, 3 VVG-E</u>: „[1]*Der Versicherungsnehmer kann eine Versicherung, die seine Pflicht aus § 193 Abs. 3 Satz 1 erfüllt, nur dann kündigen, wenn er bei einem anderen Versicherer für die versicherte Person einen neuen Vertrag abschließt, der dieser Pflicht genügt.* [2]*[…].* [3]*Die Sätze 1 und 2 gelten nicht für die Kündigung nach § 205 Abs. 2 VVG.*"

   <u>§ 207 Abs. 3 VVG-E</u>: „[1]*Kündigt der Versicherungsnehmer eine Versicherung, die eine Pflicht der versicherten Person aus § 193 Abs. 3 Satz 1 VVG erfüllt, ist die Kündigung nur wirksam, wenn der Versicherungsnehmer im Zeitpunkt der Kündigungserklärung die versicherte Person zum Abschluss einer Anschlussversicherung auffordert und dies dem Versicherer im Zeit-punkt der Kündigungserklärung nachweist.* [2]*Weist die versicherte Person nicht innerhalb von zwei Monaten nach der Kündigungserklärung gegenüber dem Versicherer nach, dass sie bei einem neuen Versicherer ohne Unterbrechung versichert ist, tritt sie an Stelle des Versicherungsnehmers in die sich aus dem Versicherungsverhältnis ab dem Zeitpunkt ihres Eintritts ergebenden Rechte und Pflichten ein.*"

9. Eine vertragliche Modifikation der Kündigungsvoraussetzungen von auf die Person eines Dritten genommenen Krankheitskostenversicherungsverträgen

ist wegen § 208 S. 1 VVG und den §§ 305 f. BGB nur in sehr engen Grenzen möglich.

10. Der Einbeziehungskontrolle nach §§ 305 ff. BGB sowie der Inhaltskontrolle nach §§ 307 ff. BGB verbleibt wegen ihrer unterschiedlichen Zielsetzung und ihres anderen Adressatenkreises auch im Geltungsbereich des § 208 S. 1 VVG ein eigener paralleler Anwendungsbereich. Die Überprüfung der Wahrung des Transparenzgebots nach § 307 Abs. 1 S. 2 BGB bleibt zudem jedenfalls neben § 208 S. 1 VVG möglich.
11. Die in den Musterbedingungen für die Krankheitskostenversicherung enthaltene Kündigungsvoraussetzung des § 13 Abs. 10 S. 3 MB/KK 2009 stellt eine für den Versicherungsnehmer nachteilige Abweichung von der halbzwingenden Regelung des § 207 Abs. 2 S. 2 VVG dar und ist daher ohne Berücksichtigung der Interessen des Versicherers nach § 208 S. 1 VVG unwirksam. Das Erfordernis eines Nachweises der Kenntniserlangung der Gefahrsperson von der Kündigung kann nicht wirksam als vertragliche Kündigungsvoraussetzung für private Krankheitskostenversicherungsverträge eingeführt werden.
12. Nach § 13 Abs. 10 S. 3 MB/KK 2009 wäre – bei unterstellter Wirksamkeit der Regelung – der Nachweis der Kenntnis bis zum Wirksamwerden der fristgebundenen Kündigung möglich. Bei außerordentlichen fristlosen Kündigungen muss dem Versicherungsnehmer die unverzügliche Nachholung der Nachweiserbringung innerhalb von zwei Monaten ab der Kündigungserklärung möglich sein.
13. Die Regelung des § 207 Abs. 2 VVG ist wegen der im Hinblick auf ihren Regelungsgehalt bestehenden Rechtsunsicherheiten reformbedürftig. Eine Neufassung von § 207 Abs. 2 S. 2 und S. 3 VVG-E könnte wie folgt lauten:

    > § 207 Abs. 2 S. 2, 3 VVG-E: „[2]*Die Kündigung ist nur wirksam, wenn die versicherte Person im Zeitpunkt der Kündigungserklärung Kenntnis von dieser hat.* [3]*Die Kündigung wird nur wirksam, wenn der Versicherungsnehmer innerhalb von 2 Monaten nach der Kündigungserklärung nachweist, dass die versicherte Person im Zeitpunkt der Kündigungserklärung Kenntnis von dieser hatte.*

14. Den Versicherer trifft im Hinblick auf private Krankheitskostenverträge keine Pflicht den Versicherungsnehmer auf eine, insbesondere wegen eines Verstoßes gegen die drittschützende Regelung des § 205 Abs. 6 VVG, unwirksame Kündigung hinzuweisen. Es fehlt an einer hinreichenden gesetzlichen Grundlage für eine Hinweispflicht im Krankenversicherungsrecht. Eine Hinweispflicht kann auch nicht aus den Grundsätzen von Treu und Glauben hergeleitet werden.
15. Eine Kündigung durch den Versicherer nach § 314 BGB muss im Bereich der privaten Krankheitskostenpflichtversicherung – trotz § 206 Abs. 1 S. 1

VVG – für die den Basistarif überschreitenden Tarife möglich sein. Im Hinblick auf eine solche Änderungskündigungsmöglichkeit ist der Kündigungsausschluss teleologisch zu reduzieren. Es entspricht dem Grundsatz von Treu und Glauben, dass der Versicherer seine Vertrags(-abschluss)-freiheit nur insoweit aufgeben muss, wie er es auch bei einem Neuabschluss der Krankheitskostenversicherung nach § 193 Abs. 5 VVG müsste.

16. Die Regelung des § 206 Abs. 1 S. 1 VVG bedarf daher einer klarstellenden Neufassung. Diese sollte wie folgt lauten:

    „[1]Jede Kündigung einer Krankheitskostenversicherung, die eine Pflicht aus § 193 Absatz 3 Satz 1 VVG erfüllt, ist durch den Versicherer ausgeschlossen, soweit für den Versicherer in gleichem Umfang der Kontrahierungszwang nach § 193 Abs. 5 S. 1 VVG besteht.“

17. Eine teleologische Reduktion des absoluten Kündigungsausschlusses für den Versicherer gemäß § 206 Abs. 1 S. 1 VVG auf den Fall des Prämienverzugs ist weder geboten noch rechtsdogmatisch überzeugend. Schon Wortlaut und Systematik des § 206 VVG lassen kein derartiges Normverständnis zu. Entstehungsgeschichte sowie Sinn und Zweck des § 206 Abs. 1 S. 1 VVG zeigen deutlich, dass die Sicherung des nahtlosen Fortbestands des Krankenversicherungsschutzes das übergeordnete Reformziel ist.
18. Der erhebliche Eingriff des § 206 Abs. 1 S. 1 VVG in die Dispositionsfreiheit des Versicherers bei privaten Pflichtkrankenversicherungen folgt aus der sozialen Überlagerung des Privatrechts in diesem Bereich. Nur so kann ein effektives und unabhängiges Nebeneinander von privater und gesetzlicher Krankenversicherung garantiert werden.
19. Der *BGH*[928] folgt bei seiner Annahme einer teleologischen Reduktion des § 206 Abs. 1 S. 1 VVG bei Kündigungen gemäß § 314 BGB eigenen Gerechtigkeitserwägungen, die richtigerweise dem Gesetzgeber vorbehalten bleiben müssten. Die seitens des *IV. Zivilsenats* nur für die private Krankheitskostenversicherung, nicht aber für die private Pflegeversicherung befürwortete teleologische Reduktion des absoluten Kündigungsausschlusses,[929] führt zu einem ungewollten Auseinanderfallen der beiden Versicherungen.
20. Jede teleologische Reduktion des Kündigungsausschlusses nach § 206 Abs. 1 S. 1 VVG wirkt sich auch auf die Gefahrsperson aus. Bei der rechtlichen Bewertung der Konsequenzen für die Gefahrsperson ist zwischen einem Fehlverhalten des Versicherungsnehmers und der Gefahrsperson zu unterscheiden.

928 *BGH*, Urt. v. 07.12.2011, BGHZ 192, 67.
929 *BGH*, Urt. v. 07.12.2011, BGHZ 192, 67.

21. Wenn man mit dem *BGH* von einer teleologischen Reduktion des § 206 Abs. 1 S. 1 BGB für den Fall der Kündigung aus wichtigem Grund nach § 314 BGB wegen eines Fehlverhaltens des Versicherungsnehmers ausgeht, ist zum Schutz der betroffenen Gefahrsperson eine analoge Anwendung des Fortsetzungsrechts des § 206 Abs. 3 S. 1 VVG geboten. Folgerichtig muss dann auch die diesbezügliche Hinweispflicht des Versicherers gegenüber der Gefahrsperson analog nach § 206 Abs. 3 S. 2 VVG bestehen.
22. Zur Schließung der durch die Änderungskündigungsmöglichkeit bestehenden Regelungslücken, sollte in einem zusätzlichen Absatz in § 206 VVG ein eigenständiges Fortsetzungsrecht der Gefahrsperson eingeführt werden. Ein solcher § 206 Abs. 4 VVG-E könnte wie folgt lauten:

    [1]*Wird eine Krankheitskostenversicherung, die eine Pflicht aus § 193 Abs. 3 S. 1 VVG erfüllt, durch den Versicherer im Umfang des § 206 Abs. 1 S. 1 VVG-E gekündigt, ist die versicherte Person berechtigt, die Fortsetzung der gekündigten Tarife im Rahmen eines neuen Versicherungsverhältnisses unter Benennung des künftigen Versicherungsnehmers zu erklären; die Prämie ist ab Beginn des neuen Versicherungsverhältnisses zu leisten.* [2]*Satz 1 gilt nicht, wenn die Kündigung auf einer Pflichtverletzung der versicherten Person beruht.* [3]*[Satz 3 und 4 entsprechen § 206 Abs. 3 S. 2, 3 VVG]*

23. Der Versicherungsnehmer muss sich gemäß § 47 Abs. 1 VVG bzw. § 193 Abs. 2 VVG ein Fehlverhalten der Gefahrsperson, welches eine Kündigung nach § 314 BGB rechtfertigt, zurechnen lassen. Unter teleologischer Reduktion des § 206 Abs. 1 S. 1 VVG kann der Versicherer dann den die Gefahrsperson betreffenden Teil des Krankheitskostenversicherungsvertrags hinsichtlich der den Basistarif übersteigenden Tarife kündigen. Der eigene Versicherungsschutz des Versicherungsnehmers wird von der Kündigung nicht berührt.
24. Der Gefahrsperson selbst steht – vorbehaltlich einer rechtsgeschäftlichen Übertragung – kein eigenes Kündigungsrecht im Hinblick auf den Versicherungsvertrag zu.
25. Ein Kündigungsrecht des mitversicherten Ehegatten folgt nicht aus § 1357 BGB. Es handelt sich bei dem Abschluss eines Krankheitskostenpflichtversicherungsvertrags nicht um ein Geschäft zur angemessenen Deckung des Lebensbedarfs. Aufgrund der Länge der regelmäßigen Vertragslaufzeit, des großen Leistungsspektrums sowie der erheblichen Bedeutung der persönlichen Krankenvorsorge für den Einzelnen, ist nicht davon auszugehen, dass solche Vertragsabschlüsse ohne vorherige Verständigung zwischen den Ehegatten erfolgen.

26. In der Benennung der Gefahrsperson als Bezugsberechtigten im Rahmen einer reinen Fremdversicherung liegt keine konkludente Abtretung des Kündigungsrechts an die Gefahrsperson. Dies folgt insbesondere aus der Systematik der §§ 43 ff. VVG, die sogar im Fall der nach § 44 Abs. 1 S. 1 VVG standardmäßigen Bezugsberechtigung keinen Übergang der vertragsbezogenen Gestaltungsrechte kennt.
27. Der Gefahrsperson kann unter bestimmten Voraussetzungen ein Anspruch, gerichtet auf die Verpflichtung des Versicherungsnehmers zur Erklärung der Kündigung, zustehen. In Betracht kommt dieser Anspruch bei reinen Fremdversicherungen sowie bei gemischten Fremd- und Eigenversicherungen, die wegen einer schwerwiegenden Vertragsverletzung des Versicherungsnehmers gemäß § 314 BGB bis auf den Basistarif durch den Versicherer gekündigt wurden.
28. Ein Anspruch der Gefahrsperson auf Herbeiführung der (vollständigen) Vertragsbeendigung kann aus einer durch § 242 BGB konkretisierten Nebenpflicht aus dem Unterhaltsverhältnis zwischen Versicherungsnehmer und Gefahrsperson oder – in den Fällen reiner Fremdversicherung – aus § 242 BGB selbst folgen.

Literaturverzeichnis

Adelmann, Nina

Grenzen der Inhaltskontrolle Allgemeiner Versicherungsbedingungen – Entwurf einer Regelung für ein europäisches VVG, Diss., Karlsruhe 2008 [zitiert: *Adelmann*, Grenzen der Inhaltskontrolle, S.].

Armbrüster, Christian

Privatversicherungsrecht, Tübingen 2013.

Ascheid, Reiner/Preis, Ulrich/Schmidt, Ingrid (Hrsg)

Kündigungsrecht – Großkommentar zum gesamten Recht der Beendigung von Arbeitsverhältnissen, 5. Auflage, München 2017 [zitiert: *Bearbeiter* in Ascheid/Preis/Schmidt, Kündigungsrecht, Abschnitt, Rn.].

Bach, Peter

Die Umdeutung rechtsgestaltender Willenserklärungen im Rahmen des Krankenversicherungsvertrages, VersR 1977, 881–888.

Bach, Peter/Moser, Hans (Begr.)

Private Krankenversicherung (hrsgg. von Jan Wilmes), Kommentar zu den MB/KK und MB/KT und den §§ 192 ff. VVG, 5. Auflage, München 2015 [zitiert: *Bearbeiter* in Bach/Moser, PKV, §, Rn.].

Bamberger, Heinz-Georg/Roth, Herbert (Hrsg.)

Beck'scher Onlinekommentar zum Bürgerlichen Gesetzbuch, 46. Edition, Stand 01.05.2018 [zitiert: *Bearbeiter* in Bamberger/Roth, BeckOK BGB, §, Rn.].

Basedow, Jürgen

Transparenz als Prinzips des (Versicherungs-)Vertragsrechts, VersR 1999, 1045–1055.

Becker, Ulrich/Kingreen, Thorsten (Hrsg.)

Kommentar zum Sozialgesetzbuch V – Gesetzliche Krankenversicherung, 6. Auflage, München 2018.

Beckmann, Roland Michael/Matusche-Beckmann, Annemarie (Hrsg.)

Versicherungsrechts-Handbuch, 3. Auflage, München 2015.

Berchtold, Josef/Huster, Stefan/Rehborn, Martin (Hrsg.)

Nomos Kommentar zum Gesundheitsrecht – SGB V/SGB XI, 2. Auflage, Baden-Baden 2018 [zitiert: *Bearbeiter* in Berchtold/Huster/Rehborn, NK-Gesundheitsrecht, §, Rn.].

Boetius, Jan

Private Krankenversicherung – Kommentar zum Recht der PKV, München 2010.

Brams, Herms Michael

Zurückweisungspflicht des Versicherers auf ihm zugegangene unwirksame Kündigungen des VN – dargestellt anhand von §§ 13 MBKK 76, 17 MBKK 94, 178 h VVG, VersR 1997, 1308–1311.

Brand, Oliver

Problemfelder des Übergangsrechts zum neuen VVG, VersR 2011, 557–565.

Ders.

Systembrüche in der privaten Krankenversicherung, VersR 2011, 1337–1346.

Brockmöller, Annette

Die Rechtsprechung des IV. Zivilsenats des Bundesgerichtshofs zum privaten Krankenversicherungsrecht und zur Krankentagegeldversicherung, RuS 2014, 394–406.

Dies.

Die Rechtsprechung des Bundesgerichtshofs zum Versicherungsrecht – private Krankenversicherung -, RuS 2016, 377–390.

Brox, Hans/Walker, Wolf-Dietrich

Allgemeiner Teil des BGB, 41. Auflage, München 2017 [zitiert: *Brox/Walker*, BGB AT, §, Rn. (S.)].

Bruck/Möller – Großkommentar zum Versicherungsvertragsrecht (hrsgg. v. Möller, Hans/Sieg, Karl/Johannsen, Ralf), Band 6/2, 8. Auflage, Berlin 1990 [zitiert: *Bearbeiter* in Bruck/Möller, VVG, §, Rn.].

Bruck/Möller – Großkommentar zum Versicherungsvertragsgesetz (hrsgg. v. *Baumann, Horst/Beckmann, Roland Michael/Johannsen, Katharina/Johannsen, Ralf*),

Band 1, 9. Auflage, Berlin 2008;

Band 2, 9. Auflage, Berlin 2010

Band 9, 9. Auflage, Berlin 2011 [zitiert: *Bearbeiter* in Bruck/Möller, VVG, §, Rn.].

Bruck/Möller – Großkommentar zum Versicherungsvertragsgesetz (hrsgg. v. *Baumann, Horst/Beckmann, Roland Michael/Johannsen, Katharina/Johannsen, Ralf/Koch, Robert*),

Band 4, 9. Auflage, Berlin 2014;

Band 8/1, 9. Auflage, Berlin 2013 [zitiert: *Bearbeiter* in Bruck/Möller, VVG, § , Rn.].

Bruns, Alexander

Anmerkung zu BGH, Urt. v. 07.12.2011 (IV ZR 105/11), JZ 2012, 630–633.

Büte, Dieter/Poppen, Enno/Menne, Martin/Botur, André/Volker, Mathias

Kommentar zum Unterhaltsrecht, 3. Auflage, München 2015 [zitiert: *Bearbeiter* in Büte/Poppen/Menne, Unterhaltsrecht, §, Rn.].

Dauner-Lieb, Barbara/Langen, Werner (Hrsg.)

NomosKommentar zum BGB, Band 2/1, 3. Auflage, Baden-Baden 2016 [zitiert: *Bearbeiter* in Dauer-Lieb/Werner, NK-BGB, §, Rn.].

Dehner, Walter

Inhaltskontrolle Allgemeiner Versicherungsbedingungen – § 15a MB/KT auf dem Prüfstand der Inhaltskontrolle, NJW 1993, 2961–2966.

Dethloff, Nina

Familienrecht – Ein Studienbuch, 32. Auflage, München 2018 [zitiert: *Dethloff*, Familienrecht, §, Rn. (S.)].

Doering-Striening, Gudrun

Krankenversichert nach Trennung und Scheidung, NZFam 2014, 145–150.

Dose, Hans-Joachim (Hrsg.)

Wendl/Dose, Das Unterhaltsrecht in der familienrichterlichen Praxis, 9. Auflage, München 2015 [zitiert: *Bearbeiter* in Wendl/Dose, Das Unterhaltsrecht in der familienrichterlichen Praxis, §, Rn.].

Dreier, Horst (Hrsg.)

Kommentar zum Grundgesetz, Band I, 3. Auflage, Tübingen 2013.

Ebnet, Peter

Die Kündigung von Versicherungsverträgen, NJW 2006, 1697–1702.

Effer-Uhe, Daniel

Zur außerordentlichen Kündbarkeit privater Kranken- und Pflegeversicherungsverträge – zugleich Besprechung von BGH VersR 2012, 219 und VersR 2012, 304, VersR 2012, 684–687.

Ehinger, Uta/Rasch, Ingeborg/Schwonberg, Alexander/Siede, Walther

Handbuch Unterhaltsrecht – Ansprüche, Berechnung, Strategien, Verfahren, 8. Auflage, Bielefeld 2018 [zitiert *Bearbeiter* in Ehinger/Rasch/Schwonberg/Siede, HB-Unterhaltsrecht, Kap., Rn.].

Eichelberger, Jan

Außerordentliche Kündigung einer die Versicherungspflicht erfüllenden Krankheitskostenversicherung durch den Versicherer und Beschränkung des Kontrahierungszwangs im Basistarif im Spannungsverhältnis zur Krankenversicherungspflicht, VersR 2010, 886–888.

Ders.

Anmerkung zu BGH, Urt. v. 07.12.2011 – IV ZR 105/11, VersR 2012, 304–310.

Epping, Volker/Hillgruber, Christian (Hrsg.)

Beck'scher Onlinekommentar zum Grundgesetz, 37. Edition, Stand 15.05.2018 [zitiert: *Bearbeiter* in Epping/Hillgruber, BeckOK GG, Art., Rn.].

Erdmann, Udo

Zeitpunkt der Wirksamkeit einer Kündigung der Pflichtkrankenversicherung bei Nachweis der Anschlussversicherung erst nach Ablauf der Kündigungsfrist – Anm. zu AG Aachen, Urt. v. 12.05.2011 (107 C 360/10), VersR 2011, 1131–1134.

Ders.

Zeitpunkt der Wirksamkeit einer Kündigung der Pflichtkrankenversicherung bei Nachweis der Anschlussversicherung erst nach Ablauf der Kündigungsfrist – Anm. zu AG Baden-Baden, Urt. v. 23.03.2010 (7 C 434/09), VersR 2010, 1027–1029.

Erman, Walter (Begr.)

Handkommentar zum Bürgerlichen Gesetzbuch (hrsgg. von Harm Peter Westermann, Barbara Grunewald, Georg Maier-Reimer),

Band I, 15. Auflage, Köln 2017;

Band II, 15. Auflage, Köln 2017 [zitiert: *Bearbeiter* in Erman, BGB, §, Rn.].

Franz, Einiko B.

Das Versicherungsvertragsrecht im neuen Gewand – Die Neuregelungen und ausgewählte Probleme, VersR 2008, 298–312.

Fortmann, Axel

Krankheitskostenversicherung und Krankenhaustagegeldversicherung – Aktuelle Fragen der Leistungs- und Rechtspraxis, 6. Auflage, Karlsruhe 2015.

Gal, Jens

Anmerkung zu BGH, Urt. v. 07.12.2011 – IV ZR 105/11, LMK 2012, 330938.

Graf von Westphalen, Friedrich/Thüsing, Gregor (Hrsg.)

Vertragsrecht und AGB-Klauselwerke, 41. Ergänzungslieferung, München 2018 [zitiert: *Bearbeiter* in Graf von Westphalen, Vertrags- und AGB-Recht, Teil, AVB, Rn.].

Grams, Holger

Anmerkung zu LG Dortmund, Urt. v. 08.08.2013 – 2 O 129/13, FD-VersR 2013, 349923.

Ders.

Anmerkung zu LG Berlin, Urt. v. 26.06.2013 – 23 S 47/12, FD-VersR 2013, 349927.

Gernhuber, Joachim/Coester-Waltjen, Dagmar

Familienrecht, 6. Auflage, München 2010.

Graba, Hans-Ulrich

Nachehelicher Unterhalt und angemessene Krankenversicherung, NZFam 2014, 969–972.

Grote, Joachim/Bronkars, Caroline

Gesundheitsreform und private Krankenversicherung – wirtschaftliche Konsequenzen für Versicherer und Versicherte, VersR 2008, 580–589.

Grote, Joachim/Schneider, Christian

VVG 2008: Das neue Versicherungsvertragsrecht – Auswirkungen für gewerbliche Versicherungen, BB 2007, 2689–2702.

Halm, Wolfgang E./Engelbrecht, Andreas/Krahe, Frank (Hrsg.)

Handbuch des Fachanwalts für Versicherungsrecht, 6. Auflage, Köln 2018 [zitiert: *Bearbeiter* in Halm/Engelbrecht/Krahe, Handbuch FA Versicherungsrecht, Kapitel, Rn.].

Hänlein, Andreas/Schuler, Rolf (Hrsg.)

Lehr- und Praxiskommentar zum Sozialgesetzbuch V – Gesetzliche Krankenversicherung, 5. Auflage, Baden-Baden 2016 [zitiert: *Bearbeiter* in Hänlein/Schuler, SGB V, § , Rn.].

Harke, Jan Dirk

Besonderes Schuldrecht, Berlin/Heidelberg 2011.

Heiß, Beate/Born, Winfried

Unterhaltsrecht – Ein Handbuch für die Praxis, 53. Ergänzungslieferung, München 2018 [zitiert: *Bearbeiter* in Heiß/Born, Unterhaltsrecht, Kapitel, Rn.].

Herberger, Maximilian/Martinek, Michael/Rüßmann, Helmut/Weth, Stephan/-Würdinger, Markus (Hrsg.)

Juris Praxiskommentar BGB, 8. Auflage, Saarbrücken 2017 [zitiert: *Bearbeiter* in jurisPK-BGB, §, Rn.].

Honsell, Heinrich (Hrsg.)

Berliner Kommentar zum Versicherungsvertragsgesetz – Kommentar zum deutschen und österreichischen VVG, 1. Auflage, Berlin/Heidelberg 1999 [zitiert: *Bearbeiter* in BK-VVG, §, Rn.].

Höra, Knut (Hrsg.)

Münchener Anwalts Handbuch Versicherungsrecht, 4. Auflage, München 2017 [zitiert: *Bearbeiter* in Höra, MAH Versicherungsrecht, § , Rn.].

Hübner, Ulrich

Allgemeine Versicherungsbedingungen und AGB-Gesetz, 5. Auflage, Köln 1997 [zitiert: *Hübner*, AVB und AGBG, S., Rn.].

Igl, Gerhard/Welti, Felix (Hrsg.)

Gesundheitsrecht – Eine systematische Einführung, 3. Auflage, München 2018 [zitiert: *Bearbeiter* in Igl/Welti, Gesundheitsrecht, §, Rn.].

Ihle, Jörg

Der Informationsschutz des Versicherungsnehmers, Diss., Hamburg 2006 [zitiert: *Ihle*, Informationsschutz des VN, S.].

Isensee, Josef

Sozialversicherung über Privatversicherer – Rechtsprobleme von der privaten Pflegeversicherung, Festschrift für Wolfgang Gitter, Wiesbaden 1995, S. 412–416 [zitiert: *Isensee* in FS Gitter, S.].

Jarass, Hans D./Pieroth, Bodo

Kommentar zum Grundgesetz, 158 Auflage, München 2016 [zitiert: *Bearbeiter* in Jarass/Pieroth, GG, Art., Rn.].

Johannsen, Kurt H./Henrich, Dieter (Hrsg.)

Kommentar zum Familienrecht – Scheidung, Unterhalt, Verfahren, 6. Auflage, München 2015 [zitiert: *Bearbeiter* in Johannsen/Henrich, Familienrecht, §, Rn.].

Jonczak, Henryk

Beweislast für die Anwendbarkeit des § 8 Abs. 3 VVG n.F. – zugleich Anmerkung zu LG Bremen Urt. v. 01.12.1999 (4 S 278/99 [b]), VersR 2000, 305–306.

Kahl, Wolfgang/Waldhoff, Christian/Walter, Christian (Hrsg.)

Bonner Kommentar zum Grundgesetz, Band I/Ia, 192. Aktualisierung, Heidelberg 2018 [zitiert: *Bearbeiter* in BK-GG, Art., Rn.].

Kaiser, Dagmar/Schnitzler, Klaus/Friederici, Peter/Schilling, Roger (Hrsg.)

Nomos Kommentar BGB Familienrecht, 3. Auflage, Baden-Baden 2014 [zitiert: *Bearbeiter* in NK-BGB Familienrecht, §, Rn.].

Kindl, Johann/Meller-Hannich/Wolf, Hans-Joachim (Hrsg.)

Gesamtes Recht der Zwangsvollstreckung, 3. Auflage, Baden-Baden 2015 [zitiert: *Bearbeiter* in Kindl/Meller-Hannich/Wolf, Zwangsvollstreckungsrecht, §, Rn.].

Kleffmann, Norbert/Doering-Striening, Gudrun (Hrsg.)

Praxishandbuch Familienrecht, 34. Ergänzungslieferung, München 2018 [zitiert: *Bearbeiter* in Scholz/Kleffmann/Doering-Striening, Praxishandbuch Familienrecht, Teil, Rn.].

Klimke, Dominik

Die halbzwingenden Vorschriften des VVG – Ihre Missachtung und ihr Verhältnis zur Kontrolle nach den §§ 305 ff. BGB n.F., Diss. Berlin 2004 [zitiert: *Klimke*, Die halbzwingenden Vorschriften des VVG, S.].

Kloth, Andreas

Private Unfallversicherung, 2. Auflage, München 2014.

Knickrehm, Sabine/Kreikebohm, Ralf/Waltermann, Raimund (Hrsg.)

Kommentar zum Sozialrecht, 5. Auflage, München 2017.

Koch, Peter

Versicherungslehre I, Karlsruhe 1992.

Koch, Robert

Die Auslegung von AVB, VersR 2015, 133–145.

Körner, Anne/Leitherer, Stephan/Mutschler, Bernd (Hrsg.)

Kasseler Kommentar zum Sozialversicherungsrecht, Band 1, 99. Ergänzungslieferung, München 2018 [zitiert: *Bearbeiter* in KassKomm Sozialversicherungsrecht, §, Rn.].

Kreienbaum, Birgit

Transparenz und AGB-Gesetz – Eine Untersuchung des Inhalts und der Schranken des Transparenzgebots, Diss., Berlin 1998 [zitiert: *Kreienbaum*, Transparenz und AGB-Gesetz, S.].

Laars, Reinhard/Both, David

Versicherungsaufsichtsgesetz, 4. Online-Auflage, Baden-Baden Juni 2017.

Langheid, Theo/Rixecker, Roland (Begr.)/Gal, Jens/Muschner, Jens

Kommentar zum Versicherungsvertragsgesetz, 5. Auflage, München 2016 [zitiert: *Bearbeiter* in Langheid/Rixecker, §, Rn.].

Langheid, Theo/Wandt, Manfred (Hrsg.)

Münchener Kommentar zum Versicherungsvertragsgesetz,

Band 1, 2. Auflage, München 2016;

Band 2, 2. Auflage, München 2017;

Band 3, 2. Auflage, München 2017;

Band 3, 1. Auflage, München 2009 [zitiert: *Bearbeiter* in Langheid/Wandt, MüKo VVG, §, Rn.].

Langheid, Theo

Die Reform des Versicherungsvertragsgesetzes – 2.Teil: Die einzelnen Versicherungssparten, NJW 2007, 3745–3751.

Larenz, Karl/Canaris, Claus-Wilhelm

Methodenlehre der Rechtswissenschaft, 3. Auflage, Berlin/Heidelberg 1995 [zitiert: *Larenz/Canaris*, Methodenlehre, S.].

Lehmann, Burkhard

Anmerkung zu OLG Celle, Urt. v. 24.02.2011 – 8 U 157/10, RuS 2011, 300–302.

Lentz, Mareike

Die Dogmatik der Versicherung für fremde Rechnung, Diss., Hamburg 2015 [zitiert: *Lentz*, Die Dogmatik der Versicherung für fremde Rechnung, S.].

Leverenz, Kent

Zurückweisung unwirksamer Kündigungen des VN durch den Versicherer, VersR 1999, 525–534.

Löhnig, Martin

Anmerkung zu BGH, Urt. v. 28.02.2018 – XII ZR 94/17, NZFam 2018, 327–331.

Looschelders, Dirk

Der Dritte im Versicherungsvertragsrecht, RuS 2015, 581–591.

Looschelders, Dirk/Pohlmann, Petra (Hrsg.)

Kommentar zum Versicherungsvertragsgesetz, 3. Auflage, Köln 2016.

Mandler, Tobias

Nachweispflichten beim Widerruf eines Krankenversicherungsvertrags, VersR 2015, 1489–1491.

Marko, Volker

Private Krankenversicherung – nach GKV-WSG und VVG-Reform, 2. Auflage, München 2010 [zitiert: *Marko*, PKV, Teil, Rn.].

Marlow, Sven/Spuhl, Udo

Das Neue VVG Kompakt – Ein Handbuch für die Rechtspraxis, 4. Auflage, Karlsruhe 2010.

Dies.

Die Neuregelungen der privaten Krankenversicherung durch das VVG – Einige versicherungs- und verfassungsrechtliche Betrachtungen, VersR 2009, 593–606.

Dies.

Anmerkung zu BGH, Urt. v. 07.12.2011 – IV ZR 50/11, VersR 2012, 219–228.

Martin, Anton

Inhaltskontrolle von Allgemeinen Versicherungsbedingungen (AVB) nach dem AGBG – Zugleich Anmerkung zum Urteil des BGH vom 9.5.1984 (IV a ZR 176/82), VersR 1984, 1107–1119.

Maunz, Theodor/Dürig, Günter (Begr.)

Kommentar zum Grundgesetz (hrsgg. von Roman Herzog, Matthias Herdegen, Rupert Scholz, Hans H. Klein), 82. Ergänzungslieferung, München 2018 [zitiert: *Bearbeiter* in Maunz/Dürig, GG, Art., Rn.].

Melzer, Marc O./Penteridis, Nikolaos

PKV: Zulässigkeit einer außerordentlichen Kündigung, VuR 2012, 198–202.

Meixner, Oliver/Steinbeck, René

Allgemeines Versicherungsvertragsrecht, 2. Auflage, München 2011, [zitiert: *Meixner/Steinbeck*, Versicherungsvertragsrecht, §, Rn.].

Muscheler, Karlheinz

Familienrecht, 4. Auflage, München 2017.

Müller, Lothar

Beachtung der gesetzlichen Regeln zur Krankenversicherung nach Rechtskräftiger Scheidung (§§ 1610 II, 1578 II BGB, Sonderprobleme der Krankenversorgung), FPR 2003, 160–163.

Münder, Johannes

Sozialrechtliche Aspekte bei Trennung und Scheidung, NJW 1998, 5–12.

Musielak, Hans-Joachim/Voit, Wolfgang (Hrsg.)

Kommentar zur Zivilprozessordnung und zum Gerichtsverfassungsgesetz, 15. Auflage, München 2018.

Niepmann, Birgit/Schwamb, Werner (Bearb.)

Die Rechtsprechung zur Höhe des Unterhalts, 13. Auflage, München 2016 [zitiert: *Bearbeiter* in Niepmann/Schwamb, Rechtsprechung zur Höhe des Unterhalts, Rn.].

Nitschke, Janina

Maßstäbe für die Transparenz Allgemeiner Versicherungsbedingungen, Diss., Berlin 2001 [zitiert: *Nitschke*, Transparenz Allgemeiner Versicherungsbedingungen, S.].

Osterloh, Arn

Zur Kündigung einer privaten Krankheitskostenversicherung wegen Eintritts der gesetzlichen Versicherungspflicht – Anmerkung zu BGH Urt. v. 03.11.2004 (VersR 2005, 66), jurisPR-BGHZivilR 16/2005, Anm. 6 [zitiert: *Osterloh*, jurisPR-BGHZivilR 16/2005, Anm. 6].

Palandt, Otto (Begr.)

Kommentar zum Bürgerlichen Gesetzbuch, 77. Auflage, München 2018 [zitiert: *Bearbeiter* in Palandt, BGB, §, Rn.].

Pannenbecker, Arnd

Die Private Krankenversicherung (Krankentagegeld- und Krankheitskostenversicherung) des Interesses Dritter als Versicherung für fremde Rechnung nach §§ 74 ff. VVG oder als „schlichter" Vertrag zugunsten Dritter gem. § 328 ff. BGB?, VersR 1998, 1322–1330.

Pannke, Marie-Luise

Anmerkung zu Beschluss des OLG Düsseldorf vom 01.10.2008 (I-4 W 49/08), FamRZ 2009, 426–427.

Pilz, Knut

Missverständliche AGB – Ein Beitrag zum Verhältnis von Auslegung und Transparenzkontrolle untersucht am Beispiel Allgemeiner Versicherungsbedingungen, Diss., Karlsruhe 2010 [zitiert: *Pilz*, Missverständliche AGB, S.].

Plagemann, Hermann (Hrsg.)

Münchener Anwalts Handbuch Sozialrecht, 5. Auflage, München 2018 [zitiert: *Bearbeiter* in Plagemann, MAH Sozialrecht, §, Rn.].

Poppen, Enno

Voraussetzungen für die Übernahme der Kosten einer privaten Krankenversicherung eines minderjährigen Kindes (zugleich Besprechung des Urteil des OLG Koblenz vom 19.01.2010 - 11 UF 620/09), FamFR 2010, 106.

Präve, Peter

Versicherungsbedingungen und AGB-Gesetz, München 1998 [zitiert: *Präve*, Versicherungsbedingungen und AGBG, S., Rn.].

Prölss, Erich R. (Begr.)/Martin, Anton

Kommentar zum Versicherungsvertragsgesetz,

30. Auflage, München 2018;

28. Auflage, München 2010;

27. Auflage, München 2004.

Prölss, Jürgen

Anmerkung zu BGH Urt. v. 08.02.2006 (IV ZR 205/04, NJW 2006, 1434) – Mitversicherter Ehegatte ist im Zweifel Begünstigter mit eigenen Rechten und nicht nur Gefahrsperson, LMK 2006, 183957.

Ders.

Die Unklarheitenregel unter besonderer Berücksichtigung ihrer Anwendung auf AVB, in: Kontinuität und Wandel des Versicherungsrechts, Festschrift für Egon Lorenz, hrsg. v. Manfred Wandt, Peter Reiff, Dirk Looschelders, Walter Bayer, Karlsruhe 2004, S. 533–546 [zitiert: *Prölss*, FS Lorenz 2004, S.].

Prütting, Hanns/Wegen, Gerhard/Weinreich, Gerd (Hrsg.)

Kommentar zum Bürgerlichen Gesetzbuch, 13. Auflage, Köln 2018 [zitiert: *Bearbeiter* in Prütting/Wegen/Weinreich, BGB, §, Rn.].

Rauscher, Thomas

Familienrecht, 2. Auflage, Heidelberg 2008.

Rauscher, Thomas/Krüger Wolfgang (Hrsg.)

Münchener Kommentar zur Zivilprozessordnung mit Gerichtsverfassungsgesetz und Nebengesetzen, Band 1, 5. Auflage, München 2016;

Band 2, 5. Auflage, München 2016 [zitiert: *Bearbeiter* in Rauscher/Krüger, MüKo ZPO, §, Rn.].

Rogler, Jens

Berechtigung des mitversicherten Familienangehörigen zur Forderung von Versicherungsleistungen – zugleich Besprechung des Urteils des OLG Düsseldorf vom 01.10.2008 (I-4 W 49/08), jurisPR-VersR 5/2009, Anm. 2 [zitiert: *Rogler*, jurisPR-VersR 5/2009, Anm. 2].

Ders.

Pflicht des Versicherers zur Zurückweisung unwirksamer Kündigungen? – Zugleich Anmerkung zu Bundessozialgericht, Urteil vom 29. November 2006 – B 12 P 1/05 R, RuS 2007, 140.

Ders.

Frist für die Kündigung einer Krankheitskostenversicherung wegen Eintritts einer gesetzlichen Krankenversicherungspflicht – Zugleich Anmerkung zu LG Dortmund, Urt. v. 24.01.2011 (2 O 209/11), juris-PRVersR 1/2012, Anm. 3 [zitiert: *Rogler*, jurisPR-VersR 1/2012, Anm. 3].

Ders.

Voraussetzungen für Kündigung des Versicherungsschutzes eines mitversicherten Volljährigen – zugleich Besprechung des Urteils des LG Hagen vom 11.10.2010 (10 O 128/10), jurisPR-VersR 3/2011, Anm. 3 [zitiert: *Rogler*, jurisPR-VersR 3/2011, Anm. 3].

Ders.

Außerordentliche Kündigung eines Krankenversicherungsvertrages möglich, Anmerkung zu LG Hannover, Urt. v. 10.08.2010 – 2 O 262/09, jurisPR-VersR 10/2010, Anm. 1 [zitiert: *Rogler*, jurisPR-VersR 10/2010, Anm. 1].

Rolfs, Christian/Wiemer, Golo

Wirksame Kündigung einer Krankenversicherung für volljährigen Mitversicherten – zugleich Anmerkung zum Urteil des BGH vom 18.12.2013 (IV ZR 140/13), NJW 2014, 696–698.

Dies.

Fristlose Kündigung eines Krankheitskosten- und eines Pflegeversicherungsvertrags – Anm. zu BGH, Urt. v. 07.12.2011 – IV ZR 105/11, NJW 2012, 1365–1370.

Römer, Wolfgang

Zu den Grenzen des Transparenzgebots im Versicherungsrecht, in: Kontinuität und Wandel des Versicherungsrechts, Festschrift für Egon Lorenz, hrsg. v. Manfred Wandt, Peter Reiff, Dirk Looschelders, Walter Bayer, Karlsruhe 2004, S. 533–546 [zitiert: *Römer*, FS Lorenz 2004, S.].

Rößler, Christina

Erforderlichkeit eines Anschlussversicherungsnachweises bei Kündigung eines Mitversicherungsvertrags durch den VN? – Zur Reichweite der §§ 205 Abs. 6, 193 Abs. 3 S. 1 VVG, VersR 2013, 1478–1482.

Rüffer, Wilfried/Halbach, Dirk/Schimikowski, Peter (Hrsg.)

Handkommentar zum Versicherungsvertragsgesetz,

3. Auflage, Baden-Baden 2015;

2. Auflage, Baden-Baden 2011.

Säcker, Franz Jürgen/Rixecker, Roland/Oetker, Hartmut/Limperg, Bettina (Hrsg.)

Münchener Kommentar zum Bürgerlichen Gesetzbuch,

Band 1, 7. Auflage, München 2015;

Band 2, 7. Auflage, München 2016;

Band 4, 7. Auflage, München 2016;

Band 8, 7. Auflage, München 2017;

Band 9, 7. Auflage, München 2017 [zitiert: *Bearbeiter* in MüKo BGB, §, Rn.].

Saenger, Ingo (Hrsg.)

Handkommentar zur Zivilprozessordnung, 7. Auflage, Baden-Baden 2017 [zitiert: *Bearbeiter* in Saenger, HK-ZPO, §, Rn.].

Schellhammer, Kurt

Familienrecht nach Anspruchsgrundlagen, 4. Auflage, Heidelberg 2006 [zitiert: *Schellhammer*, Familienrecht, Kapitel, Rn.].

Schimikowski, Peter

Versicherungsvertragsrecht, 6. Auflage, München 2017 [zitiert: *Schimikowski*, Versicherungsrecht, S., Rn.].

Schimikowski, Peter/Höra, Knut

Das neue Versicherungsvertragsgesetz – Texte, Erläuterungen, Arbeitshilfen, Materialien, Köln 2008.

Schmidt, Claudia

Das Unterhaltsbestimmungsrecht der Eltern gemäß § 1612 II BGB – Untersuchung der Rechtslage und Reformvorschlag auf Grundlage rechtstatsächlicher Ermittlungen, Diss., Frankfurt am Main 2003 [zitiert: *Schmidt*, Das Unterhaltsbestimmungsrecht, S.].

Schmoeckel, Mathias/Rückert, Joachim/Zimmermann, Reinhard (Hrsg.)

Historisch-kritischer Kommentar zum BGB, Band II, 2. Teilband, Tübingen 2007 [zitiert: *Bearbeiter* in HKK-BGB, §, Rn.].

Schnitzler, Klaus (Hrsg.)

Münchener Anwaltshandbuch Familienrecht, 4. Auflage, München 2014 [zitiert: *Bearbeiter* in Schnitzler, MAH-Familienrecht, §, Rn.].

Schulz, Werner/Hauß, Jörn (Hrsg.)

Handkommentar Familienrecht, 2. Auflage, Baden-Baden 2012 [zitiert: *Bearbeiter* in Schulz/Hauß, HK-Familienrecht, §, Rn.].

Schulze, Reiner (Schriftl.)

Handkommentar zum Bürgerlichen Gesetzbuch, 9. Auflage, Baden-Baden 2017 [zitiert: *Bearbeiter* in Schulze, HK-BGB, §, Rn.].

Schwab, Martin

AGB-Recht – Tipps und Taktik, 2. Auflage, Heidelberg 2014 [zitiert: *Schwab*, AGB-Recht, Rn.].

Schwintowski, Hans-Peter/Brömmelmeyer, Christoph (Hrsg.)

Praxiskommentar zum Versicherungsvertragsrecht, 3. Auflage, Bonn 2017 [zitiert: *Bearbeiter* in Schwintowski/Brömmelmeyer, PK-VVG, §, Rn.].

Sieg, Karl

Anmerkungen zum Referentenentwurf der gesetzlichen Regelung der privaten Krankenversicherung, VersR 1994, 249–250.

Soergel, Hans Theodor (Begr.)

Kommentar zum Bürgerlichen Gesetzbuch,

Band 5/3, 13. Auflage, Stuttgart 2010;

Band 17/1, 13. Auflage, Stuttgart 2013;

Band 19/1, 13. Auflage, Stuttgart 2012, [zitiert: *Bearbeiter* in Soergel, BGB, §, Rn.].

Sodan, Helge (Hrsg.)

Handbuch des Krankenversicherungsrechts, 3. Auflage, München 2018 [zitiert: *Bearbeiter* in Sodan, Krankenversicherungsrecht, §, Rn.].

Ders.

Private Krankenversicherung und Gesundheitsreform 2007 – Verfassungs- und europarechtliche Probleme des GKV-Wettbewerbsstärkungsgesetzes, 2. Auflage, Berlin 2007 [zitiert, *Sodan*, PKV und Gesundheitsreform 2007, S.].

Spickhoff, Andreas (Hrsg.)

Medizinrecht, 2. Auflage, München 2014 [zitiert: *Bearbeiter* in Spickhoff, Medizinrecht, §, Rn.].

Staudinger, Ansgar/Halm, Wolfgang E./Wendt, Domenik Henning (Hrsg.)

Fachanwaltskommentar Versicherungsrecht, 2. Auflage, Köln 2017 [zitiert: *Bearbeiter* in Staudinger/Halm/Wendt, Versicherungsrecht, § , Rn.].

Stein, Angelika

Aus der Ehe herrührende Ansprüche, FPR 2011, 85–89.

Stoffels, Markus

AGB-Recht, 3. Auflage, München 2015 [zitiert: *Stoffels*, AGB-Recht, §, Rn.].

Stürner, Rolf (Hrsg.)

Jauernig, Bürgerliches Gesetzbuch, 17. Auflage, München 2018 [zitiert: *Bearbeiter* in Jauernig, BGB, § , Rn.].

Thamm, Manfred/Pilger, Gerhard

Taschenkommentar des Betriebsberaters zum AGB-Gesetz, Heidelberg 1998 [zitiert: *Bearbeiter* in Thamm/Pilger, TK-AGB-Gesetz, S., Rn.].

Terbille, Michael (Begr.)/Clausen, Tilman/Schroeder-Printzen, Jörn (Hrsg.)

Münchener Anwalts Handbuch Medizinrecht, 2. Auflage, München 2013 [zitiert: *Bearbeiter* in Terbille/Clausen/Schroeder-Printzen, MAH Medizinrecht, §, Rn.].

Theurer, Andrea

Kranken-/Pflegeversicherung bei Trennung und Scheidung, FPR 2009, 438–440.

Udsching, Peter/Schütze, Bernd

SGB XI Soziale Pflegeversicherung, 5. Auflage, München 2018.

Ulmer, Peter/Brandner, Hans Erich/Hensen, Horst-Diether (Hrsg.)

Kommentar zum AGB-Recht, 12. Auflage, Köln 2016 [zitiert: *Bearbeiter* in Ulmer/Brandner/Hensen, AGB-Recht, §, Rn.].

van Bühren, Hubert W. (Hrsg.)

Handbuch Versicherungsrecht, 7. Auflage, Bonn 2017.

von Staudinger, Julius (Begr.)

Kommentar zum Bürgerlichen Gesetzbuch mit Einführungsgesetz und Nebengesetzen,

Erstes Buch: §§ 90-124; §§ 130-133, Berlin 2017;

Zweites Buch: §§ 241-243 (Treu und Glauben), Berlin 2015;

Zweites Buch: §§ 305-310, UKlaG (Recht der allgemeinen Geschäftsbedingungen), Berlin 2013;

Zweites Buch: §§ 328-345 (Vertrag zugunsten Dritter, Draufgabe, Vertragsstrafe), Berlin 2015;

Zweites Buch: §§ 397-432 (Erlass, Abtretung, Schuldübernahme, Schuldner- und Gläubigermehrheit), Berlin 2017;

Viertes Buch: §§ 1353-1362, Berlin 2018;

Viertes Buch: §§ 1564-1568; 1568a+b, Berlin 2010;

Viertes Buch: §§ 1601-1615n, Berlin 2018;

Viertes Buch: §§ 1626-1633; §§ 1-11 RKEG, Berlin 2015, [zitiert: *Bearbeiter* in Staudinger, BGB, §, Rn.].

Voit, Wolfgang

Die Mitversicherung von Ehegatten in der privaten Krankenversicherung, NJW 2006, 2225–2227.

Vorwerk, Volkert/Wolf, Christian (Hrsg.)

Beck'scher Online Kommentar zur Zivilprozessordnung, 29. Edition, Stand 01.07.2018 [zitiert: *Bearbeiter* in Vorwerk/Wolf, BeckOK ZPO, §, Rn.].

Wagner, Regine/Knittel, Stefan (Hrsg.)

Krauskopf, Soziale Krankenversicherung, Pflegeversicherung, Band 2, 98. Ergänzungslieferung, München März 2018 [zitiert: *Bearbeiter* in Krauskopf, Soziale Krankenversicherung, Pflegeversicherung, §, Rn.].

Wandt, Manfred

Versicherungsrecht, 6. Auflage, Köln 2016.

Weber, Michael Wilhelm

Kündigung einer Krankenversicherung für fremde Rechnung, NJW 2016, 1414–1417.

Weinreich, Gerd/Klein, Michael

Fachanwaltskommentar Familienrecht, 5. Auflage, Köln 2013 [zitiert: *Bearbeiter* in Weinreich/Klein, Familienrecht, §, Rn.].

Wellenhofer, Marina

Familienrecht, 4. Auflage, München 2017.

Werber, Manfred

Halbzwingende Vorschriften des neuen VVG und Inhaltskontrolle, VersR 2010, 1253–1259.

Ders.

Differenzierung nach Schutzbedürftigkeit des Versicherungsnehmers im Versicherungsrecht, Festschrift für Horst Baumann, Karlsruhe 1999, S. 359–378 [zitiert: *Werber* in FS Baumann, S.].

Wolf, Manfred/Lindacher, Walter F./Pfeiffer, Thomas (Hrsg.)

Kommentar zum AGB-Recht, 6. Auflage, München 2013 [zitiert: *Bearbeiter* in Wolf/Lindacher/Pfeiffer, AGB-Recht, §/Klausel, Rn.].

Wolf, Manfred/Neuner, Jörg
Allgemeiner Teil des Bürgerlichen Rechts, 11. Auflage, München 2016 [zitiert: *Wolf/Neuner*, BGB AT, § , Rn.].

Wriede, Paul
Wirksamkeit der unwirksamen Kündigung des Versicherungsnehmers?, VersR 1965, 9–12.

Ders.
Anmerkungen zu den Diskussions- und Referentenentwürfen des Bundesjustizministeriums zur gesetzlichen Regelung der privaten Krankenversicherung, VersR 1994, 251–254.

Ders.
Rücktrittserklärung gegenüber dem Versicherten einer Gruppenversicherung L – zugleich Besprechung des Urteils des OLG München vom 27.10.1994 (19 U 3605/94), VersR 1996, 873–874.

Annex: Musterbedingungen 2009: Krankheitskosten- und Krankenhaustagegeldversicherung

vom Verband der Privaten Krankenversicherung e.V.
(Stand Januar 2017, abgerufen von https://www.pkv.de/service/broschueren/musterbedingungen/mb-kk-2009/ am 19.09.2018)

Recht

Musterbedingungen 2009
für die Krankheitskosten- und
Krankenhaustagegeldversicherung

MB/KK 2009

PKV
Verband der Privaten
Krankenversicherung

MB/KK

Inhalt

MB/KK

Der Versicherungsschutz

§ 1 Gegenstand, Umfang und Geltungsbereich des Versicherungsschutzes

(1) Der Versicherer bietet Versicherungsschutz für Krankheiten, Unfälle und andere im Vertrag genannte Ereignisse. Er erbringt, sofern vereinbart, damit unmittelbar zusammenhängende zusätzliche Dienstleistungen. Im Versicherungsfall erbringt der Versicherer

a) in der Krankheitskostenversicherung Ersatz von Aufwendungen für Heilbehandlung und sonst vereinbarte Leistungen,

b) in der Krankenhaustagegeldversicherung bei stationärer Heilbehandlung ein Krankenhaustagegeld.

(2) Versicherungsfall ist die medizinisch notwendige Heilbehandlung einer versicherten Person wegen Krankheit oder Unfallfolgen. Der Versicherungsfall beginnt mit der Heilbehandlung; er endet, wenn nach medizinischem Befund Behandlungsbedürftigkeit nicht mehr besteht. Muss die Heilbehandlung auf eine Krankheit oder Unfallfolge ausgedehnt werden, die mit der bisher behandelten nicht ursächlich zusammenhängt, so entsteht insoweit ein neuer Versicherungsfall. Als Versicherungsfall gelten auch

a) Untersuchung und medizinisch notwendige Behandlung wegen Schwangerschaft und die Entbindung,

b) ambulante Untersuchungen zur Früherkennung von Krankheiten nach gesetzlich eingeführten Programmen (gezielte Vorsorgeuntersuchungen),

c) Tod, soweit hierfür Leistungen vereinbart sind.

(3) Der Umfang des Versicherungsschutzes ergibt sich aus dem Versicherungsschein, späteren schriftlichen Vereinbarungen, den Allgemeinen Versicherungsbedingungen (Musterbedingungen mit Anhang, Tarif mit Tarifbedingungen) sowie den gesetzlichen Vorschriften. Das Versicherungsverhältnis unterliegt deutschem Recht.

(4) Der Versicherungsschutz erstreckt sich auf Heilbehandlung in Europa. Er kann durch Vereinbarung auf außereuropäische Länder ausgedehnt werden (vgl. aber § 15 Abs. 3). Während des ersten Monats eines vorübergehenden Aufenthaltes im außereuropäischen Ausland besteht auch ohne besondere Vereinbarung Versicherungsschutz. Muss der Aufenthalt wegen notwendiger Heilbehandlung über einen Monat hinaus ausgedehnt werden, besteht Versicherungsschutz, solange die versicherte Person die Rückreise nicht ohne Gefährdung ihrer Gesundheit antreten kann, längstens aber für weitere zwei Monate.

(5) Verlegt eine versicherte Person ihren gewöhnlichen Aufenthalt in einen anderen Mitgliedstaat der Europäischen Union oder in einen anderen Vertragsstaat des Abkommens über den Europäischen Wirtschaftsraum, so setzt sich das Versicherungsverhältnis mit der Maßgabe fort, dass der Versicherer höchstens zu

MB/KK

denjenigen Leistungen verpflichtet bleibt, die er bei einem Aufenthalt im Inland zu erbringen hätte.

(6) Der Versicherungsnehmer kann die Umwandlung der Versicherung in einen gleichartigen Versicherungsschutz verlangen, sofern die versicherte Person die Voraussetzungen für die Versicherungsfähigkeit erfüllt. Der Versicherer nimmt den Antrag auf Umwandlung in angemessener Frist an. Die erworbenen Rechte bleiben erhalten; die nach den technischen Berechnungsgrundlagen gebildete Rückstellung für das mit dem Alter der versicherten Person wachsende Wagnis (Alterungsrückstellung) wird nach Maßgabe dieser Berechnungsgrundlagen angerechnet. Soweit der neue Versicherungsschutz höher oder umfassender ist, kann insoweit ein Risikozuschlag (§ 8a Abs. 3 und 4) verlangt oder ein Leistungsausschluss vereinbart werden; ferner sind für den hinzukommenden Teil des Versicherungsschutzes Wartezeiten (§ 3 Abs. 6) einzuhalten. Der Umwandlungsanspruch besteht bei Anwartschafts- und Ruhensversicherungen nicht, solange der Anwartschaftsgrund bzw. der Ruhensgrund nicht entfallen ist, und nicht bei befristeten Versicherungsverhältnissen[1]. Die Umwandlung des Versicherungsschutzes aus einem Tarif, bei dem die Beiträge geschlechtsunabhängig kalkuliert werden, in einen Tarif, bei dem dies nicht der Fall ist, ist ausgeschlossen. Eine Umwandlung des Versicherungsschutzes in den Notlagentarif nach § 153 Versicherungsaufsichtsgesetz (VAG) ist ebenfalls ausgeschlossen.

§ 2 Beginn des Versicherungsschutzes

(1) Der Versicherungsschutz beginnt mit dem im Versicherungsschein bezeichneten Zeitpunkt (Versicherungsbeginn), jedoch nicht vor Abschluss des Versicherungsvertrages (insbesondere Zugang des Versicherungsscheines oder einer schriftlichen Annahmeerklärung) und nicht vor Ablauf von Wartezeiten. Für Versicherungsfälle, die vor Beginn des Versicherungsschutzes eingetreten sind, wird nicht geleistet. Nach Abschluss des Versicherungsvertrages eingetretene Versicherungsfälle sind nur für den Teil von der Leistungspflicht ausgeschlossen, der in die Zeit vor Versicherungsbeginn oder in Wartezeiten fällt. Bei Vertragsänderungen gelten die Sätze 1 bis 3 für den hinzukommenden Teil des Versicherungsschutzes.

(2) Bei Neugeborenen beginnt der Versicherungsschutz ohne Risikozuschläge und ohne Wartezeiten ab Vollendung der Geburt, wenn am Tage der Geburt ein Elternteil mindestens drei Monate beim Versicherer versichert ist und die Anmeldung zur Versicherung spätestens zwei Monate nach dem Tage der Geburt rückwirkend erfolgt. Der Versicherungsschutz darf nicht höher oder umfassender als der eines versicherten Elternteils sein.

(3) Der Geburt eines Kindes steht die Adoption gleich, sofern das Kind im Zeitpunkt der Adoption noch minderjährig ist. Mit Rücksicht auf ein erhöhtes Risiko ist die Vereinbarung eines Risikozuschlages bis zur einfachen Beitragshöhe zulässig.

1 Die BaFin vertritt die Auffassung, dass der VN gemäß § 204 VVG einen Anspruch auf Umwandlung einer Anwartschafts- oder Ruhensversicherung bezüglich eines Tarifs in eine solche bezüglich eines anderen Tarifs mit gleichartigem Versicherungsschutz habe; die Regelung also gegen § 208 VVG verstoße.

§ 3 Wartezeiten

(1) Die Wartezeiten rechnen vom Versicherungsbeginn an.

(2) Die allgemeine Wartezeit beträgt drei Monate.

Sie entfällt

a) bei Unfällen;

b) für den Ehegatten oder den Lebenspartner gemäß § 1 Lebenspartnerschaftsgesetz einer mindestens seit drei Monaten versicherten Person, sofern eine gleichartige Versicherung innerhalb zweier Monate nach der Eheschließung bzw. Eintragung der Lebenspartnerschaft beantragt wird.

(3) Die besonderen Wartezeiten betragen für Entbindung, Psychotherapie, Zahnbehandlung, Zahnersatz und Kieferorthopädie acht Monate.

(4) Sofern der Tarif es vorsieht, können die Wartezeiten auf Grund besonderer Vereinbarung erlassen werden, wenn ein ärztliches Zeugnis über den Gesundheitszustand vorgelegt wird.

(5) Personen, die aus der gesetzlichen Krankenversicherung oder aus einem anderen Vertrag über eine Krankheitskostenvollversicherung ausgeschieden sind, wird die nachweislich dort ununterbrochen zurückgelegte Versicherungszeit auf die Wartezeiten angerechnet. Voraussetzung ist, dass die Versicherung spätestens zwei Monate nach Beendigung der Vorversicherung beantragt wurde und der Versicherungsschutz in Abweichung von § 2 Abs. 1 im unmittelbaren Anschluss beginnen soll. Entsprechendes gilt beim Ausscheiden aus einem öffentlichen Dienstverhältnis mit Anspruch auf Heilfürsorge.

(6) Bei Vertragsänderungen gelten die Wartezeitregelungen für den hinzukommenden Teil des Versicherungsschutzes.

§ 4 Umfang der Leistungspflicht

(1) Art und Höhe der Versicherungsleistungen ergeben sich aus dem Tarif mit Tarifbedingungen.

(2) Der versicherten Person steht die Wahl unter den niedergelassenen approbierten Ärzten und Zahnärzten frei. Soweit die Tarifbedingungen nichts anderes bestimmen, dürfen Heilpraktiker im Sinne des deutschen Heilpraktikergesetzes in Anspruch genommen werden.

(3) Arznei-, Verband-, Heil- und Hilfsmittel müssen von den in Abs. 2 genannten Behandelnden verordnet, Arzneimittel außerdem aus der Apotheke bezogen werden.

(4) Bei medizinisch notwendiger stationärer Heilbehandlung hat die versicherte Person freie Wahl unter den öffentlichen und privaten Krankenhäusern, die unter ständiger ärztlicher Leitung stehen, über ausreichende diagnostische und therapeutische Möglichkeiten verfügen und Krankengeschichten führen.

(5) Für medizinisch notwendige stationäre Heilbehandlung in Krankenanstalten, die auch Kuren bzw. Sanatoriumsbehandlung durchführen oder Rekonvaleszenten aufnehmen, im übrigen aber die Voraussetzungen von Abs. 4 erfüllen, werden die tariflichen Leistungen nur dann gewährt, wenn der Versicherer diese vor Beginn der Behandlung schriftlich zugesagt hat. Bei Tbc-Erkrankungen wird in vertraglichem Umfange auch für die stationäre Behandlung in Tbc-Heilstätten und -Sanatorien geleistet.

(6) Der Versicherer leistet im vertraglichen Umfang für Untersuchungs- oder Behandlungsmethoden und Arzneimittel, die von der Schulmedizin überwiegend anerkannt sind. Er leistet darüber hinaus für Methoden und Arzneimittel, die sich in der Praxis als ebenso erfolgversprechend bewährt haben oder die angewandt werden, weil keine schulmedizinischen Methoden oder Arzneimittel zur Verfügung stehen; der Versicherer kann jedoch seine Leistungen auf den Betrag herabsetzen, der bei der Anwendung vorhandener schulmedizinischer Methoden oder Arzneimittel angefallen wäre.

(7) Vor Beginn einer Heilbehandlung, deren Kosten voraussichtlich 2000 Euro überschreiten werden, kann der Versicherungsnehmer in Textform Auskunft über den Umfang des Versicherungsschutzes für die beabsichtigte Heilbehandlung verlangen. Der Versicherer erteilt die Auskunft spätestens nach vier Wochen; ist die Durchführung der Heilbehandlung dringend, wird die Auskunft unverzüglich, spätestens nach zwei Wochen erteilt. Der Versicherer geht dabei auf einen vorgelegten Kostenvoranschlag und andere Unterlagen ein. Die Frist beginnt mit Eingang des Auskunftsverlangens beim Versicherer. Ist die Auskunft innerhalb der Frist nicht erteilt, wird bis zum Beweis des Gegenteils durch den Versicherer vermutet, dass die beabsichtigte medizinische Heilbehandlung notwendig ist.

(8) Der Versicherer gibt auf Verlangen des Versicherungsnehmers oder der versicherten Person Auskunft über und Einsicht in Gutachten oder Stellungnahmen, die der Versicherer bei der Prüfung der Leistungspflicht über die Notwendigkeit einer medizinischen Behandlung eingeholt hat. Wenn der Auskunft an oder der Einsicht durch den Versicherungsnehmer oder die versicherte Person erhebliche therapeutische Gründe oder sonstige erhebliche Gründe entgegenstehen, kann nur verlangt werden, einem benannten Arzt oder Rechtsanwalt Auskunft oder Einsicht zu geben. Der Anspruch kann nur von der jeweils betroffenen Person oder ihrem gesetzlichen Vertreter geltend gemacht werden. Hat der Versicherungsnehmer das Gutachten oder die Stellungnahme auf Veranlassung des Versicherers eingeholt, erstattet der Versicherer die entstandenen Kosten

§ 5 Einschränkung der Leistungspflicht

(1) Keine Leistungspflicht besteht

a) für solche Krankheiten einschließlich ihrer Folgen sowie für Folgen von Unfällen und für Todesfälle, die durch Kriegsereignisse verursacht oder als Wehrdienstbeschädigung anerkannt und nicht ausdrücklich in den Versicherungsschutz eingeschlossen sind;

b) für auf Vorsatz beruhende Krankheiten und Unfälle einschließlich deren Folgen sowie für Entziehungsmaßnahmen einschließlich Entziehungskuren;

c) für Behandlung durch Ärzte, Zahnärzte, Heilpraktiker und in Krankenanstalten, deren Rechnungen der Versicherer aus wichtigem Grunde von der Erstattung ausgeschlossen hat, wenn der Versicherungsfall nach der Benachrichtigung des Versicherungsnehmers über den Leistungsausschluss eintritt. Sofern im Zeitpunkt der Benachrichtigung ein Versicherungsfall schwebt, besteht keine Leistungspflicht für die nach Ablauf von drei Monaten seit der Benachrichtigung entstandenen Aufwendungen;

d) für Kur- und Sanatoriumsbehandlung sowie für Rehabilitationsmaßnahmen der gesetzlichen Rehabilitationsträger, wenn der Tarif nichts anderes vorsieht;

e) für ambulante Heilbehandlung in einem Heilbad oder Kurort. Die Einschränkung entfällt, wenn die versicherte Person dort ihren ständigen Wohnsitz hat oder während eines vorübergehenden Aufenthaltes durch eine vom Aufenthaltszweck unabhängige Erkrankung oder einen dort eingetretenen Unfall Heilbehandlung notwendig wird;

f) ---

g) für Behandlungen durch Ehegatten, Lebenspartner gemäß § 1 Lebenspartnerschaftsgesetz, Eltern oder Kinder. Nachgewiesene Sachkosten werden tarifgemäß erstattet.

h) für eine durch Pflegebedürftigkeit oder Verwahrung bedingte Unterbringung.

(2) Übersteigt eine Heilbehandlung oder sonstige Maßnahme, für die Leistungen vereinbart sind, das medizinisch notwendige Maß, so kann der Versicherer seine Leistungen auf einen angemessenen Betrag herabsetzen. Stehen die Aufwendungen für die Heilbehandlung oder sonstigen Leistungen in einem auffälligen Missverhältnis zu den erbrachten Leistungen, ist der Versicherer insoweit nicht zur Leistung verpflichtet.

(3) Besteht auch Anspruch auf Leistungen aus der gesetzlichen Unfallversicherung oder der gesetzlichen Rentenversicherung, auf eine gesetzliche Heilfürsorge oder Unfallfürsorge, so ist der Versicherer, unbeschadet der Ansprüche des Versicherungsnehmers auf Krankenhaustagegeld, nur für die Aufwendungen leistungspflichtig, welche trotz der gesetzlichen Leistungen notwendig bleiben.

(4) Hat die versicherte Person wegen desselben Versicherungsfalles einen Anspruch gegen mehrere Erstattungsverpflichtete, darf die Gesamterstattung die Gesamtaufwendungen nicht übersteigen.

§ 6 Auszahlung der Versicherungsleistungen

(1) Der Versicherer ist zur Leistung nur verpflichtet, wenn die von ihm geforderten Nachweise erbracht sind; diese werden Eigentum des Versicherers.

(2) Im Übrigen ergeben sich die Voraussetzungen für die Fälligkeit der Leistungen des Versicherers aus § 14 VVG.

(3) Der Versicherer ist verpflichtet, an die versicherte Person zu leisten, wenn der Versicherungsnehmer ihm diese in Textform als Empfangsberechtigte für deren

Versicherungsleistungen benannt hat. Liegt diese Voraussetzung nicht vor, kann nur der Versicherungsnehmer die Leistung verlangen.

(4) Die in ausländischer Währung entstandenen Krankheitskosten werden zum Kurs des Tages, an dem die Belege beim Versicherer eingehen, in Euro umgerechnet.

(5) Kosten für die Überweisung der Versicherungsleistungen und für Übersetzungen können von den Leistungen abgezogen werden.

(6) Ansprüche auf Versicherungsleistungen können weder abgetreten noch verpfändet werden.

§ 7 Ende des Versicherungsschutzes

Der Versicherungsschutz endet – auch für schwebende Versicherungsfälle – mit der Beendigung des Versicherungsverhältnisses.

Pflichten des Versicherungsnehmers

§ 8 Beitragszahlung

(1) Der Beitrag ist ein Jahresbeitrag und wird vom Versicherungsbeginn an berechnet. Er ist zu Beginn eines jeden Versicherungsjahres zu entrichten, kann aber auch in gleichen monatlichen Beitragsraten gezahlt werden, die jeweils bis zur Fälligkeit der Beitragsrate als gestundet gelten. Die Beitragsraten sind am Ersten eines jeden Monats fällig. Wird der Jahresbeitrag während des Versicherungsjahres neu festgesetzt, so ist der Unterschiedsbetrag vom Änderungszeitpunkt an bis zum Beginn des nächsten Versicherungsjahres nachzuzahlen bzw. zurückzuzahlen.

(2) Wird der Vertrag für eine bestimmte Zeit mit der Maßgabe geschlossen, dass sich das Versicherungsverhältnis nach Ablauf dieser bestimmten Zeit stillschweigend um jeweils ein Jahr verlängert, sofern der Versicherungsnehmer nicht fristgemäß gekündigt hat, so kann der Tarif anstelle von Jahresbeiträgen Monatsbeiträge vorsehen. Diese sind am Ersten eines jeden Monats fällig.

(3) Wird der Versicherungsvertrag über eine der Erfüllung der Pflicht zur Versicherung dienende Krankheitskostenversicherung (§ 193 Abs. 3 VVG) später als einen Monat nach Entstehen der Pflicht zur Versicherung beantragt, ist ein Beitragszuschlag in Höhe eines Monatsbeitrags für jeden weiteren angefangenen Monat der Nichtversicherung zu entrichten, ab dem sechsten Monat der Nichtversicherung für jeden weiteren angefangenen Monat der Nichtversicherung ein Sechstel des Monatsbeitrags. Kann die Dauer der Nichtversicherung nicht ermittelt werden, ist davon auszugehen, dass der Versicherte mindestens fünf Jahre nicht versichert war; Zeiten vor dem 1. Januar 2009 werden nicht berücksichtigt. Der Beitragszuschlag ist einmalig zusätzlich zum laufenden Beitrag zu

entrichten. Der Versicherungsnehmer kann vom Versicherer die Stundung des Beitragszuschlags verlangen, wenn den Interessen des Versicherers durch die Vereinbarung einer angemessenen Ratenzahlung Rechnung getragen werden kann. Der gestundete Betrag wird verzinst.

(4) Der erste Beitrag bzw. die erste Beitragsrate ist, sofern nicht anders vereinbart, unverzüglich nach Ablauf von zwei Wochen nach Zugang des Versicherungsscheines zu zahlen.

(5) Kommt der Versicherungsnehmer mit der Zahlung einer Beitragsrate in Verzug, so werden die gestundeten Beitragsraten des laufenden Versicherungsjahres fällig. Sie gelten jedoch erneut als gestundet, wenn der rückständige Beitragsteil einschließlich der Beitragsrate für den am Tage der Zahlung laufenden Monat und die Mahnkosten entrichtet sind.

(6) Ist der Versicherungsnehmer bei einer der Erfüllung der Pflicht zur Versicherung dienenden Krankheitskostenversicherung (§ 193 Abs. 3 VVG) mit einem Betrag in Höhe von Beitragsanteilen für zwei Monate im Rückstand, mahnt ihn der Versicherer. Der Versicherungsnehmer hat für jeden angefangenen Monat eines Beitragsrückstandes einen Säumniszuschlag von 1 % des Beitragsrückstandes sowie Mahnkosten in nachgewiesener Höhe, mindestens (...) Euro je Mahnung, zu entrichten. Ist der Beitragsrückstand einschließlich der Säumniszuschläge zwei Monate nach Zugang dieser Mahnung noch höher als der Beitragsanteil für einen Monat, mahnt der Versicherer unter Hinweis auf das mögliche Ruhen des Versicherungsvertrages ein zweites Mal. Ist der Beitragsrückstand einschließlich der Säumniszuschläge einen Monat nach Zugang der zweiten Mahnung höher als der Beitragsanteil für einen Monat, ruht der Versicherungsvertrag ab dem ersten Tag des nachfolgenden Monats. Solange der Versicherungsvertrag ruht, gilt die versicherte Person als im Notlagentarif nach § 153 VAG versichert. Es gelten insoweit die Allgemeinen Versicherungsbedingungen für den Notlagentarif (AVB/NLT) in der jeweils geltenden Fassung.

Das Ruhen des Versicherungsvertrages tritt nicht ein oder endet, wenn der Versicherungsnehmer oder die versicherte Person hilfebedürftig im Sinne des Zweiten oder des Zwölften Buchs Sozialgesetzbuch ist oder wird. Unbeschadet davon wird der Vertrag ab dem ersten Tag des übernächsten Monats in dem Tarif fortgesetzt, in dem der Versicherungsnehmer oder die versicherte Person vor Eintritt des Ruhens versichert war, wenn alle rückständigen Prämienanteile einschließlich der Säumniszuschläge und der Beitreibungskosten gezahlt sind. In den Fällen der Sätze 7 und 8 ist der Versicherungsnehmer oder die versicherte Person so zu stellen, wie der Versicherungsnehmer oder die versicherte Person vor der Versicherung im Notlagentarif nach § 153 VAG stand, abgesehen von den während der Ruhenszeit verbrauchten Anteilen der Alterungsrückstellung. Während der Ruhenszeit vorgenommene Beitragsanpassungen und Änderungen der allgemeinen Versicherungsbedingungen in dem Tarif, in dem der Versicherungsnehmer oder die versicherte Person vor Eintritt des Ruhens versichert war, gelten ab dem Tag der Fortsetzung der Versicherung in diesem Tarif. Die Hilfebedürftigkeit ist durch eine Bescheinigung des zuständigen Trägers nach dem Zweiten oder Zwölften Buch Sozialgesetzbuch nachzuweisen; der Versicherer kann in angemessenen Abständen die Vorlage einer neuen Bescheinigung verlangen.

(7) Bei anderen als den in Abs. 6 genannten Versicherungen kann die nicht rechtzeitige Zahlung des Erstbeitrages oder eines Folgebeitrages unter den Voraus-

setzungen der §§ 37 und 38 VVG zum Verlust des Versicherungsschutzes führen. Ist ein Beitrag bzw. eine Beitragsrate nicht rechtzeitig gezahlt und wird der Versicherungsnehmer in Textform gemahnt, so ist er zur Zahlung der Mahnkosten verpflichtet, deren Höhe sich aus dem Tarif ergibt.

(8) Wird das Versicherungsverhältnis vor Ablauf der Vertragslaufzeit beendet, steht dem Versicherer für diese Vertragslaufzeit nur derjenige Teil des Beitrags bzw. der Beitragsrate zu, der dem Zeitraum entspricht, in dem der Versicherungsschutz bestanden hat. Wird das Versicherungsverhältnis durch Rücktritt auf Grund des § 19 Abs. 2 VVG oder durch Anfechtung des Versicherers wegen arglistiger Täuschung beendet, steht dem Versicherer der Beitrag bzw. die Beitragsrate bis zum Wirksamwerden der Rücktritts- oder Anfechtungserklärung zu. Tritt der Versicherer zurück, weil der erste Beitrag bzw. die erste Beitragsrate nicht rechtzeitig gezahlt wird, kann er eine angemessene Geschäftsgebühr verlangen.

(9) Die Beiträge sind an die vom Versicherer zu bezeichnende Stelle zu entrichten.

§ 8a Beitragsberechnung

(1) Die Berechnung der Beiträge erfolgt nach Maßgabe der Vorschriften des VAG und ist in den technischen Berechnungsgrundlagen des Versicherers festgelegt.

(2) Bei einer Änderung der Beiträge, auch durch Änderung des Versicherungsschutzes, wird das Geschlecht und das (die) bei Inkrafttreten der Änderung erreichte tarifliche Lebensalter (Lebensaltersgruppe) der versicherten Person berücksichtigt; dies gilt in Ansehung des Geschlechts nicht für Tarife, deren Beiträge geschlechtsunabhängig erhoben werden. Dabei wird dem Eintrittsalter der versicherten Person dadurch Rechnung getragen, dass eine Alterungsrückstellung gemäß den in den technischen Berechnungsgrundlagen festgelegten Grundsätzen angerechnet wird. Eine Erhöhung der Beiträge oder eine Minderung der Leistungen des Versicherers wegen des Älterwerdens der versicherten Person ist jedoch während der Dauer des Versicherungsverhältnisses ausgeschlossen, soweit eine Alterungsrückstellung zu bilden ist.

(3) Bei Beitragsänderungen kann der Versicherer auch besonders vereinbarte Risikozuschläge entsprechend ändern.

(4) Liegt bei Vertragsänderungen ein erhöhtes Risiko vor, steht dem Versicherer für den hinzukommenden Teil des Versicherungsschutzes zusätzlich zum Beitrag ein angemessener Zuschlag zu. Dieser bemisst sich nach den für den Geschäftsbetrieb des Versicherers zum Ausgleich erhöhter Risiken maßgeblichen Grundsätzen.

§ 8b Beitragsanpassung

(1) Im Rahmen der vertraglichen Leistungszusage können sich die Leistungen des Versicherers z.B. wegen steigender Heilbehandlungskosten, einer häufigeren Inanspruchnahme medizinischer Leistungen oder aufgrund steigender Lebenserwartung ändern. Dementsprechend vergleicht der Versicherer zumindest jährlich für jeden Tarif die erforderlichen mit den in den technischen Berech-

nungsgrundlagen kalkulierten Versicherungsleistungen und Sterbewahrscheinlichkeiten. Ergibt diese Gegenüberstellung für eine Beobachtungseinheit eines Tarifs eine Abweichung von mehr als dem gesetzlich oder tariflich festgelegten Vomhundertsatz, werden alle Beiträge dieser Beobachtungseinheit vom Versicherer überprüft und, soweit erforderlich, mit Zustimmung des Treuhänders angepasst. Unter den gleichen Voraussetzungen kann auch eine betragsmäßig festgelegte Selbstbeteiligung angepasst und ein vereinbarter Risikozuschlag entsprechend geändert werden. Im Zuge einer Beitragsanpassung werden auch der für die Beitragsgarantie im Standardtarif erforderliche Zuschlag (§ 19 Abs. 1 Satz 2) sowie der für die Beitragsbegrenzungen im Basistarif erforderliche Zuschlag (§ 20 Satz 2) mit den jeweils kalkulierten Zuschlägen verglichen, und, soweit erforderlich, angepasst.

(2) Von einer Beitragsanpassung kann abgesehen werden, wenn nach übereinstimmender Beurteilung durch den Versicherer und den Treuhänder die Veränderung der Versicherungsleistungen als vorübergehend anzusehen ist.

(3) Beitragsanpassungen sowie Änderungen von Selbstbeteiligungen und evtl. vereinbarten Risikozuschlägen werden zu Beginn des zweiten Monats wirksam, der auf die Benachrichtigung des Versicherungsnehmers folgt.

§ 9 Obliegenheiten

(1) Jede Krankenhausbehandlung ist binnen 10 Tagen nach ihrem Beginn anzuzeigen.

(2) Der Versicherungsnehmer und die als empfangsberechtigt benannte versicherte Person (vgl. § 6 Abs. 3) haben auf Verlangen des Versicherers jede Auskunft zu erteilen, die zur Feststellung des Versicherungsfalles oder der Leistungspflicht des Versicherers und ihres Umfanges erforderlich ist.

(3) Auf Verlangen des Versicherers ist die versicherte Person verpflichtet, sich durch einen vom Versicherer beauftragten Arzt untersuchen zu lassen.

(4) Die versicherte Person hat nach Möglichkeit für die Minderung des Schadens zu sorgen und alle Handlungen zu unterlassen, die der Genesung hinderlich sind.

(5) Wird für eine versicherte Person bei einem weiteren Versicherer ein Krankheitskostenversicherungsvertrag abgeschlossen oder macht eine versicherte Person von der Versicherungsberechtigung in der gesetzlichen Krankenversicherung Gebrauch, ist der Versicherungsnehmer verpflichtet, den Versicherer von der anderen Versicherung unverzüglich zu unterrichten.

(6) Eine weitere Krankenhaustagegeldversicherung darf nur mit Einwilligung des Versicherers abgeschlossen werden.

§ 10 Folgen von Obliegenheitsverletzungen

(1) Der Versicherer ist mit den in § 28 Abs. 2 bis 4 VVG vorgeschriebenen Einschränkungen ganz oder teilweise von der Verpflichtung zur Leistung frei, wenn eine der in § 9 Abs. 1 bis 6 genannten Obliegenheiten verletzt wird.

(2) Wird eine der in § 9 Abs. 5 und 6 genannten Obliegenheiten verletzt, so kann der Versicherer ein Versicherungsverhältnis, das nicht der Erfüllung der Pflicht zur Versicherung (§ 193 Abs. 3 VVG) dient, unter der Voraussetzung des § 28 Abs. 1 VVG innerhalb eines Monats nach dem Bekanntwerden der Obliegenheitsverletzung ohne Einhaltung einer Frist auch kündigen.

(3) Die Kenntnis und das Verschulden der versicherten Person stehen der Kenntnis und dem Verschulden des Versicherungsnehmers gleich.

§ 11 Obliegenheiten und Folgen bei Obliegenheitsverletzungen bei Ansprüchen gegen Dritte

(1) Hat der Versicherungsnehmer oder eine versicherte Person Ersatzansprüche gegen Dritte, so besteht, unbeschadet des gesetzlichen Forderungsüberganges gemäß § 86 VVG, die Verpflichtung, diese Ansprüche bis zur Höhe, in der aus dem Versicherungsvertrag Ersatz (Kostenerstattung sowie Sach- und Dienstleistung) geleistet wird, an den Versicherer schriftlich abzutreten.

(2) Der Versicherungsnehmer oder die versicherte Person hat seinen (ihren) Ersatzanspruch oder ein zur Sicherung dieses Anspruchs dienendes Recht unter Beachtung der geltenden Form- und Fristvorschriften zu wahren und bei dessen Durchsetzung durch den Versicherer soweit erforderlich mitzuwirken.

(3) Verletzt der Versicherungsnehmer oder eine versicherte Person vorsätzlich die in den Absätzen 1 und 2 genannten Obliegenheiten, ist der Versicherer zur Leistung insoweit nicht verpflichtet, als er infolge dessen keinen Ersatz von dem Dritten erlangen kann. Im Falle einer grob fahrlässigen Verletzung der Obliegenheit ist der Versicherer berechtigt, seine Leistung in einem der Schwere des Verschuldens entsprechenden Verhältnis zu kürzen.

(4) Steht dem Versicherungsnehmer oder einer versicherten Person ein Anspruch auf Rückzahlung ohne rechtlichen Grund gezahlter Entgelte gegen den Erbringer von Leistungen zu, für die der Versicherer auf Grund des Versicherungsvertrages Erstattungsleistungen erbracht hat, sind die Absätze 1 bis 3 entsprechend anzuwenden.

§ 12 Aufrechnung

Der Versicherungsnehmer kann gegen Forderungen des Versicherers nur aufrechnen, soweit die Gegenforderung unbestritten oder rechtskräftig festgestellt ist. Gegen eine Forderung aus der Beitragspflicht kann jedoch ein Mitglied eines Versicherungsvereins nicht aufrechnen.

Ende der Versicherung

§ 13 Kündigung durch den Versicherungsnehmer

(1) Der Versicherungsnehmer kann das Versicherungsverhältnis zum Ende eines jeden Versicherungsjahres, frühestens aber zum Ablauf einer vereinbarten Vertragsdauer von bis zu zwei Jahren, mit einer Frist von drei Monaten kündigen.

(2) Die Kündigung kann auf einzelne versicherte Personen oder Tarife beschränkt werden.

(3) Wird eine versicherte Person kraft Gesetzes in der gesetzlichen Krankenversicherung versicherungspflichtig, so kann der Versicherungsnehmer binnen drei Monaten nach Eintritt der Versicherungspflicht eine Krankheitskostenversicherung oder eine dafür bestehende Anwartschaftsversicherung rückwirkend zum Eintritt der Versicherungspflicht kündigen. Die Kündigung ist unwirksam, wenn der Versicherungsnehmer den Eintritt der Versicherungspflicht nicht innerhalb von zwei Monaten nachweist, nachdem der Versicherer ihn hierzu in Textform aufgefordert hat, es sei denn, der Versicherungsnehmer hat die Versäumung dieser Frist nicht zu vertreten. Macht der Versicherungsnehmer von seinem Kündigungsrecht Gebrauch, steht dem Versicherer der Beitrag nur bis zum Zeitpunkt des Eintritts der Versicherungspflicht zu. Später kann der Versicherungsnehmer die Krankheitskostenversicherung oder eine dafür bestehende Anwartschaftsversicherung zum Ende des Monats kündigen, in dem er den Eintritt der Versicherungspflicht nachweist. Dem Versicherer steht der Beitrag in diesem Fall bis zum Ende des Versicherungsvertrages zu. Der Versicherungspflicht steht gleich der gesetzliche Anspruch auf Familienversicherung oder der nicht nur vorübergehende Anspruch auf Heilfürsorge aus einem beamtenrechtlichen oder ähnlichen Dienstverhältnis.

(4) Hat eine Vereinbarung im Versicherungsvertrag zur Folge, dass bei Erreichen eines bestimmten Lebensalters oder bei Eintritt anderer dort genannter Voraussetzungen der Beitrag für ein anderes Lebensalter oder eine andere Altersgruppe gilt oder der Beitrag unter Berücksichtigung einer Alterungsrückstellung berechnet wird, kann der Versicherungsnehmer das Versicherungsverhältnis hinsichtlich der betroffenen versicherten Person binnen zwei Monaten nach der Änderung zum Zeitpunkt deren Inkrafttretens kündigen, wenn sich der Beitrag durch die Änderung erhöht.

(5) Erhöht der Versicherer die Beiträge aufgrund der Beitragsanpassungsklausel oder vermindert er seine Leistungen gemäß § 18 Abs. 1, so kann der Versicherungsnehmer das Versicherungsverhältnis hinsichtlich der betroffenen versicherten Person innerhalb von zwei Monaten nach Zugang der Änderungsmitteilung zum Zeitpunkt des Wirksamwerdens der Änderung kündigen. Bei einer Beitragserhöhung kann der Versicherungsnehmer das Versicherungsverhältnis auch bis und zum Zeitpunkt des Wirksamwerdens der Erhöhung kündigen.

(6) Der Versicherungsnehmer kann, sofern der Versicherer die Anfechtung, den Rücktritt oder die Kündigung nur für einzelne versicherte Personen oder Tarife erklärt, innerhalb von zwei Wochen nach Zugang dieser Erklärung die Aufhebung des übrigen Teils der Versicherung zum Schlusse des Monats verlangen, in dem

ihm die Erklärung des Versicherers zugegangen ist, bei Kündigung zu dem Zeitpunkt, in dem diese wirksam wird.

(7) Dient das Versicherungsverhältnis der Erfüllung der Pflicht zur Versicherung (§ 193 Abs. 3 VVG), setzt die Kündigung nach den Absätzen 1, 2, 4, 5 und 6 voraus, dass für die versicherte Person bei einem anderen Versicherer ein neuer Vertrag abgeschlossen wird, der den Anforderungen an die Pflicht zur Versicherung genügt. Die Kündigung wird nur wirksam, wenn der Versicherungsnehmer innerhalb von zwei Monaten nach der Kündigungserklärung nachweist, dass die versicherte Person bei einem neuen Versicherer ohne Unterbrechung versichert ist; liegt der Zeitpunkt, zu dem die Kündigung ausgesprochen wurde, mehr als zwei Monate nach der Kündigungserklärung, muss der Nachweis bis zu diesem Zeitpunkt erbracht werden.

(8) Bei Kündigung einer Krankheitskostenvollversicherung und gleichzeitigem Abschluss eines neuen substitutiven Vertrages (§ 195 Abs. 1 VVG) kann der Versicherungsnehmer verlangen, dass der Versicherer die kalkulierte Alterungsrückstellung der versicherten Person in Höhe des nach dem 31. Dezember 2008 ab Beginn der Versicherung im jeweiligen Tarif aufgebauten Übertragungswertes nach Maßgabe von § 146 Abs. 1 Nr. 5 VAG auf deren neuen Versicherer überträgt. Dies gilt nicht für vor dem 1. Januar 2009 abgeschlossene Verträge.

(9) Bestehen bei Beendigung des Versicherungsverhältnisses Beitragsrückstände, kann der Versicherer den Übertragungswert bis zum vollständigen Beitragsausgleich zurückbehalten.

(10) Kündigt der Versicherungsnehmer das Versicherungsverhältnis insgesamt oder für einzelne versicherte Personen, haben die versicherten Personen das Recht, das Versicherungsverhältnis unter Benennung des künftigen Versicherungsnehmers fortzusetzen. Die Erklärung ist innerhalb zweier Monate nach der Kündigung abzugeben. Die Kündigung ist nur wirksam, wenn der Versicherungsnehmer nachweist, dass die betroffenen versicherten Personen von der Kündigungserklärung Kenntnis erlangt haben.

(11) Soweit die Krankenversicherung nach Art der Lebensversicherung betrieben wird, haben der Versicherungsnehmer und die versicherten Personen das Recht, einen gekündigten Vertrag in Form einer Anwartschaftsversicherung fortzusetzen.

§ 14 Kündigung durch den Versicherer

(1) In einer der Erfüllung der Pflicht zur Versicherung dienenden Krankheitskostenversicherung (§ 193 Abs. 3 VVG) sowie in der substitutiven Krankheitskostenversicherung gemäß § 195 Abs. 1 VVG ist das ordentliche Kündigungsrecht ausgeschlossen. Dies gilt auch für eine Krankenhaustagegeldversicherung, die neben einer Krankheitskostenvollversicherung besteht.

(2) Liegen bei einer Krankenhaustagegeldversicherung oder einer Krankheitskostenteilversicherung die Voraussetzungen nach Abs. 1 nicht vor, so kann der Versicherer das Versicherungsverhältnis nur innerhalb der ersten drei Versicherungsjahre mit einer Frist von drei Monaten zum Ende eines Versicherungsjahres kündigen.

(3) Die gesetzlichen Bestimmungen über das außerordentliche Kündigungsrecht bleiben unberührt.

(4) Die Kündigung kann auf einzelne versicherte Personen oder Tarife beschränkt werden.

(5) Kündigt der Versicherer das Versicherungsverhältnis insgesamt oder für einzelne versicherte Personen, gilt § 13 Abs. 10 Sätze 1 und 2 entsprechend.

§ 15 Sonstige Beendigungsgründe

(1) Das Versicherungsverhältnis endet mit dem Tod des Versicherungsnehmers. Die versicherten Personen haben jedoch das Recht, das Versicherungsverhältnis unter Benennung des künftigen Versicherungsnehmers fortzusetzen. Die Erklärung ist innerhalb zweier Monate nach dem Tode des Versicherungsnehmers abzugeben.

(2) Beim Tod einer versicherten Person endet insoweit das Versicherungsverhältnis.

(3) Verlegt eine versicherte Person ihren gewöhnlichen Aufenthalt in einen anderen Staat als die in § 1 Absatz 5 genannten, endet insoweit das Versicherungsverhältnis, es sei denn, dass es aufgrund einer anderweitigen Vereinbarung fortgesetzt wird. Der Versicherer kann im Rahmen dieser anderweitigen Vereinbarung einen angemessenen Beitragszuschlag verlangen. Bei nur vorübergehender Verlegung des gewöhnlichen Aufenthaltes in einen anderen Staat als die in § 1 Abs. 5 genannten kann verlangt werden, das Versicherungsverhältnis in eine Anwartschaftsversicherung umzuwandeln.

Sonstige Bestimmungen

§ 16 Willenserklärungen und Anzeigen

Willenserklärungen und Anzeigen gegenüber dem Versicherer bedürfen der Textform.

§ 17 Gerichtsstand

(1) Für Klagen aus dem Versicherungsverhältnis gegen den Versicherungsnehmer ist das Gericht des Ortes zuständig, an dem der Versicherungsnehmer seinen Wohnsitz oder in Ermangelung eines solchen seinen gewöhnlichen Aufenthalt hat.

(2) Klagen gegen den Versicherer können bei dem Gericht am Wohnsitz oder gewöhnlichen Aufenthalt des Versicherungsnehmers oder bei dem Gericht am Sitz des Versicherers anhängig gemacht werden.

(3) Verlegt der Versicherungsnehmer nach Vertragsschluss seinen Wohnsitz oder gewöhnlichen Aufenthalt in einen Staat, der nicht Mitgliedstaat der Europäischen Union oder Vertragsstaat des Abkommens über den Europäischen Wirtschaftsraum ist, oder ist sein Wohnsitz oder gewöhnlicher Aufenthalt im Zeitpunkt der Klageerhebung nicht bekannt, ist das Gericht am Sitz des Versicherers zuständig.

§ 18 Änderungen der Allgemeinen Versicherungsbedingungen

(1) Bei einer nicht nur als vorübergehend anzusehenden Veränderung der Verhältnisse des Gesundheitswesens können die Allgemeinen Versicherungsbedingungen und die Tarifbestimmungen den veränderten Verhältnissen angepasst werden, wenn die Änderungen zur hinreichenden Wahrung der Belange der Versicherungsnehmer erforderlich erscheinen und ein unabhängiger Treuhänder die Voraussetzungen für die Änderungen überprüft und ihre Angemessenheit bestätigt hat. Die Änderungen werden zu Beginn des zweiten Monats wirksam, der auf die Mitteilung der Änderungen und der hierfür maßgeblichen Gründe an den Versicherungsnehmer folgt.

(2) Ist eine Bestimmung in den Allgemeinen Versicherungsbedingungen durch höchstrichterliche Entscheidung oder durch einen bestandskräftigen Verwaltungsakt für unwirksam erklärt worden, kann sie der Versicherer durch eine neue Regelung ersetzen, wenn dies zur Fortführung des Vertrags notwendig ist oder wenn das Festhalten an dem Vertrag ohne neue Regelung für eine Vertragspartei auch unter Berücksichtigung der Interessen der anderen Vertragspartei eine unzumutbare Härte darstellen würde. Die neue Regelung ist nur wirksam, wenn sie unter Wahrung des Vertragsziels die Belange der Versicherungsnehmer angemessen berücksichtigt. Sie wird zwei Wochen, nachdem die neue Regelung und die hierfür maßgeblichen Gründe dem Versicherungsnehmer mitgeteilt worden sind, Vertragsbestandteil.

§ 19 Wechsel in den Standardtarif

(1) Der Versicherungsnehmer kann verlangen, dass versicherte Personen seines Vertrages, die die in § 257 Abs. 2a Nr. 2, 2a und 2b SGB V in der bis zum 31. Dezember 2008 geltenden Fassung genannten Voraussetzungen erfüllen, in den Standardtarif mit Höchstbeitragsgarantie wechseln können. Zur Gewährleistung dieser Beitragsgarantie wird der in den technischen Berechnungsgrundlagen festgelegte Zuschlag erhoben. Neben dem Standardtarif darf gemäß Nr. 1 Abs. 5 und Nr. 9 der Tarifbedingungen für den Standardtarif für eine versicherte Person keine weitere Krankheitskostenteil- oder -vollversicherung bestehen. Der Wechsel ist jederzeit nach Erfüllung der gesetzlichen Voraussetzungen möglich; die Versicherung im Standardtarif beginnt zum Ersten des Monats, der auf den Antrag des Versicherungsnehmers auf Wechsel in den Standardtarif folgt.

(2) Absatz 1 gilt nicht für ab dem 1. Januar 2009 abgeschlossene Verträge.

§ 20 Wechsel in den Basistarif

Der Versicherungsnehmer kann verlangen, dass versicherte Personen seines Vertrages in den Basistarif mit Höchstbeitragsgarantie und Beitragsminderung

MB/KK

bei Hilfebedürftigkeit wechseln können, wenn der erstmalige Abschluss der bestehenden Krankheitskostenvollversicherung ab dem 1. Januar 2009 erfolgte oder die versicherte Person das 55. Lebensjahr vollendet hat oder das 55. Lebensjahr noch nicht vollendet hat, aber die Voraussetzungen für den Anspruch auf eine Rente der gesetzlichen Rentenversicherung erfüllt und diese Rente beantragt hat oder ein Ruhegehalt nach beamtenrechtlichen oder vergleichbaren Vorschriften bezieht oder hilfebedürftig nach dem Zweiten oder Zwölften Buch Sozialgesetzbuch ist. Zur Gewährleistung dieser Beitragsbegrenzungen wird der in den technischen Berechnungsgrundlagen festgelegte Zuschlag erhoben. § 19 Abs. 1 Satz 4 gilt entsprechend.

Stand: Januar 2017
Bestell-Nr. 12-010117-01

Bildnachweis: Titel: Sergey Nivens/fotolia

PKV

Verband der Privaten Krankenversicherung e.V.

Gustav-Heinemann-Ufer 74c · 50968 Köln
Telefon (0221) 99 87 - 0 · Telefax (0221) 99 87 - 39 50

Glinkastraße 40 · 10117 Berlin
Telefon (030) 20 45 89 - 0 · Telefax (030) 20 45 89 - 33

www.pkv.de · info@pkv.de

VERSICHERUNGSRECHTLICHE STUDIEN

Herausgegeben von Professor Dr. Gerrit Winter und Professor Dr. Robert Koch, LL.M.

Band 1 Maximilian Teichler: Berufshaftpflichtversicherungen. Eine Untersuchung der Berufshaftpflicht, ihrer Versicherung und deren Beziehung zueinander am Beispiel der Rechtsanwälte, Ärzte und Architekten in Deutschland. 1985.

Band 2 Burkhard Messerschmidt: Hinweis- und Belehrungspflichten des Versicherers. 1986.

Band 3 Chao-Kuo Chiang: Das Interesse im Seeversicherungsrecht. 1986.

Band 4 Michael Grebe: Die vorläufige Deckungszusage unter besonderer Berücksichtigung ihrer Handhabung in der Lebensversicherung. 1987.

Band 5 Harald Zeller: Die Deckung von Haftpflicht-Risiken im Rahmen der Seekaskoversicherung. 1987.

Band 6 Annemarie Bender: Die Rechtsproblematik der Wartezeiten in der Privatversicherung unter besonderer Berücksichtigung der Rechtsschutzversicherung. 1988.

Band 7 Gerd Kühborth: Die Obliegenheiten des Versicherungsnehmers in der Rechtsschutzversicherung beim und nach dem Eintritt eines Versicherungsfalles. 1988.

Band 8 Peter Caninenberg: Die Sportveranstaltungsausfallversicherung. 1988.

Band 9 Carsten Meyer: Der Rückkaufswert in der Lebensversicherung. Eine Untersuchung aktueller Kritik an dem Recht des Lebensversicherungsvertrages unter Berücksichtigung des AGB-Gesetzes und des Aufsichtsrechts. 1989.

Band 10 Heike Schwesinger: Versorgungsausgleich und berufsständische Versorgungswerke. 1989.

Band 11 Jens Fortmann: Die Investitionsgüterkreditversicherung. 1989.

Band 12 Hans Wille: Bedingungs- und satzungsgemäße Privilegien öffentlich-rechtlicher "Wettbewerbsanstalten" in der Gebäude-Feuerversicherung. Eine Untersuchung zum BGB, VVG, AGBG, GWB (UWG) und EWGV unter kritischer Berücksichtigung alter und neuer deutscher sowie supranationaler Judikatur. 1990.

Band 13 Ulrich Joseph: Lebensversicherung und Abtretung. 1990.

Band 14 Udo Hansen: Beweislast und Beweiswürdigung im Versicherungsrecht. 1990.

Band 15 Uwe Hamann: Die Rückdeckungsversicherung aus zivil-, versicherungs- und arbeitsrechtlicher Sicht. 1991.

Band 16 Hans-Eckhard Tribess: Die Leistungsfreiheit des Versicherers aus § 67 Abs. 1 Satz 3 VVG im Falle des Vorausverzichtes. 1991.

Band 17 Regina Testorf: Gewerbliche Schmuckversicherungen. 1991.

Band 18 Dieter Armbrust: Subsidiaritätsabreden in Versicherungsverträgen. 1991.

Band 19 Cornelia Thies: Die Auswirkungen von AIDS im Privatversicherungsrecht. Eine Untersuchung über AIDS-spezifische Probleme im Kranken-, Lebens- und Haftpflichtversicherungsrecht. 1991.

Band 20 Utz Meyer-Reim: Die Elektronik-Versicherung. Sachversicherung von Fernmelde- und sonstigen elektrotechnischen Anlagen. 1992.

Band 21 Thorsten Hinnekeuser: Der Versicherungsfall in der Bauleistungsversicherung. 1992.

Band 22 Christian Luckey: Mündliche Nebenabreden zu Allgemeinen Versicherungsbedingungen. 1992.

Band 23 Jürgen Möhle: Die Haftpflichtversicherung im Heilwesen. Eine Studie über die versicherungsrechtliche Deckung medizinischer Haftpflichtschäden. 1992.

Band 24 Torsten Busch: Genußkapital als Eigenmittel von Versicherungsunternehmen. 1992.

Band 25 Ulrich Möhrle: Verhaltensabhängige Risikobeschränkungen in der Gewässerschadenhaftpflichtversicherung. 1993.

Band 26 Paul Wollny: Die Directors' and Officers' Liability Insurance in den Vereinigten Staaten von Amerika (D&O-Versicherung). Vorbild für eine Aufsichtsratshaftpflichtversicherung in Deutschland? 1993.

Band 27 Jan Dreyer: Die Reiserücktrittskostenversicherung. 1993.

Band 28 Robert Nehrer: Entwendung und Entwendungsfolgeschäden in der Kraftfahrzeugkaskoversicherung. 1994.

Band 29 Jürgen Sackhoff: Die Anzeige-, Auskunfts- und Belegpflicht des Versicherungsnehmers nach Eintritt des Versicherungsfalles. Eine rechtsvergleichende Untersuchung unter besonderer Berücksichtigung des Richtlinienentwurfes zur Harmonisierung des Versicherungsvertragsrechts. Zugleich ein Beitrag zur Relevanzrechtsprechung des Bundesgerichtshofes. 1994.

Band 30 Anne Heidelbach: Der kleinere Versicherungsverein auf Gegenseitigkeit unter besonderer Berücksichtigung der gesellschaftsrechtlichen Probleme. 1994.

Band 31 Claudius Mann: Die zeitliche Beschränkung des Versicherungsschutzes in der Rechtsschutzversicherung. 1994.

Band 32 Martin Dietrich: Produktbeobachtungspflicht und Schadenverhütungspflicht der Produzenten. 1994.

Band 33 Barbara Halser: Die versicherte Gefahr und der Versicherungsfall in der Industrie-Straf-Rechtsschutzversicherung. 1994.

Band 34 Hans von Gehlen: Die Beeinflussung des Versicherungsfalls durch den Versicherungsnehmer in der Rechtsschutzversicherung. 1995.

Band 35 Thomas Adler: Das Tagegeld in der Krankenversicherung als Schadens- oder Summenversicherung. 1995.

Band 36 Achim Gmilkowsky: Die Produkthaftung für Umweltschäden und ihre Deckung durch die Produkthaftpflichtversicherung. 1995.

Band 37 Jens Hilgenhövel: Die gewohnheitsrechtliche Erfüllungshaftung des Versicherers für Auskünfte seiner Agenten. 1995.

Band 38 Wiebke Heinrich: Das Sachverständigenverfahren im Privatversicherungsrecht. 1996.

Band 39 Arnt Vespermann: Staatshaftung im Versicherungswesen. 1996.

Band 40 Hubertus W. Labes: Schiedsgerichtsvereinbarungen in Rückversicherungsverträgen. 1996.

Band 41 John Benjamin Schroeder: Die Kriegsgefahr im deutschen Versicherungsrecht. 1996.

Band 42 Hilke Wesselhöft: Datenschutz im Versicherungswesen. 1996.

Band 43 Klaus C. Kossen: Die Kautionsversicherung. 1996.

Band 44 Cord Imelmann: Versicherungsaufsichtsrechtliche Fragen der Allfinanzkonzeption. 1996.

Band 45 Marcus Lüpke: Versicherungsschutz bei behördlicher Inanspruchnahme zur Altlastsanierung. 1996.

Band 46 Bettina Kagelmacher: Die Beschränkungen der Privatversicherungsfreiheit im Hinblick auf das Allgemeininteresse sowie auf Rechte Dritter. Die Grenzen der Versicherbarkeit widerrechtlichen Verhaltens. 1997.

Band 47 Moritz Mittelbach: Die Verdienstausfallversicherung für See- und Binnenschiffe. 1997.

Band 48 Marc-Alexander Lüth: Rechtsberatung durch den Rechtsschutzversicherer. 1997.

Band 49 Ulf Liebelt-Westphal: Schadenverhütung und Versicherungsvertragsrecht. Schadenverhütung durch die Gestaltung des Versicherungsvertrages (Risikobeschreibung, Ausschluß von Risiken und Auferlegung von Obliegenheiten). 1997.

Band 50 Katrein Schneider: Die Feuer-Betriebsunterbrechungsversicherung. 1997.

Band 51 Hubertus Wegmann: Obliegenheiten in der Privaten Krankenversicherung. 1997.

Band 52 Sven Schubert: Das Sachverständigenverfahren im Seeversicherungsrecht. 1998.

Band 53 Horst Suhren: Alte und neue Informationspflichten des Rechtsschutzversicherers. 1998.

Band 54 Bianca Müller: Verbraucherschutz durch das Bundesaufsichtsamt für das Versicherungswesen. 1998.

Band 55 Thorsten Haeberlin: Der aktuelle Stand des Versicherungsnehmerschutzes im englischen und deutschen Versicherungsvertragsrecht vor dem Hintergrund der jüngsten EG-Rechtsentwicklung. 1998.

Band 56 Thorsten Meinert: Das Bereicherungsverbot im deutschen Seeversicherungsrecht. Mit einem Exkurs zum Entschädigungsprinzip im englischen Seeversicherungsrecht. 1998.

Band 57 Annette Wenckstern: Die Haftung bei der Arzneimittelprüfung und die Probandenversicherung. Haftungsersetzung durch Versicherungsschutz. 1999.

Band 58 Jan-Uwe Hungar: Die Rechtsstellung des Schiffshypothekengläubigers im Versicherungsfall. 1999.

Band 59 Torsten Stade: Die Kaskoversicherung für Luftfahrzeuge. 1999.

Band 60 Michael Rudolf Fischer: Versicherungsaufsichtsrecht und öffentliches Übernahmeangebot. 1999.

Band 61 Jill Bohnhorst: Gentechnologie in der Haftpflichtversicherung. 1999.

Band 62 Nils Abram: Die Berufshaftpflichtversicherung für Versicherungsvermittler. 2000.

Band 63 Carsten Hoppmann: Vorstandskontrolle im Versicherungsverein auf Gegenseitigkeit. 2000.

Band 64 Georg Lange: Die Reparaturkostenversicherung. 2000.

Band 65 Nikolas Streuf: Der Vertragsschluss mit einem englischen Versicherer via Internet. 2002.

Band 66 Jan Philipp Tietjen: Die Versicherungsdauer in der (See-)Güterversicherung nach den Grundsätzen der Haus-zu-Haus-Klausel. 2002.

Band 67 Axel Wehling: Schutz innovativer Versicherungsdienstleistungen. 2002.

Band 68 Alexander Wehowski: Die Zulassung ausländischer Versicherungsunternehmen in der Bundesrepublik Deutschland und den Vereinigten Staaten von Amerika. 2002.

Band 69 Marcus Hennies: Die Finanzaufsicht über Versicherungen in der Europäischen Gemeinschaft. Unter besonderer Berücksichtigung der Solvabilitätsvorschriften. 2003.

Band 70 Silke Riedel: Sicherungsschein und Sicherungsbestätigung in der Versicherungswirtschaft. 2004.

Band 71 Detlef A. Huber: Die Hagelversicherung. 2005.

Band 72 Frank-Hartmut Vogelsang: Die Berufshaftpflichtversicherung des Architekten. Deckungssummenbeschränkungen und Risikoausschlüsse. 2005.

Band 73 Inga Uhlenbrock: Die Lösungsrechte des Versicherers bei Verletzung der vorvertraglichen Anzeigepflicht durch den Versicherungsnehmer. Unter besonderer Betrachtung der Berufsunfähigkeitsversicherung. 2005.

Band 74 Hansjörg Heppe: Bedingungen in der Sportbootversicherung. 2005.

Band 75 Georg Herzog: Bausparkassenbedingungen und AGB-Kontrolle. 2006.

Band 76 Thomas Glitza: Aufräumungskosten bei Umweltschäden in den Sachversicherungszweigen. 2006.

Band 77 Carsten Maßmann: Die Taxe im Seeversicherungsrecht. 2007.

Band 78 Ingo Hollenborg: Berufsunfähigkeit Selbständiger im Rahmen der Berufsunfähigkeitsversicherung. Unter besonderer Berücksichtigung der Betriebsumorganisationspflicht. 2009.

Band 79 Boris Lau: Das Wettbewerbsverbot in Versicherungsagenturverträgen. Eine kartellrechtliche Untersuchung. 2010.

Band 80 Martin Greiser: Die Verbriefung von Versicherungsrisiken. 2010.

Band 81 Xiaofan Du: Liberalisierung der Dienstleistungen von Versicherern. Ein Vergleich des Versicherungsaufsichtsrechts für ausländische Versicherer zwischen China und Deutschland. 2010.

Band 82 Anne-Christine Seßinghaus: Die Kündigung von auf die Person eines Dritten genommenen privaten Krankheitskostenpflichtversicherungsverträgen. Rechte und Pflichten der Beteiligten im Spannungsfeld von Privatautonomie und sozialer Zielsetzung. 2020.

www.peterlang.de

www.ingramcontent.com/pod-product-compliance
Ingram Content Group UK Ltd.
Pitfield, Milton Keynes, MK11 3LW, UK
UKHW022104051026
15623UKWH00003B/663

9 783631 793114